L'allemand
de A à Z

Jean Janitza †
Professeur à l'université
Paris III-Sorbonne Nouvelle

Gunhild Samson
Maître de conférences honoraire
Professeur à l'université
Paris III-Sorbonne Nouvelle

Préface

Pourquoi cet ouvrage ?

L'allemand de A à Z est une grammaire alphabétique de la langue allemande. L'ouvrage inclut également des fiches, classées dans l'ordre alphabétique, traitant des principaux problèmes lexicaux que les francophones peuvent rencontrer.

On peut, selon le besoin, le consulter ponctuellement pour trouver des réponses aux questions que l'on se pose fréquemment en tant que francophone ou l'utiliser comme un outil de révision systématique.

À qui est-il destiné ?

L'allemand de A à Z est destiné aux lycéens, aux étudiants de l'enseignement supérieur et aux adultes qui souhaitent vérifier ou approfondir leurs connaissances.

Qu'apporte cette nouvelle édition ?

Dans cette nouvelle édition, toutes les fiches ont été mises en conformité avec les nouvelles règles instaurées par la réforme de l'orthographe allemande de 1996 destinée à simplifier son apprentissage. Entrée en vigueur en Allemagne en 1998, cette réforme est appliquée sous une forme modifiée et assouplie depuis le 1er août 2006. Par ailleurs, l'ouvrage a été enrichi d'informations relatives à la prononciation.

À l'occasion de cette nouvelle édition, nous rendons à nouveau hommage à Jean Janitza qui nous a quittés prématurément.

Mode d'emploi

L'allemand de A à Z comporte **283 fiches** qui traitent de morphologie (forme des mots), de syntaxe (ordre des mots dans la phrase) mais aussi de sémantique (sens et emploi de mots).
L'ensemble des fiches est précédé par une **série de tests** comportant trois niveaux de difficultés.
Une **mini-grammaire**, en fin de volume, présente les principales difficultés auxquelles est confronté l'apprenant francophone.

Les fiches

Chaque **fiche grammaticale** comporte un exposé théorique clair et bref, illustré d'exemples et accompagné d'exercices corrigés en fin de volume. Par le jeu des renvois successifs dans les fiches et dans l'index, quasiment toute la grammaire peut être ainsi « balayée ».
Les fiches de **vocabulaire et de traduction** tiennent toujours compte des difficultés spécifiques aux francophones.
Les explications contenues dans l'ensemble des fiches sont rédigées dans une langue claire et accessible à tous.
Les **exemples** sont empruntés à la langue d'aujourd'hui et souvent à plusieurs registres de langue.
Les **expressions idiomatiques** présentées sont immédiatement réutilisables dans des situations de communication.

Les tests

Les fiches sont précédées d'une série de tests comportant **trois niveaux de difficultés** qui relèvent de quatre domaines : le groupe nominal, le verbe, l'ordre des mots dans la phrase et le lexique. Ces tests corrigés permettent une **auto-évaluation rapide** et, par le renvoi à la fiche correspondante, l'entrée directe dans le point de lexique ou de grammaire traité.

La mini-grammaire

Une mini-grammaire en fin de volume présente les **principales difficultés** auxquelles est confronté l'apprenant francophone, par exemple le marquage du groupe nominal, le choix de la préposition ou l'emploi des modes et des temps, en mettant en exergue les différences entre les deux langues.

Les tests et la mini-grammaire sont conçus pour permettre à son utilisateur un travail plus actif et plus conscient : grâce aux tests, il peut vérifier ses connaissances et s'évaluer lui-même, grâce à la mini-grammaire, il peut mettre en perspective en les comparant le système allemand et le système français et ainsi mieux les maîtriser.

Comment trouver rapidement le point recherché ?

On peut utiliser :
- **le sommaire** situé au début de volume (ordre alphabétique des fiches) ;
- **l'index détaillé** placé à la fin (termes grammaticaux et lexicaux en français et en allemand).

Pictogrammes et abréviations

°   signe d'accentuation de la syllabe suivante

⟶   renvoi à d'autres fiches

Abréviations en allemand

N	Nominativ
A	Akkusativ
D	Dativ
G	Genitiv
etw.	etwas
jmm	jemandem
jmn	jemanden
jms	jemandes

Abréviations en français

GN	groupe nominal
GV	groupe verbal
nom.	nominatif
acc.	accusatif
dat.	datif
gén.	génitif
masc.	masculin
fém.	féminin
sg.	singulier
pl.	pluriel
qqch.	quelque chose
qqn	quelqu'un
All.	Allemagne
hist.	historique
litt.	littéralement

SOMMAIRE

Tests

TESTS

Niveau 1 : vous voulez revoir les bases

Vous voulez vérifier vos connaissances de base ? Après avoir répondu aux 100 questions, vérifiez vos réponses, page 20. Si vous constatez des lacunes, consultez les fiches correspondantes. Ne passez pas au niveau 2 tant que vous n'avez pas répondu correctement à au moins 90 questions.

Le groupe nominal

1 Indiquez le genre des noms suivants (M = masculin, N = neutre, F = féminin).
1. Bäcker 2. Zeitung 3. Professor 4. Sommer 5. Zehn 6. Gespräch 7. Landschaft 8. Sonne 9. Meinungsfreiheit 10. Samstag.

2 Indiquez le pluriel des noms suivants *(-n, -s, -e, ¨, ¨e, Ø)*.
1. die Birne 2. das Auto 3. das Jahr 4. die Tochter 5. der Stuhl 6. der Preis 7. das Beispiel 8. der Brief 9. das Mädchen 10. das Zimmer.

3 Les cas ne dépendant pas d'une préposition. Complétez par la marque qui convient *(-er, -es, -en, -em, -e, Ø)*.
1. Er ist d… Sohn meiner Nachbarin. 2. Sein… Auto hatte eine Panne. 3. Wo habt ihr dies… Computer gekauft ? 4. Er hat sein… Vater alles erklärt. 5. Die Wohnung mein… Bruders habe ich noch nicht gesehen. 6. Die Räume sein… Wohnung sollen ziemlich groß sein. 7. Er hat sich ein… Motorrad gekauft.
8. Mein… Eltern sind heute Abend nicht zu Hause. 9. Ich habe ihm mein… Vater vorgestellt. 10. Sie hat ihr… Uhr vergessen.

4 Les cas dépendant des prépositions. Complétez par la marque qui convient *(-er, -em, -en, -e, Ø, - (a) s)*.
1. Während d… Sommerferien waren wir in Österreich. 2. Sie war mit ihr… Bruder in Berlin. 3. Sie sind ohne ihr… Hund ans Meer gefahren. 4. Ich habe nichts gegen dein… Eltern. 5. Dieses Buch habe ich für mein… Vater gekauft.
6. Er spart für ein… Auto. 7. Nach ein… Stunde war er mit der Arbeit fertig.
8. Lauf doch nicht so um d… Auto herum ! 9. Sie wohnt bei ihr… Eltern.
10. Sie geht morgen zu ihr… Tante.

Le verbe

5 Les 2e et 3e personnes du présent de l'indicatif (singulier). Complétez par la forme qui convient, puis dites si la voyelle est différente ou non de celle de l'infinitif. Oui (O) ou non (N) ?
1. Warum… du ihm nicht? (helfen) 2. Er… sich auf das Bett. (legen) 3. Er… jeden Samstag nach Hause. (fahren) 4. Normalerweise… er gegen 10 auf. (machen) 5. Er… nie, die Zeitung zu kaufen. (vergessen) 6. Warum… du kein

Fleisch? (essen) **7.** ... du ein gutes Restaurant? (kennen) **8.** Was... noch auf dem Tisch? (fehlen) **9.** ... du dem Kellner kein Trinkgeld? (geben) **10.** Um wieviel Uhr... du ihn am Bahnhof ab? (holen)

6 Le participe passé comporte-t-il *ge*? Complétez par la forme qui convient, puis répondez par oui (O) ou non (N).
1. Wann hast du ihn am Flughafen... (abholen)? **2.** Warum hast du nicht... (antworten)? **3.** Hast du ihn dann... (beruhigen)? **4.** Wen hast du da... (fotografieren)? **5.** Wem hast du die Fotos... (zeigen)? **6.** Wer hat dir diesen Text ins Deutsche... (übersetzen)? **7.** Wer hat ihn davon... (überzeugen)? **8.** Um wieviel Uhr bist du... (aufstehen)? **9.** Wann ist das... (geschehen)? **10.** Ich habe ihm zum Geburtstag... (gratulieren).

7 *Haben* (H) ou *sein* (S) aux temps composés? Complétez par la forme qui convient.
1. Ich... meinen Schlüssel vergessen. **2.** Wie lange... du dort geblieben? **3.** Der Bäcker... heute um 10 Uhr aufgemacht. **4.** Warum... er sich umgedreht? **5.** ... du ihm die Fotos gezeigt? **6.** Warum... er plötzlich so bleich geworden? **7.** Er... dann nach Hause gelaufen. **8.** Ich... ihn vor der Post getroffen. **9.** ... du etwas verloren? **10.** Warum... ihr so erschrocken?

8 L'ordre des mots. Mettez le mot donné entre parenthèses à la place correcte.

a. Place du verbe conjugué dans la proposition
1. Gisela ... sich ... selten ... (langweilt) **2.** Ich ... einen interessanten Roman ... gelesen ... (habe) **3.** Ihre Mutter ... lange ... berufstätig ... gewesen ... (ist) **4.** Ina ... sehr gut ... Cello ... spielen ... (kann) **5.** Elke ... lange ... krank ... gewesen ... (ist)

b. Place du verbe conjugué dans la subordonnée
6. Ich glaube, dass er (1) bald (2) nach Deutschland (3) fahren (4) (muss) **7.** Weißt du, bis wann Uwe (1) in Göttingen (2) studiert (3)? (hat) **8.** Ich vermute, dass die Karten (1) für das Konzert (2) schon (3) ausverkauft (4) (sind) **9.** Ich frage mich, ob ich (1) heute (2) ins Museum (3) oder nicht (4) (gehe) **10.** Er sagt, er (1) keine Zeit (2) gehabt (3). (habe)

c. Place des autres mots dans la proposition
11. Klaus (1) braucht (2) wieder einmal (3) Geld (wahrscheinlich) **12.** Er möchte (1) nächsten Sonntag (2) mit dir (3) gehen (ins Museum) **13.** Wir haben (1) letztes Jahr (2) in München (3) übernachtet (in einem guten Hotel) **14.** Der Arzt hat (1) ihm (2) wieder (3) verschrieben (eine Kur) **15.** Jetzt möchte (1) ich (2) gern (3) trinken. (eine Tasse Tee)

d. Place des autres mots dans la subordonnée
16. Ich glaube, dass es (1) heute (2) regnen (3) wird (nicht) **17.** Ich habe erfahren, dass er (1) gern (2) fliegen möchte (nach Tokyo) **18.** Ich habe gehört, dass (1) das Konzert (2) gestern Abend (3) gedauert hat (drei Stunden) **19.** Er fragt, ob (1) es (2) etwas (3) zu essen gibt (hier) **20.** Ich frage, wer (1) jetzt (2) eine Tasse Kaffee (3) trinken möchte. (gern)

9 *Als, wenn* ou *ob* ?
1. Als/Wenn schönes Wetter ist, fährt Peter gern mit dem Fahrrad in den Wald.
2. Als/Wenn Herr Schmidt Direktor wurde, hat er sich einen neuen Mercedes gekauft. **3a.** Als/Wenn er nach Hause ging, lief ihm eine schwarze Katze über den Weg. **3b.** Als/Wenn er nach Hause ging, lief ihm immer eine schwarze Katze über den Weg. **4.** Ob/Wenn wir dieses Jahr in Urlaub fahren, ist noch ungewiss. **5.** Karin wollte wissen, ob/wenn ich mit ihr in die Stadt gehen möchte.

10 Choisissez le bon verbe et traduisez.
1. Il regardait (1/anschauen 2/zuschauen) les enfants jouer. **2.** Puis-je vous demander (1/fragen 2/bitten) de me passer le journal ? **3.** J'ai appris (1/lernen 2/erfahren) qu'il habitait maintenant en Allemagne. **4.** Il est mort (1/sterben 2/tot sein) il y a trois semaines. **5.** Hier soir j'ai écouté (1/sich... anhören 2/zuhören) de la musique classique.

Niveau 2

Vous voulez progresser et vous tester au-delà des connaissances de base ? Après avoir répondu aux 100 questions, vérifiez vos réponses p. 20. Si vous constatez des lacunes, consultez les fiches correspondantes.

Le groupe nominal

11 Le groupe nominal non prépositionnel. Complétez par les marques adéquates.
1. Sein... ältest... Tochter habe ich ein Buch geschenkt. **2.** Hast du schon mein... neu... Videokassetten gesehen? **3.** Nächst... Winter ziehen wir um.
4. Bleibst du ein... ganz... Monat in Deutschland? **5.** Sein... jüngst... Bruder arbeitet in Hamburg. **6.** Ich habe in der Stadt die Tochter mein... ehemalig... Nachbarin getroffen. **7.** Er hat sich gestern ein... schön... Hemd gekauft.
8. Das scheint d... kürzest... Weg nach Italien zu sein. **9.** Sie hat d... ganz... Nacht gearbeitet. **10.** Habt ihr schon euer... neu... Auto?

12 Le groupe nominal prépositionnel. Complétez par les marques adéquates.
1. Morgen fährt er zu sein... beid... Schwestern. **2.** Bei hoh... Fieber solltest du zu Hause bleiben. **3.** Nach kurz... Zeit musste er aufhören, Fußball zu spielen. **4.** Plötzlich lachte sie aus voll... Halse. **5.** Sie fahren nächstes Wochenende ohne ihr... beid... Söhne nach Berlin. **6.** Er ist von ein... gut... Arzt behandelt worden. **7.** Gestern abend trug sie ein Kleid aus bunt... Seide. **8.** Sie hat dieses Buch für ihr... jüngst... Sohn gekauft. **9.** Seit d... erst... Dezember arbeitet sie in der Schweiz. **10.** Er ist mit sein... best ... Freund nach Amerika geflogen.

13 Donnez le verbe allemand correspondant à l'expression soulignée. Indiquez la forme de l'infinitif, la préposition et le cas (ex. *sich interessieren für* + acc.).

1. Te <u>souviens</u>-tu <u>de</u> lui ? 2. As-tu <u>répondu à</u> ses questions ? 3. As-tu déjà <u>participé à</u> un congrès ? 4. As-tu <u>pensé à</u> ta sœur ? 5. Quand <u>parles</u>-tu <u>avec</u> lui ? 6. <u>Fais attention à</u> ta valise ! 7. Je l'ai <u>attendu</u> une heure. 8. Il <u>va</u> tous les matins <u>en ville</u>. 9. Je <u>me</u> suis <u>occupé de</u> lui. 10. Ils <u>jouent dans</u> le jardin <u>avec</u> le chien.

14 Complétez les compléments de temps par la préposition et/ou la marque adéquate. Le cas échéant, utilisez la contraction entre la préposition et l'article défini.

1. ... Sonntag bleibe ich zu Hause. 2. Er hat letzt... Jahr nicht gearbeitet. 3. ... drei bin ich wieder im Büro. 4. ... sechs... April fahren wir in Urlaub. 5. ... 2003 werde ich in München studieren. 6. Ich stehe jed... Morgen ... sieben auf. 7. ... Sommer fahren wir ans Mittelmeer. 8. ... 8 Uhr gehen wir ins Kino. 9. Er hat mich gestern ... Mitternacht angerufen. 10. Er hat ... 20. April Geburtstag.

Le verbe

15 *Sein* (S) ou *werden* (W) ? Complétez par la forme qui convient.

1. Diese Kirche ... im 17. Jahrhundert erbaut. 2. Sein Vater ... spurlos verschwunden. 3. Ich ... sehr enttäuscht. 4. Wir ... gestern von seinen Eltern sehr herzlich empfangen. 5. Wo ... sein Auto repariert?

16 Indiquez le verbe de modalité qui convient et traduisez ensuite.

1. Je ne peux pas aller en ville aujourd'hui. 2. Je ne veux pas m'en occuper. 3. Je dois absolument partir à 5 heures. 4. Si tu devais partir plus tôt, dis-le moi tout de suite. 5. Tu devrais faire attention à ton sac.

17 *Zu* ou pas *zu* ? Indiquez par oui (O) ou par non (N) si *zu* convient, puis traduisez.

1. J'espère te revoir bientôt. 2. Il croit toujours tout mieux savoir que les autres. 3. Il est content de pouvoir passer ses vacances avec nous. 4. Je l'entends jouer de la guitare. 5. Je n'ai pas le temps de m'en occuper.

18 Mettez le verbe entre parenthèses au subjonctif 1 présent ou passé.

1. Er sagt, es ... gestern Abend sehr dunkel ... . (sein) 2. Er sagt, er ... nächsten Sonntag ... . (spazieren gehen) 3. Er sagt, er ... gestern zu spät ins Bett ... . (gehen) 4. Er sagt, er ... , ihn morgen wieder anzurufen. (versuchen) 5. Er sagt, er ... letzte Woche sein Examen ... . (bestehen) 6. Er sagt, er ... in Berlin sehr gut ... . (empfangen werden) 7. Er sagt, er ... ihn gestern begleiten ... . (müssen) 8. Er sagt, er ... gestern sein Auto ... . (verkaufen) 9. Er sagt, er ... jetzt keine Zeit. (haben) 10. Er sagt, sein Hund ... von einem Auto ... . (überfahren werden).

L'ordre des mots

19 Mettez le mot entre parenthèses à la place qui convient.
1. Glaubst du, dass er noch … in der Schweiz …? (wohnt) 2. Ich gehe … zum Zahnarzt …. (heute) 3. Wie lange … du bei Silke …? (bleibst) 4. In Deutschland … er seit 10 Jahren … . (arbeitet) 5. Dieses Theaterstück von Brecht … wir schon letzten Sommer gesehen … . (haben) 6. Die Kinder im Zug … ihren Eltern zu … . (winkten) 7. Er hat uns eingeladen, aber wir … noch nicht …, ob wir frei sind. (wissen) 8. An einem Januarabend im Jahre 1999 … der Drogenhändler in Berlin … festgenommen. (wurde) 9. Ich habe gehört, dass er wieder … auf freien Fuß gesetzt worden … . (ist) 10. Man sagt, er … von einem Freund angezeigt worden … . (sei)

Les mots grammaticaux

20 *Nicht* ou *kein* ? Insérez le négateur qui convient.
1. Ich habe … Geld mehr. 2. Er hat noch … Arbeit gefunden. 3. Ich habe ihm gestern das Buch absichtlich … gegeben. 4. Wir haben den neuen Fernseher noch … 5. Wir haben … Butter mehr im Kühlschrank.

21 Faut-il utiliser *nur* ou *erst* dans la traduction des phrases suivantes ?
1. Je n'ai que des romans policiers à te prêter. 2. Il n'était absent qu'une semaine. 3. Il n'a que 18 ans. 4. (J'ai encore beaucoup de travail.) Je ne viendrai que demain. 5. Je ne bois que de l'eau.

22 Traduisez les expressions soulignées et indiquez le verbe allemand à l'infinitif suivi, le cas échéant, de sa préposition et de son cas.
1. Il a peur des araignées. 2. J'ai demandé à son père si Pierre était rentré. 3. As-tu pensé à ton grand-père ? 4. Il a renoncé à son voyage. 5. Cela dépend du temps qu'il fera.

Le lexique

23 Quelle est la formulation correcte ?
1. Vous voulez être réveillé à 7 heures. Que dites-vous ?
a. Weck(e) mich um sieben.
b. Wache mich um sieben auf.
2. Vous racontez une nuit agitée. Que dites-vous ?
a. Ich bin um 4 aufgeweckt.
b. Ich bin um 4 aufgewacht.
3. Vous racontez une nuit paisible. Que dites-vous ?
a. Ich bin um 9 eingeschläfert.
b. Ich bin um 9 eingeschlafen.
4. Vous demandez à parler au directeur. Que dites-vous ?
a. Ich möchte den Direktor reden.
b. Ich möchte den Direktor sprechen.
5. Vous indiquez vos compétences en langues étrangères. Que dites-vous ?
a. Ich weiß Deutsch.
b. Ich kann Deutsch.

6. Vous indiquez vos connaissances en musique. Que dites-vous ?
a. Ich kenne alle Symphonien von Bruckner.
b. Ich weiß alle Symphonien von Bruckner.
7. Vous affirmez que vous avez pas mal d'argent. Que dites-vous ?
a. Ich habe genug Geld.
b. Ich habe ziemlich viel Geld.
8. Vous dites à quelqu'un que vous refusez sa proposition. Que dites-vous ?
a. Ich lehne Ihren Vorschlag ab.
b. Ich verweigere Ihren Vorschlag.
9. Vous annoncez à quelqu'un que vous avez réussi votre examen. Que dites-vous ?
a. Ich habe mein Examen gelungen.
b. Ich habe mein Examen bestanden.
10. Vous dites à quelqu'un que votre ami est suffisamment fou pour faire une telle bêtise.
a. Er ist genug verrückt, um so etwas zu tun.
b. Er ist verrückt genug, um so etwas zu tun.

Niveau 3

Vous voulez vous assurer que vous maîtrisez bien l'allemand, y compris ses subtilités ? Après avoir répondu aux 80 questions, vérifiez vos réponses p. 21. Si vous constatez des lacunes, consultez les fiches correspondantes.

Le groupe nominal

24 Complétez par la marque qui convient.
1. Bei schlecht… Wetter sehe ich fern. **2.** Sie hat heute ein Kleid aus rein… Seide an. **3.** Er hatte kalt… Wasser getrunken. **4.** Heute haben wir viel… ausländisch… Touristen gesehen. **5.** Welch … deutsch… (pluriel) Maler kennst du?

25 Complétez par la marque qui convient et indiquez la nature du mot souligné : masculin fort, masculin faible ou adjectif substantivé ?
1. In der Wohnung nebenan wohnt ein Russ… **2.** Ein Deutsch… hat mir geholfen, den Brief zu schreiben. **3.** Ein Franzos… arbeitet in unserer Firma. **4.** Ein netter Jung… hat uns den Weg gezeigt. **5.** Ein ehemaliger Angestellt… von meinem Vater lebt jetzt in der Türkei. **6.** Sie hat einen Belgier… kennen gelernt. **7.** Sie ist mit einem Engländer… spazieren gegangen. **8.** Gestern habe ich einen Griech… getroffen. **9.** Vor dem Haus saß ein Alt… mit seinem Hund. **10.** Ein Türk… hat mir die Tür geöffnet.

26 Les compléments de temps : quelle est la formulation correcte ?
1. Vous dites à un ami que vous allez demain matin à Francfort. Que dites-vous ?
a. Ich fahre morgen früh nach Frankfurt.
b. Ich fahre am nächsten Morgen nach Frankfurt.

2. Vous dites à votre fils que de votre temps on travaillait beaucoup plus. Que dites-vous ?

a. In meiner Zeit arbeitete man härter als heute.

b. Zu meiner Zeit arbeitete man härter als heute.

3. Vous racontez à un ami ce qui vous est arrivé le 15 janvier et lui dites que le jeudi d'avant vous en aviez rêvé. Que dites-vous ?

a. Am Donnerstag vorher hatte ich davon geträumt.

b. Am Tag später hatte ich davon geträumt.

4. Vous racontez à un ami ce qui s'est passé le lendemain du 15 janvier. Que dites-vous ?

a. Am Tag darauf bekam ich einen Telefonanruf aus Prag.

b. Am nächsten Tag bekam ich einen Telefonanruf aus Prag.

5. Vous dites à un ami que dans quinze jours vous partez en Italie. Que dites-vous ?

a. Nach vierzehn Tagen fahre ich nach Italien.

b. In vierzehn Tagen fahre ich nach Italien.

6. Vous dites à un ami qu'à votre avis ce travail peut être terminé en l'espace d'un mois. Que dites-vous ?

a. Diese Arbeit kann innerhalb eines Monats fertig sein.

b. Diese Arbeit kann nach einem Monat fertig sein.

7. Vous dites à un ami qu'à partir de Pâques vous aurez plus de temps. Que dites-vous ?

a. Seit Ostern habe ich mehr Zeit.

b. Ab Ostern habe ich mehr Zeit.

8. Vous dites à un ami que depuis le premier juin vous ne travaillez plus. Que dites-vous ?

a. Seit dem 1. Juni arbeite ich nicht mehr.

b. Ab dem 1. Juni arbeite ich nicht mehr.

9. Vous dites à un ami que tous les huit jours vous allez chez le dentiste. Que dites-vous ?

a. Jede acht Tage gehe ich zum Zahnarzt.

b. Alle acht Tage gehe ich zum Zahnarzt.

10. Vous dites à un ami que du 7 au 15 juin vous serez à la campagne. Que dites-vous ?

a. Von 7. zu 15. Juni bin ich auf dem Land.

b. Vom 7. bis zum 15. Juni bin ich auf dem Land.

Le verbe

27 Le subjonctif 2 – hypothétique ou irréel : quelle est la formulation correcte ?

1. Vous dites à un ami que vous aimeriez bien aller en Espagne. Que dites-vous ?

a. Ich würde gern nach Spanien fahren.

b. Ich wäre gern nach Spanien gefahren.

2. Vous dites à un ami qu'à sa place vous seriez allé au cinéma. Que dites-vous ?
a. An deiner Stelle ginge ich ins Kino.
b. An deiner Stelle wäre ich ins Kino gegangen.
3. Vous dites à un ami que vous avez failli vous faire renverser par une voiture. Que dites-vous ?
a. Ich wäre beinahe von einem Auto überfahren worden.
b. Ich sei beinahe von einem Auto überfahren worden.
4. Vous dites à un ami que vous aimeriez bien changer d'ordinateur. Que dites-vous ?
a. Ich hätte gern einen anderen Computer gekauft.
b. Ich würde gern einen anderen Computer kaufen.
5. Vous dites à un ami que sans l'aide de votre frère vous n'auriez pas pu transporter l'armoire. Que dites-vous ?
a. Ohne die Hilfe meines Bruders hätte ich den Schrank nicht transportieren können.
b. Ohne die Hilfe meines Bruders würde ich den Schrank nicht transportieren können.

L'ordre des mots

28 L'ordre des mots est-il correct, oui (O) ou non (N) ?
1. Ich glaube, dass sie ihr Haus verkaufen wollen haben. **2.** Solange ich die Miete für sein Zimmer zahlen muss, ich bleibe in meiner kleinen Wohnung. **3.** Ich weiß, dass nach Berlin er hat fliegen wollen. **4.** Ich glaube, dass sie drei Wochen im Krankenhaus hat bleiben müssen. **5.** Ich glaube, dass er als sein Bruder größer ist. **6.** Wie dem auch sei, bleibe ich heute zu Hause. **7.** Ich gehe heute wegen der Kälte ins Schwimmbad nicht. **8.** Ich weiß, dass er noch gestern Abend die Grenze hat erreichen wollen. **9.** Wo du auch wohnen magst, ich weiß, dass du glücklich bist. **10.** Sie hat operiert bestimmt werden müssen.

29 Dans les énoncés suivants, *es* est-il obligatoire ou non ? Si oui, mettez-le à la place qui convient.
1. In diesem Film … handelt … sich um das Leben der wilden Tiere. **2.** Dass er gestern nicht viel gesprochen hat, … finde ich … schade. **3.** … tut … mir leid, aber ich konnte wirklich nicht kommen. **4.** In diesem Buch … ist … von einem türkischen Arbeiter die Rede. **5.** Gestern …wurde … bei den Nachbarn getanzt und getrunken. **6.** Worum … handelt … sich? **7.** … liegt … eine Zeitschrift auf dem Teppich. **8.** … wurde … gestern Nachmittag über die internationale Lage viel diskutiert. **9.** Man sieht, dass … gestern … in diesem Raum viel geraucht wurde. **10.** Auf dem Tisch … sitzen … die beiden Kinder meiner Schwester.

Les mots grammaticaux

30 **Comment se traduit « dont » dans les phrases suivantes ?**
1. Je connais une ville dont le maire est une femme. 2. Tu as, je crois, le livre dont j'ai besoin. 3. La personne dont je m'occupe habite à la campagne. 4. La maison dont je rêve aurait une cheminée. 5. C'est un animal dont j'ai peur.

31 **Comment se traduisent « en » et « y » dans les phrases suivantes ?**
1. Nous avons passé de bonnes vacances avec lui. J'en parle souvent à ses parents. 2. Il a réussi. J'en suis fier. 3. Nous n'irons pas en Italie cette année. Nous sommes obligés d'y renoncer. 4. Je t'en suis reconnaissant. 5. Il en est conscient. 6. Qu'en penses-tu ? 7. Je connais bien Munich. J'y ai beaucoup d'amis. 8. J'en suis satisfait. 9. Il y a participé. 10. Je t'ai prêté mon ordinateur. Demain j'en ai besoin.

Le lexique

32 **Quelle est la formulation correcte ?**

1. Vous informez quelqu'un que vous êtes un ami de longue date du directeur. Que dites-vous ?
a. Ich bin ein alter Freund des Direktors.
b. Ich bin ein ehemaliger Freund des Direktors.

2. Vous affirmez que le climat de Berlin est différent de celui de Munich. Que dites-vous ?
a. Das Klima ist hier anders als in München.
b. Das Klima ist hier anderes als in München.

3. Vous demandez à quelqu'un s'il s'est fait piquer par une guêpe. Que dites-vous ?
a. Bist du von einer Wespe gestochen worden?
b. Hast du dich von einer Wespe stechen lassen?

4. Vous demandez à quelqu'un s'il a déjà fait réparer sa voiture. Que dites-vous ?
a. Hast du dein Auto schon reparieren machen ?
b. Hast du dein Auto schon reparieren lassen ?

5. Vous lui demandez aussi s'il a fait changer ses pneus. Que dites-vous ?
a. Hast du auch die Reifen wechseln lassen ?
b. Hast du auch die Reifen ändern lassen ?

6. Vous dites au policier que l'autre voiture s'est brusquement arrêtée. Que dites-vous ?
a. Der Wagen hielt plötzlich an.
b. Der Wagen hielt plötzlich inne.
c. Der Wagen hörte plötzlich auf.

7. Vous vous étonnez que votre ami n'arrête pas de rire. Que dites-vous ?
a. Warum hältst du nicht inne zu lachen?
b. Warum hörst du nicht auf zu lachen?

8. Vous vous étonnez que votre ami ne vous ait pas attendu. Que dites-vous ?
a. Warum hast du mich nicht erwartet, bis ich komme?
b. Warum hast du nicht gewartet, bis ich komme?

9. Vous vous étonnez que votre ami ait été surpris par cette récompense. Que dites-vous ?

a. Du warst wirklich nicht auf diese Belohnung gefasst?

b. Du wartetest wirklich nicht auf diese Belohnung?

10. Vous prévenez votre ami qu'il y a un chat dans la chambre à coucher. Que dites-vous ?

a. Es gibt eine Katze im Schlafzimmer.

b. Es ist eine Katze im Schlafzimmer.

11. Vous apprenez à un ami que votre sœur est arrivée il y a trois semaines. Que dites-vous ?

a. Meine Schwester ist vor drei Wochen (an)gekommen.

b. Meine Schwester ist seit drei Wochen (an)gekommen.

12. Vous dites à vos enfants que demain il y aura des pâtes à midi. Que dites-vous ?

a. Morgen gibt es zum Mittagessen Nudeln.

b. Morgen sind es zum Mittagessen Nudeln.

13. Vous apprenez à un ami que votre père est en Allemagne depuis trois années déjà. Que dites-vous ?

a. Es ist schon drei Jahre, dass mein Vater in Deutschland lebt.

b. Mein Vater lebt schon seit drei Jahren in Deutschland.

14. Vous dites à un ami que vous faites partie du club d'échecs. Que dites-vous ?

a. Ich gehöre dem Schachklub an.

b. Ich gehöre dem Schachklub zu.

15. Vous dites à un ami que vous aimez mieux parler allemand qu'anglais. Que dites-vous ?

a. Ich spreche lieber Deutsch als Englisch.

b. Ich bevorzuge Deutsch Englisch vor.

Corrigé des tests et renvois aux fiches AZ

Niveau 1

1 Le genre du nom →105
1. M • 2. F • 3. M • 4. M • 5. F • 6. N • 7. F •
8. F • 9. F • 10. M.

2 Le nombre du nom →184-185
1. -n • 2. -s • 3. -e • 4. ¨ • 5. ¨e • 6. -e • 7. -e •
8. -e • 9. Ø • 10. Ø.

3 Les cas ne dépendant pas d'une
préposition →4, 75, 103, 156
1. -er • 2. Ø • 3. -en • 4. -em • 5. -es • 6. -
er • 7. Ø • 8. -e • 9. -en • 10. -e.

4 Les cas dépendant d'une préposition
→189, 190, 191
1. -er • 2. -em • 3. -en • 4. -e • 5. -en • 6. Ø •
7. -er • 8. -as • 9. -en • 10. -er.

5 Les 2e et 3e personnes de l'indicatif
présent →259
1. hilfst ; O • 2. legt ; N • 3. fährt ; O • 4.
macht ; N • 5. vergisst ; O • 6. isst ; O • 7.
kennst ; N • 8. fehlt ; N • 9. gibst ; O • 10.
holst ; N.

6 Le participe passé →174
1. abgeholt; O • 2. geantwortet; O •
3. beruhigt; N • 4. fotografiert; N • 5.
gezeigt; O • 6. übersetzt; N • 7. über-
zeugt; N • 8. aufgestanden; O •
9. geschehen; N • 10. gratuliert; N.

7 *Haben* ou *sein* ? →110
1. H : habe • 2. S : bist • 3. H : hat • 4. H :
hat • 5. H : hast • 6. S : ist • 7. S : ist • 8. H :
habe • 9. H : hast • 10. S : seid.

8 Place du verbe conjugué dans la
proposition →165
1. Gisela langweilt sich selten. • 2. Ich
habe einen interessanten Roman
gelesen. • 3. Ihre Mutter ist lange
berufstätig gewesen. • 4. Ina kann sehr
gut Cello spielen. • 5. Elke ist lange krank
gewesen. • 6. Ich glaube, dass er bald
nach Deutschland fahren muss. • 7.
Weißt du, bis wann Uwe in Göttingen
studiert hat? • 8. Ich vermute, dass die
Karten für das Konzert schon
ausverkauft sind. • 9. Ich frage mich, ob
ich heute ins Museum gehe oder nicht. •
10. Er sagt, er habe keine Zeit gehabt.

L'ordre des mots dans la phrase →164
à 171

11. Klaus braucht wahrscheinlich
wieder einmal Geld. • 12. Er möchte
nächsten Sonntag mit dir ins Museum
gehen. • 13. Wir haben letztes Jahr in
München in einem guten Hotel
übernachtet. • 14. Der Arzt hat ihm
wieder eine Kur verschrieben. • 15. Jetzt
möchte ich gern eine Tasse Tee trinken. •
16. Ich glaube, dass es heute nicht
regnen wird. • 17. Ich habe erfahren, dass
er gerne nach Tokyo fliegen möchte. •
18. Ich habe gehört, dass das Konzert
gestern Abend drei Stunden gedauert
hat. • 19. Er fragt, ob es hier etwas zu
essen gibt. • 20. Ich frage, wer jetzt gern
eine Tasse Kaffee trinken möchte.

9 *Als, wenn* ou *ob* ? →20, 273
1. wenn • 2. als • 3a. als • 3b. wenn • 4. ob •
5. ob.

10 1. →225
zuschauen: Er schaute den Kindern
beim Spielen zu.
2. →77
bitten: Darf ich Sie bitten, mir die
Zeitung zu geben.
3. →25
erfahren: Ich habe erfahren, dass er
jetzt in Deutschland wohnt.
4. →250
sterben: Er ist vor drei Wochen
gestorben.
5. →114
sich anhören: Gestern habe ich mir
klassische Musik angehört.

Niveau 2

11 Le groupe nominal non prépositionnel
→107
1. -er ; -en • 2. -e ; -en • 3. -en • 4. -en ;
-en • 5. Ø ; -er • 6. -er ; -en • 7. Ø ; -es • 8.
-er ; -e • 9. -ie ; -e • 10. Ø ; -es.

12 Le groupe nominal prépositionnel →
7, 189, 190
1. -en/-en • 2. -em • 3. -er • 4. -em • 5.
-e/-en • 6. -em/-en • 7. -er • 8. -en/-en •
9. -em/-en • 10. -em/-en.

13 Datif ou accusatif ? →80, 139, 218
1. sich erinnern an + A • 2. antworten auf
+ A • 3. teilnehmen an + D • 4. denken

an + A • 5. sprechen mit + D • 6. aufpassen auf + A • 7. warten auf + A • 8. gehen in + A (directionnel) • 9. sich kümmern um + A • 10. spielen mit + D.

14 Les compléments de temps →244 à 248
1. am Sonntag • 2. letztes Jahr • 3. um drei • 4. am sechsten April • 5. im Jahre 2003 • 6. jeden Morgen – um sieben • 7. im Sommer • 8. um 8 Uhr • 9. um Mitternacht • 10. am 20. April.

15 *Sein* ou *werden* ? →228
1. W ; wurde • 2. S ; ist • 3. S ; war • 4. W ; wurden • 5. W ; wurde.

16 Les verbes de modalité →83, 133, 146, 147, 233, 277
1. können : Ich kann heute nicht in die Stadt fahren. • 2. wollen : Ich will mich nicht darum kümmern. • 3. müssen : Ich muss unbedingt um 5 Uhr gehen. • 4. sollen : Falls du eher gehen solltest, sag es mir sofort. • 5. sollen : Du solltest auf deine Tasche aufpassen.

17 *Zu* ? →282
1. O : Ich hoffe, dich bald wiederzu-sehen • 2. O : Er glaubt immer alles besser zu wissen als die anderen. • 3. O : Er ist froh, seine Ferien mit uns verbringen zu können. • 4. N : Ich höre ihn Guitarre spielen. • 5. O : Ich habe keine Zeit (nicht die Zeit), mich darum zu kümmern.

18 Subjonctif 1 présent ou passé →234, 235
1. sei … gewesen • 2. gehe … spa-zieren • 3. sei … gegangen • 4. versuche • 5. habe … bestanden • 6. sei … em-pfangen worden • 7. habe … begleiten müssen • 8. habe … verkauft • 9. habe • 10. sei … überfahren worden.

19 L'ordre des mots dans la phrase →164 à 171
1. Glaubst du, dass er noch in der Schweiz wohnt? • 2. Ich gehe heute zum Zahnarzt. • 3. Wie lange bleibst du bei Silke? • 4. In Deutschland arbeitet er seit zehn Jahren. • 5. Dieses Theaterstück von Brecht haben wir schon letzten Sommer gesehen. • 6. Die Kinder im Zug winkten ihren Eltern zu. • 7. Er hat uns eingeladen, aber wir wissen noch nicht, ob wir frei sind. • 8. An einem Januar-abend im Jahre 1999 wurde der Drogenhändler in Berlin festge-nommen. • 9. Ich habe gehört, dass er wieder auf freien Fuß gesetzt worden

ist. • 10. Man sagt, er sei von einem Freund angezeigt worden.

20 *Nicht* ou *kein* ? →149
1. kein • 2. keine • 3. nicht • 4. nicht • 5. keine.

21 *Nur* ou *erst* ? →89
1. nur • 2. nur • 3. erst • 4. erst • 5. nur.

22 La traduction de « à » et « de » →218
1. Angst haben vor + D • 2. fragen + A • 3. denken an + A • 4. verzichten auf + A • 5. abhängen von + D.

23 Le lexique
1. a weck(e) mich →88
2. b aufgewacht →88
3. b eingeschlafen →88
4. b sprechen →222
5. b kann →276
6. a kenne →276
7. b ziemlich viel →106
8. a lehne … ab →219
9. b bestanden →220
10. b verrückt genug →106

Niveau 3

24 La marque du groupe nominal → 7, 107, 189, 190
1. -em • 2. -er • 3. -es • 4. -e ; -e • 5. -e ; -en.

25 La marque et la nature des mots dans le groupe nominal →10, 140, 141, 160
1. -e / masculin faible • 2. -er / adjectif substantivé • 3. -e / masculin faible • 4. -e / masculin faible • 5. -er / adjectif substantivé • 6. ø / masculin fort • 7. ø / masculin fort • 8. -en / masculin faible • 9. -er / adjectif substantivé • 10. -e / masculin faible.

26 Les compléments de temps →243 à 248
1. a morgen früh
2. b zu meiner Zeit
3. a am Donnerstag vorher
4. a am Tag darauf
5. b in vierzehn Tagen
6. a innerhalb eines Monats
7. b ab Ostern
8. a seit dem 1. Juni
9. b alle acht Tage
10. b vom 7. bis zum 15. Juni.

27 Le subjonctif 2 : hypothétique ou irréel ? →236, 237, 238
1. a würde fahren
2. b wäre … gegangen
3. a wäre
4. b würde kaufen
5. a hätte.

28 L'ordre des mots dans la phrase →164-171
1. N • 2. N • 3. N • 4. O • 5. N • 6. N • 7. N • 8. O • 9. O • 10. N.

29 Es →90
1. … handelt es sich…
2. … finde ich schade.
3. Es tut mir leid.
4. In diesem Buch ist … die Rede.
5. Gestern wurde … getanzt.
6. Worum handelt es sich?
7. Es liegt eine Zeitschrift …
8. Es wurde gestern …
9. … dass gestern in diesem Raum …
10. Auf dem Tisch sitzen die …

30 « Dont » →82
1. deren • 2. das • 3. um die • 4. von dem • 5. vor dem.

31 « En » et « y » →85, 278
1. davon • 2. darauf • 3. darauf • 4. dafür • 5. dessen • 6. davon • 7. dort • 8. damit • 9. daran • 10. ihn.

32 Le lexique
1. a ein alter Freund →21
2. a anders →22
3. a bist du … gestochen worden →95
4. b reparieren lassen →95
5. a wechseln lassen →95
6. a hielt … an →28
7. b hörst … auf →28
8. b gewartet →32
9. a gefasst auf →32
10. b es ist →115, 116
11. a vor drei Wochen →115, 116
12. a gibt es →115, 116
13. b schon seit drei Jahren →243 à 248
14. a gehöre … an →102
15. a spreche lieber →187

Les fiches

1 Ab, von... an, von... aus

Ces expressions correspondent à « à partir de », « depuis », « dès ».

1 Sens spatial : « à partir de », « depuis ».

❖ *Ab* + datif.

Ab *der letzten Haltestelle hatte ich einen Sitzplatz.*
À partir du dernier arrêt, j'ai eu une place assise.

Ab est fréquemment suivi du nom sans article.

Ab *München waren wir allein im Abteil.*
À partir de Munich, nous étions seuls dans le compartiment.

Die Waren werden **ab** *Werk geliefert.*
Les marchandises sont livrées départ usine.

❖ *Von... an / von... aus.*
Von... an apporte une nuance temporelle.

Vom *Bahnhof* **aus** *braucht man fünf Minuten zu Fuß.*
À partir de la gare, il faut compter cinq minutes à pied.

Von *Köln* **an** *war der Zug voll besetzt.*
À partir de Cologne, le train était bondé.

Expressions

von hier aus	**von dieser Stelle an**
à partir d'ici	à partir de cet endroit

2 Sens temporel : « à partir de », « depuis », « dès ».

❖ *Ab* + datif ou + accusatif.
Ab est souvent suivi du nom sans article, surtout à l'accusatif.

Ab *der nächsten Woche (ab nächster Woche, ab nächste Woche) wird der Fahrplan geändert.*
À partir de la semaine prochaine, l'horaire change.

Ab *ersten (erstem) Januar wird der Benzinpreis erhöht.*
À partir du premier janvier, le prix de l'essence augmente.

Expressions

ab 10 Uhr	**ab morgen**
à partir de 10 heures	à partir de demain
ab Montag	**ab Oktober**
à partir de lundi	à partir d'octobre

❖ *Von… an / von… auf.*

*Ich wusste es **von** Anfang **an**.*
   Je le savais dès le début.

*Ich kenne ihn **von** Kindheit **auf (an)**.*
   Je le connais depuis ma plus tendre enfance.

Expressions

von nun an
   dès maintenant

von heute an
   dès aujourd'hui

von morgen an
   dès demain

von Jugend auf
   dès la jeunesse

von klein auf
   dès l'enfance

von da an
   à partir de ce moment

3 **Sens quantitatif.**

❖ *Ab +* datif ou accusatif.

*Kleider **ab** 60 €.*
   Robes à partir de 60 €.

*Kinder **ab** 12 Jahre(n) bezahlen den vollen Fahrpreis.*
   Les enfants à partir de 12 ans paient plein tarif.

❖ *Von… an.*

*Alle Schüler **von** der sechsten Klasse **an** bekommen Unterricht in Informatik.*
   Tous les élèves à partir de la sixième auront des cours d'informatique.

> **Traduisez en allemand :**
> **1** À partir de cet instant, il décida de partir. **2** De sa fenêtre, on peut voir la mer. **3** À partir de cinq exemplaires, une remise est accordée (eine Ermäßigung gewähren). **4** Dès demain, je me lèverai plus tôt. **5** Tous les trains au départ de la gare centrale auront du retard. **6** D'ici ce n'est pas très loin. **7** Depuis la tour de télévision (der Fernsehturm), on voit toute la ville. **8** À partir du premier mai, le théâtre sera fermé.

2 Aber

1 *Aber* = «mais», en tant que **conjonction de coordination**, relie deux groupes ou deux propositions indépendantes et marque l'opposition. Ce *aber* n'est pas obligatoirement placé entre les propositions, il peut être intégré dans la seconde.

*Sie ist groß, **aber** er ist klein (er ist **aber** klein).*
   Elle est grande, mais lui, il est petit.

*Klein **aber** schlau.*
   Petit mais futé.

2 *Aber* = «mais», «cependant», **peut porter directement sur un élément qu'il met en relief** et qui, de ce fait, porte un accent. Ce *aber* peut précéder ou suivre ce terme.

*Alle waren gekommen, °er **aber** war zu Hause geblieben.*
*(**aber** °er war zu Hause geblieben.)*
   Tous étaient venus ; lui, cependant, était resté à la maison.

3 *Aber* en tant que particule de discours (→ 179) traduit l'attitude subjective du locuteur à l'égard des faits énoncés. Ce *aber* se trouve souvent dans des exclamatives et exprime l'admiration ou l'impatience du locuteur.

Bist °du **aber** gewachsen!
    Qu'est-ce que tu as grandi !

Jetzt wird es **aber** °Zeit!
    Il est grand temps maintenant !

Remarquez que *zwar… aber* note la concession.

Großvater ist **zwar** alt, **aber** noch sehr rüstig.
    Certes, grand-père est âgé, mais il est encore très en forme.

Mettez *aber* au bon endroit dans la phrase :
1 Das ist fein! **2** Jetzt kann ich nicht kommen, morgen Abend habe ich Zeit.
3 Es regnet, die Sonne scheint. **4** Ist das eine Freude! **5** Nun schnell zu Bett!

3 *Aber* et *sondern*

Aber et *sondern* se traduisent tous les deux par « mais » ; ils ne sont cependant pas employés de la même façon.

1 *Aber* coordonne deux propositions en introduisant une **opposition**. La première proposition peut être positive ou négative.

Ich war sehr müde, **aber** ich konnte nicht schlafen.
    J'étais très fatigué, mais je ne pouvais pas dormir.

Er ist nicht groß, **aber** er ist ein guter Schwimmer.
    Il n'est pas grand, mais il est bon nageur.

2 *Sondern* introduit une rectification après une négation partielle.

Nicht °Peter hat angerufen, **sondern** sein °Bruder.
    Ce n'est pas Pierre qui a appelé, mais son frère.

Er kommt nicht °morgen, **sondern** erst °übermorgen.
    Il ne viendra pas demain, mais seulement après-demain.

Sie ist nicht mit dem °Zug gekommen, **sondern** mit dem °Flugzeug.
    Elle n'est pas venue en train, mais en avion.

→ Pour la négation avec *sondern*, voir aussi **152**.

3 *Nicht nur…, sondern auch…* = « non seulement…, mais aussi… ».

Er ist **nicht nur** ein bekannter Journalist, **sondern auch** ein guter Schriftsteller.
    Il est non seulement un journaliste connu, mais aussi un bon écrivain.

Traduisez en allemand :
1 Le train partit à l'heure (rechtzeitig), mais arriva avec du retard. **2** Il n'a pas bu du vin, mais de l'eau. **3** Sa maison n'est pas très grande, mais elle est confortable (gemütlich). **4** Ce journal n'est pas d'aujourd'hui, mais d'hier. **5** Cette montre n'est pas très jolie, mais elle est pratique. **6** Il est non seulement aimable (liebenswürdig), mais il est aussi sincère (aufrichtig).

4 Accusatif : emplois

On trouve des groupes nominaux ou des pronoms à l'accusatif :

1 Après les verbes transitifs.

❖ Les verbes transitifs, par exemple *abholen, betrachten, treffen,* exigent un complément d'objet direct.

*Wo hast du **ihn** getroffen?*
   Où l'as-tu rencontré ?

Remarquez que l'accusatif est aussi obligatoire avec des verbes comme *geben, schenken, kaufen* qui peuvent avoir un complément au datif.

*Ich kaufe ihm **ein Radio**.*
   Je lui achète une radio.

❖ L'accusatif peut être élidé avec certains verbes.

Jetzt überholt er.
   A présent, il effectue un dépassement.

à côté de :

*Er überholt **einen Mercedes**.*
   Il double une Mercedes.

❖ L'accusatif est obligatoire avec les verbes réfléchis et pronominaux.

*Wäscht er **sich**?*   *Beeil **dich**!*
   Se lave-t-il ?   Dépêche-toi !

2 Après les verbes qui exigent un double accusatif.

*Sein Vater lehrt **ihn die Grammatik**.*
   Son père lui enseigne la grammaire.

*Das kostete **ihn die Goldmedaille**.*
   Cela lui coûta la médaille d'or.

3 Dans des compléments de temps exprimant la durée, la répétition ou la date.

*Er arbeitet **den ganzen Tag**.*
   Il travaille toute la journée.

*Er spielt **jeden Abend** Skat.*
   Il joue tous les soirs au skat.

*Montag, **den 31. Juli**
   le lundi 31 juillet

4 Dans des compléments de l'espace parcouru.

*Er läuft **den Berg** hinab.*
   Il descend de la montagne en courant.

De même avec *herunterkommen, hinaufklettern…*

5 Après les prépositions *in, an, auf, unter, über, vor, hinter, neben, zwischen* pour exprimer un directionnel.

*Ich gehe in **die Stadt**.*
   Je vais en ville.

→ Pour la définition du directionnel, voir **80**.

6 **Après les prépositions *durch, für, gegen, ohne, um,* obligatoirement.**

*Dieses Buch habe ich für **meinen Bruder** gekauft.*
> J'ai acheté ce livre pour mon frère.

→ Pour les prépositions qui entraînent un accusatif, voir **189**.

7 **Après les verbes qui exigent un accusatif.**

❖ En français, il peut s'agir d'un verbe entraînant un complément d'objet indirect.

*Frag **ihn**, wo er wohnt.*
> Demande-lui où il habite.

❖ Certains verbes exigent une préposition + accusatif.

*Wartest du auf **ihn**?*
> L'attends-tu ?

→ Pour la rection des verbes, voir **218**.

8 **Après les adjectifs qui exigent une préposition + accusatif.**

*Der Vater ist stolz auf **seinen Sohn**.*
> Le père est fier de son fils.

→ Pour la rection des adjectifs, voir **216**.

Traduisez en allemand :
1 Demande à ce monsieur où se trouve la gare.   **2** Où va-t-il tous les après-midi ?
3 Est-il monté au sommet (der Gipfel) de la montagne ?   **4** Aujourd'hui, il se promène sans son chien.   **5** Elle pense à ses vacances.   **6** Il est jaloux (neidisch auf + acc.) de sa sœur.

---

5 *Achten, beachten, Acht geben, aufpassen*

1 *Achten.*

❖ *Auf jmn, auf etw.* (acc.) *achten* = « faire attention à » ; « prendre garde à ».

Achte auf die Kinder!
> Fais attention aux enfants !

Achte darauf, dass er pünktlich ist.
> Fais attention à ce qu'il vienne à l'heure.

❖ *Jmn, etw.* (acc.) *achten* = « estimer qqn », « considérer qqn ».

*Er war ein sehr **geachteter** Mann.*
> C'était un homme très considéré.

2 *Beachten.*

❖ *Jmn, etw. (acc.) beachten* = «faire attention à» dans le sens de «suivre», «respecter», «observer», «tenir compte de» (conseil, avertissement, règlement, mode d'emploi, panneaux de signalisation…).

*Man muss die Gebrauchsanweisung **beachten**.*
Il faut suivre le mode d'emploi.

❖ *Jmn, etw. nicht beachten* = «ne pas respecter», «négliger».

*Er hat die Vorfahrt nicht **beachtet**.*
Il n'a pas respecté la priorité.

3 *Acht geben: auf jmn, auf etw. (acc.) Acht geben* = «faire attention», «prendre garde».

***Gib Acht**, da kommt ein Auto!*
Fais attention, voilà une voiture !

4 *Aufpassen.*

Auf jmn, auf etw. (acc.) aufpassen = «faire attention», «garder», «surveiller».

*Ich **passe** heute Abend gern **auf** eure Kinder auf.*
Je veux bien garder vos enfants ce soir.

*Würden Sie bitte **auf** meinen Koffer **aufpassen**?*
S'il vous plaît, pourriez-vous surveiller ma valise ?

Notez que «Attention !» peut se traduire par *Achtung!, Vorsicht!* ou *Pass auf!*

> **Complétez en utilisant le verbe qui convient :**
> **1** Du musst die Verkehrszeichen …! **2** Du musst … deine Sachen … **3** Sie … gern auf ihren kleinen Bruder … **4** Sie hat mein Geschenk überhaupt nicht… **5** … deine Eltern! **6** Dar… müssen wir unbedingt … **7** Die Vorschriften müssen … werden. **8** …, dass uns niemand sieht!

⑥ Adjectifs : généralités

Les adjectifs peuvent être attributs du sujet (ou de l'objet) ou épithètes.

1 Lorsqu'ils sont **attributs du sujet (ou de l'objet)**, ils sont **invariables** (contrairement au français) et font partie du groupe verbal.

*Diese Blumen sind **schön**.*
Ces fleurs sont belles.

⟶ Pour le groupe verbal, voir **108**.

2 Lorsqu'ils sont **épithètes**, ils font partie d'un groupe nominal. Ils sont toujours placés à gauche du nom et sont généralement **variables** (sauf exceptions, ⟶ 9).

*Diese **schönen** Blumen habe ich auf dem Markt gekauft.*
Ces belles fleurs, je les ai achetées au marché.

Leurs terminaisons varient selon :
– le cas du groupe (nominatif, accusatif, datif, génitif) ;
– le nombre (singulier ou pluriel) ;
– le genre du nom (masculin, neutre, féminin) ;
– le type du groupe (type I ou type II).

⟶ Pour le groupe nominal, voir **107**.

7 Adjectif épithète dans les deux types de groupes nominaux

Il y a deux types de groupes nominaux.

1 Le type I.

❖ Le type I est caractérisé par la présence d'un déterminatif. Les déterminatifs du groupe nominal du type I peuvent être :
– l'article défini *der, das, die* ;
– l'article indéfini *ein* (et *kein*) et les adjectifs possessifs *mein, dein, sein, ihr, unser, euer, ihr, Ihr,* sauf à trois cas : le nominatif masculin singulier, les nominatif et accusatif neutres singuliers ;
– les adjectifs démonstratifs *dieser, dieses, diese, jener, jenes, jene* ;
– *jeder, jedes, jede* ;
– et les pluriels *alle, welche.*

❖ Ce déterminatif (D) peut prendre une des cinq marques *-er, -en, -em, -es, -e.*

❖ L'adjectif qualificatif (A) peut prendre une des deux marques *-e, -en.*

Tableau des marques du type I								
	Masculin		Neutre		Féminin		Pluriel	
	D	**A**	D	**A**	D	**A**	D	**A**
Nominatif	er	**e**	a(e)s	**e**	e	**e**	e	**en**
Accusatif	en	**en**	a(e)s	**e**	e	**e**	e	**en**
Datif	em	**en**	em	**en**	er	**en**	en	**en**
Génitif	es	**en**	es	**en**	er	**en**	er	**en**
D : déterminatif **A** : adjectif								

L'adjectif épithète du type I peut ainsi prendre deux marques.

❖ *-e* aux cas suivants.

N masc. sg. : *Der **alte** Wagen steht vor der Tür.*
La vieille voiture est devant la porte.

N neutre sg. : *Das **große** Schiff ist verkauft worden.*
Le grand bateau a été vendu.

N fém. sg. : *Die **berühmte** Kirche befindet sich in der Stadtmitte.*
La célèbre église se trouve au centre de la ville.

A neutre sg. : *Siehst du das **weiße** Haus?*
Vois-tu la maison blanche ?

A fém. sg. : *Kennst du diese **seltsame** Geschichte?*
Connais-tu cette étrange histoire ?

❖ *-en* à tous les autres cas.

*Fährst du mit diesem **alten** Wagen nach Spanien?*
Vas-tu en Espagne avec cette vieille voiture ?

2 Le type II.

Le type II est caractérisé par :

❖ Soit l'absence de déterminatif.

Liebe Eltern!
Chers parents !

❖ Soit la présence de *ein, kein* et des possessifs à l'un des cas suivants : nominatif masculin singulier, nominatif et accusatif neutre singulier.

***Ein schöner Wagen** steht vor der Tür.*
Il y a une belle voiture devant la porte.

❖ Le transfert sur l'adjectif (ou les adjectifs, s'il y en a plusieurs) de l'une des cinq marques *-er, -en, -em, -es, -e*.

Tableau des marques du type II							
	Masculin		Neutre		Féminin		Pluriel	
	D	**A**	D	**A**	D	**A**	D	**A**
Nominatif	(ein) ø	**er**	(ein) ø	**es**	ø	**e**	ø	**e**
Accusatif	ø	**en**	(ein) ø	**es**	ø	**e**	ø	**e**
Datif	ø	**em**	ø	**em**	ø	**er**	ø	**en**
Génitif	ø	**en**	ø	**en**	ø	**er**	ø	**er**
D : déterminatif **A** : adjectif							

L'adjectif épithète du type II peut donc prendre cinq marques.

-er ***Lieber** Peter!*
Cher Pierre !

-en ***Guten** Abend!*
Bonsoir !

-e ***Gute** Reise!*
Bon voyage !

-em *Bei **schlechtem** Wetter bleibe ich zu Hause.*
Par mauvais temps, je reste à la maison.

-es *Ich möchte **kaltes** Wasser.*
Je voudrais de l'eau fraîche.

Attention : au génitif masculin et neutre singulier, on ne transfère pas *-es* (de *des*), mais *-en*.

*Er ging **frohen** Herzens spazieren.*
Il alla se promener le cœur joyeux.

1. Indiquez le type du groupe nominal imprimé en gras :
1 Hast du **meine neuen Schuhe** geputzt? **2 Lieber Onkel!** **3** Sie wohnen in **einem schönen Haus**. **4** Sie haben zwei **große Söhne**. **5 Unser neuer Lehrer** ist krank. **6** Hast du **meinen blauen Hut** gesehen? **7** Wo hast du **diesen grauen Anzug** gekauft? **8** Er hat sich die Glasfenster **der alten Kirche** angeschaut. **9 Welche deutschen Städte** kennst du? **10** Hast du schon **ein interessanteres Buch** gelesen?

2. Complétez les marques manquantes, s'il y a lieu :
1 Sein... ehemalig... Nachbarn sind heute zu Besuch. **2** Unser... best... Freund ist im Krankenhaus. **3** Er hat ein... lang... Mantel aus schwarz... Leder an. **4** Das war ein... schlimm... Unfall. **5** Wo hast du mein... blau... Jacke hingelegt?

8 Adjectifs épithètes après *all-, ander-, beid-, einig-, folgend-, manch-, mehrer-, sämtlich-, solch-, viel-, welch-*

All- (tous les), *ander-* (d'autres), *beid-* (les deux), *einig-* (quelques), *folgend* (les... suivants), *manch-* (plus d'un), *mehrer-* (plusieurs), *solch-* (un tel, de tels), *sämtlich-* (tous les, l'ensemble de), *viel-* (beaucoup de), *welch-* (quel, quels).

Selon les cas et selon le singulier ou le pluriel, ces éléments peuvent prendre les marques de l'article défini et former des groupes nominaux du type I (→ 7), ou bien être considérés comme des adjectifs, et former alors des groupes nominaux du type II.

Les règles suivantes sont une simplification, mais en les observant, on est à l'abri de reproches éventuels...

1 Les éléments suivants prennent les **marques de l'article défini** (→ le groupe nominal, type I, 7).

❖ *All-.*
Alle anwesenden Kinder waren begeistert.
  Tous les enfants présents étaient ravis.

❖ *Beid-.*
Ich kenne beide jungen Damen.
  Je connais les deux jeunes femmes.

❖ *Solch-.*
Wir haben solches schöne Wetter!
  Nous avons si beau temps !

On peut dire aussi *solch ein schönes Wetter* (*solch* invariable ! → groupe nominal type II) ou *so ein schönes Wetter*.

❖ *Welch-.*

Welcher gute Schachspieler *möchte gegen mich spielen?*
Quel bon joueur d'échecs voudrait jouer contre moi ?

On peut dire aussi *welch guter Schachspieler* (*welch* invariable → groupe nominal type II).

2 Les éléments suivants sont **considérés comme des adjectifs** (→ le groupe nominal type II, 7).

❖ *Ander-.*

*Ich habe noch **andere interessante Bücher.***
J'ai encore d'autres livres intéressants.

❖ *Mehrer-.*

*Sie haben **mehrere kleine Kinder.***
Ils ont plusieurs jeunes enfants.

3 Les éléments suivants prennent les marques de l'article au singulier (emploi rare). Au pluriel, ils sont considérés comme des adjectifs.

❖ *Einig-.*

*Bei **einigem guten Willen** wirst du es schaffen!*
Avec un peu de bonne volonté tu y arriveras!

*Sie haben **einige alte Bäume** im Garten.*
Ils ont quelques vieux arbres dans le jardin.

❖ *Folgend-.*

*Könnten Sie **folgendes sehr interessante** Kapitel kopieren?*
Pourriez-vous copier le chapitre suivant qui est fort intéressant ?

***Folgende französische Werke** habe ich gelesen:...*
J'ai lu les œuvres françaises suivantes :...

❖ *Manch-.*

*Aus **mancher schwierigen Situation** hat er einen Ausweg gefunden.*
Il s'est sorti de plus d'une situation délicate.

***Manche Angestellte** haben gestreikt.*
Quelques employés ont fait grève.

Manch peut aussi rester invariable. Dans ce cas, l'adjectif suit le type II : *aus **manch schwieriger Situation**.*

❖ *Sämtlich-.*

*Sie sind mit **sämtlichem gestohlenen Geld** verschwunden.*
Ils ont disparu avec la totalité de l'argent volé.

*Er besitzt **sämtliche klassische Werke** der deutschen Literatur.*
Il possède la totalité des œuvres classiques de la littérature allemande.

❖ *Viel-.*

*Mit **vielem heißen Wasser** könnte man das Eis zum Schmelzen bringen.*
Avec beaucoup d'eau chaude on pourrait faire fondre la glace.

*Dort sieht man **viele hohe Häuser.***
Là-bas on voit beaucoup de maisons hautes.

On peut dire aussi *mit viel heißem Wasser* (*viel* invariable ! → groupe nominal type II).

1. Complétez :
1 All... gut... Restaurants befinden sich in diesem Viertel. **2** Dort sind einig... deutsch... Bücher zu kaufen. **3** Bei solch... schlecht... Wetter gehe ich nicht spazieren. **4** Ich habe in Deutschland schon manch... gut... Bier getrunken. **5** Welch... bekannt... Weine gibt es in dieser Gegend?

2. Traduisez en allemand :
1 J'ai vu d'autres films intéressants. **2** Quelques amis allemands m'ont rendu visite. **3** En Italie, il y a de nombreuses villes agréables à visiter. **4** As-tu beaucoup de timbres étrangers ? **5** J'ai lu toutes les poésies connues de Heine.

9 Adjectifs épithètes invariables

Dans deux cas tout à fait particuliers, l'adjectif épithète est invariable en allemand.

1 Les **noms de villes en -er**, avec une majuscule, peuvent se trouver dans un groupe nominal en position d'adjectif épithète ; ils sont alors invariables.

*der **Kölner** Dom*
  la cathédrale de Cologne

*im **Kölner** Dom*
  dans la cathédrale de Cologne

mais Kölnisch ou Kölnisches Wasser
  « de l'eau de Cologne »

2 Certains adjectifs de couleur sont invariables, comme *rosa* = « rose », *lila* = « lilas », **beige** = « beige », *orange* = « orange ».

*Wo hast du dieses **rosa** Kleid gekauft?*
  Où as-tu acheté cette robe rose ?

On peut cependant toujours former un adjectif composé avec *-farben* ou *-farbig*, qui sera alors décliné.

*Ich habe einen **orangefarbenen** Hut.*
  J'ai un chapeau orange.

Traduisez en allemand :
1 As-tu déjà visité la cathédrale (das Münster) de Strasbourg ? **2** Mets ta robe lilas ! **3** Je connais le port de Hambourg. **4** Pourquoi emportes-tu ton chapeau rose ? **5** La mode (die Mode) parisienne a beaucoup de succès (der Erfolg).

10 Adjectifs substantivés

1 **Des adjectifs peuvent jouer le rôle d'un nom :** ils prennent alors une majuscule et les mêmes marques que l'adjectif épithète.

*Heute Morgen habe ich einen **Blinden** gesehen.*
Ce matin, j'ai vu un aveugle.

Les différentes formes de l'adjectif substantivé ***Blind*-**					
Singulier	N *der Blinde*	*ein Blinder*	Pluriel	N *Blinde*
	A *den Blinden*	*einen Blinden*		A *Blinde*
	D *dem Blinden*	*einem Blinden*		D *Blinden*
	G *des Blinden*	*eines Blinden*		G *Blinder*

2 **Il ne faut pas confondre cet adjectif substantivé avec l'adjectif épithète d'un groupe nominal** dont le nom est sous-entendu (référence au contexte antérieur ou à la situation d'énonciation) : dans ce cas, l'adjectif ne prend pas de majuscule.

*Du hast aber einen schönen Rock! Ich hab auch einen **hübschen**.* (sous-entendu : *Rock*)
Tu en as une belle jupe ! Moi aussi j'en ai une jolie.

Montrant des poires à l'étalage :

*Haben Sie **reifere?*** (sous-entendu : *Birnen*)
En avez-vous des plus mûres ?

3 **Certains noms, formés à partir d'adjectifs, sont en réalité des noms masculins faibles** (→ 141), par exemple ***der Junge, der Invalide**.*

*Ein **Junge** wartet auf dich* (et non : ~~*ein Junger*~~!).
Un garçon t'attend.

> Introduisez l'adjectif indiqué en le mettant à la bonne forme (substantivé ou non) :
> **1** Ich bin kein... (heilig). **2** Ich wünsche Ihnen alles... (gut). **3** Ein... sitzt vor seinem Haus (alt). **4** (Vor einem Aquarium) : Schauen Sie sich mal diese... an (gelb)! **5** Möchtest du mit diesem... spazieren gehen (jung)? **6** Das... ist, man fühlt sich wohl (wichtig au superlatif).

11 Adjectifs dérivés

Les adjectifs dérivés se forment au moyen de suffixes et préfixes à partir de noms, de verbes, d'adjectifs et d'adverbes.

Formation avec des suffixes

1 **Formation à partir de noms.**

❖ *lich*

das Glück	*glück**lich***	*der Osten*	*öst**lich***
le bonheur	heureux	l'est	oriental

❖ -bar

die Furcht	furcht**bar**	die Frucht	frucht**bar**
la peur	terrible	le fruit	fertile

❖ -haft

der Vorteil	vorteil**haft**	der Frühling	frühlings**haft**
l'avantage	avantageux	le printemps	printanier

❖ -ig

die Freude	freud**ig**	der Bart	bärt**ig**
la joie	joyeux	la barbe	barbu

❖ -en / -ern (noms de matière)

das Gold	gold**en**	der Stein	stein**ern**
l'or	d'or	la pierre	de pierre

❖ -isch (noms d'habitant de pays)

der Franzose	französ**isch**	der Europäer	europä**isch**
le Français	français	l'Européen	européen

❖ -er (noms de villes)

Köln	Köln**er**	Dresden	Dresdn**er**
Cologne	de Cologne	Dresde	de Dresde

❖ -los et -frei (dépourvu de)

der Erfolg	erfolg**los**	der Alkohol	alkohol**frei**
le succès	sans succès	l'alcool	sans alcool

❖ -voll et -mäßig

der Wert	wert**voll**	das Recht	recht**mäßig**
la valeur	précieux	le droit	de droit (légal)

2 Formation à partir de verbes.

❖ -sam

folgen	folg**sam**	sparen	spar**sam**
suivre	obéissant	économiser	économe

❖ -bar

essen	ess**bar**	trinken	trink**bar**
manger	comestible	boire	potable

3 Formation à partir d'adjectifs.

❖ -sam

lang	lang**sam**	selten	selt**sam**
long	lent(ement)	rare	bizarre

❖ -lich

krank	kränk**lich**	blau	bläu**lich**
malade	maladif	bleu	bleuâtre

4 Formation à partir d'adverbes.

❖ *-ig*

morgen demain — *morg**ig*** de demain — *dort* là-bas — *dort**ig*** de là-bas

Formation avec des préfixes

1 ***un***- (sens contraire).

***un**glaublich* incroyable — ***un**glücklich* malheureux — ***un**bekannt* inconnu — ***un**verständlich* incompréhensible

2 ***miss***- (sens négatif).

***miss**trauisch* méfiant — ***miss**mutig* de mauvaise humeur

> **Formez des adjectifs dérivés avec le suffixe adéquat :**
> 1 Vater 2 tragen 3 Nikotin 4 wirken 5 froh 6 heute 7 Rätsel 8 Chinese 9 Glas 10 rot 11 Hamburg 12 Winter 13 klein 14 Freund 15 Arbeit 16 Fehler.

12 Adjectifs composés

Les adjectifs composés se forment par juxtaposition de deux termes. Comme pour les noms composés (⟶ 57), on distingue les **adjectifs composés déterminatifs** et les **adjectifs composés coordinatifs**, moins nombreux.

Adjectifs composés déterminatifs

L'adjectif qui sert de terme de base, le **déterminé**, se trouve en 2e position. Il participe aux marques du groupe nominal et fournit le sens de base. Le **déterminé** est spécifié par le 1er terme, le **déterminant.** Celui-ci porte l'accent principal.

hell + *grün* ➞ *°hellgrün* (vert clair)
déterminant + déterminé

*ein **hellgrünes** Kleid*

Les termes qui entrent dans la composition peuvent être :

1 Adjectif + adjectif.

❖ Le 1er terme, le déterminant, indique une restriction ou une variété du sens du déterminé. La composition se fait le plus souvent sans élément de liaison.

halbrund en demi-cercle — ***dunkelrot*** rouge foncé

❖ Le 1er terme indique un degré plus élevé.

bitterkalt très froid (*bitter* = amer) — ***superklug*** très intelligent

2 **Adjectif + participe I ou II.**

vielsagend
significatif ; « qui en dit long »

wohlerzogen
bien élevé

Attention : un grand nombre d'expressions formées avec participe I ou II comme 2e terme s'écrivent aujourd'hui séparément lorsque le premier terme peut être gradué (par exemple par *sehr* ou *ganz*) :

weit blickend
qui voit loin, clairvoyant

dicht bevölkert
très peuplé (*dicht* = dense)

wohl durchdacht
bien réfléchi

frisch gebacken
« qui sort du four »

⟶ Pour l'orthographe, voir **172**.

3 **Nom + adjectif.**

❖ Un grand nombre d'adjectifs composés sont formés sur ce modèle, où le 1er terme introduit une comparaison.

himmelblau
bleu ciel

schneeweiß
blanc comme neige

❖ L'élément de liaison peut correspondre à une marque de génitif ou de pluriel.

kinderleicht
très facile

riesengroß
très grand (*der Riese* = le géant)

⟶ Pour les éléments de liaison dans les noms composés, voir **157**.

❖ Le 1er terme, qui est souvent un nom d'animal, sert de façon méta-phorique à exprimer un degré élevé.

bienenfleißig
très travailleur (comme une abeille)

hundemüde
très fatigué (comme un chien)

4 **Nom + participe I ou II.**
Il y a soudure graphique lorsque le 1er terme nominal correspond en fait à un groupe syntaxique.

❖ groupe nominal au génitif, au datif ou à l'accusatif.

hilfsbedürftig (der Hilfe bedürftig)
dans le besoin

meterlang (mehrere Meter lang)
long de quelques mètres

❖ groupe prépositionnel.

freudestrahlend (vor Freude strahlend)
rayonnant de joie

angsterfüllt (von Angst erfüllt)
angoissé (« plein d'angoisse »)

5 **Radical de verbe** (ou radical + -e de liaison) + **adjectif.**

waschecht
résistant au lavage

pflegeleicht
facile à entretenir

djectifs composés coordinatifs

Dans les adjectifs composés coordinatifs, les deux termes sont reliés par une relation de coordination : ils sont sur le même plan, les deux valeurs coexistent. C'est souvent le 2e terme qui porte l'accent.

taubstumm   **helldunkel**   **deutsch-fran°zösisch**
sourd-muet   clair-obscur   franco-allemand

> **Formez des adjectifs composés à partir des explications :**
> **1** blond wie Stroh **2** schwarz wie ein Rabe **3** zu Hause gemacht **4** krank auf der See **5** blind für Farben **6** grün wie Gras **7** von prächtiger (= somptueux) Farbe **8** notwendig zum Leben.

13 Adjectifs démonstratifs

1 *Der, das, die* accentués.

Der, das, die accentués ont la valeur d'un adjectif démonstratif et se déclinent comme l'article défini (→ 30).

*Schau mir mal °**die** Blume an!*
   Regarde voir cette fleur-là !

Der, das, die sont souvent renforcés par *da* ou *dort*.

*Gib mir mal °**den** Apfel **da!***
   Donne-moi voir cette pomme-là !

2 *Dieser, dieses, diese.*

Dieser, dieses, diese se déclinent comme l'article défini.

*Hast °du **diesen** Brief geschrieben?*
   Est-ce toi qui as écrit cette lettre ?

3 *Jener, jenes, jene.*

Jener, jenes, jene se déclinent comme l'article défini. Ce démonstratif s'emploie dans les cas suivants.

❖ En corrélation avec *dieser* pour désigner un élément plus éloigné du locuteur.

***Dieser** Baum ist recht groß geworden.*
   Cet arbre-ci a bien grandi.

***Jener** Baum (der Baum dort) ist am Sterben.*
   Cet arbre là-bas est en train de mourir.

❖ Seul, avec une nuance emphatique, surtout pour le passé.

*Zu **jener** Zeit hatte er noch einen Bart.*
   En ce temps-là, il avait encore la barbe.

→ Pour les pronoms démonstratifs, voir aussi **204**.

4 *Solcher, solches, solche.*

❖ *Solch-* indique la qualité ou l'intensité ; il se traduit par « un tel… ». Il peut être décliné (comme l'article défini), ou non décliné.

*Hast du schon **solche** Schuhe gesehen?*
   As-tu déjà vu de pareilles chaussures ?

❖ Il peut être non décliné, mais uniquement dans les cas suivants.

– Devant un article indéfini.

*Ist er bei **solch** einem Wetter spazieren gegangen?*
   Il est allé se promener par un temps pareil ?

– Devant un adjectif.

*Ich habe noch nie **solch** gutes Bier getrunken.*
   Je n'ai encore jamais bu de la bière aussi bonne.

Remarquez que *solch-* est souvent remplacé par *so* invariable.

*Wie kann man nur **so** einen Tee trinken?*
   Comment peut-on boire un thé comme ça ?

> **Traduisez en allemand :**
> **1** As-tu déjà vu cet homme quelque part ? **2** Cette maison-ci appartient à ses parents ; cette maison là-bas ne leur appartient plus. **3** Pourquoi y a-t-il (herrschen) ici un tel silence ? **4** J'ai une de ces soifs ! **5** Avec un parapluie comme ça, tu vas certainement te faire remarquer (auffallen). **6** J'ai rarement mangé de la viande aussi bonne.

14 Adjectifs possessifs

1 **Possesseur unique.**

1re personne	Masculin	Neutre	Féminin	Pluriel
N	*mein*	*mein*	*meine*	*meine*
A	*meinen*	*mein*	*meine*	*meine*
D	*meinem*	*meinem*	*meiner*	*meinen*
G	*meines*	*meines*	*meiner*	*meiner*

2e personne	Masculin	Neutre	Féminin	Pluriel
N	*dein*	*dein*	*deine*	*deine*
A	*deinen*	*dein*	*deine*	*deine*
D	*deinem*	*deinem*	*deiner*	*deinen*
G	*deines*	*deines*	*deiner*	*deiner*

3e personne	Masculin	Neutre	Féminin	Pluriel
N	*sein / ihr*	*sein / ihr*	*seine / ihre*	*seine / ihre*
A	*seinen / ihren*	*sein / ihr*	*seine / ihre*	*seine / ihre*
D	*seinem / ihrem*	*seinem / ihrem*	*seiner / ihrer*	*seinen / ihren*
G	*seines / ihres*	*seines / ihres*	*seiner / ihrer*	*seiner / ihrer*

À la troisième personne du singulier, le choix du possessif dépend du genre du possesseur.

❖ Si le possesseur est masculin ou neutre, on utilise *sein.*

*Mein Onkel wohnt in Berlin; **seine** Tochter lebt in Hamburg.*
Mon oncle habite à Berlin ; sa fille vit à Hambourg.

❖ Si le possesseur est féminin, on utilise *ihr.*

*Brigitte ist heute zu Hause; sie macht **ihre** Schulaufgaben.*
Brigitte est aujourd'hui à la maison ; elle fait ses devoirs.

2 Possesseurs multiples.

1re personne	Masculin	Neutre	Féminin	Pluriel
N	unser	unser	unsere	unsere
A	unseren	unser	unsere	unsere
D	unserem	unserem	unserer	unseren
G	unseres	unseres	unserer	unserer
2e personne	Masculin	Neutre	Féminin	Pluriel
N	euer	euer	eure	eure
A	euren	euer	eure	eure
D	eurem	eurem	eurer	euren
G	eures	eures	eurer	eurer
3e personne	Masculin	Neutre	Féminin	Pluriel
N	ihr	ihr	ihre	ihre
A	ihren	ihr	ihre	ihre
D	ihrem	ihrem	ihrer	ihren
G	ihres	ihres	ihrer	ihrer

3 Possesseur unique ou possesseurs multiples.

	Forme de politesse			
	Masculin	Neutre	Féminin	Pluriel
N	Ihr	Ihr	Ihre	Ihre
A	Ihren	Ihr	Ihre	Ihre
D	Ihrem	Ihrem	Ihrer	Ihren
G	Ihres	Ihres	Ihrer	Ihrer

Traduisez en allemand :
1 Ma sœur a invité ses amis. **2** Pierre, où avez-vous posé vos lunettes ? **3** Notre voiture est grise. **4** Paul a déménagé (umziehen) ; connais-tu son nouvel appartement ? **5** Inge ressemble (jmm ähnlich sehen) à son frère. **6** Leurs valises ont disparu.

15 Adverbes de lieu

Ils peuvent exprimer le locatif (le lieu où l'on est), la direction et la provenance.

1 Le locatif.

hier ici	**drinnen** dedans	**oben** en haut	**hinten** derrière
da là	**draußen** dehors	**unten** en bas	**rechts** à droite
dort là-bas	**drüben** de l'autre côté	**vorn** devant	**links** à gauche

*Warum bleibst du **draußen?***
Pourquoi restes-tu dehors ?

***Oben** sind noch vier Zimmer.*
En haut, il y a encore quatre chambres.

*Meine Eltern wohnten **drüben**.*
Mes parents habitaient de l'autre côté (de la frontière, par exemple).

⟶ Pour le locatif, voir **139**.

2 La direction (directionnel).

Dahin, dorthin, nach oben, nach unten, nach vorn, nach hinten, nach rechts, nach links, nach innen, nach außen.

*Warum schaust du **nach oben?***   *Er fährt **nach links**.*
Pourquoi regardes-tu en l'air ?   Il tourna à gauche.

⟶ Pour le directionnel, voir **80**.

Expressions

pour des véhicules :

vorwärts fahren = avancer   *rückwärts fahren* = reculer

3 La provenance.

Von hier, von da, von dort; von oben, von unten; von vorn, von hinten; von rechts, von links; von drinnen, von draußen, von drüben.

Bist du von hier?   *Ich kam von rechts.*
Es-tu d'ici ?   Je venais de la droite.

⟶ Pour *her* et *hin,* voir aussi **112**.

> **Traduisez en allemand :**
> **1** Viens-tu de dehors ? **2** En haut, j'ai trouvé ton manteau. **3** Regarde vers l'avant ! **4** Va à droite ! **5** Il vient d'en bas. **6** Avance un peu !

16 Adverbes de temps

Les adverbes de temps expriment différentes manières d'appréhender le temps.

1 Le passé plus ou moins lointain.

einst, früher
autrefois

damals
à cette époque-là

Il faut bien distinguer *früher* et *damals*. *Früher* fait référence à un moment du passé vu à partir du moment où l'on parle, alors que *damals* fait référence à un moment du passé à partir d'un autre moment du passé.

Früher fuhr man mit dem Schiff nach Amerika.
Autrefois, on prenait le bateau pour aller en Amérique.

Er lebte im 19. Jahrhundert; damals gab es das Flugzeug noch nicht.
Il vécut au dix-neuvième siècle ; à cette époque-là, l'avion n'existait pas.

2 Le passé proche.

gerade
à l'instant

soeben
venir de

vorhin
tout à l'heure

kürzlich, vor kurzem
récemment

neulich
l'autre jour

Er hat soeben angerufen.
Il vient de téléphoner.

Ich habe ihn vor kurzem getroffen.
Je l'ai rencontré il y a peu de temps.

→ Pour « venir de + infinitif », voir **256**.

3 Le présent.

jetzt, nun
maintenant

gegenwärtig
actuellement

heutzutage
de nos jours

Heutzutage liest man weniger als früher.
De nos jours, on lit moins qu'autrefois.

4 Le futur proche.

gleich, sofort
tout de suite, à l'instant, aller + infinitif

bald
bientôt

demnächst
prochainement

Demnächst in unserem Theater:...
Bientôt dans nos salles (de théâtre) :...

→ Pour « venir de » + infinitif, voir **256**.

5 La durée.

lange
longtemps

Das Konzert hat lange gedauert.
Le concert a duré longtemps.

→ Pour *lang, lange*, voir **134**.

6 La permanence.

immer noch
toujours

stets
sans cesse

dauernd
en permanence

beständig
constamment

Sie ist dauernd krank.
Elle est constamment malade.

→ Pour la traduction de « toujours », voir aussi **251**.

7 La répétition et la fréquence.

wieder, von neuem
à nouveau

immer wieder
toujours

oft, öfters
souvent

selten
rarement

meistens
la plupart du temps

Beim Skilaufen ist er immer wieder hingefallen.
Au ski il n'arrêtait pas de tomber.

Er ist wieder in die Vereinigten Staaten gefahren.
À nouveau, il est parti aux États-Unis.

Attention : Il ne faut pas confondre ce *wieder,* qui est adverbe et se place devant le groupe verbal, avec le préverbe séparable *wieder* qui est attaché au verbe dans la subordonnée et aux temps composés. Pour l'exemple ci-dessus, il serait donc faux de dire : *Er ist in die Vereinigten Staaten wiedergefahren.*

→ Pour le groupe verbal, voir **108**.

→ Pour les préverbes séparables, voir **196**.

→ Pour « toujours », voir **251**.

→ Pour *meist, meistens,* voir **143**.

8 La progression.

allmählich, nach und nach
peu à peu

immer mehr
toujours plus

immer weniger
toujours moins

9 La discontinuité.

manchmal, ab und zu, zuweilen, von Zeit zu Zeit
de temps en temps

bald... bald...
tantôt... tantôt...

Es hat ab und zu geregnet.
Il a plu de temps en temps.

10 La succession.

zuerst, zunächst, erst
d'abord

dann
ensuite

zuletzt, schließlich
à la fin, finalement

Zuerst gehe ich zum Bäcker, dann zum Fleischer, und zuletzt kaufe ich noch Blumen.
D'abord je vais chez le boulanger, ensuite chez le boucher et à la fin, j'achèterai des fleurs.

→ Pour *endlich* et *schließlich,* voir aussi **87**.

→ Pour les compléments de temps, voir également les **243-248**.

> **Traduisez en allemand :**
> **1** Il vient tout de suite. **2** Autrefois, il n'y avait pas d'autoroute ici. **3** Je viens de m'acheter une nouvelle robe. **4** Est-ce qu'il a à nouveau de la fièvre ? **5** J'y pense toujours. **6** Il gagne toujours plus. **7** Vient-il souvent ici ? **8** De nos jours, on mange de moins en moins de pain. **9** Il est constamment enrhumé (einen Schnupfen haben). **10** A cette époque-là, il y avait une école dans chaque village.

17 Aimer (traductions)

1 *Jmn, etw.* (acc.) *lieben* = « éprouver de l'amour pour qqn, pour qqch. » (sentiment profond).

Die Mutter liebt ihre Kinder. Er liebt klassische Musik.
La mère aime ses enfants.   Il aime la musique classique.

2 *Jmn lieb haben* = « éprouver de l'affection, de l'amour pour qqn » (exprime la tendresse).

Ich hab dich lieb.
Je t'aime.

3 *Jmn, etw.* (acc.) *gern haben* = « bien aimer qqn, qqch. » (atténué).

Ich hab dich gern.
Je t'aime bien.

4 *Jmn (gern) mögen; jmn nicht mögen* = « bien aimer qqn » ; « ne pas aimer qqn ».

Magst du ihn?   *Niemand mochte diesen Lehrer.*
Est-ce que tu l'aimes bien ?   Personne n'aimait ce professeur.

5 *Etw. gern essen, gern trinken; etw. mögen* = « aimer boire ou manger qqch. ».

Essen Sie gern Fisch?   *Trinkst du gern Wein?*   *Ich mag kein Bier.*
Aimez-vous le poisson ?   Aimes-tu le vin ?   Je n'aime pas la bière.

6 *Etw. gern tun* (*gern* + verbe) = « aimer faire qqch. ».

Liest du gern?   *Er reist gern.*
Aimes-tu lire ?   Il aime voyager.

7 *Etw. lieber mögen, lieber haben, lieber tun (als)* = « aimer mieux, préférer » (→ aussi 187).

Sie mag dein erstes Buch lieber als dein zweites.
Elle aime mieux ton premier livre que ton second.

Das tue ich lieber.
J'aime mieux faire cela.

8 *Ich möchte (gern) etw.* (acc.); *ich möchte (gern) etw. tun* = « j'aimerais, je voudrais qqch. ; j'aimerais, je voudrais faire qqch. ».

Möchten Sie noch etwas Eis?
   Voudriez-vous encore de la glace ?

Ich möchte gern heute Abend ausgehen.
   J'aimerais bien sortir ce soir.

Traduisez en allemand :
1 Elle aime jouer du piano. **2** Je n'aime pas les escargots (Schnecken). **3** Elles n'aiment pas cet acteur (der Schauspieler). **4** Voudrais-tu sortir avec moi ? **5** J'aime mieux aller au cinéma qu'au théâtre. **6** Il aime Pierre comme un frère.

---

18 *Allein*

1 *Allein* **en tant qu'adverbe** en relation avec un verbe signifie « être, faire qqch. seul ».

Das Kind kann schon allein laufen.
   L'enfant sait déjà marcher seul.

Ich möchte jetzt allein bleiben.
   J'aimerais rester seul maintenant.

2 *Allein* **peut précéder ou suivre directement un groupe nominal** qui est alors accentué. Dans ce cas, *allein* porte sur ce GN et a un **sens restrictif**. Il peut être remplacé par *nur*.

Allein der Ge°danke an diese Arbeit macht mich krank.
(Der Ge°danke allein...).
   Rien que de penser à ce travail me rend malade.
   (litt. : la seule pensée de ce travail me rend malade.)

Er allein kann mich verstehen.
   Lui seul peut me comprendre.

3 *Allein* **en tant que conjonction de coordination** relie deux propositions indépendantes et **marque l'opposition**. *Allein* a alors le sens de « seulement », « mais », et peut être remplacé par *aber*; cet emploi relève du style soutenu. *Allein* ne compte pas comme premier élément de la proposition.

Er hätte sie gern eingeladen, allein er wusste nicht, wie sie reagieren würde.
   Il aurait bien voulu l'inviter, mais il ne savait pas quelle serait sa réaction.

Remarquez que « un seul », « une seule personne » se traduisent par *ein Einziger, eine Einzige, ein Einziges,* qui sont déclinés et qui s'écrivent avec une majuscule.

Der Einzige (der einzige Mensch), zu dem ich Vertrauen habe...
   La seule personne en qui j'aie confiance...

Traduisez en allemand :
1 Lui seul est capable de réparer cette voiture. **2** J'étais mort de fatigue (todmüde), mais je ne pouvais pas dormir. **3** As-tu le droit de partir seul (verreisen) ?

---

19 **Aller** (traductions)

1 *Gehen* a le sens général de « se déplacer à une allure normale », « aller à pied ». Il peut être renforcé par *zu Fuß* = « à pied ».

Geh doch bitte mal zum Bäcker!
  S'il te plaît, va chez le boulanger !

Gehst du zu Fuß zur Schule?
  Vas-tu à pied à l'école ?

2 *Laufen* peut signifier « courir », mais également « aller à pied », opposé à *fahren*.

Lauf doch schnell mal zum Fleischer!
  Va vite chez le boucher !

Heute wollen wir in die Stadt laufen (ou zu Fuß in die Stadt gehen), nicht fahren.
  Aujourd'hui, nous allons à pied en ville, pas en voiture.

3 *Fahren* signifie « se déplacer avec un véhicule quelconque ».

Wie fahre ich am schnellsten nach Hamburg? Mit dem Auto, mit dem Zug oder mit dem Schiff?
  Quel est le moyen le plus rapide pour aller à Hambourg ? La voiture, le train ou le bateau ?

4 *Fliegen* a le sens de « voyager en avion ».

Oder soll ich lieber fliegen?
  Où dois-je plutôt prendre l'avion ?

> **Complétez en ajoutant le verbe qui convient :**
> **1** Wie lange... wir bis nach Berlin (en avion)? **2** Dieser Bus... nur sonntags. **3** Komm, wir wollen in den Garten... **4** ... du mit der Air France oder mit der Lufthansa? **5** Im Urlaub sind wir am Strand viel... **6** Wir sind mit dem Schiff nach Griechenland...

20 *Als* ou *wenn* ?

1 *Als,* comme conjonction de subordination temporelle, marque un événement ponctuel du passé ; le verbe de la subordonnée est le plus souvent à l'indicatif prétérit.

Als er ankam, hatten wir schon gegessen.
  Lorsqu'il arriva, nous avions déjà fini de manger.

Après *als,* on peut aussi trouver « le présent historique ».

Gerade als die Tür aufgeht, hört man einen Schrei.
  Au moment précis où s'ouvre la porte, on entend un cri.

2 *Wenn,* comme conjonction de subordination temporelle, peut être employé avec les temps suivants.

❖ Un verbe au présent ou au prétérit de l'indicatif : il signifie alors « quand » au sens de « chaque fois que ». Il peut être précédé de *jedesmal* (chaque fois).

Jedesmal wenn er die Zeitung *liest*, setzt er seine Brille auf.
  Chaque fois qu'il lit le journal, il met ses lunettes.

Wenn es *regnete*, blieben wir zu Hause.
  Quand il pleuvait, nous restions à la maison.

❖ Un verbe au futur.

Wenn er diesen Brief *lesen wird*, werde ich schon in Bonn sein.
  Quand il lira cette lettre, je serai déjà à Bonn.

1. Introduisez *als* ou *wenn* dans les phrases suivantes :
1 … das Telefon klingelte, war ich gerade draußen. **2** Gerade… er bezahlen wollte, ging das Licht aus. **3** Jedesmal… er Geld brauchte, besuchte er seine Eltern. **4** … ich in Deutschland bin, verstehe ich die Leute kaum.

2. Traduisez en allemand :
1 Quand il se leva, on se demanda ce qui allait se passer. **2** Quand je suis en Angleterre, je bois du thé. **3** Quand il parlait en allemand, on le comprenait à peine (kaum). **4** Quand j'arriverai à Vienne (Wien), tu seras déjà aux États-Unis (die Vereinigten Staaten).

21 *Alt* et *ehemalig*

1 *Alt* a deux sens.

❖ *Alt* = « vieux ».

alte Bücher   *ein* *alter* Freund   *alte* Möbel
  de vieux livres   un vieil ami   de vieux meubles

❖ *Alt* = « ancien », « existant de longue date », « antique ».

alte Möbel   *alte* Sprachen
  des meubles anciens   des langues anciennes

das *Alte* Testament   *alte* Völker
  l'Ancien Testament   des peuples anciens

Selon le contexte, *alte Bücher, ein altes Haus* peuvent donc signifier « de vieux livres » et « des livres anciens », « une vieille maison » et « une maison ancienne ».

2 *Ehemalig* = « ancien » au sens « d'autrefois » (qui n'existe plus en tant que tel).

eine *ehemalige* Schülerin des Gymnasiums
  une ancienne élève du lycée

der *ehemalige* Direktor der Fabrik
  l'ancien directeur de l'usine

ein *ehemaliger* Freund
  un ancien ami

A

Traduisez en allemand :
1 un vieux monsieur **2** l'ancienne Grèce (Griechenland) **3** l'association (Vereinigung) des anciens élèves **4** une vieille voiture **5** mon ancien instituteur **6** une église ancienne.

22 *Ander-, anderes, anders*

1 *Ander-* = «autre», adjectif indéfini, se décline comme l'adjectif épithète.

*der **andere** Roman*	*ein **anderer** Krimi*	*ein **anderes** Kino*
l'autre roman	un autre roman policier	un autre cinéma

Non précédé d'article, mais suivi d'un adjectif épithète ou d'un adjectif substantivé, *ander-* et cet adjectif portent généralement la marque de l'article défini (marques selon le type II, → 7).

andere interessante Länder *andere Bekannte*
  d'autres pays intéressants   d'autres connaissances

2 *Ander-* substantivé ne prend pas de majuscule (sauf s'il est précédé de *etwas* ou *nichts*, *cf.* ci-dessous).

*Sie liebt einen **anderen**.*   *Kein **anderer** war so nett wie er.*
  Elle en aime un autre.   Aucun autre n'était aussi gentil que lui.

❖ De même, *ander-* précédé de *jemand, niemand* ne prend pas de majuscule.

jemand ander(e)s   **niemand ander(e)s**
  quelqu'un d'autre   personne d'autre

*Willst du nicht mit **jemand anderem** spielen?*
  Ne veux-tu pas jouer avec quelqu'un d'autre ?

❖ Après *jemand* et *niemand,* on préfère aujourd'hui la forme non déclinée *anders.*

*Er wollte mit **niemand anders** sprechen.*
  Il ne voulait parler avec personne d'autre.

❖ *Der eine…, der andere…* : «l'un… l'autre».

***Die einen** kamen, **die anderen** gingen.*
  Les uns arrivaient, les autres partaient.

***Einer nach dem anderen** sprangen sie ins Wasser.*
  Ils sautaient dans l'eau l'un après l'autre.

❖ En revanche, *ander-* précédé de *etwas* ou *nichts* peut prendre ou ne pas prendre une majuscule.

etwas Anderes / anderes   ***nichts Anderes / anderes***
  quelque chose d'autre   rien d'autre

*Er hatte nie **etwas Anderes / anderes** gesehen als die Stadt.*
  Il n'avait jamais rien vu d'autre que la ville.

3 *Anders* est la forme utilisée pour l'attribut et l'adverbe «différent», «différemment», «autrement».

*Das Klima ist hier **anders**.*
Le climat est différent ici.

*Das musst du **anders** machen.*
Il faut que tu fasses cela autrement.

4 *Anders* peut entrer en relation avec *wo* (locatif) et *wohin* (directionnel) = «ailleurs», «à un autre endroit».

❖ *Woanders* et *anderswo* (le dernier est plus familier).

*Er wohnt **woanders**.*
Il habite ailleurs.

Anderswo ist es auch nicht besser.
Ailleurs, ce n'est pas mieux.

❖ De même : *woandershin* et *anderswohin*.

*Möchtest du mit mir **woandershin (anderswohin)** fahren?*
Voudrais-tu partir ailleurs avec moi ?

Traduisez en allemand :
1 Personne d'autre ne voulait être candidat. **2** D'un jour à l'autre (von... zu). **3** L'un était venu, les deux autres manquaient. **4** Il faut traduire ce texte autrement. **5** Ne veux-tu rien manger d'autre ? **6** Il est parti ailleurs.

23 *Anfang, Mitte, Ende*

der Anfang   die Mitte   das Ende
le début   le milieu   la fin

1 *Anfang, Mitte, Ende* s'emploient **seuls**, sans préposition ni article, **avec les dates et les noms de mois**. Ceux-ci ne sont pas déclinés.

*Der Kongress findet **Anfang / Mitte / Ende** 2014 statt.*
Le congrès aura lieu au début / au milieu / à la fin de l'année 2014.

*Sie kommt uns **Anfang / Mitte / Ende** Juli besuchen.*
Elle nous rendra visite début juillet, mi-juillet, fin juillet.

2 *Anfang, Mitte, Ende* s'emploient **seuls** pour indiquer **un âge approximatif**.

*Er ist **Anfang, Mitte, Ende** fünfzig.*
Il est entré dans la cinquantaine. / Il a environ 55 ans. / Il approche de la soixantaine.

3 Avec un complément de temps au génitif, *Anfang, Mitte, Ende* peuvent s'employer soit **seuls**, **soit avec une préposition**.

❖ *Am,* quelquefois aussi *zu,* pour *Anfang* et *Ende*.

❖ *In* + article pour *Mitte.*

Anfang / Mitte / Ende *des Monats gibt er ein Konzert in München.*
Il donnera un concert à Munich au début / au milieu / à la fin du mois.

Dies geschah **am Anfang / in der Mitte / am Ende** *des vorigen Jahrhunderts.*
Cela se passait au début / au milieu / à la fin du siècle dernier.

Er schrieb uns immer **zu(m) Anfang** *des Jahres.*
Il nous écrivait toujours au début de l'année.

4 Des prépositions comme **gegen** = « vers » ou **seit** = « depuis » peuvent précéder *Anfang, Mitte, Ende.*

Gegen Ende *Dezember / des Monats hat er kein Geld mehr.*
Vers la fin décembre / du mois, il n'a plus d'argent.

Seit Anfang *der neunziger Jahre hat die Arbeitslosigkeit zugenommen.*
Depuis le début des années quatre-vingt-dix, le chômage a augmenté.

5 *Anfang / Ende* sans complément doivent être précédés de *am.*

Am Anfang *war alles in Ordnung.*
Au début tout était normal.

Traduisez en allemand :
1 Je l'ai rencontré au début de la semaine. **2** Il est né vers la fin du siècle dernier. **3** Fin mai, nous avons eu beau temps. **4** Début 2015, il fera un voyage en Afrique. **5** Elle est entrée dans la soixantaine. **6** Au commencement, Dieu créa (schaffen) les cieux (der Himmel, sg.) et la terre (die Erde). **7** Je partirai seulement à la mi-août. **8** Il neigeait depuis fin novembre.

---

(24) Apposition

1 Définition.

L'apposition est une information supplémentaire apportée sur un élément de la phrase ; elle pourrait être supprimée ; elle est séparée de cet élément par une virgule et elle pourrait être remplacée par une relative appositionnelle.

Peter, **mein bester Freund**, *wohnt in der Schweiz.*
Pierre, mon meilleur ami, habite en Suisse.

2 Les différentes sortes d'apposition.

❖ Les groupes nominaux : lorsqu'ils comportent un article ou un autre déterminatif (possessif, démonstratif…), ils se mettent au même cas que l'élément auquel ils sont apposés.

Ich bin mit Peter, **meinem besten Freund**, *spazieren gegangen.*
　　　　　　 datif　　　　　　 datif
Je suis allé me promener avec Pierre, mon meilleur ami.

❖ Mais cette règle ne s'applique pas aux groupes nominaux sans déterminatif apposés à un génitif.

Das ist das Auto des berühmten Professors Schmitt, **Mitglied der Prüfungskommission...**

génitif   nominatif

    C'est la voiture du célèbre professeur Schmitt, membre du jury.

⟶ Pour l'emploi de l'article, voir **30** et **31**.

⟶ Pour les relatives appositionnelles, voir **269**.

❖ Les adjectifs et participes apposés sont toujours invariables.

Zwei Schweden, **blond und blauäugig***, standen auf dem Bahnsteig.*
    Deux Suédois, blonds aux yeux bleus, étaient sur le quai.

Dieter, **auf einem Ast sitzend***, liest einen Roman.*
    Dieter, assis sur une branche, lit un roman.

❖ Certaines appositions sont toujours à l'accusatif.

Herr Meier, **den Hut auf dem Kopf***, geht mit seinen Kindern spazieren.*
    Monsieur Meier, le chapeau sur la tête, va se promener avec ses enfants.

3 La place de l'apposition.

En principe, l'apposition suit l'élément auquel elle est apposée ; il existe cependant des appositions placées devant cet élément.

Diesen Film*, den habe ich schon gesehen.*
(Diesen Film apposé à den, virgule obligatoire après *diesen Film).*
    Ce film, je l'ai déjà vu.

Traduisez en allemand :
1 Il habite chez son oncle, un ancien employé de banque. **2** Mon père, le manteau sur l'épaule (die Schulter), se promenait dans la forêt. **3** Les touristes, couchés sur le sable (im Sand), se font bronzer (sich bräunen lassen). **4** Cet homme, je l'ai déjà rencontré quelque part (irgendwo). **5** À Munich, capitale de la Bavière (Bayern), j'ai visité une brasserie (die Brauerei).

---

25 **Apprendre** (traductions)

Pour les deux principaux sens d'« apprendre », il faut distinguer :
– la perspective de l'élève = *lernen,*
– la perspective de l'enseignant = *lehren.*

1 **Etw. lernen** = « apprendre », « acquérir des connaissances ».

❖ *Lernen* + infinitif.

Peter **lernt** *schwimmen.*
    Pierre apprend à nager.

❖ *Lernen* + accusatif.

Inge **lernt** *gern Deutsch.*
    Inge aime bien apprendre l'allemand.

2 *Jmn etwas lehren* = « apprendre », « enseigner ».
Lehren + accusatif + infinitif.

*Er hat ihn schwimmen **gelehrt**.*
   Il lui a appris à nager.

❖ *Lehren* + accusatif + accusatif.

*Er hat ihn Deutsch **gelehrt**.*
   Il lui a appris l'allemand.

❖ En allemand courant, *lehren* est le plus souvent remplacé par *jmm etw. beibringen*.

*Er hat mir (das) Schwimmen **beigebracht**.*
   Il m'a appris à nager.

3 *Etw.* (acc.) **hören** ou **hören, dass** = « apprendre », « entendre dire », « apprendre des nouvelles » (→ 114).

*Ich habe **gehört**, dass Gisela geheiratet hat.*
   J'ai appris que Gisela s'est mariée.

❖ *Von etw.* (dat.) *hören.*

*Ich habe **von** seiner Ernennung **gehört**.*
   J'ai appris sa nomination.

4 *Etw.* (acc.) **erfahren** ou **erfahren, dass** = « apprendre par ouï-dire », « apprendre des nouvelles ».

*Wir haben **erfahren**, dass er sein Haus verkauft hat.*
   Nous avons appris qu'il a vendu sa maison.

Expressions

auswendig lernen   *einen Beruf erlernen*
   apprendre par cœur   apprendre un métier

> **Traduisez en allemand :**
> **1** J'apprends le chinois (Chinesisch). **2** Avez-vous appris qu'il a eu un accident ?
> **3** Il m'a appris à lire. **4** Elle lui apprend à jouer au tennis (Tennis spielen). **5** J'ai
> appris la mort de son père. **6** Ils apprennent à danser. **7** Il faut que tu
> apprennes ce poème par cœur ! **8** Quel métier veux-tu apprendre ?

26 Approuver ; être d'accord (traductions)

Pour solliciter un accord ou pour approuver, on emploie le plus souvent les expressions suivantes.

1 *Mit etw. oder jmm einverstanden sein* = « être d'accord ».

*Seid ihr **damit einverstanden**, dass wir einen neuen Opel kaufen?*
– Ja, ganz und gar.
   Êtes-vous d'accord pour que nous achetions une Opel neuve ?
   – Oui, tout à fait.

2 *Jmm oder einer Sache* (dat.) *zustimmen, der gleichen Meinung sein*
= « approuver », « être de l'avis de ».

*Ich **stimme Ihnen** vollkommen **zu.***
Je vous approuve entièrement.

Ich bin deiner Meinung.
Je suis de ton avis.

3 *Etw. richtig (gut) finden* = « juger bon », « trouver bien ».

Findest du es richtig, dass sie raucht?
Est-ce que tu penses que c'est bien qu'elle fume ?

4 *Nichts dagegen haben* = « n'avoir rien contre », « vouloir bien ».

*Ich **habe** nichts **dagegen**.*
Je n'ai rien contre.

5 *Mir ist es recht* = « cela me convient ».

*Ist es Ihnen **recht**, dass ich Sie morgen besuche? – Ja, selbstverständlich.*
Cela vous convient-il que je vous rende visite demain ? – Oui, bien sûr.

→ Pour l'expression de l'avis, voir aussi **40**.

Expressions

Einverstanden!   *Selbstverständlich!*
D'accord !   Bien sûr !

Traduisez en allemand :
1 Est-ce que tu es d'accord pour que j'invite mes amis ce soir ? **2** Je veux bien.
3 Crois-tu que la date leur convient ? **4** Ils n'approuvent pas nos propositions.
5 Es-tu d'accord pour qu'elle parte seule en voyage ? **6** Bien sûr que non !

---

27 Après (traductions)

« Après », employé comme préposition, adverbe ou conjonction de subordination, correspond à des traductions différentes en allemand.

1 Préposition : *nach* + datif.

Nach der Schule gehe ich ins Theater.
Après l'école je vais au théâtre.

Mais : « après-demain » = *übermorgen*.

2 Adverbe.

❖ *Danach* (ou *darauf später*) s'il y a une indication temporelle précise qui l'accompagne.

*Ich habe ihn noch am 23. gesehen; zwei Tage **danach** ist er gestorben.*
Je l'ai encore vu le 23 ; deux jours après il décédait.

❖ *Nachher* si l'action doit se dérouler dans le futur par rapport au moment où l'on parle.

*Ich habe jetzt keine Zeit; ich gehe **nachher** zum Friseur.*
Maintenant je n'ai pas le temps ; j'irai chez le coiffeur après (tout à l'heure).

3 **Conjonction de subordination :** *nachdem* + verbe conjugué.

***Nachdem** er in den Zug gestiegen war, hörte er eine Explosion.*
Après être monté dans le train, il entendit une explosion.

Attention : *nachdem* doit obligatoirement être utilisé avec un verbe conjugué. Le plus souvent, on a le plus-que-parfait dans la subordonnée et le prétérit dans la proposition.

~~*Nachdem* + infinitif~~ est impossible en allemand.

> **Traduisez en allemand :**
> **1** Après avoir visité (besichtigen) le château (das Schloss), ils allèrent dans le parc. **2** Après sa visite (der Besuch), il me téléphona de Bonn. **3** En mai, il habitait encore en France ; trois mois après, il était aux États-Unis. **4** Je mangerai après. **5** Après s'être battu (sich balgen) avec le chat du voisin, notre chien se mit à aboyer (bellen).

28 Arrêter et s'arrêter (traductions)

1 **Stehen bleiben** (en deux mots) s'emploie au sens concret pour l'arrêt d'un piéton.

*Sie **blieb** vor jedem Schaufenster **stehen**.*
Elle s'arrêta devant chaque vitrine.

Stehenbleiben (le plus souvent avec l'écriture soudée) s'emploie au sens figuré pour :
— l'arrêt de fonctionnement d'un mécanisme (montre, véhicule) ;

*Meine Uhr ist **stehengeblieben**.*
Ma montre s'est arrêtée.

— l'arrêt d'un cours (discussion, lecture).

*Wo sind wir das letzte Mal **stehengeblieben?***
Où est-ce que nous nous sommes arrêtés la dernière fois ?

2 **Anhalten** et **halten** s'emploient pour l'arrêt volontaire des véhicules (train, tramway, bus, voiture).

*Fahrer, **halten** Sie bitte hier **an**.*
Chauffeur, arrêtez ici, s'il vous plaît.

3 **Aufhören** est utilisé dans les cas suivants.

❖ L'arrêt d'une activité.

*Er **hört** nicht **auf** zu arbeiten.*
Il n'arrête pas de travailler.

*Hör endlich mit dem Weinen **auf!***
　Arrête enfin de pleurer !

❖ L'arrêt d'un bruit, d'une musique.

*Die Musik **hörte** plötzlich **auf.***
　La musique s'arrêta brusquement.

❖ L'arrêt de phénomènes météorologiques.

*Es regnete, ohne **aufzuhören.***
　Il pleuvait sans cesse.

4 *Innehalten* se dit pour l'interruption d'un discours, d'une activité.

*Er **hielt** mit dem Sprechen **inne.***
　Il s'arrêta de parler.

*Er **hielt** mitten im Satz **inne.***
　Il s'arrêta au milieu de la phrase.

5 *Jmn verhaften / festnehmen* = « arrêter qqn ».

*Der Verbrecher wurde **festgenommen (verhaftet)**, als er aus dem Haus herauskam.*
　Le cambrioleur fut arrêté au moment où il sortait de la maison.

1. Complétez par le verbe qui convient :
1 Wir müssen an der nächsten Tankstelle… **2** Seit drei Tagen… es nicht… zu schneien. **3** Als er unterwegs seinen Freund sah,… er … **4** Überrascht… er in seiner Rede…

2. Traduisez en allemand :
1 L'enfant s'arrête de jouer. **2** Nous avons traversé Munich sans nous arrêter. **3** La même nuit, la police arrêta les voleurs. **4** Arrêtons-nous ici et prenons un café !

29 **Arriver** (traductions)

1 « **Arriver à (dans un lieu)** » = *ankommen* + locatif.

*Er **ist** rechtzeitig am Flughafen **angekommen.***
　Il est arrivé à temps à l'aéroport.

*Wir **sind** spät abends in Tübingen **angekommen.***
　Nous sommes arrivés tard le soir à Tübingen.

⟶ Pour le directionnel et le locatif, voir **80** et **139**.

2 « **Arriver** » au sens de « **se produire** », « **se passer** ».

❖ *Geschehen.*

*Der Unfall **ist** vor ihren Augen **geschehen.***
　L'accident s'est déroulé sous leurs yeux.

❖ *Passieren.*

*Wer weiß, was noch alles **passiert!***
Qui sait ce qui peut encore arriver !

❖ *Passieren* + datif de la personne = «arriver à qqn».

*Was **ist dir** denn **passiert**?*
Qu'est-ce qui t'est donc arrivé ?

L'auxiliaire employé pour la formation des temps composés est *sein*.

3 «**Arriver**» au sens de «**réussir à faire qqch.**» peut se traduire par les expressions suivantes.

❖ *Etw. tun können.*

*Ich **kann** dich nicht verstehen.*
Je n'arrive pas à te comprendre.

❖ *Etw. (acc.) schaffen.*

*Glaubst du, dass er es **schaffen** wird?*
Crois-tu qu'il y arrivera ?

❖ *Es gelingt mir (etw. zu tun).*
Cette expression demande *sein* aux temps composés.

*Es ist mir nicht **gelungen**, sie zu überzeugen.*
Je ne suis pas arrivé à les convaincre.

⟶ Pour les traductions de «réussir», voir aussi **220**.

Traduisez en allemand :
1 Il lui est sûrement arrivé un malheur. **2** Au petit matin (am frühen Morgen), ils sont arrivés dans la ville. **3** Je n'y arriverai jamais ! **4** Je n'arrive pas à le joindre (jmn erreichen). **5** L'accident est arrivé hier soir. **6** Ils sont tous arrivés en retard.

(30) Article défini : formes et emplois

Formes

	Masculin	Neutre	Féminin	Pluriel
N	der	das	die	die
A	den	das	die	die
D	dem	dem	der	den
G	des	des	der	der

Emplois

1 Article défini en allemand / absence d'article en français.

❖ Dans des indications temporelles.

im Jahre 2005
en 2005

im Sommer
en été

im Juni
en juin

❖ Dans des appositions, lorsqu'il y a identité entre le terme de base, ici *Berlin,* et l'apposition.

*Berlin, **die** Hauptstadt der Bundesrepublik Deutschland.*
  Berlin, capitale de la République fédérale d'Allemagne.

❖ Dans des expressions avec un complément de nom abstrait, pour marquer le cas.

*ein Gefühl **der** Angst*
  un sentiment de peur

❖ Dans des expressions avec *werden, krönen, wählen, ernennen… zu* + nom d'être animé. La contraction *zum* est obligatoire.

*Er ist **zum** Abgeordneten gewählt worden.*
  Il a été élu député.

❖ Dans des expressions (groupes verbaux ou nominaux avec la contraction *zum* obligatoire).

__zum__ Tode verurteilen   *__zum__ Beispiel*
  condamner à mort   par exemple

❖ Devant des noms propres, pour marquer le cas.

*der Tod **des** Sokrates*
  la mort de Socrate

2 **Absence d'article en allemand / article défini ou partitif en français.**

❖ Avec des noms propres : noms de fêtes, de pays (→ 159), de familles, noms propres avec titres dans certains cas (→ 161).

__Pfingsten__   __Frankreich__   __Meyers__   __König Ludwig der XVI__
  la Pentecôte   la France   les Meyer   le roi Louis XVI

❖ Dans des groupes nominaux avec partitif non dénombrable. (Le « partitif » exprime la partie d'un ensemble ; « non dénombrable » signifie que le nom désigne une substance continue et qu'il ne peut pas se mettre au pluriel.)

*Ich trinke **Milch**.*
  Je bois du lait.

Mais dans une proposition négative, la négation *kein* est obligatoire.

*Ich trinke **keine** Milch.*
  Je ne bois pas de lait.

❖ Dans des groupes nominaux avec partitif dénombrable. (« Dénombrable » signifie que le nom désigne des objets que l'on peut dénombrer et qu'il peut se mettre au pluriel.)

*Ich habe **Bücher** gekauft.*
  J'ai acheté des livres.

Mais dans une proposition négative, on emploie la négation *kein*.

*Ich habe **keine** Bücher gekauft.*
  Je n'ai pas acheté de livres.

❖ Dans des groupes nominaux qui désignent une totalité (noms de produits et de matière).

Milch *ist gesund.*
Le lait est bon pour la santé.

❖ Dans des groupes nominaux qui comportent un déterminatif qui se suffit à lui-même.

ganz Europa	**nächsten Monat**	**des Kaisers Tochter** (génitif saxon)
toute l'Europe	le mois prochain	la fille de l'empereur

❖ Dans des groupes nominaux qui comportent un chiffre.

*auf **Seite 51***
à la page 51

❖ Dans des groupes qui comportent un titre et un nom propre.

Kanzler Adenauer
le chancelier Adenauer

❖ Dans des expressions figées.

Glück haben	**zu Hause sein**	**Englisch lernen**	**Geduld haben**
avoir de la chance	être à la maison	apprendre l'anglais	avoir de la patience

---

Traduisez en allemand :
1 L'année dernière, j'étais en Autriche (Österreich). **2** Il a été nommé président.
3 En hiver, je fais souvent du ski (Ski laufen). **4** Apprendras-tu le français ? **5** À la page 12, j'ai lu un article intéressant. **6** En 2005, j'étais en Suisse (die Schweiz).
7 L'or vaut de plus en plus cher. **8** Boivent-ils de la bière ?

---

31 Article indéfini : formes et emplois

Formes

Masculin	Neutre	Féminin	Pas de pluriel !
N ein	ein	eine	
A einen	ein	eine	
D einem	einem	einer	
G eines	eines	einer	

Notez qu'« un seul » se dit *ein einzig-*.

*Er hat nur **einen einzigen** Anzug.*
Il n'a qu'un seul costume.

Emplois

1 **Article indéfini en allemand / absence d'article en français.**

❖ Dans les appositions, lorsque le terme de base, ici « Arles », n'est qu'une partie d'un ensemble plus vaste.

*Er wohnt in Arles, **einer** schönen Stadt Südfrankreichs.*
Il habite Arles, (une) belle ville du Midi.

❖ Dans les attributs.

*Als er **ein** Kind war, hatte er im Dunkeln immer Angst.*
Lorsqu'il était enfant, il avait toujours peur dans l'obscurité.

❖ Dans des expressions figées.

*(seinem Leben) **ein** Ende machen*
mettre fin (à ses jours)

***einen** breiten Buckel haben*
avoir bon dos

***ein** schlechtes Gewissen haben*
avoir mauvaise conscience

*Das ist **eine** leichte Sache.*
C'est chose facile.

2 **Absence d'article en allemand / article indéfini en français.**

❖ Dans des expressions figées.

***großen Kummer** haben*   ***schrecklichen Hunger** haben*
avoir un grand chagrin   avoir une faim de loup

3 **Article indéfini en allemand au singulier (absence d'article au pluriel) / article défini en français.**

❖ Dans la structure du français « avoir + article défini + nom + adjectif ».

***schmutzige Hände** haben*   ***eine kalte Nase** haben*
avoir les mains sales   avoir le nez froid

❖ Dans des expressions figées.

***ein Gesicht** ziehen*
faire la grimace

Traduisez en allemand :
1 Il a le front haut. **2** J'ai subitement une grande soif. **3** Il a toujours bonne conscience. **4** Pourquoi fait-il la grimace ? **5** Il a les doigts sales.

---

32 Attendre et s'attendre à (traductions)

1 ***Auf jmn, etw.** (acc.) **warten** = « attendre » dans le sens de « attendre patiemment que qqch. ou qqn arrive ».*

*Ich **warte** am Bahnhof **auf** dich.*   *Ich **warte (darauf)**, dass er mir schreibt.*
Je t'attends à la gare.   J'attends qu'il m'écrive.

❖ Pour indiquer la limite de l'attente (« jusque »), on emploie *bis* : *warten bis.*

*Wir haben **bis** zum Abend **gewartet**.*   *Ich **warte, bis** du kommst.*
Nous avons attendu jusqu'au soir.   J'attends jusqu'à ce que tu viennes.

2 ***Jmn, etw.** (acc.) **erwarten** peut avoir deux sens.*

❖ «Attendre qqn ou qqch. à un moment précis»; «prévoir, espérer un événement».

*Sie **erwarten** uns morgen zum Abendessen.*
Ils nous attendent demain pour le dîner.

*Sie **erwartet** ein Baby.*
Elle attend un bébé.

❖ «S'attendre à» (sens positif ou neutre).

*Ich hatte **erwartet**, sie in der Uni zu treffen.*
Je m'attendais à la rencontrer à la fac.

3 ***Auf etw.*** (acc.) ***gefasst sein*** = s'attendre avec calme à un événement généralement désagréable.

*Wir **waren** auf diese schlechte Nachricht nicht **gefasst**.*
Nous ne nous attendions pas à cette mauvaise nouvelle.

Traduisez en allemand :
1 Attends-moi un instant! **2** Cela fait une heure (seit + dat.) que je t'attends ! **3** J'attends qu'il m'appelle. **4** Elle s'attendait à une récompense (Belohnung). **5** Il s'attendait à une réponse négative. **6** Elle nous attend pour le café. **7** S'il savait ce qui l'attend ! **8** Nous avons dû attendre longtemps.

33 Attribut

On distingue l'attribut du sujet et l'attribut de l'objet.

1 L'attribut du sujet.

On le rencontre après des verbes comme *sein* = «être», *bleiben* = «rester», *werden* = «devenir», *scheinen* = «sembler», *heißen* = «s'appeler». S'il s'agit d'un adjectif, il est invariable ; s'il s'agit d'un groupe nominal, il se met au nominatif (et non à l'accusatif !).

*Petra ist **groß**.*
Petra est grande.

*Mein Nachbar ist **ein netter Mann** (et non ~~einen netten Mann~~).*
Mon voisin est un homme sympathique.

2 L'attribut de l'objet.

On le rencontre après des verbes comme *machen* = «rendre», *finden* «trouver», *glauben* = «croire», *sich fühlen* = «se sentir», *nennen* = «appeler». S'il s'agit d'un adjectif, il est invariable ; s'il s'agit d'un groupe nominal, il se met à l'accusatif (et non au nominatif !).

*Die Kinder machen sie **verrückt**.*
Les enfants les rendent fous.

*Man nennt ihn **den Schweigsamen**.*
On l'appelle le Taciturne.

34 *Auch*

Auch = « aussi », « également », « même », fonctionne différemment selon qu'il est accentué ou non.

1 *Auch* **accentué** = « aussi » est en relation avec le sujet de la phrase ou avec un autre complément. Ce *auch* se trouve généralement devant le groupe verbal.

*Sie will jetzt °**auch** Jura studieren.*
   Elle aussi veut faire du droit maintenant.

*Er spricht Spanisch und °**auch** Portugiesisch.*
   Il parle l'espagnol et aussi le portugais.

Expressions

*ich °**auch***   *ich °**auch** nicht*
   moi aussi   moi non plus

2 *Auch* **inaccentué** = « même » porte directement sur le membre de phrase qui suit et le met en relief. De ce fait, ce membre de phrase est accentué.

__Auch__ kein °Arzt konnte ihm helfen.

ou : *Ihm konnte **auch** kein °Arzt helfen.*
   Même un médecin ne pouvait l'aider.

__Auch__ für einen °guten Schwimmer ist dieser Strand gefährlich.
   Cette plage est dangereuse, même pour un bon nageur.

Comparez :

*Er ist °**auch** ein guter Schwimmer.*
   Lui aussi (comme les autres) est bon nageur.

*Er ist **auch** ein guter °Schwimmer.*
   Il est aussi (= même) bon nageur (sous-entendu : il est aussi bon qu'en athlétisme…)

3 *Auch* **inaccentué** peut être **particule de discours** et traduire l'attitude subjective du locuteur. Il se trouve souvent dans des exclamatives exprimant l'irritation ou le reproche et dans des interrogatives servant à se rassurer.

*Du kannst **auch** nie den °Mund halten!*
Tu ne peux pas te taire ?

*Hast du **auch** nichts ver°gessen?* –
N'as-tu rien oublié ?

→ Pour les particules modales, voir **179**.

---

1. Répondez ou rectifiez en utilisant *auch* :
1 Er hatte Recht, und du? **2** Im Sommer kann man nicht Ski laufen. – Doch,…
3 Peter kann nicht tanzen, und du? **4** Wir wollen heute ins Kino gehen? Und ihr?
5 Allen war das Wasser zu kalt, und dir? **6** Bist du damit einverstanden? Ja…

2. Ajoutez *auch* au bon endroit dans la phrase :
1 Hast du deinen Regenschirm nicht vergessen? **2** Du kannst nie still sein!
3 Habt ihr den Nachbarn gegrüßt? (deux solutions) **4** Hast du deine Lektion gut gelernt? (deux solutions)

---

35 *Auch nicht, auch kein, auch nicht mehr, auch kein… mehr*

1 *Auch nicht* = « non plus ».

*Ich gehe heute Abend nicht ins Kino, mein Freund Peter **auch nicht**.*
Ce soir je ne vais pas au cinéma, mon ami Pierre non plus.

À la place du groupe nominal, on peut avoir un pronom personnel, en particulier, en français « moi, toi, lui » ; ces pronoms, lorsqu'ils sont sujets, se traduisent par *ich, du, er* et non *mich, dich, ihm*.

*Ich trinke keinen Wein. – Ich **auch nicht**.*
Je ne bois pas de vin. – Moi non plus.

Cependant, lorsque le pronom personnel correspond à un datif ou un accusatif, il doit être décliné.

*Ich kann ihm meinen Schlüssel nicht geben; dir **auch nicht**.*
Je ne peux pas lui donner ma clef ; à toi non plus.

2 *Auch nicht* = « ne… pas non plus » et *auch kein…* = « ne… pas non plus (de) / ne… pas de… non plus ».

*Ich rauche **auch nicht**.*
Je ne fume pas non plus.

*Ich esse **auch kein** Fleisch.*
Je ne mange pas non plus de viande.

*Ich habe **auch keine** Schwester.*
Je n'ai pas de sœur non plus.

3 *Auch nicht mehr* = « ne… plus non plus » et *auch… mehr* = « ne… plus de… non plus / ne… plus non plus de… ».

*Ich trinke **auch keinen** Kaffee **mehr**.*
Je ne bois plus de café non plus.

*Ich schlafe **auch nicht mehr**.*
Je ne dors plus non plus.

36 **Aucun** (traductions)

1 « **Aucun** » se traduit par **kein** qui est décliné comme l'article indéfini *ein*.

Kein *Baum stand am Straßenrand.*
    Il n'y avait aucun arbre au bord de la route.

Pour renforcer l'idée d'exclusion, on peut dire :

nicht ein Baum	**kein einziger Baum**	**nicht ein einziger Baum**
pas un arbre	pas un seul arbre	pas un seul arbre

2 « **Aucun** », « **aucun de** », **pronom indéfini**, se traduit par **keiner** qui est décliné comme l'article défini *der*.

Keiner *war gekommen.*
    Aucun n'était venu.

Ich habe **keinen** *von beiden gesehen.*
    Je n'ai vu aucun des deux.

Er will mit **keinem** *von ihnen sprechen.*
    Il ne veut parler à aucun d'eux.

❖ Pour renforcer l'idée d'exclusion de toute personne, on peut dire :

nicht einer	**kein Einziger**	**nicht ein Einziger**
pas un	pas un seul	pas un seul

Attention : « aucun » précédé en français de « sans » ou d'une négation se traduit en allemand par des adjectifs ou pronoms indéfinis positifs comme *jeder, irgendein, alles, etwas*.

ohne jede Hilfe	**ohne irgendein Buch**	**ohne allen Zweifel**
sans aucune aide	sans aucun livre	sans aucun doute

Er hat uns **nie etwas** *Böses getan.*
    Il ne nous a jamais fait aucun mal.

Ich glaube **nicht**, *dass* **irgendeiner** *von euch das tun kann.*
    Je ne crois pas qu'aucun de vous puisse le faire.

37 **Auparavant** (traductions)

Zuvor et *vorher* situent un événement par rapport à un moment donné et marquent l'antériorité. Si la phrase contient un complément de temps, ils sont placés après celui-ci.

*Ich habe ihn einige Tage **vorher** (zuvor) getroffen.*
Je l'ai rencontré quelques jours auparavant.

*Ihr könnt gleich spielen. Aber **vorher** (zuvor) müsst ihr noch aufräumen.*
Vous pouvez aller jouer. Mais auparavant il vous faudra ranger.

Expressions

kurz zuvor / vorher
peu de temps auparavant

nie zuvor / vorher
jamais auparavant

am Tag zuvor / am Vortag
la veille

drei Tage zuvor / vorher
trois jours auparavant

Traduisez en allemand :
■ trois ans auparavant. ■ quelques instants auparavant. ■ la nuit auparavant.
■ un siècle auparavant. ■ peu de temps auparavant.

38 **Autant** (traductions)

■ **« Autant de » ; « autant que ».**

Ces termes indiquent une relation d'égalité entre deux éléments de comparaison.

❖ « Autant de » + substantif + « que » = *(Genau)so viel (ou ebenso viel)* + substantif + *wie*

*Sie hat **(genau)so** viel Erfolg **wie er**.*
Elle a autant de succès que lui.

*Du hast **(eben)so** viele Bonbons **wie ich**!*
Tu as autant de bonbons que moi !

❖ Verbe + « autant » + « que » = verbe + *(Genau)so* ou *(eben)so viel* (ou *sehr*) + *wie*

*Du schläfst **(genau)so viel wie** dein Bruder!*
Tu dors autant que ton frère !

*Wir freuen uns **(eben)so sehr wie** ihr auf die kommenden Ferien.*
Nous nous réjouissons autant que vous à l'idée des vacances à venir.

Attention : *genauso* et *ebenso* sont soudés graphiquement ! Pour l'orthographe, → **172**.

→ Pour *sehr* et *viel*, voir **226**.

❖ « Pas (au)tant de (que) » = *nicht so viel wie*

*Heute ist **nicht so viel** Verkehr **wie** gestern.*
Aujourd'hui, il n'y a pas (au)tant de circulation qu'hier.

*Du arbeitest **nicht so viel wie** deine Schwester!*
Tu ne travailles pas autant que ta sœur !

1 Avant d'acheter ce livre, demande combien il coûte (kosten). **2** Avant le déjeuner (das Mittagessen), il jouait au football. **3** Avant de t'endormir (einschlafen), n'oublie pas d'éteindre la lumière (das Licht ausmachen). **4** Avant de descendre du car, ils photographièrent le château. **5** Il quitta le bateau avant qu'il ne sombre (untergehen).

(40) Avis : être d'avis que, être du même avis (traductions)

1 **Pour exprimer son opinion**, on peut employer différentes expressions.

❖ *Meiner Meinung nach; meiner Ansicht nach; meiner Auffassung nach* = «à mon avis».

Meiner Meinung / Ansicht / Auffassung *nach hat er Recht.*
   À mon avis, il a raison.

❖ *Ich bin der Meinung, dass...; ich bin der Ansicht, dass... ich bin der Auffassung, dass...* = «je suis d'avis que...».

Ich bin der Auffassung / Meinung / ..., *dass alle informiert werden müssen.*
   Je suis d'avis que tous doivent être informés.

❖ *Ich finde* = «je trouve».

Ich **finde, dass** *der Schauspieler schlecht gespielt hat.*
   Je trouve que l'acteur a mal joué.

❖ *Ich meine* = «je pense».

Ich **meine,** *wir sollten morgen noch einmal darüber reden.*
   Je pense que nous devrions en reparler demain.

❖ *Ich glaube* = «je crois».

Ich **glaube,** *das Beste wäre, jetzt zu gehen.*
   Je crois que maintenant, le mieux serait de partir.

Notez qu'après certains verbes comme *denken, meinen, glauben, finden,* la construction sans *dass* et l'ordre «sujet + verbe à l'indicatif» sont possibles.

Ich **glaube,** *er hat Recht.*
   Je crois qu'il a raison.

2 **Pour dire que l'on est du même avis.**

Ich bin ganz deiner Meinung.
   Je suis tout à fait de ton avis.

Ich bin ganz mit Ihnen einverstanden.
   Je suis tout à fait d'accord avec vous.

Ich stimme Ihrer Meinung zu.
   Je vous approuve.

Ich finde / meine / glaube / das auch.
   Je le trouve / pense / crois aussi.

→ Pour « approuver », « être d'accord », voir aussi **26**.

3 **Pour dire que l'on ne partage pas la même opinion.**

Ich bin anderer Meinung.
Je suis d'un autre avis.

Ich bin nicht deiner Meinung.
Je ne suis pas de ton avis.

Ich bin nicht der gleichen Ansicht.
Je ne suis pas du même avis.

Ich kann dieser Meinung nicht zustimmen.
Je ne peux pas être d'accord avec cette opinion.

Ich bin damit nicht einverstanden.
Je ne suis pas d'accord avec cela.

Ich teile diese Meinung nicht.
Je ne partage pas cette opinion.

Ich finde das nicht. Ich glaube das nicht.
Je ne le trouve pas. Je ne le crois pas.

Ich meine das nicht.
Je ne le pense pas.

Traduisez en allemand :
1 Est-ce que tu es aussi de son avis ? **2** Je trouve que son comportement était bizarre. **3** À mon avis, il faudrait lui écrire. **4** Je ne partage pas leur opinion sur ce sujet (das Thema). **5** Je suis d'avis qu'il faudrait continuer la grève (der Streik). **6** Je suis tout à fait d'accord avec votre plan. **7** Es-tu d'accord avec moi ou es-tu d'un autre avis ? **8** Pensez-vous qu'il faudrait la prévenir (jmn benachrichtigen) ?

---

41 Avoir l'air (traductions)

1 **« Avoir l'air »** + **adjectif** (« présenter telle apparence », « paraître ») se traduit par *aussehen* + **adjectif invariable**.

*Sie **sehen** traurig **aus**.*
Ils ont l'air tristes.

2 **« Avoir l'air de »** + **groupe nominal** se traduit par *aussehen wie* + **groupe nominal au nominatif**.

*Er **sieht wie** ein Künstler **aus**.*
Il a l'air d'un artiste.

3 **« Avoir l'air de »** + **infinitif**, **« sembler »** + **infinitif** se traduit de deux manières.

❖ *Scheinen zu* + infinitif.

*Sie **scheint** uns **zu** kennen. Er **scheint** reich **zu** sein.*
Elle semble nous connaître. Il a l'air d'être riche.

❖ *Aussehen, als ob* (verbe en finale) ou *aussehen, als* (verbe en 1ʳᵉ position) + subjonctif I ou II.

*Er **sieht aus, als ob** er krank sei / wäre (**als** sei / wäre er krank).*
  Il a l'air d'être malade.

Ou sous la forme impersonnelle :

❖ *Es sieht aus, als ob* (ou *als*) + subjonctif I ou II. Parfois, selon le contexte, on trouve également l'indicatif.

***Es sieht so aus, als ob** er Recht hat / hätte (als habe er / als hätte er Recht).*
  Il a l'air d'avoir raison.

❖ *Es scheint, als ob* (ou *als*) + subjonctif I ou II.

Es scheint, als wolle (wollte) es regnen.
***Es scheint, als ob** es regnen **wolle**.*
  Il a l'air de vouloir pleuvoir.

Traduisez en allemand :
1 Elle a l'air distinguée (vornehm). **2** Elle semble dormir. **3** Il a l'air d'une fille. **4** Ils ont l'air d'être heureux. **5** Il semble qu'ils aient perdu le match de football (das Fußballspiel).

---

42 Avoir chaud, avoir froid, avoir mal (traductions)

Ces expressions se traduisent par des tournures impersonnelles avec un datif. Pour « avoir froid », on peut également employer le verbe *frieren*.

1 « Avoir chaud ».

❖ *Mir ist (es) warm* = « j'ai chaud ».
*In diesem Zimmer **ist es mir zu warm**.*
  J'ai trop chaud dans cette pièce.

❖ *Mir wird (es) warm* = « je commence à (je finis par) avoir chaud ».
*Beim Laufen **wird einem warm**.*
  En courant, on a chaud (litt. : on finit par avoir chaud).

Attention :
*Er hat **warme** Hände.*
  Il a les mains chaudes.
~~*Er ist warm.*~~ pour « Il a chaud » est impossible.

2 « Avoir froid ».

❖ *Mir ist (es) kalt.* = « J'ai froid. »
***Ihm** ist es nie zu **warm**, noch zu **kalt**.*
  Il n'a jamais ni trop chaud, ni trop froid.

❖ *Mir wird (es) kalt.* = « Je commence à avoir froid. »
*Gehen wir! **Mir wird es** hier zu **kalt**.*
  Partons ! Je commence à avoir trop froid ici.

❖ *Frieren* = «avoir froid», s'emploie sous des formes personnelles ou impersonnelles.

ich friere / es friert mich / mich friert
> j'ai froid

❖ *Frieren an* + datif = «avoir froid à…».

Es friert mich an den Händen.
> J'ai froid aux mains.

Attention :

*Er hat **kalte** Hände.*
> Il a les mains froides.

~~*Er ist kalt.*~~ pour «Il a froid» est impossible.

3 «**Avoir mal**».

❖ *Mir tut etwas* (nom.) *weh* = «j'ai mal à…».

*Ihr tut immer der Kopf **weh**.*
> Elle a toujours mal à la tête.

Traduisez en allemand :
1 As-tu froid ? (verbe «frieren» deux solutions) **2** J'ai froid aux pieds. **3** Les enfants ont mal aux jambes. **4** Dans ce bureau, j'ai toujours trop chaud. **5** Nous avons eu froid pendant tout le voyage. (verbe «frieren», forme personnelle) **6** Est-ce que vous avez froid ? (forme avec «kalt») **7** Elle a mal à la gorge et aux oreilles (der Hals / die Ohren)

---

43 Avoir envie (traductions)

1 *Lust haben, etwas zu tun* = «avoir envie de faire qqch.».

*Sie **hatte Lust zu** tanzen und **zu** springen.*
> Elle avait envie de danser et de sauter.

2 *Lust zu* + datif = «avoir envie de». Pour le groupe nominal, on trouve souvent des verbes substantivés.

*Ich habe keine **Lust zum Arbeiten**.*
> Je n'ai pas envie de travailler.

S'il y a une négation, elle porte sur le groupe nominal.

*Er hat **zu** keiner Arbeit **Lust**.*   *Sie hat **zu** nichts **Lust**.*
> Il a envie de ne rien faire.   Elle n'a envie de rien.

3 *Lust auf* + accusatif s'utilise surtout en langue courante en relation avec des aliments ou des boissons.

*Jetzt hätte ich **Lust auf** eine Tasse schwarzen Kaffee.*
> Maintenant j'aurais envie d'une tasse de café noir.

*Sie hat **Lust auf** Erdbeeren.*
> Elle a envie de fraises.

4 *Mögen* (+ verbe à l'infinitif) s'emploie surtout dans des phrases négatives.

*Ich **mag** jetzt nicht hinausgehen.*
Je n'ai pas envie de sortir maintenant.

5 *(Ich) möchte gern...* = « avoir envie » (de posséder, de faire qqch.).

*Sie **möchte gern** einen Kassettenrecorder.*
Elle a envie d'avoir un magnétophone.

*Er **möchte gern** eine Weltreise **machen**.*
Il voudrait faire un voyage autour du monde.

> **Traduisez en allemand :**
> **1** As-tu envie de jouer au football avec nous ? **2** Nous avons envie d'avoir une voiture plus rapide. **3** As-tu envie d'une bière fraîche ? **4** J'ai envie d'aller au théâtre ce soir. **5** Avez-vous (forme de politesse) envie d'une promenade ? **6** Je n'ai pas envie de manger maintenant.

44 Avoir faim, avoir soif, avoir sommeil (traductions)

Ces expressions se traduisent en allemand par un adjectif + *sein*.
Pour « avoir faim, avoir soif », on emploie aussi très fréquemment *Hunger* et *Durst* + *haben*.

1 « Avoir faim » : *hungrig sein* ou *Hunger haben*.

*Nach der Schule **sind** die Kinder immer **hungrig** (**haben** sie immer **Hunger**).*
Après l'école, les enfants ont toujours faim.

2 « Avoir soif » : *durstig sein* ou *Durst haben*.

Habt ihr Durst? (Seid ihr durstig?)
Avez-vous soif ?

3 « Avoir sommeil ».

❖ *Schläfrig sein* = « avoir envie de dormir » ; « être (tout) endormi » ; « ne pas être éveillé ».

*Das Kind ist ganz **schläfrig**.*
L'enfant a sommeil.

❖ *Müde sein* = « être fatigué ».

*Nach der langen Wanderung **waren** sie alle **hungrig, durstig** und **müde**. (ou... **hatten** sie alle **Hunger** und **Durst** und waren sehr **müde**).*
Après la longue marche à pied, ils avaient tous faim et soif et ils tombaient de sommeil.

Notez que *jmn* (acc.) *hungrig, durstig, schläfrig machen* = « donner faim, soif à qqn, faire dormir qqn ».

*Der Wein macht mich **schläfrig**.*
Le vin me fait dormir.

45 **Avoir peur** (traductions)

Cette tournure peut se traduire de plusieurs manières.

1 *Angst haben.*

❖ *Angst haben vor* + datif.

*Er hat **Angst vor** dem Gewitter.*
   Il a peur de l'orage.

❖ *Angst haben* + groupe infinitif avec *zu.*

*Sie **hat Angst**, krank **zu** werden.*
   Elle a peur de tomber malade.

2 *Sich fürchten.*

❖ *Sich fürchten vor* + datif.

***Fürchtest** du **dich vor** Gespenstern?*
   Est-ce que tu as peur des fantômes ?

❖ *Sich fürchten* + groupe infinitif avec *zu.*

*Sie **fürchtete sich (davor)**, abends allein auszugehen.*
   Elle avait peur de sortir seule le soir.

3 *Etw.* (acc.) ***fürchten*** + groupe infinitif avec *zu* ou + subordonnée avec *dass* + indicatif = « craindre qqch. », « craindre un événement ».

*Die Arbeiter der Druckerei **fürchten**, ihre Arbeit **zu** verlieren.*
   Les ouvriers de l'imprimerie ont peur (craignent) de perdre leur travail.

*Ich **fürchte, dass** wir uns alle erkältet haben.*
   J'ai peur (Je crains) que nous n'ayons tous pris froid.

46 **Avoir raison, avoir tort** (traductions)

Ces expressions se traduisent par *Recht haben* et *Unrecht haben,* qui peuvent être suivis d'une subordonnée avec *dass* ou d'un groupe infinitif avec *zu.*

1 *Recht haben* = «avoir raison».

Er hatte Recht, diese Stelle abzulehnen.
Il a eu raison de refuser ce poste.

2 **Unrecht haben** = «avoir tort».

*Da **hast** du nicht ganz **Unrecht**.*
Là, tu n'as pas tout à fait tort.

Attention : *Recht haben* et *Unrecht haben* s'écrivent avec des majuscules !

> **Traduisez en allemand :**
> **1** Il avait tort de crier si fort. **2** Ils ont raison d'agir ainsi. **3** Elle croit qu'elle a toujours raison. **4** Dans cette affaire (die Angelegenheit), tu as eu tort.

B CDEFGHI

47 Beau : il a beau (traductions)

L'expression concessive « il a beau... » (→ aussi **67**) se traduit générale-ment de la manière suivante.

1 *Noch so* + adjectif ou adverbe + *mögen*.

Er mag noch so laut rufen, keiner hört ihn.
Il a beau appeler, personne ne l'entend.

Er mag eine noch so hohe Stellung haben, ich möchte nicht mit ihm tauschen.
Il a beau avoir une situation importante, je ne voudrais pas être à sa place.

2 *So* + adjectif ou adverbe + *auch* (+ verbe à l'indicatif) ou + *mögen*
(+ verbe à l'infinitif).

So sehr sie sich auch beeilte (beeilen mochte), sie erreichte den Zug nicht.
Elle avait beau se dépêcher, elle a manqué son train.

So viel sie auch arbeiten mochte, die Prüfungen hat sie nicht geschafft.
Elle avait beau travailler, elle n'a pas réussi à ses examens.

So interessant seine Arbeit auch ist (sein mag), er langweilt sich doch.
Il a beau avoir un travail intéressant, il s'ennuie quand même.

3 *Wenn... auch...*

Wenn wir uns auch beeilten, wir kamen immer zu spät.
Nous avions beau nous dépêcher, nous étions toujours en retard.

Notez que dans ce genre de concessives, il y a rupture de construction, le verbe occupe donc la deuxième place dans la seconde proposition.

> **Traduisez en allemand (donnez chaque fois les trois constructions) :**
> **1** Il avait beau dormir longtemps, il était toujours fatigué. **2** J'ai beau le leur rap-peler (jmn an etw. erinnern), ils oublient toujours mon CD. **3** Ils avaient beau se fâcher (sich ärgern), les enfants jouaient toujours sous leurs fenêtres. **4** Il a beau attendre, elle n'ouvrira pas la porte.

48 Beaucoup de (traductions)

1 « **Beaucoup de** » + substantif au singulier ou au pluriel = *viel* (sing.) / *viele* (pl.). *Viel* reste en général invariable alors que *viele* se décline comme un adjectif (type II).

Er hat viel Geld.
Il a beaucoup d'argent.

*Er hat **viele** Bücher.*
   Il a beaucoup de livres.

*Er reist mit **viel** Geld.*
   Il voyage avec beaucoup d'argent.

*Er arbeitet mit **vielen** Büchern.*
   Il travaille avec beaucoup de livres.

2 « **Beaucoup** » + verbe.

❖ *Sehr* : avec un verbe contenant une idée d'intensité.

*Er freut sich **sehr**.*   *Danke **sehr**!*
   Il se réjouit beaucoup.   Merci beaucoup !

❖ *Viel* : avec un verbe contenant une idée de quantité.

*Er isst, trinkt und schläft **viel**.*
   Il mange, boit et dort beaucoup.

> **Traduisez en allemand :**
> **1** Je n'ai pas beaucoup de temps. **2** J'ai beaucoup couru aujourd'hui. **3** Cela m'intéresse beaucoup. **4** Beaucoup de gens étaient venus. **5** C'est beaucoup trop. **6** Je les estime (schätzen) beaucoup.

49 *Beinahe* et *fast*

1 *Beinahe* et *fast* = « presque » signifient que quelque chose n'est pas tout à fait atteint. Ils s'emploient dans les mêmes conditions.

*Beinahe **(Fast)** tausend Menschen waren auf dem Platz versammelt.*
   Près de mille personnes étaient réunies sur la place.

*Es ist **beinahe (fast)** Mitternacht.*
   Il est presque minuit.

2 *Beinahe* et *fast* + verbe au subjonctif II = « pour un peu », « faillir », signifient qu'un événement ne s'est pas produit au dernier moment.

*Wir **wären beinahe (fast)** hingefallen.*
   Pour un peu nous serions tombés.

*Beinahe **(Fast) hätte** das Auto ein Kind überfahren.*
   La voiture a failli renverser un enfant.

> **Traduisez en allemand :**
> **1** Il a failli trahir le secret (das Geheimnis verraten). **2** Il a presque tout mangé. **3** Mon travail est presque terminé. **4** Pour un peu, il aurait manqué son bus (verpassen).

50 Benutzen, gebrauchen, verwenden

1 Benutzen.

❖ *Etw.* (acc.) *benutzen* ou *benützen* correspond à «employer», «se servir de» (outil, machine).

*Willst du den Hammer **benutzen**?*
Veux-tu te servir du marteau ?

❖ *Etw.* (*be*)*nutzen* ou (*be*)*nützen* correspond à «utiliser avec profit», «profiter» (du temps, de l'occasion).

*Wir **(be)nutzen** das schöne Wetter für einen Ausflug.*
Nous profitons du beau temps pour faire une excursion.

2 Gebrauchen.

❖ *Etw.* (acc.) *gebrauchen* correspond à «employer», «faire usage de quelque chose» (pouvoir, armes, son droit).

*Werden sie die Waffen **gebrauchen**?*
Vont-ils employer les armes ?

❖ *Gebrauchen* se trouve souvent sous la forme *etw. gebrauchen können* (cf. *verwenden können*) et correspond à «avoir besoin de», «être utile à» pour des objets ou des personnes.

*Kannst du meine Notizen **gebrauchen**?*
Peux-tu te servir de mes notes ?

*Ja, ich kann sie gut **gebrauchen**.*
Oui, elles me seront utiles.

*Er ist zu nichts zu **gebrauchen**.*
Il n'est bon à rien.

⟶ Pour *brauchen,* voir aussi **55**.

❖ La forme du participe II : *gebraucht* = «usagé», «d'occasion».

gebrauchte Wäsche   ein **gebrauchter** Wagen (ou ein **Gebrauchtwagen**)
du linge usagé   une voiture d'occasion

3 Verwenden.

❖ Etw. verwenden traduit le français «utiliser quelque chose dans un certain but».

*Hast du schon das neue Waschmittel **verwendet**?*
As-tu déjà utilisé la nouvelle lessive ?

❖ «Faire profiter», «utiliser à bon escient» (cf. (*be*)*nutzen*).

*Heute hast du deine Zeit nicht gut **verwendet**.*
Aujourd'hui, tu n'as pas bien utilisé ton temps.

❖ *Etw. verwenden können* (cf. *gebrauchen können*) correspond à «avoir besoin de», «être utile à».

*Könnt ihr dieses Werkzeug für eure Arbeit **verwenden**?*
Avez-vous besoin de cet outil pour votre travail ?

❖ *Viel Zeit, Mühe auf etw. verwenden* signifie «investir» (du temps, des efforts dans quelque chose).

*Auf diese Arbeit hat er viel Mühe **verwandt / verwendet**.*
   Il a investi beaucoup d'efforts dans ce travail.

> **Complétez par *benutzen, gebrauchen* ou *verwenden* :**
> **1** Darf ich mal deinen Bleistift…? **2** Dieser Fernseher ist nicht mehr zu…! **3** Kann man diesen Stoff noch…? **4** Ich… die Gelegenheit, um ihn daran zu erinnern. **5** Wofür… man diesen Apparat? **6** Warum willst du nicht dein Fahrrad…? **7** Das sind… Möbel. **8** Ich könnte dich jetzt gut…! **9** Auf diesen Aufsatz hast du aber nicht viel Zeit…! **10** Ich… nur mein Recht!

51 *Bewusst*

Avec *bewusst,* deux constructions sont possibles.

1 *Sich* (dat.) *einer Sache* (gén.) *bewusst sein* = «être conscient de qqch.»

*Ich bin **mir** meines Irrtums wohl **bewusst**.*
   Je suis tout à fait conscient de mon erreur.

*Ich bin **mir** keiner Schuld **bewusst**.*
   Je n'ai rien à me reprocher.

*Er ist **sich dessen bewusst**.*
   Il en est conscient.

2 *Jmm ist etw. bewusst* ou *jmm ist bewusst, dass…* = «avoir conscience de…», «se rendre compte».

***Mir** ist **bewusst**, **dass** ich viele Fehler gemacht habe.*
   Je me rends compte que j'ai fait beaucoup de fautes.

> **Traduisez en allemand :**
> **1** Il n'est pas conscient du danger. **2** Elle a conscience de sa responsabilité (die Verantwortung). **3** Il ne se rendait pas compte de ce qu'il disait. **4** En es-tu conscient?

52 Bien (traductions)

Selon le contexte, «bien» se traduit de différentes manières.

1 *Gut*.

❖ «Convenablement», «comme il faut».

*Er kann **gut** tanzen, schwimmen, rechnen, Klavier spielen.*
   Il sait bien danser, nager, calculer, jouer du piano.

*Das Kind lernt **gut**, schläft **gut**.*
   L'enfant apprend bien, dort bien.

*Dieses Kleid steht dir **gut**.*
   Cette robe te va bien.

❖ Être dans un état physique normal.

*Er kann **gut** sehen, hören.*
  Il voit bien, entend bien.

*Es geht mir **gut**.*
  Je vais bien.

*Mir ist nicht **gut**.*
  Je ne me sens pas bien.

2 **Wohl.**

❖ « Bien », « à l'aise » en relation avec le verbe *sich fühlen*.

*Ich fühle mich nicht **wohl**.*   *Hier fühlt man sich **wohl**.*
  Je ne me sens pas bien.   Ici, on se sent bien.

❖ En tant que modalisateur dans le sens de « vraiment », « réellement », « probablement », ou en tant que particule modale renforçant une supposition.

*Du weißt es **wohl**.*
  Tu le sais bien.

*Ich erinnere mich **wohl daran**.*
  Je m'en souviens bien (parfaitement).

*Er wird **wohl** kommen.*
  Il viendra bien. / Je suppose qu'il viendra.

❖ Estimation approximative : « environ ».

***Wohl** 1000 Menschen hatten sich versammelt.*
  Il y avait bien 1 000 personnes qui s'étaient rassemblées.

3 **Recht** (ou **richtig**).

❖ Conforme à un certain code (mode de vie, morale, raison, situation).

*Er hat **recht** gehandelt (conforme à la morale).*
*Er hat **richtig** gehandelt (conforme à la situation).*
  Il a bien agi.

*Das finde ich nicht **recht** / **richtig**.*
  Je ne trouve pas cela bien.

*Es geschieht ihm **recht**.*
  C'est bien fait pour lui.

*Wenn ich Sie **recht** / **richtig** verstehe…*
  Si je vous comprends bien…

❖ Dans le sens de « assez », **recht** indique un certain degré.

*Er ist **recht** krank.*   *Er ist noch **recht** jung für diese Arbeit.*
  Il est bien malade.   Il est bien jeune pour ce travail.

⟶ Pour *richtig, gerecht, recht,* voir aussi **221**.

4 **Sehr** = « bien » au sens de « très ».

Sehr est en relation avec des adjectifs, des adverbes ou des verbes et indique un degré élevé.

*Er ist **sehr** krank.*
  Il est bien / très malade.

*Ich bin **sehr** froh.*
Je suis bien (ou : très) content.

*Ich hoffe es **sehr**.*
Je l'espère bien.

5 *Viel*.

❖ «Beaucoup». *Viel* est en relation avec des verbes et indique la quantité.

*Wir haben **viel** gelacht.*
Nous avons bien ri.

*Er hat **viel** getrunken.*
Il a bien bu.

❖ Indication de degré : *viel* + comparatif = «bien plus»; degré excessif : *viel zu* = «bien trop».

*Er fährt **viel** schnell**er** als ich.*
Il roule bien plus vite que moi.

*Es ist **viel zu** spät.*
Il est bien trop tard.

❖ «Bien de», «bien des» : *viel, viele.*

viel *Mut*
bien du courage

viele *Leute*
bien des gens

6 *Gern* = dans le sens de «volontiers» : souvent en relation avec un conditionnel.

*Das glaube ich **gern**.*
Je le crois bien.

*Ich **möchte gern**.*
Je voudrais bien.

*Ich **würde** ihm **gern** schreiben.*
Je lui écrirais bien.

Expressions

Selbstverständlich!
Bien sûr !

Er ist ein vornehmer Herr.
C'est un monsieur bien.

Danke sehr!
Merci bien !

Das Mädchen ist in Ordnung.
C'est une fille bien.

---

1. Complétez :
1 Dieses Puzzlespiel ist … zu schwierig für mich. **2** Fühlst du dich heute nicht …? **3** Ist das Kind krank? Es ist … blass. **4** Diese Farbe steht dir nicht … **5** Ich habe sie … seit fünf Jahren nicht gesehen. **6** Er fährt … Auto. **7** Ich würde dich … vom Bahnhof abholen. **8** Hast du … geschlafen? **9** Findest du, dass er seinen Kindern gegenüber … gehandelt hat? **10** Er hat … gehandelt. Er hat sofort die Polizei angerufen.

---

2. Traduisez en allemand :
1 Comment vas-tu ? – Merci, je vais très bien. **2** Il viendra probablement en retard. **3** Elle danse bien mieux que moi. **4** Nous avons bien dansé hier soir. **5** Il apportera bien une bouteille de vin. **6** Nous étions bien contents de les rencontrer.

53 *Bitten* et *danken*

1 *Jmn um etw.* (acc.) *bitten* = «demander qqch. à qqn»; «prier qqn de faire qqch».

*Darf ich dich **um** ein Glas Wasser **bitten**?*
Puis-je te demander un verre d'eau ?

*Ich möchte dich **um** einen Gefallen **bitten**.*
J'aimerais te demander un service.

*Er hat mich (**darum**) gebeten, Ihnen dieses Paket zu geben.*
Il m'a demandé de vous remettre ce paquet.

Bitte!	*Danke schön!*	*Bitte schön!*
S'il vous (te) plaît !	Merci beaucoup !	Il n'y a pas de quoi !
(De rien !)		

Würden Sie so freundlich sein und... (par ex. *mir helfen*)?
Auriez-vous l'amabilité de… (m'aider) ?

Seien Sie so nett und... (par ex. *schließen Sie das Fenster*).
Soyez assez aimable pour… (fermer la fenêtre).

2 *Jmm für etw.* (acc.) *danken* = «remercier qqn de qqch.».

*Ich **danke** dir recht herzlich **für** deinen Brief.*
Je te remercie beaucoup (litt. : cordialement, chaleureusement) de ta lettre.

Formules de remerciement

Vielen Dank! / Herzlichen Dank!
Merci beaucoup !

Danke schön! Tausend Dank!
Mille fois merci !

Nein, danke!
Non, merci !

Das ist sehr nett von Ihnen.
C'est très aimable de votre part.

Vielen Dank für die Blumen!
Merci beaucoup pour les fleurs !

Herzlichen Dank für die Einladung ; ich nehme sie gerne an.
Merci beaucoup pour l'invitation ; je l'accepte volontiers.

Das wäre aber nicht nötig gewesen.
Das hätten Sie aber nicht zu tun brauchen.
Mais il ne fallait pas !

Traduisez en allemand :
1 Je te remercie beaucoup pour le livre que tu m'as envoyé. **2** Soyez assez gentil pour ne plus m'appeler. **3** Oh, les belles fleurs ! Mille fois merci ! **4** Que c'est gentil de votre part ! Mais il ne fallait pas ! **5** Voudriez-vous encore un morceau de gâteau ? – Non, merci ! **6** Je voudrais te demander de m'accompagner à la gare. **7** Garçon, un café, s'il vous plaît ! **8** Puis-je vous demander le sel ?

54 Bleiben

1 Bleiben seul.

Bleiben seul = « rester » dans le sens de « demeurer », « persister ». L'auxiliaire employé pour former le parfait est *sein*.

*Wie lange **bist** du in Deutschland **geblieben**?*
  Combien de temps es-tu resté en Allemagne ?

*Sie **ist** jung **geblieben**.*   *Er **ist** zu Hause **geblieben**.*
  Elle est restée jeune.   Il est resté chez lui.

2 Bleiben + verbe de position.

Les expressions formées de *bleiben* + verbe de position peuvent avoir un sens différent selon le verbe employé. Au sens concret, elles s'écrivent toujours en deux mots, alors qu'au sens figuré, l'écriture soudée est à nouveau admise, par ex. *sitzenbleiben* = « redoubler une classe ».

stehen bleiben rester debout	**sitzen bleiben** rester assis	**liegen bleiben** rester couché
stehenbleiben s'arrêter, en rester là	**sitzenbleiben** redoubler une classe	**liegenbleiben** être oublié
hängen bleiben rester suspendu	**stecken bleiben** rester enfoncé	
hängenbleiben rester accroché	**steckenbleiben** s'arrêter (dans un discours)	

Comparez :

*Den ganzen Abend über sind wir **stehen geblieben**.*
  Nous sommes restés debout toute la soirée.

*Wo sind wir das letzte Mal **stehengeblieben**?*
  Où en sommes-nous restés la dernière fois ?

*Meine Uhr ist **stehengeblieben**.*
  Ma montre s'est arrêtée.

*Ihr könnt ruhig **sitzen bleiben**!*
  Restez donc assis !

*Karin wird dieses Jahr **sitzenbleiben**.*
  Karin devra redoubler sa classe cette année.

*Willst du denn den ganzen Tag **liegen bleiben**?*
  Veux-tu donc rester couché toute la journée ?

*Ein Regenschirm ist im Bus **liegengeblieben**.*
  Un parapluie a été oublié dans le bus.

*Die Äpfel sind am Baum **hängen geblieben**.*
  Les pommes sont restées sur l'arbre.

*Sie ist mit dem Rock am Busch **hängengeblieben**.*
  Elle est restée accrochée par sa jupe au buisson.

*Der Schlüssel ist im Schloss **stecken geblieben**.*
  La clef est restée sur la porte.

*Er ist mitten in seinem Referat **steckengeblieben**.*
  Il s'est arrêté au beau milieu de son exposé.

→ Pour *übrig bleiben*, voir aussi **254**.

B

Traduisez en allemand :
1 Veux-tu rester pour la nuit (über Nacht) ? **2** Il ne nous reste pas d'autre choix.
3 Hier, je suis resté chez moi. **4** L'horloge de la gare s'est arrêtée. **5** Il reste
100 euros à payer. **6** Je suis resté trois mois en Bavière (Bayern).

55 *Brauchen*

1 *Brauchen* + groupe nominal (acc.).

❖ « Avoir besoin de qqn, de qqch. ».

Ich könnte dich jetzt brauchen.
J'aurais besoin de toi maintenant.

Er braucht Ruhe.
Il a besoin de repos.

Ich brauche keinen Regenschirm.
Je n'ai pas besoin de parapluie.

❖ « Mettre du temps » = *brauchen* + complément de temps (à l'accusatif
s'il s'agit d'un groupe nominal).

Der Zug braucht einen ganzen Tag.
Le train met une journée entière.

Wie lange brauchst du denn noch?
Combien de temps te faudra-t-il encore ?

❖ « Pouvoir utiliser », « être utile à ».

Kannst du diesen Stoff brauchen?
Peux-tu utiliser ce tissu ?

→ Pour *benutzen, gebrauchen, venwenden,* voir **50**.

2 *Brauchen* + *zu* + infinitif.

❖ Uniquement avec une négation : « ne pas avoir besoin de faire qqch. » ;
« ne pas être obligé de faire qqch. » = *etwas nicht zu tun brauchen.*

Sie brauchen heute nicht zu kommen.
Vous n'êtes pas obligé de venir aujourd'hui.

Er braucht das nicht zu wissen.
Il n'a pas besoin de le savoir.

❖ Ou avec une restriction : « n'avoir qu'à faire qqch. » = *etwas nur zu tun
brauchen.*

Du brauchst es mir nur zu sagen.
Tu n'as qu'à me le dire.

❖ Dans la langue parlée, *zu* tend à disparaître.

Du brauchst nicht (zu) weinen.
Il ne faut pas pleurer.

❖ Aux temps composés, *brauchen* prend la forme de l'infinitif lorsqu'il
est précédé d'un infinitif ou d'un groupe infinitif.

*Er hätte nicht zu kommen **brauchen**.*
Il n'aurait pas eu besoin de venir.

Notez que cette position « intégrée » est obligatoire avec *brauchen*.

(non : *Er hätte nicht ~~gebraucht zu kommen~~*.)

Attention : pour traduire « avoir besoin de faire qqch. » (sans négation ni restriction), il faut employer *müssen*.

*Ich **muss** mich etwas hinlegen.*
J'ai besoin de m'allonger.

⟶ Pour l'intégration du groupe infinitif, voir **119**.

Traduisez en allemand :
1 J'ai besoin de toi. **2** Il n'a jamais eu besoin d'un médecin. **3** Elle a besoin d'un nouveau manteau. **4** Il n'a pas besoin de notre conseil. **5** Tu n'as qu'à m'appeler (rufen) si tu as besoin de moi. **6** Ils n'ont pas besoin de le savoir. **7** De combien de temps auras-tu besoin pour ce travail ? **8** Il me faudra trois heures. **9** Vous n'aurez pas eu besoin de nous écrire. **10** Nous n'avons plus besoin de l'attendre (warten auf + acc.).

56 Certain, certainement (traductions)

1 Sicher.

❖ «Certain», placé après le nom, au sens de «sûr».

*Ein **sicherer** Erfolg.*
Une réussite certaine.

❖ *Einer Sache* (gén.) *sicher sein* ou *sicher sein, dass…* = «être certain de qqch.».

*Ich bin **dessen sicher**.*
J'en suis certain.

*Wir sind **sicher**, **dass** es ihm gelingen wird.*
Nous sommes certains qu'il réussira.

2 Gewiss.

«Certain», placé devant le nom, au sens de «difficile à préciser», «imprécis».

*eine **gewisse** Zeit*	*ein **gewisser** Herr Schmidt*
un certain temps	un certain Monsieur Schmidt

3 Bestimmt.

«Certain» placé devant le nom, mais au sens de «déterminé», «défini».

*Er war **in bestimmten** Kreisen bekannt.*
Il était connu dans certains milieux.

4 L'adverbe «certainement» se traduit par **sicher**, **gewiss** ou **bestimmt**.

*Er kommt **sicher** / **gewiss** / **bestimmt** nicht.*
Il ne viendra certainement pas.

Traduisez en allemand :
1 Ils arrivaient toujours à une certaine date. **2** Il me faut un certain temps pour traduire ces exercices. **3** Un certain nombre de gens étaient venus. **4** En es-tu certain ? Je n'en suis pas certain. **5** Je suis certain qu'il viendra. **6** C'est une preuve certaine (Beweis). **7** Comment peut-on en être certain ! **8** Il lui fallait pour cela un certain courage.

57 Cesser de, continuer à (traductions)

1 « **Cesser de** ».

❖ *Aufhören* + infinitif avec *zu.*

*Sein Herz hat **aufgehört** zu schlagen.*
  Son cœur a cessé de battre.

❖ *Nicht mehr* + verbe.

*Er trinkt **nicht mehr**.*
  Il a cessé de boire. (Il ne boit plus).

2 « **Ne pas cesser de** ».

❖ *Nicht aufhören* + infinitif avec *zu.*

*Sie hat **nie aufgehört**, ihn **zu** lieben.*
  Elle n'a jamais cessé de l'aimer.

❖ *Immer wieder* + verbe note l'intermittence.

*Ich frage mich **immer wieder**, ob…*
  Je ne cesse de me demander si…

❖ *Unaufhörlich* + verbe.

*Es regnet **unaufhörlich**.*
  Il ne cesse de pleuvoir. (Il pleut sans cesse.)

3 « **Continuer à** ».

❖ *Immer noch* + verbe.

*Sie schreibt ihm **immer noch**.*
  Elle continue à lui écrire.

❖ *Weiter* + verbe.

*Das Kind spielt **weiter**.*
  L'enfant continue à jouer.

> Transformez les phrases de façon à remplacer *(nicht) aufhören* par les adverbes ci-dessus :
> **1** Er hört nicht auf zu sprechen. **2** Hör endlich auf, mich zu stören! **3** Seit zwei Tagen hat es nicht aufgehört zu schneien. **4** Hast du aufgehört, Tennis zu spielen? **5** Seit heute Morgen hat das Telefon nicht aufgehört zu klingeln. **6** Er hat nie aufgehört, uns zu verteidigen. **7** Er hat mit dem Klavierspielen aufgehört.

58 C'est…, il est… (traductions)

1 **Pour présenter une personne ou un objet en les désignant expressément :** *das ist, das sind…*

Das ist meine Schwester.
  C'est ma sœur.

Das sind meine Geschwister.
  Ce sont mes frères et sœurs.

Das ist *mein Haus.*
  C'est ma maison.

2 **Pour se référer à une chose, un événement évoqués antérieurement :** *das ist, das sind… ; es ist, es sind…*
Das a un caractère plus démonstratif que *es,* qui n'est qu'une simple reprise.

*Ich habe davon gehört. **Das ist (es ist)** eine alte Geschichte.*
  J'en ai entendu parler. C'est une vieille histoire.

3 **Pour se référer à une personne évoquée antérieurement,** on emploie le pronom neutre *es : es ist, es sind* ou, plus rarement, les pronoms personnels *er, sie, es ist, sie sind.*

Siehst du diesen Jungen? ***Es (er)*** *ist ein guter Freund von mir.*
  Vois-tu ce garçon ? C'est un bon ami à moi.

Ich kenne diese Leute. ***Es (sie)*** *sind unsere Nachbarn.*
  Je connais ces gens. Ce sont nos voisins.

Attention :

Ich bin es / ich bin's.	***Du bist es.***	***Er / sie ist es.***
C'est moi.	C'est toi.	C'est lui / elle.
Wir sind es.	***Ihr seid es.***	***Sie sind es.***
C'est nous.	C'est vous.	Ce sont eux / elles.

Traduisez en allemand :
1 Des enfants chantent. Ce sont les élèves de l'école primaire (die Grundschule).
2 Regarde ! C'est un pommier. **3** C'était le bon vieux temps. **4** C'est un bon skieur. **5** C'est une actrice de cinéma. **6** Ouvrez ! C'est nous !

59 **C'est… qui…, c'est… que…** (traductions)

1 La tournure «**c'est… qui**», «**c'est… que**» sert à mettre en relief un élément de la phrase. En allemand, cet **élément** est **accentué** et **placé en tête de phrase**. Quelquefois, si le contexte le permet, un *aber,* particule de discours (→ 179), ou d'opposition (→ 2) est ajouté.

*Mein °**Onkel** ist gekommen.*
  C'est mon oncle qui est venu.

*°**Er** wird sich **aber** freuen.*
  C'est lui qui va être content.

*°**Ich** habe angerufen.*
  C'est moi qui ai appelé.

*Gerade °**dieses Mal** hat er sich getäuscht.*
  C'est précisément cette fois-ci qu'il s'est trompé.

*Jetzt kann ich nicht weg. °**Morgen aber** bin ich frei.*
  Maintenant je ne peux pas m'absenter. C'est demain que je suis libre.

2 **La relative,** d'un emploi moins fréquent et plus littéraire, est néanmoins possible pour la mise en relief (→ aussi **207.6**).

2 Certains adjectifs et certains adverbes ont des **formes irrégulières** ou prennent l'inflexion.

Formes irrégulières	Formes avec inflexion : *alt* ⟹ *älter*
hoch : höher *gut : besser* *bald : eher* *gern : lieber* *viel : mehr*	*alt, arm, dumm, grob, groß,* *hart, jung, kalt, klug,* *krank, kurz, lang, nah, scharf,* *schwach, stark, warm*

*Es ist heute **wärmer** als gestern.*
> Aujourd'hui, il fait plus chaud qu'hier.

3 **Lorsque sont comparées deux qualités** d'adjectifs, **l'adjectif** ne se met pas au comparatif ; il **est précédé de** *mehr* ou *eher*.

*Er ist **eher dumm** als böse.*
> Il est plus bête que méchant.

L'expression « de plus en plus… » se traduit par *immer* + comparatif.

*Es wird **immer kälter**.*
> Il fait de plus en plus froid.

4 **Le comparatif (sans *als*)** est utilisé dans certaines expressions **pour traduire « d'un certain… ».**

*ein **älterer** Herr*
> un monsieur d'un certain âge

> **Traduisez en allemand :**
> **1** Il mange plus que moi. **2** Ce roman était plus intéressant que celui que j'ai lu pendant les vacances. **3** Il court plus vite que toi. **4** Il saute de plus en plus haut. **5** Pierre a de plus grandes jambes (die Beine) que Paul. **6** Il est plus avare (geizig) qu'économe (sparsam).

65 Comparatif avec *je desto…, je… umso…*

1 *Je… desto…, je… umso*… se traduisent par « **plus… plus…** » ; *umso* est soudé graphiquement.
La première partie de la comparaison est une subordonnée ; le verbe conjugué se trouve donc en dernière place. Dans la deuxième partie de la comparaison, le verbe conjugué se place immédiatement après *desto* + comparatif.

*Je **größer** er wird, **desto dümmer** wird er.*
> Plus il grandit, plus il devient bête.

2 « **Plus** » se traduit en allemand par *je mehr* lorsqu'il n'y a pas d'adjectif.

*Je **mehr** er reist, **desto** (**umso**) **mehr** bildet er sich.*
> Plus il voyage, plus il s'instruit.

3 « **Moins** » se traduit par *je weniger* ou *desto weniger*.

Je weniger Geld er verdient, desto (umso) mehr möchte er ausgeben.
Moins il gagne d'argent, plus il voudrait dépenser.

> **Traduisez en allemand :**
> **1** Plus j'ai de travail, plus je suis fatigué. **2** Plus il fait chaud, plus je bois. **3** Plus il neige, plus nous aurons de difficultés (die Schwierigkeiten) sur la route. **4** Moins il travaille, moins il gagne (verdienen) d'argent.

66 Concerner, en ce qui concerne (traductions)

1 *Betreffen ; angehen ; anbelangen.*
Ces trois verbes sont le plus souvent employés dans les tournures suivantes.

❖ *Was mich (an) betrifft / angeht / anbelangt, so* + verbe… = « en ce qui me concerne… ».

Was deinen Vorschlag anbelangt (angeht, betrifft), so denke ich, dass wir ihn akzeptieren können.
En ce qui concerne ta proposition, je pense que nous pouvons l'accepter.

❖ *Was die Sache (an) betrifft / angeht / anbelangt, so* + verbe… = « en ce qui concerne l'affaire… ».

Was mich betrifft (angeht, anbelangt), so kann ich sagen, dass alles in Ordnung ist.
En ce qui me concerne, je peux dire que tout va pour le mieux.

Expressions

Das geht dich °nichts an!
Cela ne te concerne pas !

Das geht nur °mich etwas an!
Cela ne concerne que moi !
(Ici seul le verbe *angehen* est employé.)

2 Dans la **correspondance commerciale** et **administrative**, on utilise couramment des expressions formées à partir du verbe *betreffen*.

❖ *Betreff, betrifft, betr.* = « objet » en tête de lettres.
Betr.: Ihr Auftrag vom 30.5.2010
objet : votre commande du 30/5/2010

❖ *In Betreff* + génitif ou *betreffs* + génitif = « concernant ».
Ihre Anfrage in Betreff (betreffs) der letzten Lieferung haben wir erhalten.
Nous avons reçu votre demande concernant la dernière livraison.

❖ *Betreffend* (employé comme adjectif avec un complément à l'acc.) = « concernant ».
Ihre die letzte Lieferung betreffende Anfrage haben wir erhalten.
Ihre Anfrage, die letzte Lieferung betreffend, haben wir erhalten.
Nous avons reçu votre demande concernant la dernière livraison.

67 Concession

On peut distinguer deux types de concession.

1 La concession intégrée à la proposition ; elle peut s'exprimer à l'aide des éléments suivants.

❖ Un groupe prépositionnel introduit par *trotz* + génitif (en langue courante aussi le datif : *trotz allem* = «malgré tout»).

*Wir gehen **trotz des Regens** spazieren.*
  Nous allons nous promener malgré la pluie.

❖ L'adverbe *trotzdem,* qui reprend tout ou une partie de l'énoncé précédent.

*Es regnet; wir gehen **trotzdem** spazieren.*
  Il pleut ; nous allons nous promener quand même.

❖ Des subordonnées concessives introduites par *obwohl* (le plus fréquemment), *obgleich* ou *obschon* (plus rarement) + indicatif (contrairement au français, qui emploie le subjonctif).

*Wir gehen spazieren, **obwohl es regnet**.*
  Nous allons nous promener bien qu'il pleuve.

Attention :
trotzdem n'est pas encore admis comme conjonction de subordination bien que l'on puisse entendre : *Wir gehen spazieren, trotzdem es regnet.*

2 **La concession discursive**, extérieure à la proposition ; elle peut s'exprimer à l'aide des éléments suivants.

❖ Des propositions contenant *noch so* et le verbe *mögen*.

***Er mag noch so viel Geld verdienen**, er kann sich doch kein neues Auto leisten.*
  Il a beau gagner beaucoup d'argent, il ne peut pas se payer une voiture neuve.

→ Pour « il a beau... », voir **47**.

❖ Des concessives à forme de subordonnées (verbe conjugué en dernière place) introduites par un élément en *W* (*wer, was, wo, wenn...*) + *auch*. Le verbe conjugué est soit *mögen*, soit un verbe à l'indicatif (*sein* est parfois au subjonctif I).

Wie dem auch sei, ich bleibe zu Hause.
Quoi qu'il en soit, je reste à la maison.

Wer auch klopfen mag, ich öffne niemals die Tür.
Je n'ouvre jamais la porte à qui que ce soit. (Litt. : Qui que ce soit qui frappe, je n'ouvre jamais la porte.)

❖ Des concessives introduites par *so* + *auch*. Le verbe conjugué est soit *mögen*, soit un verbe à l'indicatif (*sein* est parfois au subjonctif I).

So groß er auch ist (ou **sein mag** ou **sei**), er macht immer noch Dummheiten.
Il a beau être grand, il fait toujours des bêtises.

❖ *Zwar* = « certes », très souvent en corrélation avec *aber* = « mais ».

Er ist zwar nicht mehr sehr jung, aber er treibt immer noch viel Sport.
Il n'est certes plus très jeune, mais il fait encore beaucoup de sport.

⟶ Pour la structure des phrases avec concessives, voir **166**.

> **Traduisez en allemand :**
> **1** Il a couru jusqu'à la voiture malgré l'orage (das Gewitter). **2** Bien qu'il habite à Berlin, il n'est jamais allé à Potsdam. **3** Quoi que tu fasses, tu ne gagneras pas. **4** Il a beau courir vite, il ne le rattrapera (einholen) pas. **5** Il a certes réussi à son examen, mais il n'a toujours pas d'emploi.

68 Condition

La condition peut se traduire par les tournures suivantes.

1 Un **groupe prépositionnel** introduit par la préposition *bei* + datif.

Bei schönem Wetter gehen wir spazieren.
Par beau temps, nous allons nous promener.

2 Une **subordonnée conditionnelle** introduite par *falls* ou par *wenn*.

a *Wenn.*

Comparez l'emploi des formes verbales avec le tableau des correspondances ci-dessous.

❖ *Wenn* + indicatif présent si la condition est réalisable.

Wenn du Hunger hast, nimm dir ein Stück Schokolade.
Si tu as faim, prends un morceau de chocolat.

❖ *Wenn* + subjonctif II hypothétique si la condition est posée comme hypothèse non encore réalisée.

Wenn ich reich wäre, würde ich mir eine Jacht kaufen.
Si j'étais riche, je m'achèterais un yacht.

❖ **Wenn** + subjonctif II irréel si la condition est posée comme hypothèse qui ne s'est pas réalisée dans le passé.

Wenn er das Buch gelesen hätte, hätte er auf die Frage antworten können.
S'il avait lu le livre, il aurait pu répondre à la question.

La correspondance des formes verbales est donc la suivante :

Conditionnelle + Exemple		Proposition
indicatif présent	*(kommt)*	indicatif présent ou impératif
subjonctif II hypothétique	*(käme)*	subjonctif II hypothétique (éventuellement subjonctif II irréel).
subjonctif II irréel	*(gekommen wäre)*	subjonctif II irréel (éventuellement subjonctif II hypothétique)

b **Falls, im Falle, dass** = «au cas où»; **vorausgesetzt, dass** = «à supposer que»; **es sei denn, dass** = «à moins que».

Falls du über München fährst, vergiss nicht, in die Oper zu gehen.
Au cas où tu passes par Munich, n'oublie pas d'aller à l'opéra.

Geh nicht ins Wasser, **es sei denn, dass** es sehr warm ist.
Geh nicht ins Wasser, **es sei denn, es ist** sehr warm.
Ne va pas dans l'eau, à moins qu'elle ne soit très chaude.

3 Par les adverbes **sonst** ou **andernfalls**, qui font référence au contexte antérieur.

Ein Glück, dass es nicht geregnet hatte; **sonst** wärst du aber nass geworden.
(= wenn es geregnet hätte, wärst du nass geworden).
Encore heureux qu'il n'ait pas plu ; sinon tu te serais mouillé.

→ Pour l'emploi des formes de subjonctif hypothétique, voir **236**.
→ Pour l'expression de l'hypothèse, voir **165** et **236**.

Mettez le verbe de la conditionnelle à la bonne forme :
1 Wenn du gestern (kommen), hättest du ihn noch gesehen. **2** Wenn du Zeit (haben), kannst du ihn besuchen. **3** Wenn du (vorbeikommen), würde ich dir die Dias zeigen. **4** Wenn du Glück (haben), kannst du einen Computer gewinnen. **5** Wenn du die Zeitung (lesen), hättest du es erfahren. **6** Wenn er vorsichtiger (fahren), hätte er keinen Unfall gehabt. **7** Wenn er seine Ferien in Deutschland (verbringen), würde er Fortschritte machen.

---

69 Conjonctions de coordination

Les conjonctions suivantes peuvent relier des éléments de la proposition ou des propositions entières. Lorsqu'elles relient des propositions, elles se placent entre celles-ci, mais certaines conjonctions peuvent être intégrées à la deuxième proposition.

1 **Aber** = «mais».

Er ist noch jung, **aber** schon sehr intelligent.
Il est encore jeune, mais déjà très intelligent.

*Sie ist krank, **aber** sie geht trotzdem ins Kino* (ou bien : *sie geht **aber** trotzdem ins Kino*).
Elle est malade, mais elle va quand même au cinéma.

⟶ Voir aussi *aber* ; **2.**

2 **Allein** = « mais » (⟶ **18**).

3 **Denn** = « car ».

*Ich muss nach Hause, **denn** es ist schon spät.*
(Place de *denn* obligatoire entre la proposition 1 et la proposition 2.)
Je dois rentrer car il est déjà tard.

4 **Nämlich** = « car », « en effet » (sens très voisin de *denn*).

*Ich muss nach Hause, es ist **nämlich** schon spät.*
(*Nämlich* est obligatoirement intégré à la proposition 2.)

5 **Oder** = « ou ».

*Kommst du im Juli **oder** im August?*
Viens-tu au mois de juillet ou au mois d'août ?

*Bleibst du zu Hause **oder** kommst du mit uns?*
(Place de *oder* obligatoire entre proposition 1 et proposition 2.)
Restes-tu à la maison ou viens-tu avec nous ?

6 **Und** = « et ».

*Sein Bruder **und** sein Onkel wohnen in England.*
Son frère et son oncle habitent en Angleterre.

*Peter arbeitet in seinem Zimmer, **und** Ursula schläft noch.*
(Place obligatoire de *und* entre proposition 1 et proposition 2.)
Pierre travaille dans sa chambre et Ursula dort encore.

7 **Sondern** = « mais » (⟶ **3** et **152**).

8 **Entweder... oder...** = « ou... ou... » (⟶ **270**).

9 **Weder... noch...** = « ni... ni... » (⟶ **270**).

Traduisez en allemand :
1 Il n'a que huit ans et il sait déjà jouer aux échecs. **2** Pendant les vacances, je lis des romans ou j'écoute de la musique. **3** C'est beau mais cher ! **4** Prends ton parapluie, car il pleut (deux traductions). **5** Y vas-tu en train ou en autobus ?

70 Conjonctions de subordination

■ *Dass* introduisant une subordonnée.

❖ En fonction de sujet.

***Dass er gern Bier trinkt**, ist mir schon längst aufgefallen.*
Je me suis aperçu depuis longtemps qu'il aime bien la bière.
(litt.: Le fait qu'il aime bien la bière m'a frappé depuis longtemps.)

❖ En fonction de complément d'objet.

*Ich will, **dass du deine Schulaufgaben machst.***
Je veux que tu fasses tes devoirs.

② *Ob* introduisant une subordonnée.

❖ En fonction de sujet.

***Ob er morgen kommt**, ist noch nicht sicher.*
Il n'est pas encore sûr qu'il vienne demain.

❖ En fonction de complément d'objet.

*Ich weiß nicht, **ob er gern Sauerkraut isst.***
Je ne sais pas s'il aime la choucroute.

→ Pour l'emploi de *es* avec les subordonnées introduites par *dass* ou *ob*, voir **90**.

③ Les relatives sujets.

***Wer das Glas zerschlagen hat**, (der) soll es auch bezahlen.*
Celui qui a cassé le verre doit le payer.

④ Les interrogatives indirectes (→ **123**).

⑤ Les subordonnées temporelles.

❖ *Als* et *wenn* (→ **20**).

❖ *Bevor / ehe* = « avant que » (→ **39**).

***Bevor du den Brief schreibst**, hol mir die Zeitung!*
Avant d'écrire la lettre, va me chercher le journal !

❖ *Nachdem* = « après que » (→ **27**).

***Nachdem er zu Hause angekommen war**, rief er seine Freundin an.*
Après être arrivé à la maison, il téléphona à son amie.

❖ *Seit / seitdem* = « depuis que ».

***Seitdem er in Deutschland lebt**, mag er kein Weißbrot mehr.*
Depuis qu'il vit en Allemagne, il n'aime plus le pain blanc.

❖ *Bis* = « jusqu'à ce que ».

*Warte, **bis ich zurückkomme.***
Attends que je revienne.

❖ *Sobald* = « dès que ».

***Sobald ich mit der Arbeit fertig bin**, gehen wir spazieren.*
Dès que j'aurai fini mon travail, nous irons nous promener.

❖ *Solange* = « tant que », « aussi longtemps que ».

Solange du nicht jeden Tag eine deutsche Zeitung liest, *wirst du keine Fortschritte machen.*
> Tant que tu ne liras pas un journal allemand tous les jours, tu ne feras pas de progrès.

❖ *Sooft* = « toutes les fois que ».

Sooft er zu Besuch kam, *brachte er den Kindern Schokolade mit.*
> Toutes les fois qu'il nous rendait visite, il apportait du chocolat aux enfants.

❖ *Während* = « pendant que » ou « tandis que » (adversatif).

Während sie fernsahen, *klopfte plötzlich jemand an die Tür.*
> Pendant qu'ils regardaient la télévision, quelqu'un frappa soudain à la porte.

Sie blieb zu Hause, **während ich zum Arzt lief**.
> Elle resta à la maison, tandis que je courus chez le médecin.

6 **Les subordonnées de manière et de moyen.**

Indem ; dadurch, dass… = « en » + participe présent.

Er wollte ihr Freude bereiten, **indem (dadurch dass) er ihr Blumen schickte**.
> Il voulut lui faire plaisir en lui envoyant des fleurs.

7 **Les conditionnelles** (→ 68).

8 **Les causales.**

❖ *Weil* = « parce que ».

Auf den Straßen ist es gefährlich, **weil es geregnet hat**.
> Les routes sont dangereuses parce qu'il a plu.
> (litt. : Sur les routes, c'est dangereux parce qu'il a plu.)

❖ *Da* = « comme » (indique une relation causale évidente).

Da er kein Geld mehr hatte, *musste er zu Fuß nach Hause gehen.*
> Comme il n'avait plus d'argent, il dut rentrer à pied.

9 **Les concessives** (→ **47** et **67**, et **166** sur la place du verbe de la proposition).

❖ *Obwohl, obgleich, obschon* = « bien que », « quoique ».

Obwohl er krank ist, *geht er in die Schule.*
> Bien qu'il soit malade, il va à l'école.

Attention : après *obwohl, obgleich, obschon,* on emploie l'indicatif et non le subjonctif :
~~obwohl er krank sei~~… est impossible !

❖ *Wenn… auch…* = « même si », *so… auch…* = « si… que… », *wo… auch…* = « où que… ».

Wo sie auch hingehen mag, *sie findet heute Abend kein Hotelzimmer mehr.*
> Où qu'elle aille, elle ne trouvera plus de chambre d'hôtel ce soir.

10 Les finales.

Damit… / dass… = «pour que…».

*Nimm deinen Regenschirm, **damit (dass) du nicht nass wirst**.*
Prends ton parapluie pour ne pas te faire mouiller.

11 Les subordonnées de conséquence.

❖ *So…, dass…* = «si… que…».

*Er war **so** krank, **dass er nicht aufstehen konnte**.*
Il était si malade qu'il ne pouvait se lever.

❖ *…, sodass…* = «si bien que…», «de sorte que…».

*Er war krank, **sodass** er nicht aufstehen konnte.*
Il était malade, de sorte qu'il ne pouvait se lever.

12 Les subordonnées de comparaison.

*Er ist besser, **als man denkt**.*
Il est meilleur qu'on ne le pense.

*Er tut, **als ob er nichts gehört hätte**. / Er tut, **als hätte er nichts gehört**.*
Il fait comme s'il n'avait rien entendu.

→ Pour le comparatif, voir aussi **64**.
→ Pour les subordonnées de comparaison, voir **239**.

> **Traduisez en allemand :**
> **1** Dès que j'aurai fini de manger, je jouerai avec toi. **2** Il est arrivé à l'heure, bien que son train ait eu dix minutes de retard (Verspätung). **3** Apporte ta scie (die Säge) pour que je puisse scier (sägen) mon bois. **4** Depuis qu'il a une moto, il va se promener tous les dimanches. **5** Pendant qu'ils étaient en train de manger, un orage éclata (ein Gewitter ausbrechen).

(71) **Conseiller** (traductions)

1 *Jmm raten, etw. zu tun* = «conseiller à qqn de faire qqch.», «lui recommander de faire qqch.».

*Er hat mir **geraten**, aufs Land zu fahren.*
Il m'a conseillé de partir à la campagne.

2 *Jmm einen Rat geben* = «donner un conseil à qqn».

*Wenn ich dir **einen** guten **Rat geben** darf: Rufe einen Arzt!*
Si je peux te donner un bon conseil, appelle un médecin !

3 *Jmn (bei, in etw.) beraten* = «conseiller qqn»; «guider qqn en lui conseillant ce qu'il doit faire».

*Kannst du mich **bei** der Wahl eines Wörterbuchs **beraten**?*
Peux-tu me conseiller dans le choix d'un dictionnaire ?

*Er ist gut (schlecht) **beraten**.*
Il est bien (mal) conseillé.

4 *An deiner Stelle* + subjonctif II = «(si j'étais) à ta place».

An deiner Stelle würde ich es anders machen / hätte ich es anders gemacht.
À ta place je le ferais autrement / je l'aurais fait autrement.

> **Traduisez en allemand :**
> **1** Je te conseille de ne rien dire. **2** À votre place, je lui en parlerais. **3** Il se fait conseiller par son avocat (der Rechtsanwalt). **4** Je vous conseille de prendre ce chemin. **5** Peux-tu me conseiller dans mes achats ? **6** À sa place, je serais revenu immédiatement.

72 Considérer comme, tenir pour, prendre pour, (se) dire (traductions)

1 *Jmn betrachten als* + accusatif = «considérer qqn comme»; *sich betrachten als* aussi + nominatif = «se considérer comme».

Après *sich + als,* lorsque l'attribut de l'objet désigne la même personne que le sujet, le nom se met aujourd'hui souvent au nominatif.

Ich betrachte ihn als einen Spezialisten.
Je le considère comme un spécialiste.

Er betrachtet sich als ein(en) Spezialist(en).
Il se considère comme un spécialiste.

2 *Jmn ansehen als* + accusatif = «considérer qqn comme»; *sich ansehen als* + nominatif = «se considérer comme».

Wir sahen ihn als unseren Freund an.
Nous le considérions comme notre ami.

Er sah sich als unser Freund an.
Il se considérait comme notre ami.

3 *Jmn bezeichnen als* + accusatif; *sich bezeichnen als* aussi + nominatif = «(se) dire».

Man bezeichnet ihn als einen guten Pädagogen.
On le dit bon pédagogue.

Er bezeichnet sich als ein guter Pädagoge / einen guten Pädagogen.
Il se dit bon pédagogue.

4 *Jmn halten für* + accusatif = «tenir qqn pour», «passer pour»; *sich halten für* + accusatif = «se prendre pour».

Man hält ihn für einen Weinkenner.
Il passe pour être un connaisseur en vins.

Er hält sich für einen Weinkenner.
Il se prend pour un connaisseur en vins.

73 Contractions : préposition + article défini

Au datif et à l'accusatif singulier, certaines prépositions peuvent se contracter avec l'article défini *der, das, die.* Certaines contractions sont très courantes et quasiment obligatoires, d'autres sont familières, d'autres très familières.

1 Contractions courantes.

❖ *am = an dem*

Am *Montag fahre ich nach Bonn.*
   Lundi, je vais à Bonn.

❖ *beim = bei dem*

Sie ist ***beim*** *Bäcker.*
   Elle est chez le boulanger.

❖ *im = in dem*

Im *Sommer fährt er gern in die Alpen.*
   En été, il aime bien aller dans les Alpes.

❖ *zum = zu dem*

Er schaut ***zum*** *Fenster hinaus.*
   Il regarde par la fenêtre.

❖ *ans = an das*

Er läuft bis ***ans*** *Auto.*
   Il court jusqu'à la voiture.

❖ *ins = in das*

Gehst du heute Abend ***ins*** *Theater?*
   Vas-tu au théâtre ce soir ?

❖ *vom = von dem*

Er ist ***vom*** *Tisch herabgefallen.*
   Il est tombé de la table.

❖ *zur = zu der*

Ich gehe ***zur*** *Post.*
   Je vais à la poste.

2 Contractions familières.

❖ *hinterm = hinter dem*

Er ist ***hinterm*** *Baum.*
   Il est derrière l'arbre.

unterm = unter dem

Was machst du ***unterm*** *Tisch?*
   Que fais-tu sous la table ?

❖ *überm = über dem*

*Die Hose hängt **überm** Stuhl.*
Le pantalon est posé sur le dossier de la chaise.

❖ *vorm = vor dem*

*Wer steht da **vorm** Auto?*
Qui est-ce qui est devant la voiture ?

❖ *aufs = auf das*   *fürs = für das*
   durchs = durch das   *ums = um das*

3 **Contractions très familières.**

hintern = hinter den   *gegens = gegen das*
übern = über den   *hinters = hinter das*
untern = unter den   *unters = unter des*
vorn = vor den   *vors = vor das*

Remarques

❖ Certaines contractions courantes sont obligatoires ; l'usage les a consacrées :

am Abend   **im Winter**
   le soir   en hiver

beim Friseur   **zur Post (gehen)**
   chez le coiffeur   aller à la poste

Dans d'autres cas, elles sont facultatives.

*Die Kinder sitzen **am (an dem)** Tisch.*
   Les enfants sont assis à table.

❖ Certaines contractions familières ont également été consacrées par l'usage et sont devenues obligatoires.

ums *Leben kommen*   **aufs** *Land gehen*
   périr   aller à la campagne

übers *Wochenende*   *Es wird mir leichter **ums** Herz.*
   pendant le week-end   Je me sens soulagé.

❖ La contraction n'est pas recommandée lorsque le groupe nominal est suivi d'une relative, d'un complément de nom…

*Wir kaufen unser Brot **bei dem** Bäcker, **der** gerade eröffnet hat.*
   Nous achetons notre pain chez le boulanger qui vient d'ouvrir.

❖ La contraction est interdite lorsqu'on utilise le démonstratif accentué *der, das, die.*

*Kaufst du dein Brot bei **dem** Bäcker?*
   Achètes-tu ton pain chez ce boulanger-là ?

→ Pour l'article défini, voir **30**.

Contractez la préposition et l'article défini, lorsque c'est possible :
1 Zuerst laufen wir durch den Wald. **2** In dem Wald kann man sich verlaufen.
3 Stell dich vor das Fenster! **4** Kann ich mich auf das Bett setzen? **5** Er kommt von der Schule zurück. **6** Warum läuft er so um das Haus?

74 Date

1 En-tête de lettre : date du jour.

❖ Pour l'indication de la date, retenez l'emploi de l'article défini à l'accusatif, *den,* et la ponctuation suivante :

Köln, den 13. 4. 2004 (ou *04*)

qui se lit : *Köln, den dreizehnten vierten zweitausendvier* et non… *den dreizehn vier…*

❖ Cette ponctuation est obligatoire et les chiffres du jour et du mois sont des adjectifs numéraux ordinaux à l'accusatif : le treizième jour du mois, le quatrième mois de l'année. Les points après 13 et 4 indiquent qu'il s'agit d'ordinaux qui prennent les marques de l'adjectif.

❖ On peut rencontrer aussi la formule : *Köln, 13.4.2004*

❖ Les formules **Köln, am 13.4.2004** ou **Köln, im April 2004** ne sont employées éventuellement que dans des documents, des annonces officiels ; elles donneraient à une lettre normale un ton solennel.

2 Hors en-tête de lettre.

a Sans indication de jour : *am*…

Er ist am 3. Mai 1995 gestorben (…am dritten…).
    Il est mort le 3 mai 1995.

b Avec indication de jour.

❖ *Am* + jour, *dem* + ordinal + mois,

Er kommt am Sonntag, dem 8. März, an.
    Il arrive le dimanche 8 mars.

c Jour, *den* + ordinal + mois (,) …

Er kommt Sonntag, den 8. März (,)an.

❖ « Aujourd'hui nous sommes le 15 juin » se dit :

Heute haben wir den 15. Juni ou *Heute ist der 15. Juni.*

d « De + date… à + date » se traduit de deux manières.

❖ *Von… bis…* avec indication de jour.

von Montag, dem (den) 27. November, bis Mittwoch, dem (den) 5. Dezember
    du lundi 27 novembre au mercredi 5 décembre

❖ *Vom… bis zum…* sans indication de jour.

vom 27. November bis zum 5. Dezember
    du 27 novembre au 5 décembre

D

1. Lisez les dates suivantes :
Berlin, den 9.11.1989. Bonn, den 30.9.1870. Düsseldorf, den 16.12.1980. München, den 1.1.1995. Stuttgart, den 4.7.1966. Wien, den 25.5.2011.

2. Traduisez en allemand :
1 Il est mort le 15 janvier 1972. **2** Peux-tu venir le mercredi 3 juillet 2013 ? **3** Du 3 août au 1er septembre, je serai en Allemagne. **4** Le samedi 25 octobre 2012, il fêtera son quarantième anniversaire. **5** Je voudrais trois places pour le jeudi 7 novembre.

75 Datif : emplois

On trouve des groupes nominaux ou des pronoms au datif.

1 Comme complément d'un verbe.

❖ Le datif peut être le seul complément, avec des verbes comme *danken* = « remercier », *gratulieren* = « féliciter », *helfen* = « aider », *folgen* = « suivre », *schaden* = « nuire », *widersprechen* = « contredire », *drohen* = « menacer », *dienen* = « servir ».
Ich danke dir.
Je te remercie.

Attention : certains de ces verbes ont un complément direct en français !

❖ Le datif est accompagné d'un accusatif, avec des verbes comme *geben* = « donner », *schenken* = « offrir », *leihen* = « prêter », *senden* = « envoyer », *bringen* = « apporter », *schicken* = « envoyer »...
Ich habe ihm ein Päckchen geschickt.
Je lui ai envoyé un petit paquet.

❖ Le datif est accompagné d'un accusatif et d'un complément du domaine spatial.
Er hat mir den Ball ins Gesicht geworfen.
Il m'a lancé la balle dans la figure.

❖ Le datif est accompagné d'un complément du domaine spatial.
Er springt ihm auf den Rücken.
Il lui saute sur le dos.

❖ Le datif est obligatoire avec certains adjectifs, par exemple *fremd* = « étranger », *bekannt* = « connu », *lieb* = « cher », *nützlich* = « utile », *treu* = « fidèle ».
Sie ist ihm treu geblieben.
Elle lui est restée fidèle.

→ Pour la rection des adjectifs, voir **216**.

❖ Le datif avec le verbe *sein* dans des expressions.
Mir ist kalt. ou *Es ist mir kalt.*
J'ai froid.

❖ Le datif équivalent de *für mich.*

*Dieser Film ist **mir** zu langweilig.*
   Pour moi, ce film est trop ennuyeux.

2 **Comme dépendant d'une préposition** (→ 190).

*Ich bleibe mit **ihm** zu Hause.*
   Je reste avec lui à la maison.

3 **Comme expression du locatif après certaines prépositions** (→ 139).

*Er steht vor **der Tür**.*
   Il est devant la porte.

4 **Comme complément de temps après certaines prépositions** (→ 243-246).

*Ich komme **am Sonntag**.*
   Je viendrai dimanche.

---

1. Mettez le pronom entre parenthèses au datif :
1 Er ist… nicht bekannt (ich). **2** Ich habe… nicht helfen können (sie, fém. sing.). **3** Ich habe … einen Blumenstrauß mitgebracht (Sie, forme de pol. sing.). **4** Ist… jetzt warm? (du). **5** Ich gratuliere… zum Geburtstag. (du). **6** Das Wasser ist… zu kalt. (ich).

---

2. Traduisez en allemand :
1 Il a menacé mon père avec un couteau (das Messer). **2** À qui as-tu prêté ce livre ? **3** Je l'ai suivi jusqu'à la gare. **4** Il me saute sur les épaules (die Schultern). **5** Ce livre t'est-il utile ?

---

76 **Décider** (traductions)

L'allemand fait la distinction entre « (se) décider » dans le sens de « faire un choix entre deux ou plusieurs possibilités » = *(sich) entscheiden,* et « décider » dans le sens de « prendre une décision définitive » = *beschließen. Sich entschließen* correspond à l'idée de « se résoudre à ».

1 *(Sich) entscheiden* = « se décider », « décider de quelque chose » dans le sens de « choisir entre deux ou plusieurs possibilités », permet diverses constructions.

❖ *Sich entscheiden für* + accusatif = « se décider pour ».

*Für welches Kleid hast du **dich entschieden**?*
   Pour quelle robe t'es-tu décidée ?

❖ *Sich entscheiden zwischen* + datif = « se décider entre », « choisir ».

*Er musste **sich zwischen** zwei Berufen **entscheiden**.*
   Il a dû choisir (se décider) entre deux professions.

❖ *(Sich) entscheiden* + interrogation indirecte = « décider » + interrogation indirecte.

*Sie kann **sich** nicht **entscheiden**, mit welchem Freund sie tanzen geht.*
Elle ne peut pas décider avec quel ami elle ira danser.

*Heute wird **entschieden**, ob der Antrag genehmigt wird.*
C'est aujourd'hui que l'on décide si la demande est acceptée.

❖ *Über etw.* + accusatif + *entscheiden* = «décider de qqch.» (entre deux ou plusieurs possibilités).

*Die Wähler werden **darüber entscheiden**.*
Les électeurs en décideront.

❖ *Etwas* (acc.) *entscheiden* = «trancher qqch.», «régler qqch.».

*Er hat diese Frage noch nicht **entschieden**.*
Il n'a pas encore réglé cette question.

*Nichts ist **entschieden**.*
Rien n'est décidé.

❖ *Eine Entscheidung treffen* = «prendre une décision» (entre deux ou plusieurs possibilités).

*In dieser Angelegenheit muss der Direktor **eine Entscheidung treffen**.*
Dans cette affaire, c'est le directeur qui doit prendre la décision.

2 **Sich entschließen** = «se décider à», «prendre la décision de».

❖ *Sich entschließen* zu = «se décider à».

*Ich kann **mich zu** dieser Reise nicht **entschließen**.*
Je ne peux pas me décider à faire ce voyage.

❖ *Sich entschließen* + interrogation indirecte ou + groupe infinitif = «décider».

*Du musst **dich** endlich **entschließen**, welchen Beruf du wählen willst.*
Il faut que tu décides enfin quel métier tu veux faire.

*Wir haben **uns** endlich **entschlossen**, das Landhaus **zu** verkaufen.*
Nous avons enfin pris la décision de vendre la maison de campagne.

❖ *Entschlossen sein* + *zu* + datif ou groupe infinitif = «être décidé à».

*Er **ist zu** allem **entschlossen**.*
Il est décidé à tout.

*Er **ist** fest **entschlossen**, sein Leben zu ändern.*
Il est fermement décidé à changer de vie.

❖ *Den Entschluss fassen* + groupe infinitif = «prendre la décision de».

*Er hat **den Entschluss gefasst**, sein Leben zu ändern.*
Il a pris la décision de changer de vie.

3 **Beschließen.**

❖ *Etw.* (acc.) *beschließen* = «décider qqch.», «arrêter» (dans le sens de «prendre une décision définitive»).

*Der Chirurg hat die Operation **beschlossen**.*
Le chirurgien a décidé l'opération.

❖ *Beschließen* + groupe infinitif = «décider de» + infinitif.

*Er hat **beschlossen**, Arzt zu werden.*
Il a décidé de devenir médecin.

❖ *Einen Beschluss fassen* + groupe infinitif = «prendre la décision de» + infinitif.

*Alle Anwesenden **fassten den Beschluss**, nicht mehr zu rauchen.*
Toutes les personnes présentes prirent la décision de ne plus fumer.

4 **Jmn zu etw. bewegen** (verbe fort) = «Décider qqn à faire qqch.».

*Er hat mich dazu **bewogen**, in die Partei einzutreten.*
Il m'a décidé à entrer au parti.

Notez que «décidément» se traduit selon le contexte par un des modalisateurs suivants : *entschieden, eindeutig, gewiss, sicherlich, ganz sicher, ganz bestimmt, ganz offensichtlich, tatsächlich, wahrhaftig.*

*Das ist **entschieden** (**eindeutig**) ein Vorteil.*
Décidément, c'est un avantage.

*Das ist **gewiss** (**sicherlich / ganz sicher**) das Beste.*
Décidément, c'est le mieux.

*Sie ist **tatsächlich** (**ganz offensichtlich**) verrückt!*
Décidément, elle est folle !

*Ich habe **wahrhaftig** kein Glück!*
Décidément, je n'ai pas de chance !

---

1. Ajoutez le verbe ou l'expression qui convient :
1 Er kann sich nicht…, seine Freundin zu heiraten. **2** Er kann sich nicht…, welche Freundin er heiraten soll. **3** Er ist zu allem… **4** Das ist… zu viel! **5** Hast du endlich deinen E…? **6** Es wurde…, ein neues Schwimmbad zu bauen. **7** Was hat dich dazu…, so zu…?

---

2. Traduisez en allemand :
1 Cet événement décida de sa vie. **2** Les étudiants décidèrent de faire la grève (streiken). **3** Nous avons décidé de (Nous nous sommes décidés à) acheter une voiture. **4** Pour le moment, rien n'est décidé. **5** C'est à toi de décider si c'est nécessaire. **6** J'ai pu le décider à venir avec nous.

---

77 **Demander** (traductions)

En français, «demander» peut avoir les sens de «poser une question», «poser une question pour se renseigner», «prier» et «exiger». Il faut distinguer ces sens en allemand.

1 **Fragen** = «poser une question».

❖ *Jmn* (acc.) *etw.* (acc.) *fragen* = «demander qqch. à qqn» (poser une question) uniquement avec des pronoms (*etwas, das*) ou avec une interrogative.

*Darf ich Sie **etwas fragen**?*
Puis-je vous demander qqch. ?

*„Kommen Sie aus der ehemaligen DDR?", **fragte** er **sie**.*
« Venez-vous de l'ex-RDA? » leur demanda-t-il.

❖ *Sich* (acc.) *etw. fragen* = « se demander qqch. ».

Das frage ich mich.
Je me le demande.

❖ *Jmn* (acc.) *fragen, ob…* = « demander à qqn si… ».

*Ich möchte **Sie fragen**, **ob** Sie etwas Zeit haben.*
Je voudrais vous demander si vous avez un peu de temps.

❖ *Sich* (acc.) *fragen, ob* = « se demander si ».

*Ich **frage mich**, **ob** ich richtig gehandelt habe.*
Je me demande si j'ai bien agi.

2 ***Fragen nach*** = « poser une question pour se renseigner ».

❖ *Jmn nach etw.* (dat.) *fragen* = « demander qqch. à qqn » (vouloir obtenir un renseignement).

*Der Fremde **fragte** uns **nach** dem Weg zur Post.*
L'étranger nous demanda le chemin du bureau de poste.

*Er **fragte** mich **nach** meinem Namen.*
Il me demanda mon nom.

❖ *Nach jmm* (dat.) *fragen* est employé dans le sens de « demander à voir, à parler à qqn ».

*Peter hat angerufen. Er hat **nach** dir **gefragt**.*
Pierre a appelé. Il a demandé à te parler.

*Hat jemand **nach** mir **gefragt**?*
Est-ce que quelqu'un m'a demandé ?

3 ***Bitten*** = « demander dans le sens de "prier" ».

❖ *Jmn* (acc.) *um etw.* (acc.) *bitten* = « demander » dans le sens de « prier ».

*Darf ich **Sie um** Feuer **bitten**?*
Puis-je vous demander du feu ?

❖ *Jmn bitten, etw. zu tun* = « demander à qqn de faire qqch. » en formulant une demande polie.

*Ich **bitte Sie**, hier nicht zu rauchen.*
Je vous demande de ne pas fumer ici.

4 ***Verlangen*** = « exiger ».

❖ *Etw.* (acc.) *von jmm verlangen* = « demander qqch. à qqn » dans le sens de « exiger ».

*Du **verlangst** zu viel **von** dem Kind!*
Tu demandes trop à cet enfant !

*Diese Arbeit **verlangt** viel Zeit.*
Ce travail demande beaucoup de temps.

*Die Polizei **verlangte** meinen Führerschein.*
La police me demanda mon permis de conduire.

❖ **Verlangen** est employé également dans le sens de «demander une somme d'argent».

*Für das Bild **verlangte** er 1000 Euro.*
Il demanda 1 000 euros pour ce tableau.

❖ **Von jmm verlangen, dass...** = «demander à qqn de faire qqch.» en formulant une exigence.

*Ich **verlange von** euch, **dass** ihr pünktlich seid.*
Je vous demande d'être à l'heure.

---

1. Ajoutez *bitten, fragen, verlangen* à la forme adéquate :
1 Er hat mich..., einen Vortrag zu halten. **2** An der Grenze wurden unsere Papiere... **3** Ich... mich, was aus ihm geworden ist. **4** Kommst du mit? – Ja, aber ich muss erst noch um Erlaubnis... **5** Er hat uns nach unserer Meinung... **6** Darf ich Sie um den nächsten Tanz...?

---

2. Traduisez en allemand :
1 Je me demande si je ne l'ai pas déjà vu. **2** Puis-je vous demander une cigarette ? **3** Il me demande une explication (prier et exiger). **4** Il m'a demandé si je voulais venir. **5** Il nous a demandé de l'attendre (auf + acc. warten). **6** Ne demande pas l'impossible !

---

78 *Derselbe* et *der gleiche*

1 ***Derselbe, dasselbe, dieselbe ; dieselben*** = «le même», «la même», «les mêmes». *Derselbe* désigne l'identité d'une personne ou d'une chose. *Der* est décliné comme l'article défini et *selb-* comme l'adjectif. *Derselbe* s'écrit en un mot sauf lorsqu'il y a contraction entre préposition et article.

*Sie trägt **dasselbe** Kleid wie gestern.*
Elle porte la même robe qu'hier.

*Wir wohnen **in demselben** Haus wie ihr.*
*Wir wohnen **im selben** Haus wie ihr.*
Nous habitons la même maison que vous.

→ Pour *selb-, selbst,* voir aussi **229**.

2 ***Der gleiche, das gleiche, die gleiche, die gleichen*** = «le même», «la même», «les mêmes». *Der gleiche* exprime la similitude.

*Er hat sich **das gleiche** Auto gekauft wie ich.*
Il s'est acheté la même voiture que moi.

*Ich hatte eben **den gleichen** Gedanken wie du.*
Je viens d'avoir la même idée que toi.

D

Ajoutez *derselbe* ou *der gleiche* :
1 Meine Großmutter starb im… Jahr wie mein Großvater. **2** Wir haben dieses Jahr den… Winter wie voriges Jahr. **3** Peter und Hans gehen auf die… Schule. **4** Sie haben aber nicht die… Lehrer. **5** Hast du die… Meinung darüber? **6** Nein, ich bin nicht… Ansicht.

79 Devoir (traductions)

1 *Sollen* (→ 233).

2 *Müssen.*

❖ *Müssen* + infinitif = « devoir » dans le sens d'une nécessité due aux circonstances. Ce *müssen* de la nécessité peut se mettre à un temps composé.

*Sie **muss** um fünf Uhr aufstehen, um den 7-Uhr-Zug zu erreichen.*
Elle doit se lever à cinq heures pour prendre le train de sept heures.

*Das sind Dinge, die man wissen **muss**.*
Ce sont des choses que l'on doit savoir.

*Er hat wegfahren **müssen**, denn seine Tante ist gestorben.*
Il a dû partir, car sa tante est décédée.

❖ *Müssen* + infinitif marque souvent la probabilité. Contrairement au français « devoir », ce *müssen* de la probabilité ne peut être mis à un temps composé.

*Jetzt **muss** es im Gebirge schneien.*
En ce moment, il doit neiger à la montagne.

*Er **muss** weggefahren sein, denn ich habe ihn seit langem nicht gesehen.*
Il a dû partir (il doit être parti), car je ne l'ai pas vu depuis longtemps.

⟶ Pour la probabilité, voir aussi *müssen*, **147**.

3 *Nicht dürfen.*

❖ *Nicht dürfen* + infinitif = « devoir » + négation + infinitif correspond à une interdiction.

*Hier **darf** man **nicht** rauchen.*
Ici, on n'a pas le droit de fumer.

❖ *Nicht dürfen* au subjonctif II irréel + infinitif est employé pour exprimer des reproches.

*Das **hättest** du **nicht** vergessen **dürfen**.*
Tu n'aurais pas dû l'oublier.

⟶ Pour la forme du participe, voir **176**.

4 Verdanken.

❖ *Jmm etw.* (acc. ou *viel, wenig, alles, nichts*) *verdanken* = «devoir qqch. à qqn» exprime une idée de reconnaissance («grâce à»).

*Er **verdankt** ihnen seine Rettung.*
Il leur doit d'avoir eu la vie sauve.

*Sie **verdankt** ihren Lehrern viel.*
Elle doit beaucoup à ses professeurs.

5 Schulden.

❖ *Jmm etw. schulden* = «devoir qqch. à qqn» dans le sens de «avoir une dette».

*Er **schuldet** mir noch hundert Euro.*
Il me doit encore 100 euros.

*Was **schulde** ich Ihnen?*
Combien je vous dois ?

Traduisez en allemand :
1 Tu ne dois pas traverser la rue sans regarder à gauche et à droite. **2** Vous ne me devez plus rien. **3** Il doit tout à ses parents. **4** Pierre doit être à la maison maintenant. **5** Je leur dois une invitation (die Einladung). **6** Tous les hommes doivent mourir. **7** Je leur dois la vie (mein Leben). **8** Tu n'aurais pas dû lui envoyer cette lettre.

---

80 Directionnel

Parmi les compléments de lieu, le directionnel et le locatif (⟶ 139) s'opposent par la relation spatiale qu'ils expriment. Le directionnel désigne le point de direction d'une action indiquée par le verbe. Il **répond souvent à la question *wohin*** ? = «vers où?». Il peut être exprimé soit par un groupe prépositionnel, soit par un adverbe.

1 Les groupes prépositionnels directionnels.

a Les groupes prépositionnels dont la marque du directionnel est le cas, c'est-à-dire l'accusatif. Il s'agit des groupes introduits par l'une des prépositions *in, an, auf, unter, über, vor, hinter, neben, zwischen* (⟶ 192).

*Ich stelle den Koffer **unter den Tisch**.*
Je mets la valise sous la table.

b Les groupes prépositionnels dont la marque du directionnel est la préposition. Il peut s'agir :

❖ Soit de la préposition *zu* + datif qui s'utilise avec des noms de personnes ou dans des expressions.

*Ich fahre **zu seinem Vater**.*
Je vais chez son père.

*Er fährt **zum Bahnhof / zur Schule**.*
Il va à la gare / à l'école.

❖ Soit de la préposition *nach*, qui s'utilise avec *Hause* et les noms géographiques sans article.

*Ich fahre **nach Hause**.*
Je rentre à la maison (chez moi).

*Ich fahre **nach Griechenland**.*
Je vais en Grèce.

c Le directionnel peut dépendre non seulement d'un verbe mais aussi d'un nom.

*eine Fahrt **nach Spanien***
un voyage en Espagne

d Le directionnel peut s'employer avec des verbes ou des noms qui n'expriment pas forcément un mouvement.

*Er zielt **auf den Vogel**.*   *eine Rede **an das Volk***
Il vise l'oiseau.   un discours au peuple

e Pour les noms géographiques qui ont un article, on oppose *in* + datif (locatif) et *in* + accusatif (directionnel).

*Ich fahre **in die Schweiz**.*   s'oppose à :   *Ich bin **in der Schweiz**.*
Je vais en Suisse.   Je suis en Suisse.

⟶ Voir aussi **159**.

2 Les adverbes directionnels.

❖ Ils peuvent avoir une valeur pronominale, comme *hin, dorthin* et les composés avec *da* : *darauf, darüber*…

*Peter ist im Schwimmbad; ich fahre auch **hin**.*
Pierre est à la piscine ; j'y vais aussi.

❖ Ils peuvent simplement indiquer une direction : *nach rechts* = « à droite », *nach links* = « à gauche » *nach oben* = « vers le haut », *nach unten* = « vers le bas »…

*Dann geht die Straße **nach links**.*
Puis la route tourne à gauche.

3 Le directionnel peut s'employer seul, surtout avec les verbes de modalité, **sans être rattaché** explicitement **à un verbe de mouvement**.

*Ich muss **in die Stadt** (sous-entendu* gehen *ou* fahren*).*
Je dois aller en ville.

***Ins Wasser** mit ihm!*
Jetons-le à l'eau !

⟶ Pour les verbes comme *ankommen, landen, absteigen*…, qui exigent un locatif, voir **139**.

81 Discours indirect

1 Caractéristiques.

Le discours direct consiste à exprimer à l'aide de verbes comme *sagen* = «dire», *glauben* = «croire», *frag*en = «demander», etc. les paroles, pensées, opinions d'autrui ou éventuellement de soi-même. Il est marqué à l'écrit par la présence de guillemets.

Phrase non interrogative	Phrase interrogative
„Heute regnet es."	„Ist Paul krank?"
« Aujourd'hui, il pleut. »	« Paul est-il malade ? »

Lorsqu'on rapporte ce discours direct, on supprime à l'écrit les guillemets et on dispose en allemand de différents moyens pour faire comprendre qu'il ne s'agit plus du discours direct :

a Le changement éventuel des systèmes pronominaux.

Ich devient *er, sie* ou *es, wir* devient *sie, mein* devient *sein* ou *ihr,* etc. et le remplacement éventuel de quelques adverbes de lieu et de temps comme *hier, heute* lorsqu'ils ne coïncident pas avec le temps et le lieu de celui qui rapporte et qui deviennent *dort* et *an jenem Tag.*

b **Le changement éventuel de mode.**

Au lieu de l'indicatif, on peut utiliser le subjonctif I selon le système de concordance suivant :

Temps et mode du discours direct	Temps et mode du discours indirect
Indicatif présent *ich komme*	Subjonctif I présent → *er komme*
Indicatif passé (prétérit, parfait ou plus-que-parfait) *ich kam* *ich bin gekommen* *ich war gekommen*	Subjonctif I passé → *er sei gekommen*
Indicatif futur *ich werde kommen*	Subjonctif I futur → *er werde kommen*

→ Pour le subjonctif I, voir **234**.

c **Conjonctions ou éléments en *w-*.**

❖ On peut éventuellement utiliser *dass* pour les subordonnées.

❖ On doit obligatoirement utiliser *ob* = « si », pour les questions globales.

❖ On doit obligatoirement utiliser un élément en *w-* (*wer, wo, wann…*) pour les questions partielles.

2 **Combinaisons.**

a On peut utiliser ces trois moyens (changement de pronoms, de modes et de temps, emploi d'une conjonction) **en même temps**.

Discours direct

Peter sagt: „Ich bin müde."
　Pierre dit : « Je suis fatigué. »

Discours indirect

*Peter sagt, **dass er müde sei**.*
　Pierre dit qu'il est fatigué.

b On peut utiliser les moyens « **changement de pronoms + conjonction** » et employer le verbe à **l'indicatif.**

*Peter sagt, **dass er müde ist**.*

c On peut utiliser les moyens « **changement de pronoms, de modes et de temps** » (sans *dass*, l'utilisation du subjonctif I est quasi obligatoire).

*Peter sagt, **er sei müde**.*

Attention : si l'on n'utilise pas *dass*, l'ordre des mots dans le discours rapporté est identique à celui de la proposition !

d Pour la transposition de questions du discours direct :

❖ Si la question est globale (commence par le verbe), on utilise *ob*.

Discours direct

Peter fragt: „Ist Paul auch müde?"

Pierre demande : « Est-ce que Paul est fatigué aussi ? »

*Peter fragt, **ob Paul auch müde sei (ist)**.*
Pierre demande si Paul est aussi fatigué.

❖ Si la question est partielle (= commence par un interrogatif en *w-*), on utilise cet interrogatif.

*Peter fragt: „**Wann kommt Paul?**"*
Pierre demande : « Quand Paul vient-il ? »

*Peter fragt, **wann Paul komme (kommt)**.*
Pierre demande quand vient Paul.

Le plus souvent, l'indicatif est utilisé à la place du subjonctif lorsqu'il y a *dass, ob* ou un élément en *w-*.

Remarques

❖ Lorsque l'on veut utiliser le mode subjonctif et que les formes du subjonctif I se confondent avec des formes de l'indicatif, on utilise le subjonctif II (→ 236) selon les correspondances suivantes :

Discours direct	Discours indirect	
Indicatif présent **wir kommen**	Subjonctif I **sie kommen** (= indicatif présent)	Subjonctif II **sie kämen**
Indicatif parfait **wir haben gelacht**	Subjonctif I **sie haben gelacht** (= indicatif parfait)	Subjonctif II **sie hätten gelacht**
Indicatif futur **wir werden kommen**	Subjonctif I **sie werden kommen** (= indicatif futur)	Subjonctif II **sie würden kommen**

❖ Lorsque, dans le discours direct, le verbe est à l'impératif, on transpose cet impératif au discours indirect soit au moyen de *sollen* (ordre), soit au moyen de *mögen* (prière).

*„**Brigitte, steh auf!**", sagt Mutti.*
« Brigitte, lève-toi ! », dit maman.

*Mutti sagt, **dass Brigitte aufstehen soll**.*
Maman dit que Brigitte doit se lever.

*„**Hole mir bitte eine Flasche Wein!**" sagt Vati zu Peter.*
« Va me chercher, s'il te plaît, une bouteille de vin ! », dit papa à Pierre.

*Vati sagt zu Peter, **dass er ihm eine Flasche Wein holen möge**.*
Papa dit à Pierre qu'il veuille bien aller lui chercher une bouteille de vin.

D

3 **Exemples de transpositions.**

Discours direct	Discours indirect
„Ich war gestern beim Friseur." « Hier, j'étais chez le coiffeur. »	*Er sagt, er sei gestern beim Friseur gewesen.*
	ou *… dass er gestern beim Friseur gewesen sei.*
	ou *… dass er gestern beim Friseur gewesen ist.*
„Wir hatten einen Spaziergang gemacht." « Nous avions fait une promenade. » ou	*Sie sagen, sie hätten einen Spaziergang gemacht.* *… dass sie einen Spaziergang gemacht hätten.*
	ou *… dass sie einen Spaziergang gemacht hatten.*
„Ich werde mit meiner Schwester kommen." « Je viendrai avec ma sœur. » ou	*Er sagt, er werde mit seiner Schwester kommen.* *… dass er mit seiner Schwester kommen werde.*
	ou *… dass er mit seiner Schwester kommen wird.*

Attention : à la non-correspondance des temps en français et en allemand.

Il m'a dit qu'il m'aimait. → *Er hat mir gesagt, dass er mich liebe (liebt).*

et non : *daß er mich liebte.*

Dans la langue courante, l'emploi du subjonctif II se généralise.

1. Transposez au discours indirect avec *dass, ob* ou un élément en *w* - et le subjonctif :
1 „Wo wohnst du, Paul?", fragt Hans. **2** „Komm sofort zurück, Inge", sagt ihre Mutter. **3** „Ich habe auf einem Schiff geschlafen", sagt Paul. **4** „Wir hatten alle Durst", sagen die Touristen. **5** „Dann ging ich nach Hause", sagt der Angeklagte (l'accusé). **6** „Hast du mein neues Fahrrad schon gesehen?", fragt Ursula.

2. Transposez au discours indirect avec l'indicatif.

3. Transposez au discours indirect sans *dass*, lorsque c'est possible, mais avec le subjonctif.

82 **Dont** (traductions)

En français, «dont», pronom relatif, peut être complément d'un nom, d'un verbe ou d'un adjectif.

1 «Dont», complément d'un nom.

❖ On traduit «dont» selon l'antécédent par *dessen* (antécédent masculin ou neutre singulier) ou par *deren* (antécédent féminin singulier ou antécédent pluriel). *Dessen* ou *deren* sont suivis immédiatement et obligatoirement du groupe nominal dont ils sont compléments (⟶ 210).

*Das Haus, **dessen** rotes Dach du dort siehst, gehört meinen Großeltern.*
La maison dont tu vois là-bas le toit rouge appartient à mes grands-parents.

❖ Lorsque «dont» est en relation avec une locution quantitative ou un nombre, par exemple «quelques-uns», «beaucoup», «la plupart», «trois»…, il se traduit par *von* ou *unter* + pronom relatif au datif.

*Die Künstler, **von denen** die meisten berühmt waren, waren in der Galerie.*
Les artistes, dont la plupart étaient célèbres, étaient réunis dans la galerie.

2 «Dont», complément d'un verbe.

On traduit «dont» selon la rection du verbe (⟶ 218) soit par le relatif *der, das, die* précédés de la préposition exigée par le verbe, soit par un relatif adverbial en *wo* + préposition.

*Die Frau, **von der** du sprichst, ist meine Nachbarin* (cf. *sprechen von* + dat.).
La femme dont tu parles est ma voisine.

*Das ist alles, **woran** ich mich erinnern kann* (cf. *sich erinnern an* + acc.).
C'est tout ce dont je me souviens.

3 «Dont», complément d'un adjectif.

On traduit «dont» selon la rection de l'adjectif (⟶ 216) soit par le pronom relatif seul, soit par le relatif avec une préposition, soit par le relatif adverbial.

*Die Schuld, **deren** ich mir bewusst bin…* (cf. *sich* + gén. + *bewusst sein*)
La faute dont j'ai conscience…

*Das ist ein Buch, **worauf** (ou : **auf das**) ich stolz bin* (*stolz auf* + acc.).
C'est un livre dont je suis fier.

*Das ist ein Kind, **für das** ich verantwortlich bin* (cf. *verantwortlich für* + acc.).
C'est un enfant dont je suis responsable.

Traduisez en allemand :
1 Pierre est un élève dont je suis content (zufrieden mit + dat.). **2** C'est une histoire dont on peut rire (lachen über + acc.). **3** Dieter, dont tu connais le frère, arrive demain. **4** La maladie dont il est mort (sterben an + dat.) se répand (sich verbreiten) de plus en plus. **5** Connais-tu un acteur (der Schauspieler) dont le nom commence par un D ? **6** C'est un chien dont il a peur (Angst haben vor + dat.). **7** Mes chats, dont deux sont noirs, jouent dans le jardin.

83 *Dürfen* : emplois

■ Sens de « pouvoir », « avoir la permission de », « avoir le droit de ».

Darf ich heute Abend ins Kino gehen?
Je peux aller au cinéma ce soir ?

■ Sens de « pouvoir », dans des formules de politesse ou des demandes.

Darf ich Sie um das Salz bitten?
Puis-je vous demander le sel ?

Wenn ich bitten darf...
Si je puis me permettre...

■ Sens de forte probabilité : « il y a de fortes chances pour que », « il se peut que » (au subjonctif II).

Er dürfte um 6 Uhr da sein.
Il y a de fortes chances pour qu'il soit là à six heures.

→ Pour la conjugaison de *dürfen, voir* **265**.

→ Pour *nicht dürfen,* voir **79**.

→ Pour le participe passé à forme d'infinitif des verbes de modalité, voir **176**.

Traduisez en allemand :
■ Est-ce que je peux (Ai-je le droit d') acheter un livre avec mon argent ? ■ Il y a de fortes chances pour qu'il vienne demain. ■ Maintenant nous avons le droit de marcher sur le gazon (der Rasen). ■ Ici on n'a pas le droit de fumer. ■ Puis-je vous demander le poivre ?

84 Ellipse du verbe

Dans les cas suivants, le verbe peut ne pas être exprimé.

1 Dans les cas de coordination de propositions.

Dans deux ou plusieurs propositions coordonnées ou juxtaposées, on peut sous-entendre le verbe si les structures des propositions sont identiques.

Peter fährt nach Frankreich, Anne [...] nach Italien und Eva [...] nach Spanien.
Pierre va en France, Anne en Italie et Eva en Espagne.

Hans hat einen Apfel gegessen, Karl [...] eine Birne [...].
Jean a mangé une pomme, Charles une poire.

❖ On peut même sous-entendre alternativement l'auxiliaire conjugué et le participe.

Hans hat einen Apfel [...], Karl [...] eine Birne gegessen.
Jean a mangé une pomme, Charles une poire.

❖ Dans tous les cas, on ne peut sous-entendre que des formes rigoureusement identiques.

Hans hat einen Apfel [...], die Kinder haben eine Birne gegessen.
(haben obligatoire)

2 Dans les cas de coordination de subordonnées.

Lorsque des subordonnées introduites par le même subordonnant sont coordonnées, on peut sous-entendre l'auxiliaire conjugué.

Ich glaube, dass er in Paris gewohnt [...] und dass er dort eine Wohnung gekauft hat.
Je crois qu'il a habité à Paris et qu'il y a acheté un appartement.

3 Dans la comparaison.

Lorsque le degré 0 (comparatif d'égalité ou d'infériorité) a une expansion avec *wie,* ou lorsque le degré 1 (comparatif de supériorité) a une expansion avec *als,* on sous-entend généralement le verbe ou le groupe verbal tout entier.

In der Schule arbeitet er ebenso gut wie sein Bruder (sous-entendu : *arbeitet*).
À l'école, il travaille aussi bien que son frère.

Peter ist größer als seine Schwester (sous-entendu : *groß ist*).
Pierre est plus grand que sa sœur.

4 Avec un directionnel.

Le directionnel peut parfois se suffire à lui-même.

Ich muss nach Hause (sous-entendu *gehen*).
Je dois rentrer.

(sous-entendu *Geht*)
Auf die Plätze!
À vos marques !

Traduisez en allemand en faisant l'ellipse d'un élément verbal, lorsque c'est possible :
1 Paul a acheté une moto, Henri un vélo. **2** Je crois qu'il est arrivé à 8 heures et reparti à 11 heures. **3** S'il avait mangé un morceau de pain et marché moins vite, il ne serait pas fatigué. **4** Il a bu autant de bière que son frère. **5** Je cours plus vite que lui. **6** Le voyage est plus long que je ne pensais. **7** Pierre a pris congé (von + dat. Abschied nehmen) de ses parents, Jean a pris congé de son oncle. **8** Veux-tu aller en ville ?

85 En : pronom (traductions)

1 **Lorsqu'on reprend un élément (nom, groupe nominal, idée...) précédemment exprimé**, «en» est traduit par les tournures suivantes.

❖ Avec les pronoms indéfinis *ein* et *kein*, «en» ne se traduit pas.
*Hat er **ein** Fahrrad? – Ja, er hat **eins**.*
   A-t-il un vélo ? – Oui, il en a un.

*Nein, er hat **keins**.*
   Non, il n'en a pas.

❖ *Welch-*, pour les partitifs, surtout au pluriel.
*Das sind Hustenbonbons. Nimm dir **welche**!*
   Ce sont des bonbons pour la toux. Prends-en !

❖ *Dessen*, avec les verbes ou adjectifs régissant le génitif.
*Ich bin mir **dessen** bewusst.*
   J'en suis conscient.

❖ Le pronom personnel, pour les verbes qui régissent le datif ou l'accusatif.
*Gib ihm das Buch zurück; er braucht **es**.*
   Rends-lui le livre ; il en a besoin.

❖ *Da* + préposition ou préposition + pronom, selon la nature de l'élément repris (être animé ou non), et selon la rection du verbe ou de l'adjectif.
*Er hat ein Auto; er ist zufrieden **damit**.*
   Il a une voiture ; il en est content.

*Ich erinnere mich **daran**.*
   Je m'en souviens.

*Er hat einen Sohn; er ist stolz **auf ihn**.*
   Il a un fils ; il en est fier.

*Ich freue mich **darüber**.*
   Je m'en réjouis.

❖ *Es*, dans des expressions, pour désigner une situation.
*Er ist **es** satt.*   *Ich habe **es** satt.*
   Il en a marre.   J'en ai marre.

2 **Lorsque l'on montre ce que l'on veut**, « en » est traduit par *davon*.

À l'étalage du fromager :

Ich möchte ein Stück davon.
  J'en voudrais un morceau.

À l'étalage du marchand de fruits :

Ich möchte 2 Kilo davon.
  J'en voudrais 2 kilos.

3 **« En » ne se traduit pas dans les cas suivants.**

❖ Lorsqu'il ne reprend pas un élément précédent.

Sie liebt einen anderen.   *Die hat aber Geschichten erzählt!*
  Elle en aime un autre.   Elle en a raconté des histoires !

❖ Dans certains cas, lorsque le nom est sous-entendu.

Haben Sie Äpfel? – Ja, wir haben aber nur grüne.
  Avez-vous des pommes ? – Oui, mais nous n'en avons que des vertes.

> **Traduisez en allemand :**
> **1** J'ai des cigarettes ; en veux-tu ? **2** Elle en a parlé à son père. **3** Ils ont un chien. J'en ai peur. **4** J'en voudrais une livre. **5** Je t'en remercie. **6** Il en est mort. **7** Sa mère est malade. Il ne s'en occupe pas du tout. **8** Il avait une vieille voiture ; il s'en est débarrassé (etw. loswerden). **9** Il lui en est reconnaissant (dankbar für + acc.). **10** Tes cigares (die Zigarre) me plaisent ; j'en prends un autre.

86 **En + participe présent** (traductions)

1 Lorsque la séquence « en » + participe présent fait partie d'un groupe verbal, elle peut se traduire par le **participe présent seul**.

Sie kam weinend nach Hause.
  Elle rentra à la maison en pleurant.

2 Lorsque « en » + participe présent exprime la **simultanéité** par rapport au reste de la proposition, on peut traduire de différentes façons.

❖ Par une subordonnée introduite par *während* (pour un événement qui dure).

Während er die Kartoffeln schälte, dachte er an die kommenden Ferien.
  En épluchant les pommes de terre, il pensait aux vacances à venir.

❖ Par *als* pour un événement ponctuel.

Als wir in München ankamen, haben wir einen Unfall gesehen.
  En arrivant à Munich, nous avons vu un accident.

❖ Par *beim* + infinitif substantivé, dans certains cas, lorsque le verbe n'a pas de complément.

*Sie ist **beim Stricken** eingeschlafen.*
　Elle s'est endormie en tricotant.

❖ Par une proposition coordonnée avec *dabei*.

*Ich habe meine Suppe gegessen und **dabei die Zeitung gelesen.***
　J'ai mangé ma soupe en lisant le journal.

3 Lorsque «en» + participe présent exprime **la conséquence**, on peut également traduire par une proposition coordonnée avec *dabei*, ou une subordonnée introduite par *wobei*.

*Er ist vom Zug gesprungen und **hat sich dabei an der Schulter wehgetan.***
*Er ist vom Zug gesprungen, **wobei er sich an der Schulter wehgetan hat.***
　Il a sauté du train en se blessant à l'épaule.

4 Lorsque «en» + participe présent exprime **une hypothèse** ou **une condition**, on traduit par une subordonnée introduite par *wenn*.

***Wenn wir aufs Dach steigen**, sehen wir besser.*
　En montant sur le toit, nous verrons mieux.

5 Lorsque «en» + participe présent exprime **le moyen**, on peut traduire par *dadurch dass…* ou *indem…*

*Du hast uns einen großen Dienst erwiesen, **dadurch dass (indem) du unser Haus gehütet hast**.*
　En surveillant notre maison, tu nous as rendu un grand service.

6 «En» + participe présent peut aussi **correspondre au verbe de la proposition allemande**, le verbe de la proposition française traduisant le sens de la préposition ou de la particule (→ aussi 252).

*Er **ist** durch den Wald **gelaufen**.*　　*durch* → traverser
　Il a traversé la forêt en courant.　　*ist gelaufen* → en courant
*Er **läuft** die Treppe hinab.*　　*Er **ist** an mir vorbei**gerannt**.*
　Il descend l'escalier en courant.　　　Il est passé à côté de moi en courant.

Traduisez en allemand :

1 On ne peut les voir qu'en montant sur une échelle (die Leiter). **2** Je suis tombé en descendant les escaliers. **3** Il a regardé la télévision en fumant la pipe. **4** N'oublie pas de fermer la porte en partant. **5** En lisant ta lettre, je me suis souvenu des vacances que nous avions passées en Grèce (Griechenland).

87 **Endlich** et *schließlich*

Endlich se trouve souvent dans des exclamations et peut exprimer le soulagement ou l'impatience.

1 **Endlich** = « enfin ».

Endlich *bist du da!*
  Enfin, tu es là !

Ich habe **endlich** *begriffen.*
  J'ai enfin compris.

2 **Schließlich** = « finalement », « en fin de compte », « finir par ».

Schließlich marque souvent la dernière étape dans une succession ou dans l'argumentation.

Schließlich *hatte er nicht Unrecht.*
  Finalement, il n'avait pas tort.

Er hat **schließlich** *doch begriffen.*
  Il a quand même fini par comprendre.

Ajoutez *endlich* ou *schließlich* :
1 Zuerst habe ich gelesen, dann habe ich ferngesehen und… bin ich zu Bett gegangen. **2** Er hat mir… meine Bücher wiedergegeben. **3** Es hat lange gedauert, aber… haben wir ihn überzeugen können. **4** Bist du… fertig?

---

88 **(S') Endormir, (se) réveiller** (traductions)

1 **Einschlafen** = « s'endormir ».

Ich schlafe ein.
  Je m'endors.

Ich bin **eingeschlafen.**
  Je me suis endormi.

2 **Jmn einschläfern** = « endormir qqn » ; « anesthésier qqn ».

❖ *Jmn einschläfern* = « endormir qqn ».

Die Musik hat mich **eingeschläfert.**
  La musique m'a endormi.

❖ *Jmn einschläfern* = « anesthésier qqn ».

Er wurde vor der Operation **eingeschläfert.**
  Il a été anesthésié avant l'opération.

Wir mussten unseren Hund **einschläfern lassen.**
  Nous avons dû faire piquer notre chien.

3 **Aufwachen** (ou **erwachen**) = « se réveiller ».

Ich wache auf. / Ich erwache.
  Je me réveille.

Ich bin aufgewacht. / Ich bin erwacht.
  Je me suis réveillé.

4 *Jmn (auf)wecken* = « réveiller qqn ».

Würdest du mich bitte um 7 Uhr wecken?
Pourrais-tu me réveiller à 7 heures ?

Der Lärm hat das Baby aufgeweckt.
Le bruit a réveillé le bébé.

Notez que *einschlafen* et *aufwachen* ne sont pas des verbes pronominaux en allemand, il ne faut donc pas les employer avec les pronoms réfléchis *mich, dich, sich*. Le verbe utilisé pour former le parfait est *sein*, car ces verbes notent un changement d'état.

Ajoutez le verbe qui convient :
1 Er lässt sich immer telefonisch… **2** Wegen des starken Kaffees… ich erst um Mitternacht… (parfait). **3** Für die Operation wurde er… **4** Mitten in der Nacht… ich plötzlich… **5** Der Lärm eines Motorrads hat mich… **6** Ohne leise Musik kann sie nicht… **7** Wann möchten Sie… werden? **8** Ich… jeden Morgen zur gleichen Zeit…

89 *Erst* et *nur*

Il ne faut pas confondre *erst* et *nur* = « ne… que… », « seulement », qui indiquent, dans des contextes différents, tous les deux une restriction du temps ou de la quantité.

1 *Erst* **temporel** est à comprendre à partir d'une certaine attente du locuteur. Ce *erst* note une restriction par rapport à un point du temps.

❖ *Erst* = « pas plus tôt que ».

Sie kommt erst am Sonntag.
Elle ne viendra que dimanche.
(On l'aurait attendue plus tôt.)

Er kommt erst um zwei Uhr.
Il ne vient qu'à deux heures.

❖ *Erst* = « pas plus tard que ».

Es ist erst zehn Uhr.
Il n'est que dix heures.

2 *Erst* **quantitatif** = « pas plus que » note une restriction provisoire d'une durée ou d'une quantité.

Er ist erst fünf Jahre alt.
Il n'a que cinq ans. (Mais il va grandir.)

Ich habe erst zwanzig Seiten gelesen.
Je n'ai lu que vingt pages. (Mais je vais en lire plus.)

3 *Nur* **quantitatif** = « uniquement », « en tout et pour tout », indique une restriction définitive par rapport à un point du temps, une durée ou une quantité.

Er kommt nur am Sonntag.
Il ne vient que le dimanche. (à l'exclusion des autres jours)

*Er bleibt **nur** zwei Stunden.*
  Il ne reste que deux heures. (en tout et pour tout)

*Ich habe **nur** zwanzig Seiten gelesen.*
  Je n'ai lu que vingt pages. (Je m'arrête là.)

Comparez :

*Sie hat **erst** zwei Kinder.*
  Elle n'a que deux enfants.
  (pour le moment)

*Er kommt **erst**, wenn er uns braucht.*
  Il ne vient que quand il a besoin
  de nous. (pas avant)

*Sie hat **nur** zwei Kinder.*
  Elle n'a que deux enfants.
  (uniquement)

*Er kommt **nur**, wenn er uns braucht.*
  Il vient uniquement quand il a besoin
  de nous.

Nur ou *erst* ? Complétez :
1 Er kam…, als das Fest vorbei war. **2** Ich komme… für fünf Minuten. **3** Es ist… sieben Uhr. **4** Sie sind… heute abgefahren. **5** Ich habe… zehn Euro bei mir. **6** Er ist… seit zwei Tagen unterwegs. **7** Er bleibt… zwei Wochen in Deutschland. **8** Ich brauche… fünf Minuten bis zur Schule.

90 *Es*

On rencontre *es* dans des fonctions très différentes.

1 *Es* pronom personnel au nominatif ou à l'accusatif.

❖ Pour reprendre un groupe nominal énoncé précédemment.

*Sie hat ein Kind; **es** ist drei Jahre alt.*
  Elle a un enfant ; il a trois ans.

❖ Pour reprendre ce qui a été dit précédemment (équivalent de *das*, pronom démonstratif).

*Und dann bist du mit dem Zug gefahren? – Ja, **es** (**das**) stimmt.*
  As-tu alors pris le train ? – Oui, c'est exact.

2 *Es* sujet de verbes impersonnels.

es *regnet*
  il pleut

es *handelt sich um* + acc.
  il s'agit de

es *schneit*
  il neige

es *kommt darauf an*
  cela dépend

3 *Es* d'annonce, pour annoncer une subordonnée.

*Ich finde **es** schade, dass er nicht gekommen ist.*
  Je trouve dommage qu'il ne soit pas venu.

Attention : lorsque la subordonnée est en tête, *es* disparaît.

Dass er nicht gekommen ist, finde ich schade.
  Et non : …, ~~finde ich es schade~~.

4 **Es** occupant de la première place (es « explétif »).

❖ Soit avec un passif impersonnel (→ 182).

Es *wird jetzt geschlafen!*
  C'est l'heure de dormir !

❖ Soit avec un sujet placé après le verbe.

Es *sitzen drei Schüler in diesem Saal.*
  Trois élèves sont assis dans cette salle.

Attention : lorsqu'un autre élément que *es* occupe la première place, *es* disparaît.

Jetzt wird geschlafen! et non : ~~*Jetzt wird es geschlafen!*~~

Drei Schüler sitzen in diesem Saal. et non : ~~*Drei Schüler sitzen es in diesem Saal.*~~

5 **Es** équivalent du « en » français dans certaines expressions (→ 85).

Ich bin **es** *satt.*   *Er ist* **es** *würdig.*
  J'en ai assez.   Il en est digne.

> **Commencez la phrase par un autre élément que** *es***. Faut-il supprimer** *es* **?**
> **Attention à l'ordre des mots.**
> **1** Es schneit heute. **2** Es wird jetzt aber gearbeitet! **3** Das Haus ist neu; es ist
> im Jahre 2000 gebaut worden. **4** Es kamen dann zwei Polizisten. **5** Es scheint
> jetzt zu regnen. **6** Es handelt sich in diesem Text um die französische Revolu-
> tion.

91 Être en train de, être sur le point de (traductions)

1 « Être en train de ».
   Pour dire que l'on est en train de faire quelque chose (activité), on peut
   utiliser les expressions suivantes.

❖ *Beim* + verbe substantivé + *sein.*
Paul ist **beim Abwaschen***.*
  Paul est en train de faire la vaisselle.

❖ *Am* + verbe substantivé + *sein.*
Die Stadt war **am Verhungern***.*
  La ville était en train de mourir de faim.

❖ *(Gerade) dabei sein, etw. zu tun.*
Peter war **(gerade) dabei***, sein Auto zu reparieren, als Hans vorbeiging.*
  Pierre était en train de réparer sa voiture lorsque Jean passa.

❖ *Gerade etw. tun.*
Anja sieht **gerade** *fern.*
  Anja est en train de regarder la télévision.

→ Pour « en » + participe présent, voir **86**.

2 **«Être sur le point de».**
Pour exprimer qu'un événement est imminent, que l'on est sur le point
de faire quelque chose, on peut employer les tournures suivantes.

❖ *Im Begriff sein, etw. zu tun* = «être sur le point de faire qqch.».
*Er ist **im Begriff** abzureisen.*
   Il est sur le point de partir en voyage.

❖ *Nahe dabei sein etw. zu tun; nahe daran sein, etw. zu tun* = «être près
de», «être sur le point de».
*Sie **ist nahe daran**, das Geheimnis zu verraten.*
   Elle est sur le point de (près de) trahir le secret.

❖ *(Kurz) bevorstehen* = «être imminent».
*Die Veröffentlichung des Gesetzes **steht (kurz) bevor**.*
   La loi est sur le point d'être publiée.

❖ *Gleich* = «tout de suite» est utilisé pour un futur très proche, immédiat
(⟶ aussi «aller faire qqch.», «venir de», 256).
*Er geht **gleich**.*
   Il est sur le point de partir.

❖ *(Ich) wollte gerade etw. tun* s'emploie pour un événement imminent
dans un passé récent.
*Ich **wollte** dich **gerade** anrufen.*
   J'étais sur le point de t'appeler. (J'allais t'appeler).

Traduisez en allemand :
1 Elle est sur le point d'être licenciée (le licenciement : die Entlassung). **2** Il est
en train d'éplucher des légumes (Gemüse putzen). **3** Elle était sur le point de
s'endormir (am + inf.) lorsqu'un chien aboya (bellen). **4** Les enfants sont en
train de lire (beim + inf.). **5** J'étais sur le point d'appeler un médecin (plusieurs
solutions). **6** Nous étions en train de réviser notre vocabulaire.

---

92 Excepté, à l'exception de, sauf
(traductions)

1 *Außer* + datif = «excepté», «sauf».
***Außer ihm** wusste niemand Bescheid.*
   Personne sauf lui n'était au courant.

2 *Außer wenn…, außer dass…, außer um…* introduisent des subordon-
nées.
*Er sieht nie fern, **außer wenn** ein Fußballspiel übertragen wird.*
   Il ne regarde jamais la télévision, sauf s'il y a la retransmission d'un match de foot.
*Er hat uns alles berichtet, **außer dass** er krank war.*
   Il nous a tout dit, sauf qu'il était malade.
*Großvater geht nie hinaus, **außer um** die Zeitung zu kaufen.*
   Grand-père ne sort jamais, sauf pour acheter le journal.

3 *Mit Ausnahme* + génitif ou *mit Ausnahme von* + datif = « à l'exception de ».

*Alle Redner, **mit Ausnahme des** letzten, erhielten Beifall.*
   Tous les orateurs, à l'exception du dernier, furent applaudis.

*Alle, **mit Ausnahme von Monika**, waren gekommen.*
   Tous, à l'exception de Monique, étaient venus.

> **Traduisez en allemand :**
> **1** Tous sauf moi éclatèrent de rire (in Lachen ausbrechen). **2** Tous dormaient, à l'exception du chat. **3** Il est toujours le premier, sauf s'il s'agit de faire du sport. **4** Tous les arbres sont malades, à l'exception des chênes (die Eichen).

93 Exclamatives

On peut distinguer quatre types d'exclamatives.

1 Sans verbe et sans introducteur exclamatif.

Herrlich!   *Schade!*
   Magnifique !   Dommage !

2 Sans verbe, avec introducteur exclamatif.

Les introducteurs exclamatifs sont *wie* et *welch ein* au singulier (dans ce cas *welch* est invariable), *welch-* au pluriel et *was für*.

Wie schön!   *Was für ein glücklicher Zufall!*
   Que c'est beau !   Quel heureux hasard !

Welch eine herrliche Landschaft!
   Quel paysage magnifique !

⟶ Pour le choix de *welch* et *was für*, voir **272**.

3 Avec verbe sans introducteur exclamatif.

L'ordre des mots est identique à celui des interrogatives ou des propositions, dans lesquelles on peut trouver par exemple *aber* (⟶ **2** et **179**).

Ist das ein großer Baum!   *Du hast aber Glück!*
   Qu'il est grand, cet arbre !   Tu en as de la chance !

4 Avec verbe et avec les introducteurs exclamatifs.

Les introducteurs exclamatifs sont *wie, welch ein* et *was für*. Dans les exclamatives introduites par *wie*, l'ordre des mots est soit celui des interrogatives partielles (⟶ **123**), soit celui des subordonnées (⟶ **170**).

Wie schön ist das Wetter!
   Comme il fait beau !

Welch einen schönen Mantel hast du heute an!
   Quel beau manteau tu portes aujourd'hui !

Was für Wörter gebrauchst du da!
   Quels mots tu emploies !

94 (S') Excuser, demander pardon, pardonner ; regretter (traductions)

1 « S'excuser ».

❖ *Sich (bei jmm) für etw.* (ou *wegen etw.*) *entschuldigen* = « s'excuser auprès de qqn de qqch. ».

*Ich möchte **mich bei Ihnen** für mein Zuspätkommen (**wegen** meines Zuspätkommens) **entschuldigen**.*
  Je voudrais m'excuser auprès de vous de mon retard.

❖ *Jmn, etw. entschuldigen* = « excuser qqn ou qqch. ».

Entschuldigen Sie bitte diese Frage.
  Veuillez excuser cette question. (Excusez, s'il vous plaît, cette question.)

❖ *Entschuldigen, dass* = « excuser de ».

***Entschuldigen Sie** bitte, **dass** ich Sie störe.*
  Excusez-moi de vous déranger.

***Entschuldige** bitte, **dass** ich es vergessen habe.*
  Excuse-moi de l'avoir oublié.

❖ *Jmn um Entschuldigung bitten* = « présenter ses excuses à qqn ».

*Ich **bitte** Sie **um Entschuldigung**!*
  Je vous présente mes excuses !

***Entschuldigung**, mein Zug hatte Verspätung!*
  Excusez-moi, mon train avait du retard !

2 « **Demander pardon à qqn** » = *jmn um Verzeihung bitten.*

*Ich **bitte** dich **um Verzeihung**.*
  Je te demande pardon.

3 « **Pardonner qqch. à qqn** » = *jmm etw. verzeihen.*

*Kannst du mir diese Dummheit **verzeihen**?*
  Peux-tu me pardonner cette bêtise ?

4 « **Regretter** ».

❖ *Etw. bedauern* = « regretter quelque chose ».

*Ich **bedauere** sehr, **dass** du nicht kommen konntest.*
  Je regrette beaucoup que tu n'aies pas pu venir.

❖ *Es tut mir leid, dass…* = «je regrette, je suis désolé de… / que…».

Es tut mir leid, dass *ich Sie nicht früher angerufen habe.*
Je regrette de ne pas vous avoir appelé plus tôt.

❖ *Leider* = «malheureusement».

Leider *habe ich jetzt keine Zeit.*
Malheureusement, je n'ai pas le temps maintenant.

❖ *Es ist schade, dass…* = «c'est dommage de… / que…».

Es ist schade, dass *er nichts mehr von sich hören lässt.*
C'est dommage qu'il ne donne plus de ses nouvelles.

Expressions

Entschuldigung!	**Verzeihung! / Pardon!**
Excusez-moi !	Pardon !
Es tut mir leid!	**Schade!**
Je regrette !	Dommage !

Traduisez en allemand :

1 Je vous présente mes excuses, j'ai été malade hier. **2** Excusez-moi, pourriez-vous m'aider ? **3** Pardon, quelle heure est-il ? **4** Je regrette de ne pouvoir vous renseigner (eine Auskunft geben). **5** C'est dommage que tu ne sois pas libre cet après-midi ! **6** Excusez-moi de vous appeler à cette heure tardive (so spät). **7** Malheureusement, le directeur est absent. **8** Pardon, je ne vous avais pas vu. **9** Je vous demande pardon.

F

95 **(Se) Faire + infinitif** (traductions)

1 **Action intentionnelle.**
Lorsque « se faire » + infinitif ou « faire » + infinitif expriment une **action intentionnelle**, on les traduit de deux façons.

❖ *Sich* (datif ou accusatif selon les cas) + infinitif + *lassen*.

*Ich **habe mir** das Auto **waschen lassen**.*
  J'ai fait laver ma voiture.

*Ich **habe mich** am Bahnhof **abholen lassen**.*
  J'ai demandé qu'on vienne me chercher à la gare.

❖ Infinitif + *lassen*.

*Ich **habe** eine Garage **bauen lassen**.*
  J'ai fait construire un garage.

2 **Action subie.**
Lorsque « se faire » + infinitif exprime une **action subie**, la plupart du temps involontairement, on emploie **le passif avec *werden* (ou la forme active)**.

*Es **ist** bei mir **eingebrochen worden**.*
  Je me suis fait cambrioler.

*Ich **bin gebissen worden**.*
  Je me suis fait mordre.

Remarquez que dans certains cas, « faire » + infinitif se traduit en allemand par un verbe unique ou une périphrase.

mitteilen	***sprengen***
faire savoir	faire sauter
in Bewegung setzen	***füttern***
faire bouger	faire manger (animaux)

Expressions

zum Lachen bringen	***zum Weinen bringen***
faire rire	faire pleurer
zum Reden bringen	***zum Verzweifeln bringen***
faire parler	exaspérer

Traduisez en allemand :
1 Il se fait expliquer l'exercice. **2** Il a fait tondre (mähen) son gazon (der Rasen).
3 Il a fait venir un livre d'Allemagne. **4** Il s'est fait battre par son frère. **5** Ils ont fait sauter le pont. **6** Il s'est fait arrêter au croisement par la police.

96 **Faux amis**

A

absolvieren

= *ein Examen absolvieren :* passer un examen avec succès
≠ absoudre : *die Absolution erteilen* (domaine religieux) : *jmn freisprechen*

der Adjutant (en)

= l'officier d'ordonnance, l'aide de camp
≠ l'adjudant : *der Feldwebel*

adrett

= soigné, propre
≠ adroit : *geschickt*

die Akte(n)

= le dossier
≠ l'acte : *der Akt*

aktuell

= d'actualité, à l'ordre du jour
≠ actuel : *gegenwärtig, augenblicklich*

die Ampel(n)

= les feux (de signalisation)
≠ l'ampoule électrique : *die elektrische Birne*

der Antiquar(e)

= le marchand de livres d'occasion
≠ l'antiquaire : *der Antiquitäten-händler*

das Atelier(s)

= l'atelier (d'un peintre), le studio (photo, film)
≠ l'atelier (d'artisan) : *die Werkstatt*

der Automat(en)

= l'automate
= le distributeur automatique

B

das Baiser(s)

= la meringue
≠ le baiser : *der Kuss*

die Bilanz(en)

= le bilan (financier)
= la balance (commerciale)

(sich) blamieren

= se rendre ridicule
≠ blâmer : *tadeln*

C

der Christ(en)

= le chrétien
≠ le Christ : *Christus*

D

die Daten

= les dates, les données (ordinateur) ou les caractéristiques (techniques)

der Dirigent(en)

= le chef d'orchestre
≠ le dirigeant : *der Leiter*

die Diät

= le régime (alimentaire)
≠ la diète complète : *die Hungerkur*
≠ la diète de l'Empire : *der Reichstag*

die Dissertation(en)

= la thèse de doctorat d'université
≠ la dissertation : *der Aufsatz*

der Dom(e)

= la cathédrale
≠ le dôme : *die Kuppel*

die Dose (n)

= la boîte
≠ la dose : *die Dosis*

E

der Etat

= le budget
≠ l'état : *der Zustand*
≠ l'État : *der Staat*

evangelisch

= protestant
≠ évangélique : *nach (aus…) dem Evangelium*

F

das Fagott(e)
= le basson
≠ le fagot (fagot de bois) : *das Reisigbündel*

fidel
= joyeux, gai
≠ fidèle : *treu*

die Figur(en)
= la figure (géométrique), la pièce (jeu d'échec), la silhouette, le personnage (de roman, de pièce de théâtre)
≠ la figure (visage) : *das Gesicht*

die Filiale(n)
= la succursale

fix
= prompt, leste
≠ fixe : *fest, unbeweglich*

das Format(e)
= le format
≠ l'envergure *(ein Mann von Format : un homme d'envergure)*

die Fraktion(en)
= le groupe politique ou parlementaire
≠ la fraction (mathématique) : *der Bruch*

der Funkionär(e)
= le permanent syndical ou d'un parti
≠ le fonctionnaire : *der Beamte*

G

die Garage(n)
= le garage (remise pour voitures)
≠ le garage (atelier de réparations) : *die Reparaturwerkstatt*

die Garderobe
= la garde-robe
= le vestiaire

die Gondel(n)
= la gondole
= la nacelle (d'un ballon)
= la cabine (d'un téléphérique)

das Gymnasium(ien)
= le lycée
≠ le gymnase = die Turnhalle

H

sich habilitieren
= passer sa thèse de doctorat (l'habili-tation)
≠ habiliter : *die Berechtigung verleihen* (dom. juridique)

der Humor
= l'humour
≠ l'humeur : *die Stimmung, die Laune*

I

immatrikulieren
= inscrire à l'université
≠ être immatriculé (voiture) : *zugelassen, angemeldet sein*

imponieren (jmm)
= en imposer à qqn.
≠ imposer qqch. à qqn = *jm. etw. aufzwingen*

K

der Kadaver(-)
= le cadavre d'animal
≠ le cadavre : *der Leichnam, die Leiche*

die Kamera(s)
= l'appareil photo
≠ la caméra : *die Filmkamera*

die Kanalisation(en)
= la canalisation
= les égouts

die Kapelle(n)
= la chapelle
= l'orchestre (de danse, fanfare…)

die Karte(n)
= la carte
= le ticket (train, bus), le billet (théâtre…)

der Kavalier(e)
= l'homme galant
≠ le cavalier : *der Reiter*

das Klavier(e)
= le piano
≠ le clavier : *die Klaviatur* ou *die Tastatur*

der Koffer (-)
= la valise
≠ le coffre (voiture) : *der Kofferraum*
≠ le coffre-fort : *der Geldschrank,*
der Tresor

komisch
= comique
= drôle, bizarre, curieux

der Kommandant (en)
= le commandant (d'une région
militaire…)
≠ le commandant (grade militaire) : *der*
Major

der Kompass (e)
= la boussole
≠ le compas : *der Zirkel*

der Konkurs (e)
= la faillite
≠ le concours : *der Wettbewerb*
(sportif, universitaire…)

das Konzert (e)
= le concert
= le concerto

das Kuvert(s)
= l'enveloppe (lettre)
≠ le couvert : *das Gedeck (table),*
das Besteck

der Laie (n)
= le profane
= celui qui n'est pas expert en la
matière
≠ laïque : *konfessionslos*

der Leutnant (e)
= le sous-lieutenant
≠ le lieutenant : *der Oberleutnant*

die Messe (n)
= la messe
= la foire

das Militär
= l'armée
≠ le militaire : *der Soldat*

modisch
= à la mode
≠ modique : *niedrig (prix)*

P

das Parkett(s)
= le parquet
= l'orchestre (place de théâtre)

das Parterre
= le rez-de-chaussée
≠ le parterre (de fleurs) : *das*
Blumenbeet

pausen
= décalquer
≠ faire une pause : *eine Pause machen*

die Phantasie(n)
= l'imagination
≠ avoir de la fantaisie : *originelle*
Einfälle haben

die Pille (n)
= *la pilule (contraceptive)*
≠ la pile (lampe de poche) : *die*
Batterie(n)

die Pistole (n)
= le pistolet
= la pistole

die Post
= la poste
= le courrier

der Praktikant (en)
= le stagiaire
≠ le pratiquant (religion) : *der*
Kirchgänger

die Praxis(-xen)
= la pratique
= le cabinet médical, la clientèle
médicale

das Protokoll(e)
= le protocole
= la contravention

die Provision(en)
= la commission (d'un intermédiaire)
≠ la provision : *der Vorrat, der Proviant*

Q

das Quartett (e)
= le quatuor (œuvre de musique pour quatre instruments)
= le jeu de cartes

das Quartier (e)
= le quartier (militaire), l'hébergement
≠ le quartier (ville) : *das Viertel*

R

die Rakete(n)
= la fusée
≠ la raquette (de tennis) : *der Tennis-schläger*

das Regal(e)
= l'étagère
≠ le régal : *das Festessen*

das Rezept(e)
= la recette (de cuisine)
= l'ordonnance (médicale)

die Route(n)
= l'itinéraire
≠ la route : *die Straße*

S

salopp
= familier, décontracté
≠ la « salope » : *die "Schlampe"*

sortieren
= trier, classer
≠ sortir : *ausgehen*

T

die Tablette(n)
= le cachet (médicament)
≠ la tablette : *das Brett*

das Tablett(s)
= le plateau

der Tank(s)
= le réservoir (voiture)
≠ le tank (char) : *der Panzer (wagen)*

der Trakt(e)
= l'aile (d'un bâtiment)
≠ le tract : *das Flugblatt*

der Tresor(e)
= le coffre-fort
≠ le trésor : *der Schatz*

die Tresse(n)
= le galon (militaire)
≠ la tresse : *der Zopf*

der Trupp(s)
= le groupe
≠ la troupe : *die Truppe*

V

der Volontär(e)
= le stagiaire (non rétribué)
≠ le volontaire : *der Freiwillige*

W

die Weste(n)
= le gilet
≠ la veste : *die Jacke*

Z

der Zylinder (-)
= le cylindre
= le haut-de-forme

97 Féliciter, souhaiter, présenter ses vœux (traductions)

1 Féliciter.

❖ *Jmm zu etw. gratulieren* = «féliciter qqn de qqch.», «souhaiter qqch. à qqn».

*Ich **gratuliere dir** recht herzlich **zum** Geburtstag.*
Je te souhaite un bon et heureux anniversaire.
(litt.: Je te félicite de tout mon cœur pour ton anniversaire.)

❖ *Jmn zu etw. beglückwünschen* = «féliciter qqn de qqch.».

*Ich **beglückwünsche dich zu** deiner bestandenen Prüfung.*
Je te félicite de ta réussite à l'examen.

2 Présenter ses vœux.

❖ *Jmm etw. wünschen* = «présenter ses vœux à qqn», «souhaiter qqch. à qqn».

*Ich **wünsche dir** alles Gute zum Geburtstag.*
Je te souhaite un bon anniversaire.

*Ich **wünsche dir** viel Glück!*
Je te souhaite bonne chance!

*Ich **wünsche Ihnen** ein frohes Weihnachtsfest und ein glückliches und gesundes Neues Jahr!*
Joyeux Noël et une bonne et heureuse année!

Expressions

Herzlichen Glückwunsch!
Toutes mes félicitations!

***Herzlichen Glückwunsch** zu deinem Geburtstag / zu eurer Hochzeit!*
Toutes mes félicitations / pour ton anniversaire / pour votre mariage!

Alle guten Wünsche!
Mes meilleurs vœux!

***Alle guten Wünsche** zur Geburt des Kindes!*
Meilleurs vœux pour la naissance!

Traduisez en allemand :
1 Toutes nos félicitations pour ton anniversaire! **2** Je vous souhaite de bonnes vacances à la mer! **3** Nous te félicitons pour ta réussite au permis de conduire (die Fahrprüfung)! **4** Mes meilleurs vœux pour vos fiançailles (die Verlobung)! **5** Je te souhaite bonne chance dans ton travail! **6** Nous vous souhaitons une joyeuse fête de Noël et une bonne et heureuse année.

98 Finir (traductions)

1 «Finir qqch.» ou «finir de faire qqch.» se traduit en général par *mit etw. fertig sein / mit etw. fertig werden*.

Bist du endlich mit dem Geigespielen fertig?
Est-ce que tu as enfin fini de jouer du violon?

*Kannst du bis Ende der Woche **mit** deiner Arbeit fertig werden?*
  Pourras-tu finir ton travail d'ici la fin de la semaine ?

2 «Finir» dans le sens de «**cesser**» se traduit par **mit etw. aufhören** ou **aufhören** + groupe infinitif.

*Es **hört** nicht **auf** zu regnen.*
  La pluie ne finit pas de tomber.

⟶ Pour «cesser de», voir **57**.

3 «**Finir par**» dans le sens de «après une succession de faits» se traduit le plus souvent par **schließlich** ou **zuletzt**.

*Zuerst hat er es abgelehnt, aber **schließlich** hat er es doch angenommen.*
  Il a commencé par refuser la proposition, mais il a fini par l'accepter.

***Zuletzt** sagte er, dass er einverstanden sei.*
  Il a fini par dire qu'il était d'accord.

⟶ Pour *endlich, schließlich,* voir **87**.

4 «Être fini» = *aus sein / zu Ende sein*.

*Die Schule **ist aus**.*   *Die Ferien **sind zu Ende**.*
  L'école est finie.   Les vacances sont finies.

5 Emploi des préverbes.

Fréquemment, l'allemand se sert des préverbes séparables *auf-* et *aus-* pour exprimer l'idée de «finir», par exemple *etw. aufessen, etw. austrinken* et *etw. auslesen* pour «finir des aliments», «finir des boissons», «finir une lecture».

***Iss** bitte dein Brot **auf** und **trink** deinen Apfelsaft **aus**.*
  Finis, s'il te plaît, ton pain et ton jus de pomme.

*Hast du dein Buch **ausgelesen**?*
  As-tu fini ton livre ?

⟶ Pour «commencer», voir **62**.

Traduisez en allemand :
1 Nous avions fini de dîner à minuit. **2** Le film est fini. **3** Je ne veux pas finir mes légumes. **4** Le concert finit à 11 heures. **5** Elle a fini par comprendre son devoir de mathématiques (die Mathematikaufgabe). **6** Finis ton verre, s'il te plaît !

99 Futur

1 *Werden* + infinitif.

❖ Le futur simple s'exprime normalement avec *werden* + infinitif.
*Er **wird kommen**.*
   Il viendra.

❖ Le futur antérieur – rarement employé – se forme en *werden* + infinitif accompli. Il est surtout utilisé pour exprimer une supposition.
*Er **wird** das Buch **gekauft haben**.*
   Il aura acheté le livre.

*Um drei Uhr **wird er angekommen sein**.*
   À trois heures il sera arrivé. / Il sera sans doute arrivé à trois heures.

2 Le présent.
Le futur peut s'exprimer aussi à l'aide du présent, surtout lorsque le verbe est accompagné d'indications temporelles concernant le futur.
*Er **kommt** morgen.*
   Il vient (viendra) demain.

3 Le parfait.
Le parfait est souvent utilisé **à la place du futur antérieur** dans les subordonnées temporelles introduites par *wenn* = «quand».
*Wenn ich den Brief **geschrieben habe**, rufe ich Paul an.*
   Quand j'aurai écrit la lettre, j'appellerai Paul.

4 Le présent de l'indicatif + adverbes.
Le futur proche s'exprime aussi à l'aide du présent de l'indicatif avec adjonction d'adverbes comme *sofort*, *gleich* = «de suite», *bald* = «bientôt», etc. En français, on le traduit parfois à l'aide du verbe «aller».

*Ich **komme sofort**.*   *Der Wagen **springt gleich an**.*
   J'arrive.   La voiture va démarrer.

⟶ Pour l'expression du futur proche, voir aussi **256**.

5 Exclamation avec idée d'injonction.
Le futur avec *werden* s'utilise parfois dans des exclamatives à valeur injonctive (ordre).
*__Wirst__ du jetzt still **sein**!*
   Vas-tu te taire ?

Attention : la forme du futur en *werden* ne doit pas être confondue avec la forme du passif *werden* + participe II.

Werden + infinitif (futur)	*Werden* + participe II (passif)

er wird schlagen
   il battra
	er wird geschlagen
	   il est battu (on le bat)

1. Donnez les formes du futur simple :
1 2e pers. sing. : spazieren gehen **2** 1re pers. pl. : trinken **3** 3e pers. sing. : aufstehen **4** 3e pers. pl. : anrufen **5** 1re pers. sing. : schlafen

2. Traduisez en allemand, en utilisant la forme en *werden* du futur :
1 Demain, il aura vendu sa voiture. **2** À Noël, ses parents lui offriront une bicyclette. **3** Nous mangerons au restaurant. **4** Quand tu auras lu le journal, tu pourras éteindre la lumière. **5** Nous t'emmènerons au théâtre.

00 *Ganz, all-, jeder*

Selon le sens, «tout», «tous» peuvent correspondre à *ganz, all-* et *jeder*. Il ne faut pas les confondre.

1 *Ganz* correspond à «**tout**» dans le sens d'«entier». Il se décline comme un adjectif.

*den **ganzen** Tag*	*die **ganze** Zeit*	*den **ganzen** Winter über*
toute la journée	tout le temps	pendant tout l'hiver
*das **ganze** Brot*	*die **ganze** Familie*	*auf der **ganzen** Welt*
le pain tout entier	toute la famille	dans le monde entier

❖ Avec les noms de villes, de continents et les noms de pays sans article, *ganz* est invariable.

***ganz** Berlin*	*in **ganz** Griechenland*	*durch **ganz** Afrika*
tout Berlin	dans toute la Grèce	à travers toute l'Afrique

❖ Avec les noms de pays qui ont un article, *ganz* est décliné comme un adjectif.

*durch die **ganze** Schweiz*	*in der **ganzen** Normandie*
à travers toute la Suisse	dans toute la Normandie

→ Pour les noms des pays, voir **159**.

2 *Aller, alle, alles, alle* correspond à «**tout**», «**tous**». C'est un déterminatif qui se comporte comme l'article défini. *All-* est utilisé de préférence au pluriel. Au singulier, avec des noms dénombrables, on emploie *jeder*.

***alle** meine Freunde*	***alle** Tage*	***alle** Deutschen*
tous mes amis	tous les jours	tous les Allemands
***alles** Gute*	*in **allen** unbekannten Ländern*	
meilleurs vœux	dans tous les pays inconnus	
(litt. : tout le bien)		

Mais :

***alle** beide*	***alle** drei*	***alle** halbe(n) Stunde(n)*
tous les deux	tous les trois	toutes les demi-heures

❖ Au génitif singulier masculin et neutre, *all-* prend la terminaison -*en*.

*trotz **allen** guten Willens*
malgré toute la bonne volonté

❖ *Alle, alles* peut être pronom indéfini.

***Alle** sind gekommen.*	***alles** oder nichts*	***alle** miteinander*
Tous sont venus.	tout ou rien	tous ensemble

wir alle	**ihr alle**	**sie alle**
nous tous	vous tous	eux tous

❖ *Alle, alles* comme antécédent de relative.

alle, die **alles, was**
tous ceux qui   tout ce que

*Sie hat **allen**, **die** sie kennt, geschrieben.*
Elle a écrit à tous ceux qu'elle connaît.

*Er sagte **alles**, was er wusste.*
Il a dit tout ce qu'il savait.

3 *Jeder* correspond à «**tout**» dans le sens de «**chaque**». Il s'emploie au singulier pour les choses ou personnes que l'on peut dénombrer.

❖ *Jeder* déterminatif se comporte comme l'article défini.

jeder *Mensch*
tout homme / chaque homme

jeden *Abend*
tous les soirs / chaque soir

*zu **jeder** Stunde* **jeden** *Augenblick*
à toute heure   à tout moment

jeden *zweiten Tag (**alle** zwei Tage)* *ohne **jeden** Zweifel*
tous les deux jours   sans aucun doute

❖ *Jeder* pronom = «chacun» se décline comme *der, das, die*.

Jeder weiß es. (Alle wissen es.) ***Jedem** seine Chance!*
Tout le monde le sait.   À chacun sa chance !

Traduisez en allemand :
1 Il se promène tous les après-midi. **2** Il s'est promené toute l'après-midi. **3** Est-ce bien toute la vérité ? **4** Il peut venir à tout moment. **5** Le tramway part tous les quarts d'heure. **6** Elle n'a pas lu tout le livre. **7** Tous les soirs, il lit un poème. **8** Tous les hommes sont mortels (sterblich). **9** Il a vendu tout ce qu'il possédait. **10** Tous les trois jours, il a une piqûre (eine Spritze bekommen). **11** Elle a travaillé toute sa vie. **12** Chacun pense d'abord à soi.

---

101 *Gegenteil, Gegensatz*

Il ne faut pas confondre *Gegenteil* et *Gegensatz, im Gegenteil* et *im Gegensatz zu.*

1 *Das Gegenteil* (**von** + dat.) = «le contraire (de)».

*Er ist ganz **das ganze Gegenteil von** seinem Zwillingsbruder.*
Il est tout le contraire de son frère jumeau.

*Kannst du mir **das Gegenteil** beweisen?*
Peux-tu me prouver le contraire ?

2 *Im Gegenteil!* = «au contraire!»

❖ *Im Gegenteil* est souvent utilisé dans des dialogues.
*Findest du die Geschichtsstunden langweilig? – **Im Gegenteil!***
  Est-ce que tu trouves les cours d'histoire ennuyeux? – Au contraire!

❖ Placé au début, *im Gegenteil* est séparé du reste de la phrase par une virgule.

L'ordre est ensuite celui de la proposition déclarative : verbe en 2e position.

*Im Gegenteil, ich **finde** die Geschichtsstunden sehr interessant.*
*Im Gegenteil, die Geschichtsstunden **finde** ich sehr interessant.*
  Au contraire, moi, je trouve les cours d'histoire très intéressants.

Attention, l'ordre suivant est impossible : *im Gegenteil finde ich…*

3 *Der Gegensatz(-e)* = «le contraire», «l'opposition», «la contradiction».
*Zwischen den beiden Parteien besteht ein scharfer **Gegensatz**.*
  Une forte contradiction existe entre les deux partis.

4 *Im Gegensatz zu…* = «contrairement à», «au contraire de», «par opposition à».
Im Gegensatz zur Wettervorhersage ist schönes Wetter.
  Contrairement aux prévisions, il fait beau.

Im Gegensatz zu ihrer ganzen Familie ist sie evangelisch.
  Au contraire de toute sa famille, elle est protestante.

Traduisez en allemand :
1 Le contraire de «chaud» est «froid». **2** Contrairement à sa sœur, il a les yeux bleus. **3** Les contraires s'annulent (sich aufheben). **4** Est-ce qu'il a fait beau temps en Italie? – Au contraire, il a plu tout le temps. **5** Il est tout le contraire de son père. **6** Contrairement à son frère, il ne paie pas beaucoup d'impôts (Steuern zahlen). **7** Il fait le contraire de ce qu'on lui avait dit. (passif) **8** Veux-tu déjà partir? – Au contraire! J'aimerais bien rester encore un petit moment (eine Weile).

---

102 *Gehören, gehören zu, angehören*

1 *Gehören* + datif = «appartenir», indique la possession.
*Dieser Regenschirm **gehört** mir nicht.*
  Ce parapluie ne m'appartient pas.

2 *Gehören zu* + datif.

❖ S'emploie pour indiquer la partie d'un ensemble dans le sens de «faire partie de», «compter parmi».
*Thomas Mann **gehört zu** den berühmtesten Schriftstellern seiner Zeit.*
  Thomas Mann est un (fait partie) des écrivains les plus célèbres de son temps.

❖ Peut se traduire par «il faut (du temps, de l'argent, du courage)» lorsqu'il indique la condition nécessaire à une activité.

*Es **gehört** viel Mut **dazu**, über diesen See zu schwimmen.*
Il faut beaucoup de courage pour traverser ce lac à la nage.

3 ***Angehören*** + datif = «faire partie de», «être membre de», «être adhérent» d'un parti, d'une organisation.

*Peter **gehört** dem Briefmarkensammlerverein an.*
Pierre est membre du club philatélique.

Complétez par le verbe qui convient :
1 ... dir dieser Füller? **2** ... dieser Gymnastikübung... viel Geschicklichkeit.
3 Zehn Jahre lang... er der Kommunistischen Partei... **4** ... du auch... den Grünen? **5** Der Jugend... die Zukunft. **6** Der Panther... ... den Raubkatzen.
7 ... euch dieses Haus? **8** Renate... nicht... den besten Schülerinnen ihrer Klasse.

---

(103) Génitif : emplois

Les groupes nominaux au génitif traduisent divers types de compléments sous plusieurs formes.

1 Complément de nom dans divers emplois possibles.

❖ Soit pour exprimer la possession.

*das Auto **meines Vaters** (von meinem Vater)*
la voiture de mon père

❖ Soit, en relation avec un nom de mesure ou de quantité, pour exprimer une totalité.

*ein Korb **reifer Äpfel***
un panier de pommes mûres

*einer **meiner Söhne***
un de mes fils

❖ Soit comme génitif subjectif (= sujet possible).

*die Ankunft **meiner Freunde** (meine Freunde kommen an)*
l'arrivée de mes amis (mes amis arrivent)

❖ Soit comme génitif objectif (= complément d'objet possible).

*der Verkauf **des Schiffes** (man verkauft das Schiff)*
la vente du bateau (on vend le bateau)

2 Complément d'un verbe (→ aussi **218**).
Ces verbes sont peu nombreux et d'un emploi peu fréquent : *sich bemächtigen* = «s'emparer de», *gedenken* = «se souvenir de» (remplacé le plus souvent par sich *erinnern an* + acc.), *sich annehmen* «s'occuper de» (remplacé le plus souvent par *sich kümmern um* + acc.)...

*Sie **bemächtigten sich** der Stadt.*
Ils s'emparèrent de la ville.

---

3 **Complément de certains adjectifs** (⟶ aussi **216**).
Les plus fréquents sont : *bewusst, würdig, sicher.*

*Ich bin mir **der Schwierigkeiten** bewusst.*
J'ai conscience des difficultés.

*Das ist **seiner** nicht würdig.*
Cela n'est pas digne de lui.

*Er ist sich **seines Erfolges** nicht sicher.*
Il n'est pas sûr de son succès.

Dans certains cas, l'accusatif est plus fréquent.

*Ich bin **des Redens müde**.* ou *Ich bin **das Reden** müde.*
J'en ai assez de parler.

4 **Compléments adverbiaux** exprimant le temps, la manière ou l'opinion.

❖ Le temps.

***Eines Tages** ging er in den Wald.*
Un jour, il alla dans la forêt.

❖ La manière.

*Er ging **schnellen Schrittes**.*
Il marchait à grands pas.

❖ L'opinion.

Meines Erachtens…
À mon avis…

5 Après les **prépositions qui exigent le génitif** (⟶ **191**).

*Er wohnt jenseits **der Grenze**.*
Il habite de l'autre côté de la frontière.

> **Traduisez en allemand :**
> **1** C'est la maison de ma sœur. **2** Un de ses enfants vit en Suisse. **3** Les heures d'ouverture (die Öffnungszeit) des magasins ont été modifiées (ändern). **4** Un jour, il frappa à la porte. **5** Le château (das Schloss) du roi (der König) a été détruit (zerstören). **6** Il est conscient de sa faute (die Schuld). **7** Ils s'emparèrent de l'enfant.

104 Génitif saxon

1 **Formation.**

Dans le groupe nominal, le complément de nom au génitif se place normalement après la base du groupe, c'est-à-dire le nom.

*die bekanntesten Werke **Goethes***
les œuvres les plus connues de Goethe

Cependant, on peut, en allemand, utiliser la structure dite du «génitif saxon», caractérisée par le fait que le complément au génitif «prend la place» du déterminatif (article défini) et se trouve donc placé devant le nom et ses éventuels adjectifs épithètes (le groupe nominal prend les marques du type II). L'article défini disparaît !

Goethes bekannteste Werke
   (die Goethes bekanntesten Werke est impossible !)

2 Emploi.

❖ Le génitif saxon ne s'emploie plus guère aujourd'hui qu'avec des noms propres (masculins ou féminins) ou des noms de parenté.

Peters Mutter *arbeitet in Düsseldorf.*
   La mère de Pierre travaille à Düsseldorf.

Großvaters Garten
   le jardin de grand-père

Giselas Vater *ist Apotheker.*
   Le père de Gisèle est pharmacien.

❖ On le rencontre encore dans quelques tournures figées (par exemple dans des proverbes).

Müßiggang ist **aller Laster** *Anfang.*
   L'oisiveté est la mère de tous les vices.

❖ Ce génitif saxon a la valeur d'un possessif : *Peters Mutter = seine Mutter.* Il est surtout utilisé dans les génitifs possessifs, parfois aussi dans les génitifs objectifs et subjectifs.

Pauls Auto *ist kaputt.*
   La voiture de Paul est hors d'usage. (génitif possessif)

❖ Il n'est pas possible d'utiliser un génitif saxon lorsque le groupe nominal comporte un article indéfini ou un quantitatif ; dans ce cas on utilisera soit le génitif postposé, soit *von* + datif.

ein Gedicht **Heines**
ein Gedicht **von Heine**
   un poème de Heine

drei Romane von **Thomas Mann**
   trois romans de Thomas Mann

Heines *Gedicht*
das Gedicht **von Heine**
   le poème de Heine

Thomas Manns *Romane*
   les romans de Thomas Mann

Traduisez en allemand en utilisant le génitif saxon, lorsque c'est possible :
1 Les romans de Heinrich Böll sont très connus. **2** Après la mort de Guillaume, elle quitta la France. **3** J'ai visité quelques églises de Rome. **4** Un ami de Pierre est arrivé hier soir. **5** Depuis la chambre de Jean, on aperçoit les montagnes. **6** La bicyclette de ma sœur Hélène a été volée. **7** J'ai vu le maire (der Bürgermeister) de la ville de Cologne.

G

105 Genre des noms communs

En allemand, il y a trois genres : le masculin, le neutre et le féminin. Il faut, quand on apprend un mot nouveau, l'apprendre avec son genre, c'est-à-dire son article : *der, das* ou *die*. Il faut se méfier du genre des mots français ; la correspondance est rare.

die Sonne
le soleil

der Mond
la lune

On peut cependant donner quelques indications pour aider la mémoire.

1 Les rapports entre le genre et la formation du nom.

a Les noms composés.

Le genre des noms composés est fourni par le genre du dernier déterminé (→ 157).

Taschentuch	⁕ das Tuch	⁕ das Taschentuch	le mouchoir
Rundfunkgerät	⁕ das Gerät	⁕ das Rundfunkgerät	l'appareil de radio
Musikhochschule	⁕ die Schule	⁕ die Musikhochschule	l'école supérieure de musique

b Les noms dérivés.

❖ Sans suffixe.

Sont masculins les noms dérivés sans suffixe du radical verbal.

der Biss (beißen)
la morsur e (mordre)

der Gang (gehen)
la démarche (aller)

der Schlag (schlagen)
le coup (battre)

der Sprung (springen)
le saut (sauter)

der Wurf (werfen)
le jet (jeter)

der Zug (ziehen)
le train (tirer)

Cependant, il y a des exceptions :

das Verbot (verbieten)
l'interdiction (interdire)

die Rückkehr (zurückkehren)
le retour (revenir)

❖ À l'aide du préfixe *Ge-* : ils sont neutres lorsqu'ils indiquent
– un collectif

das Gebirge
les montagnes

das Gestirn
la constellation

– une activité (formation à partir d'un verbe)

das Geschwätz (schwatzen)
le bavardage (bavarder)

das Geschrei (schreien)
les cris (crier)

das Gelächter (lachen)
les rires (rire)

Mais attention : tous les noms en *Ge-* ne sont pas neutres.

der Geschmack
le goût

der Gedanke
la pensée

die Gefahr
le danger

der Gesang	*die Geburt*	*die Geduld*
le chant	la naissance	la patience

❖ À l'aide de suffixes.

– Sont masculins les noms terminés par

-er :	*der Bäcker*	le boulanger
-ler :	*der Sportler*	le sportif
-ig :	*der Käfig*	la cage
-ich :	*der Teppich*	le tapis
-ling :	*der Schmetterling*	le papillon
-ps :	*der Schlips*	la cravate

– Sont masculins les noms terminés par les suffixes étrangers

-and ou *ant :*	*der Doktorand*	le candidat au doctorat
	der Fabrikant	le fabricant
-är :	*der Legionär*	le légionnaire (mais *das*
		Militär : les militaires, l'armée)
-ast :	*der Gymnasiast*	le lycéen
-eur ou *ör :*	*der Ingenieur*	l'ingénieur
-ent :	*der Student*	l'étudiant
-ier (prononcé [je]) :	*der Bankier*	le banquier
-ier (prononcé [iːr]) :	*der Offizier*	l'officier
-iker :	*der Mechaniker*	le mécanicien
-ismus :	*der Kapitalismus*	le capitalisme
-ist :	*der Jurist*	le juriste
-or :	*der Katalysator*	le catalyseur

– Sont féminins les noms terminés par

-e :	*die Güte*	la bonté
-ei :	*die Bücherei*	la librairie
-in	*die Freundin*	l'amie
-heit :	*die Freiheit*	la liberté
-keit :	*die Höflichkeit*	la politesse
-schaft :	*die Freundschaft*	l'amitié
-ung :	*die Werbung*	la publicité

– Sont féminins les noms terminés par les suffixes étrangers

-ade :	*die Marmelade*	la confiture
-age :	*die Etage*	l'étage
-anz :	*die Bilanz*	le bilan
-ie (prononcé [jə]) :	*die Kastanie*	la châtaigne
-ie (prononcé [iː]) :	*die Theorie*	la théorie
Mais :	*das Genie*	le génie
-ik :	*die Musik*	la musique

-ion :	die Nation	la nation
-tät :	die Qualität	la qualité
-ur :	die Natur	la nature
-ose :	die Tuberkulose	la tuberculose

– Sont neutres les noms terminés par

-chen ou -lein	das Mädchen	la petite fille
(diminutifs) :	das Fräulein	la demoiselle
-tel :	das Drittel	le tiers
-tum :	das Christentum	le christianisme
Mais :	der Irrtum	l'erreur
	der Reichtum	la richesse

– Sont neutres les noms terminés par les suffixes étrangers

-eau / o :	das Niveau	le niveau
	das Büro	le bureau
-in (noms de chimie) :	das Benzin	l'essence
-ment (prononcé [mənt]) :	das Argument	l'argument
-ment (prononcé [mã]) :	das Appartement	l'appartement
-um /ium :	das Studium	les études
	das Datum	la date

2 Les rapports du genre avec le type de nom.

Les infinitifs et adjectifs substantivés sont toujours neutres.

das Lachen
le rire

das Schöne
le beau

3 Les rapports du genre avec le sens.

a Noms masculins.

❖ Les noms de mois, de jours, de saisons, de points cardinaux.

der Februar
le mois de février

der Sonntag
le dimanche

der Frühling
le printemps

der Süden
le sud

❖ Les noms de phénomènes atmosphériques.

der Blitz
l'éclair

der Frost
le gel

Mais :

das Eis
la glace

das Gewitter
l'orage

❖ Les noms de pierres et minéraux.

der Stein
la pierre

der Sand
le sable

Mais :

die Kohle
le charbon

❖ Les noms des astres et planètes.

der Stern   *der Mond*
l'étoile   la lune

Mais :

die Erde   *die Sonne*
la terre   le soleil

❖ Les noms de monnaies.

der Euro   *der Franc*   *der Dollar*
l'euro   le franc   le dollar

Mais :

die Mark   *die Lira*   *das Pfund*
le mark   la lire   la livre

❖ Les noms de voitures.

der Opel, der Renault, der Mercedes

b **Noms féminins.**

❖ Les noms d'arbres et de fleurs.

die Eiche   *die Tanne*   *die Rose*
le chêne   le sapin   la rose

Mais :

der Ahorn
l'érable

❖ Les noms d'avions, de bateaux et de motos.
die Concorde, die France, die BMW

❖ Les chiffres.

die Vier   *die Null*
le chiffre 4   le zéro

c **Noms neutres.**

❖ Les noms de métaux et de matériaux naturels.

das Gold   *das Holz*
l'or   le bois

❖ Les lettres et les couleurs.

das A   *das Rot*
la lettre A   le rouge

❖ Les langues.

das Spanisch
l'espagnol

⟶ Pour les homonymes, voir **113**.

Donnez le genre des mots suivants :

1 Gesundheit (la santé). **2** Politiker (le politicien). **3** Taschenlampe (la lampe de poche). **4** März (le mois de mars). **5** Zeitung (le journal). **6** Silber (l'argent métal). **7** Buche (le hêtre). **8** Bäckerei (la boulangerie). **9** Wirtschaft (l'économie). **10** Schülerin (l'écolière). **11** Dienstag (mardi). **12** Beschleunigung (l'accélération). **13** Fahrschule (l'auto-école). **14** Zeitungsartikel (l'article de journal). **15** Portion (la portion). **16** Lehrerin (l'institutrice). **17** O (la lettre O). **18** Null (le zéro). **19** Lilie (le lis). **20** Testament (le testament).

106 *Genug* et *ziemlich*

1 *Genug* est invariable et signifie « assez » au sens de « suffisamment ». Il se place généralement après l'adjectif ou l'adverbe.

*Er ist **alt genug**, um zu wissen, was er tun soll.*
Il est suffisamment grand pour savoir ce qu'il doit faire.

❖ *Genug*, selon qu'il est placé avant ou après le substantif, présente une légère différence de sens.

*Hast du **genug** Geld für deine Reise?*
As-tu assez d'argent pour ton voyage ?

*Er hat Geld **genug**.*
De l'argent, il en a assez.

Remarquez que « en avoir assez de » se dit : *von etw., von jmm genug haben* ou *etw., jmn satt haben.*

*Ich **habe genug von** seinen Reden. (Ich **habe** seine Reden **satt**.)*
J'en ai assez de ses discours.

2 *Ziemlich* signifie « assez » au sens de « passablement », « relativement ».

❖ Il se place devant l'adjectif ou l'adverbe.

*Sie ist **ziemlich** reich.*
Elle est assez riche.

❖ *Ziemlich* devant un substantif s'associe à *viel* ou *wenig* ou à un adjectif.

***Ziemlich viele** Menschen waren auf dem Platz versammelt.*
Pas mal de gens s'étaient réunis sur la place.

*Da stand früher ein **ziemlich hohes** Haus.*
Là, il y avait autrefois une maison relativement haute.

Complétez les phrases en ajoutant *genug* ou *ziemlich* à la place qui convient :
1 Ist das Wasser… heiß … zum Baden? **2** Unser Lehrer ist … nett … **3** Er ist ein … guter Schauspieler. **4** Hast du … Zeit … für diese Arbeit? **5** Ja, ich habe… Zeit … **6** Das Buch ist … gut…

107 Groupe nominal

1 **Le groupe nominal est un groupe de mots ayant une fonction syntaxique dans la phrase** (sujet, complément, attribut…). Il comporte obligatoirement une **base nominale**, un nom : **N**. Cette base peut être précédée d'un **adjectif épithète** (ou de plusieurs adjectifs épithètes) : **A**. Devant **A** ou **AN** peut se trouver un **déterminatif** : **D** (article, adjectif possessif, démonstratif, indéfini…). On peut donc avoir des groupes DN, AN ou DAN.

DN : ***Die Katze*** *schläft vor der Tür.*
   Le chat dort devant la porte.

AN : *Er trinkt gern* ***warme Milch.***
   Il aime bien boire du lait chaud.

DAN : *Gestern habe ich* ***meinen besten Freund*** *getroffen.*
   Hier j'ai rencontré mon meilleur ami.

2 Si les groupes DAN comportent un déterminatif terminé par l'une des cinq marques: *-er, -e, -es, -em, -en,* ils appartiennent au **type morphologique n° I.**

3 Si les groupes ne comportent pas de déterminatif ou comportent un déterminatif sans marque, ils appartiennent au **type morphologique n° II.**

⟶ Pour les types I et II, voir **7.**

108 Groupe verbal (G.V.)

Les propositions et les subordonnées comportent **un groupe verbal**, c'est-à-dire **un verbe conjugué auquel peuvent être associés des infinitifs, des participes, des groupes nominaux, des adverbes…** Il forme une unité de sens. Le groupe verbal est l'équivalent, dans les propositions et les subordonnées, du groupe infinitif (⟶ **164, 168, 170**).

Er ist gestern nach England gefahren.
G.V. = ***nach England gefahren ist.***
   Hier, il est parti pour l'Angleterre.

Ich glaube, dass er gestern nach England gefahren ist.
G.V. de la subordonnée = ***nach England gefahren ist.***
   Je crois qu'hier il est parti en Angleterre.

Heute Nacht hat er nur drei Stunden geschlafen.
G.V. = ***nur drei Stunden geschlafen hat***
   Cette nuit, il n'a dormi que trois heures.

1. Donnez le groupe verbal des propositions suivantes :
1 Morgen gehe ich vielleicht zu meiner Tante. **2** Peter läuft sehr schnell. **3** Das Haus ist ziemlich groß. **4** Er braucht einen Mantel. **5** Ich glaube es dir.

2. Donnez le groupe verbal des subordonnées suivantes.
1 Ich hoffe, dass der Zug keine Verspätung hat. **2** Er ist heute krank, weil er zu viel Wein getrunken hat. **3** Ich glaube, dass sein Vater jetzt in München arbeitet. **4** Ich weiß nicht, ob er wirklich gesund ist. **5** Ich frage mich, warum sie ein Auto gekauft haben.

109 *Haben* : conjugaison

Haben = « avoir ».

Indicatif

Présent	Prétérit	Futur
j'ai, tu as…	j'avais, tu avais…	j'aurai, tu auras…

ich	habe	ich	hatte	ich	werde	haben
du	hast	du	hattest	du	wirst	haben
er		er		er		
es	hat	es	hatte	es	wird	haben
sie		sie		sie		
wir	haben	wir	hatten	wir	werden	haben
ihr	habt	ihr	hattet	ihr	werdet	haben
sie	haben	sie	hatten	sie	werden	haben

Parfait	Plus-que-parfait	Futur antérieur
j'ai eu, tu as eu…	j'avais eu, tu avais eu…	j'aurai eu, tu auras eu…
ich habe gehabt	*ich hatte gehabt*	*ich werde gehabt haben*

Subjonctif I

Présent	Passé	Futur
ich	habe	ich	habe gehabt	ich	werde haben
du	habest	du	habest gehabt	du	werdest haben
er		er		er	
es	habe	es	habe gehabt	es	werde haben
sie		sie		sie	
wir	haben	wir	haben gehabt	wir	werden haben
ihr	habet	ihr	habet gehabt	ihr	werdet haben
sie	haben	sie	haben gehabt	sie	werden haben

Futur antérieur

ich	werde	gehabt	haben
du	werdest	gehabt	haben
er			
es	werde	gehabt	haben
sie			
wir	werden	gehabt	haben
ihr	werdet	gehabt	haben
sie	werden	gehabt	haben

Subjonctif II				
Hypothétique (A)		**Hypothétique (B)**		**Irréel**
j'aurais, tu aurais…				j'aurais eu, tu aurais eu…
ich	hätte	ich	würde haben	ich hätte gehabt
du	hättest	du	würdest haben	du hättest gehabt
er		er		er
es	hätte	es	würde haben	es hätte gehabt
sie		sie		sie
wir	hätten	wir	würden haben	wir hätten gehabt
ihr	hättet	ihr	würdet haben	ihr hättet gehabt
sie	hätten	sie	würden haben	sie hätten gehabt

Impératif

aie, ayez!

hab(e)!
habt!

110 *Haben* ou *sein* : parfait et autres temps composés

Le parfait se forme avec *haben* ou *sein* selon les verbes.

1 On emploie **sein** avec les verbes suivants.

❖ Les verbes *sein, werden, bleiben*.

*Ich **bin** krank **gewesen**.*
   J'ai été malade.

*Er **ist** bleich **geworden**.*
   Il a pâli.

*Wie lange **bist** du dort **geblieben**?*
   Combien de temps y es-tu resté ?

❖ Les verbes intransitifs (= qui n'ont pas de complément d'objet à l'accusatif) qui expriment un changement d'état.

*Er **ist erschrocken**.*
   Il s'est effrayé.

❖ Les verbes intransitifs qui expriment un changement de lieu ou mouvement.

*Ich **bin** dann nach Hause **gegangen**.*
   Puis, je suis rentré.

2 On emploie **haben** avec les verbes suivants.

❖ Les verbes transitifs (= qui ont un complément d'objet à l'accusatif).

*Sie **haben** die Tür **geöffnet**.*
   Ils ont ouvert la porte.

*Die Tür steht **halb** offen.*
La porte est à moitié ouverte.

*Er macht die Tür **halb** auf.*
Il ouvre la porte à moitié.

❖ *Halb* dans des comparatives.

– *Halb so* + adjectif + *wie* = «moitié moins + adjectif + que».

*Gisela ist **halb so groß** wie Peter.*
Gisela est moitié moins grande que Pierre.

– *Halb so viel* + verbe + *wie* = «verbe + moitié moins + que» (*so* et *viel* sont séparés graphiquement).

*Sie isst **halb so viel wie** ihr Bruder.*
Elle mange moitié moins que son frère.

❖ *Halb* est invariable avec des noms de villes et de pays.

Halb Berlin *war im Olympiastadion.*
La moitié de la population de Berlin était au stade olympique.

Halb Deutschland *war ohne Strom.*
La moitié de l'Allemagne était sans électricité.

❖ *Halb* entre souvent comme déterminant dans des noms composés.

der Halbbruder	**die Halbinsel**
le demi-frère	la presqu'île
der Halbschlaf	**das Halbdunkel**
le demi-sommeil	la pénombre
der Halbkreis	**die Halbkugel**
le demi-cercle	l'hémisphère

❖ *Halb… halb…* = «à demi… à demi…»; «moitié… moitié…».

*Sie empfing ihn **halb** erfreut, **halb** ärgerlich.*
Elle n'était qu'à moitié contente de le recevoir.
(litt.: elle le reçut moitié contente, moitié contrariée)

3 **Die Hälfte** = «**la moitié**», est généralement suivi d'un génitif.

*in der zweiten **Hälfte des Monats***
dans la seconde quinzaine (moitié) du mois

*Die Kinder zahlen die **Hälfte des Preises**.*
Les enfants payent demi-tarif.

Notez que le verbe se met en général au singulier.

Die Hälfte der Studenten fehlte.
La moitié des étudiants manquaient.

Il peut cependant se mettre au pluriel, surtout lorsqu'il s'agit du verbe *sein* + attribut.

Die Hälfte der Studenten waren *abwesend.*
La moitié des étudiants étaient absents.

Expressions

❖ *Zur Hälfte* = « à moitié », « à demi ».

*Er hat sein Glas nur **zur Hälfte** getrunken.*
Il n'a bu que la moitié de son verre.

❖ *Mehr als die Hälfte* = « plus de la moitié ».

***Mehr als die Hälfte** der Zuschauer waren Ausländer.*
Plus de la moitié des spectateurs étaient des étrangers.

Traduisez en allemand :
1 La bouteille est à moitié vide (deux solutions). **2** Je te présente ma demi-sœur. **3** Je suis resté éveillé la moitié de la nuit. **4** Plus de la moitié des enfants avaient la grippe (die Grippe). **5** Il travaille moitié moins que sa sœur. **6** La moitié du village était venue au bal. **7** J'ai un rendez-vous (die Verabredung) à 5 heures et demie. **8** Il est 5h35. **9** J'ai moitié moins de temps libre (die Freizeit) que l'année dernière. **10** Il y a un demi-siècle, l'air était moitié moins pollué (verschmutzt) qu'aujourd'hui.

---

112 *Her* et *hin*

1 Dans le domaine spatial, ***her*** indique généralement **un mouvement vers celui qui parle**.

*Komm **her**!   Bring den Wein **her**!*
 Viens là !   Apporte le vin par ici !

2 Dans ce même domaine spatial, **hin** indique généralement un **mouvement inverse** (à partir de celui qui parle, vers un autre point).

*Geh **hin**!   Bring ihm die Zeitung **hin**!*
 Vas-y !   Va lui apporter le journal !

3 ***Her*** et ***hin*** peuvent s'associer à des adverbes de lieu, des interrogatifs de lieu ou des prépositions et exprimer la direction ou la provenance (→ 15).

Direction   Provenance

*Gehst du **dorthin**?*   *Er kommt von **dorther**.*
 Y vas-tu ?   Il en vient.

***Wohin** gehst du?*   ***Woher** kommt er?*
ou ***Wo** gehst du **hin**?*   ou ***Wo** kommt er **her**?*
 Où vas-tu ?   D'où vient-il ?

*Er ist **hingefallen**.*   *Er ist vom Dach **herabgefallen**.*
 Il est tombé par terre.   Il est tombé du toit.

4 Dans la langue courante, **les composés en *her*** et ***hin*** sont souvent contractés.

°***rauf*** = herauf et hinauf   °***raus*** = heraus et hinaus

°***nein*** = hinein et herein (familier)   °***naus*** = hinaus et heraus (familier)

*Geh °**raus**!*   *Komm °**raus**!*
 Sors !   Sors !

113 Homonymes

Certains noms présentent la même forme, mais ont un genre et un pluriel différents.

Singulier	Traduction	Pluriel
der Band	le volume (le livre)	*die Bände*
das Band	le ruban	*die Bänder*
der Erbe	l'héritier	*die Erben*
das Erbe	l'héritage	*(-)*
der Gehalt	la contenance	*die Gehalte*
das Gehalt	le traitement (salaire)	*die Gehälter*
der Junge	le jeune garçon	*die Jungen*
das Junge (ein Junges)	le petit (animaux)	*die Jungen*
der Heide	le païen	*die Heiden*
die Heide	la lande	*(-)*
der Kaffee	le café (boisson)	*die Kaffeesorten*
das Kaffee, das Café	le café (établissement)	*die Cafés*
der Kiefer	la mâchoire	*die Kiefer*
die Kiefer	le pin	*die Kiefern*
der Kunde	le client	*die Kunden*
die Erdkunde	la géographie	*(-)*
der Leiter	le directeur	*die Leiter*
die Leiter	l'échelle	*die Leitern*
das Mark	la moëlle	*(-)*
die Mark	le mark	*(-)*
der Militär	le militaire (soldat)	*die Militärs*
das Militär	l'armée	*(-)*
der Schild	le bouclier	*die Schilde*
das Schild	l'enseigne ; le panneau	*die Schilder*
	le panneau de signalisation	*das Verkehrsschild*
der See	le lac	*die Seen*
die See	la mer	*(-)*
das Steuer	le volant	*die Steuer*
die Steuer	l'impôt	*die Steuern*
der Stift	le crayon	*die Stifte*
das Stift	l'hospice	*die Stifte*
der Tau	la rosée	*(-)*
das Tau	la corde	*die Taue*
der Taube (ein Tauber)	le sourd	*die Tauben*
die Taube	le pigeon	*die Tauben*
der Tor	le fou	*die Toren*
das Tor	le portail	*die Tore*
der Verdienst	le gain (bénéfice)	*die Verdienste*
das Verdienst	le mérite	*die Verdienste*
der Weise (ein Weiser)	le sage	*die Weisen*
die Weise	la façon, la mélodie	*die Weisen*

⟶ Pour les particularités du pluriel, voir **186**.

Complétez les phrases par le nom adéquat avec son pluriel et les marques éventuelles du groupe nominal :
■1 Stell bitte d... an den Baum. ■2 D... unserer Theatergruppe ist erkrankt. ■3 Unser Onkel in Amerika hat uns ein... große... hinterlassen. ■4 Paul ist d... einer großen Autofirma. ■5 An der Straße stehen viele Verkehrs... ■6 Im Mittelalter trugen die Ritter Schwerter (épées) und... ■7 Wie viele... hat die neue Goethe-Ausgabe? ■8 Die Volkstracht (le costume régional) ist mit hübschen... geschmückt.

114 *Hören (von, auf), anhören, zuhören*

1 *Jmn, etw* (acc.) *hören* = « entendre », « écouter ».

*Ich **höre** Radio.*
    J'écoute la radio.

*Er **hört** schlecht.*
    Il entend mal.

*Ich **höre** gern Musik.*
    J'aime écouter de la musique.

*Hast du die Rede des Direktors **gehört**?*
    As-tu entendu le discours du
    directeur ?

❖ Verbe à l'infinitif + *hören* = « entendre ».

*Ich **höre** ihn **kommen**.*
    Je l'entends venir.

*Ich habe ihn **kommen hören** (gehört).*
    Je l'ai entendu venir.

2 *Von jmm, einer Sache* (dat.) *hören* = « entendre parler de qqn », « apprendre une nouvelle ».

*Schon lange habe ich nichts mehr **von ihm gehört**.*
    Cela fait longtemps que je n'ai plus de ses nouvelles.

*Wir haben **davon gehört**.*
    Nous en avons entendu parler.

⟶ Pour « apprendre », voir **25**.

❖ *Von sich* (dat.) *hören lassen* = « donner de ses nouvelles ».

*Seit Jahren hat er nichts **von sich hören lassen**.*
    Il n'a pas donné de ses nouvelles depuis des années.

❖ *(Davon) hören, dass...* = « entendre dire », « apprendre que ».

*Ich habe (davon) **gehört**, **dass** er umgezogen ist.*
    J'ai appris qu'il a déménagé.

3 *Auf jmn, etw.* (acc.), *hören* = « écouter qqn », « suivre les conseils de qqn ».

*Warum hast du nicht **auf mich gehört**?*
    Pourquoi ne m'as-tu pas écouté ?

*Du hättest **auf meinen Rat hören** sollen!*
    Tu aurais dû écouter mes conseils !

4 **Sich** (dat.) **etw.** (acc.) **anhören** = « écouter qqch. avec attention ».

Gestern habe ich mir ein Konzert im Radio angehört.
Hier, j'ai écouté un concert à la radio.

5 **Jmm, einer Sache** (dat.) **zuhören** = « écouter qqn qqch. avec attention », « prêter l'oreille à ».

Sie hörte ihm aufmerksam zu, wenn er von seinen Reisen erzählte.
Elle l'écoutait attentivement lorsqu'il racontait ses voyages.

Complétez par le verbe qui convient :
1 Hast du dir den Vortrag über Afrika...? **2** .... du den Hund bellen? **3** Ich habe..., dass Fritz das Rennen gewonnen hat. **4** Kannst du mir nicht wenigstens fünf Minuten...? **5** Sie werden bald wieder... mir... **6** Der Junge will nicht... mich... **7** Schon seit drei Wochen haben sie nichts... sich... lassen. **8** Ich habe... dem Arzt viel Gutes... **9** Haben Sie ihn singen...? **10** Seine Musik kann ich nicht...

---

115 Il y a : sens temporel (traductions)

1 « Il y a » marque un point sur la ligne du temps.

❖ *Vor* + complément de temps au datif.

*Sein Vater ist **vor** zehn Jahren gestorben.*
   Son père est mort il y a dix ans.

*Ich habe sie **vor** einer Woche getroffen.*
   Je l'ai rencontrée il y a une semaine.

*Er ist **vor** einem Monat weggefahren.*
   Il est parti il y a un mois.

2 « Il y a » marque, à partir d'un point sur la ligne du temps, le temps écoulé.

❖ *Es ist (sind)* + complément de temps à l'accusatif + *her, dass…*

*Es ist zehn Jahre **her, dass** sein Vater gestorben ist.*
   Il y a dix ans que son père est mort.

*Es ist drei Jahre **her, dass** ich sie das letzte Mal getroffen habe.*
   Il y a trois ans que je l'ai rencontrée pour la dernière fois.

*Es ist einen Monat **her, dass** er weggefahren ist.*
   Il y a un mois qu'il est parti.

3 « Il y a » insiste sur le début d'une période et sur la durée du temps écoulé.

❖ *Seit* + complément de temps au datif ou *schon* + complément de temps à l'accusatif.

*Sein Vater ist **seit** zehn Jahren tot.*
*Sein Vater ist **schon** zehn Jahre tot.*
   Il y a dix ans que son père est mort.
   (Il est mort depuis dix ans).

*Er ist schon **seit** einem Monat weg.*
*Er ist **schon** einen Monat weg.*
   Il y a déjà un mois qu'il est parti.
   (Il est déjà absent depuis un mois.)

*Ich habe dich **seit langem** nicht gesehen.*
*Ich habe dich **schon lange** nicht gesehen.*
   Il y a longtemps que je ne t'ai pas vu.
   (Je ne t'ai pas vu depuis longtemps.)

*Wir kennen uns **erst seit** vierzehn Tagen.*
   Il n'y a que quinze jours que nous nous connaissons.
   (Nous ne nous connaissons que depuis quinze jours.)

*Wir kennen uns **schon seit** vierzehn Tagen.*
   Il y a déjà quinze jours que nous nous connaissons.

Traduisez en allemand :
1 Y a-t-il du vin sur la table ? 2 Il y a quelqu'un devant la porte (deux solutions). 3 Il va y avoir une tempête. 4 Il y avait un chat dans le jardin (deux solutions). 5 Y a-t-il quelqu'un qui voudrait faire un exposé (ein Referat halten) ? 6 Il y a des gens qui aiment les serpents (die Schlangen). 7 Il y a eu beaucoup de monde à la réunion (deux solutions). 8 Est-ce qu'il y a un cinéma par ici ?

117 *Immer noch nicht,... nichts,... niemand, immer noch kein*

1 ***Immer noch nicht*** = « ne... toujours pas » ; ***immer noch nichts*** = « ne... toujours rien » ; ***immer noch niemand*** = « ne... toujours personne »

*Er arbeitet **immer noch nicht**.*
Il ne travaille toujours pas.

*Ich sehe **immer noch nichts**.*
Je ne vois toujours rien.

*Ich kenne **immer noch niemand(en)**.*
Je ne connais toujours personne.

2 ***Immer noch kein...*** = « ne... toujours pas (de)... ».

*Sie haben **immer** noch **keinen** Fernseher.*
Ils n'ont toujours pas la télévision.

*Ich habe **immer noch keinen** Hunger.*
Je n'ai toujours pas faim.

⟶ Pour « toujours », voir **251**.

Traduisez en allemand :
1 Il n'y a toujours personne dans la salle. 2 Il ne fait toujours pas de sport (Sport treiben). 3 Il n'a toujours pas trouvé de travail. 4 Je ne vois toujours personne sortir de la maison. 5 Tu ne fumes toujours pas ?

118 Impératif

1 **L'impératif des verbes se forme sur le radical de l'infinitif.**

2e pers. singulier	*singen* ⇒ ***sing*** ⇒ ***sing(e)!*** (*-e* facultatif)
2e pers. pluriel	*singen* ⇒ ***sing*** ⇒ ***singt!***

2 **À la 2e personne du singulier, le *-e* est facultatif, sauf pour les verbes faibles dont le radical se termine par *- er, -el, -n*.**

handeln ⇒ ***handle*** (*e* obligatoire)

3 **La 2e personne du pluriel est identique à celle du présent de l'indicatif.**

❖ L'intonation seule, soit avec une proposition (l'ordre des mots est alors identique à celui des propositions), soit avec n'importe quel élément isolé se rattachant au contexte précédent.

Du bist krank?
Tu es malade ?

Ich war gestern in Frankfurt. – **In Frankfurt?**
Hier, j'étais à Francfort. – À Francfort ?

Ich habe in Frankfurt Brigitte getroffen. – **Tatsächlich?**
À Francfort, j'ai rencontré Brigitte. – C'est vrai ? (litt. : vraiment ?)

2 **L'interrogation directe partielle.** Elle porte sur un élément de la proposition ; elle est toujours introduite par un interrogatif en *w-*.

Wann *kommst du zurück?*   *Er hat keinen Hunger. –* **Warum?**
Quand reviens-tu ?   Il n'a pas faim. – Pourquoi ?

3 **L'interrogation indirecte,** après des verbes comme *(sich) fragen* = « (se) demander », *nicht wissen* = « ne pas savoir », *wissen wollen* = « vouloir savoir », *die Frage stellen* = « poser la question »…

❖ **L'interrogation indirecte globale** est introduite par *ob* = « si ».

Ich frage mich, **ob** *sie noch in Berlin wohnen.*
Je me demande s'ils habitent encore à Berlin.

❖ **L'interrogation indirecte partielle** est introduite par un interrogatif en *w-*.

Ich weiß nicht mehr, wo sie arbeitet.
Je ne sais plus où elle travaille.

Traduisez en allemand :
1 Te rappelles-tu à quelle heure il est parti ? À dix heures ? **2** As-tu fait un cadeau à Paul (jmm etw. schenken) ? **3** Demande-lui s'il a acheté des fleurs. **4** Je ne sais pas où il est allé. **5** À qui as-tu donné la clef ? **6** Je me demande qui je vais y voir. **7** Quelle est la plus belle ville d'Italie ?

---

(124) **Interrogatifs autonomes déclinables**

Il existe deux types de pronoms interrogatifs déclinables ; ils introduisent des interrogations partielles (qui portent sur un élément de la phrase).

1 **Wer..., was...?** = « Qui..., quoi ? »

Masculin et féminin		Neutre	
N	**wer?** qui est-ce qui ?	**was?**	qu'est-ce qui ?
A	**wen?** qui est-ce que ?	**was?**	qu'est-ce que ?
D	**wem?** à qui ?		
G	**wessen?** de qui ?		

Wer *hat geklopft?*
Qui a frappé ?

Wem *hast du das Geld gegeben?*
À qui as-tu donné l'argent ?

Wessen *Buch ist das?*
À qui est ce livre ? (familier : c'est le livre de qui ?)

Wen *hast du gesehen?*
Qui as-tu vu ?

Was *ist das?*
Qu'est-ce que c'est ?

Was *nimmst du?*
Que prends-tu ?

2 ***Welch-...?*** *= « lequel...? ».*

Masculin	Neutre
N **welcher?**	**welches?** lequel ?
A **welchen?**	**welches?** lequel ?
D **welchem?**	**welchem?** auquel ?
Féminin	Pluriel
N **welche?** laquelle ?	**welche?** lesquels ?
A **welche?** laquelle ?	**welche?** lesquels ?
D **welcher?** à laquelle ?	**welchen?** auxquels ?

Er hat drei Söhne; ***welchen*** *hat er am liebsten?*
Il a trois fils ; lequel préfère-t-il ?

Remarques

❖ Le génitif de *welch-* n'est quasiment pas utilisé.

Attention à la traduction de « Quel est...? ». « Quel » est attribut, donc au nominatif, et toujours neutre en allemand quels que soient le genre et le nombre du sujet (→ **214**).

Welches ist *dein Name?*   ***Welches sind*** *die schönsten Häuser?*
Quel est ton nom ?   Quelles sont les plus belles maisons ?

❖ La forme *wessen* est rarement employée ; la question : *Wessen Buch ist das?* est remplacée le plus souvent par la question au sens identique : *Wem gehört dieses Buch?* = « À qui appartient ce livre ? ».

❖ Dans la langue familière, *was* peut remplacer *welches* et peut aussi signifier « pourquoi ? ».

Was *ist dein Name?*   ***Was*** *bleibst du denn zu Hause?*
Quel est ton nom ?   Pourquoi donc restes-tu à la maison ?

❖ *Wer...* et *welch-...* peuvent être précédés de prépositions.

An ***wen*** *denkst du?*   *Von* ***welchem*** *träumt sie (z. B. Schauspieler)?*
À qui penses-tu ?   Duquel rêve-t-elle (par exemple, de quel acteur)?

→ Pour les interrogatifs non autonomes, voir **126**.
→ Pour la distinction *welch- / was für,* voir **272**.

3 **Sens quantitatif :** indication d'une mesure extrême. On emploie *bis zu* + datif.

*Sein Auto fährt **bis zu** 220 km pro Stunde.*
Sa voiture roule jusqu'à 220 km à l'heure.

4 ***Bis auf*** = « jusqu'à » inclusivement.

*Sie wurden **bis auf** den letzten Mann gerettet.*
Ils furent sauvés jusqu'au dernier.

Attention :

❖ *Bis auf* peut également avoir le sens de « sauf », « excepté ».

***Bis auf** die Küche habe ich alle Zimmer streichen lassen.*
J'ai fait repeindre toutes les pièces, excepté la cuisine.

❖ Lorsque « jusque » a le sens de « même », il se traduit par *sogar*.

*Alle, **sogar** seine Frau, haben ihn verlassen.*
Tous, jusqu'à sa femme, l'ont abandonné.

> **Traduisez en allemand :**
> **1** Je vous attendrai jusque vers sept heures. **2** Jusqu'à quand durera notre réunion ? **3** Je te suivrai jusqu'au bout du monde (das Ende der Welt). **4** Cette usine produit jusqu'à mille voitures par jour. **5** Peux-tu m'accompagner jusque chez moi (nach Hause) ? **6** Elle a dormi jusqu'au soir. **7** Les maisons furent démolies jusqu'à la dernière.

130 Juste (traductions)

1 « **Juste** », associé souvent à **un complément de temps**, insiste sur un **moment précis**.

❖ « Juste », placé après le complément de temps, au sens de « précis », « exact » se traduit par *genau*.

***Genau** um 8 Uhr klingelte es.*
À 8 heures pile, on sonna.

❖ « Juste », placé devant le complément de temps, au sens de « juste à l'instant" se traduit par *gerade*.

*Es war **gerade** 8 Uhr, als er klingelte.*
Il était juste 8 heures lorsqu'il sonna.

*Sie ist **gerade** weggegangen.*
Elle vient tout juste de partir.

*Ich war **gerade** dabei, ihm zu schreiben, als ich sein Telegramm erhielt.*
J'étais juste en train de lui écrire une lettre lorsque j'ai reçu son télégramme.

***Gerade** als ich duschte, gab es einen Stromausfall.*
Juste au moment où je prenais ma douche, il y eut une panne d'électricité.

❖ « Juste », placé devant le groupe nominal, avec une nuance d'irritation se traduit par *ausgerechnet*.

***Ausgerechnet** beim Essen muss er uns stören.*
C'est juste au moment du repas qu'il nous dérange.

2 « **Juste** » dans le sens de « **seulement** » apporte une **restriction** ou indique **une durée très courte** et se traduit par *nur*.

*Ich bin nicht krank, ich habe **nur** einen Schnupfen.*
Je ne suis pas malade, j'ai juste un rhume.

*Darf ich Sie **nur** einen Augenblick stören?*
Puis-je vous déranger juste un instant ?

*Ich komme **nur** auf einen Sprung bei dir vorbei.*
Je ferai juste un saut chez toi.

3 « **Juste** », « **tout juste** » dans le sens de « **à peine suffisant** » se traduit par ***gerade noch ; gerade so***.

*Ich habe **gerade noch** genug Mehl, um einen Kuchen zu backen.*
J'ai tout juste assez de farine pour faire un gâteau.

*Das Benzin reicht **gerade noch** für 20 Kilometer.*
L'essence suffit tout juste pour 20 km.

*Er kommt **gerade so** aus.*
Il a tout juste de quoi vivre.

*Er hat seine Prüfung **gerade noch** (**gerade so**) geschafft.*
Il a eu son examen de justesse.

→ Pour les traductions de « juste » par *richtig* et *gerecht,* voir **221**.

→ Pour les exercices, voir **131** (« Justement »).

(131) Justement (traductions)

1 « **Justement** » au sens de « **exactement** », « **précisément** » est un élément de mise en relief qui se trouve souvent dans des exclamations. Il se traduit par : ***eben das, genau das, gerade das*** ou par ***eben, genau, gerade*** + complément (avec un accent sur *das,* sur le groupe qui suit, ou sur *ge°nau* ou *ge°rade*).

*Eben °**das** dachte ich auch.*
C'est justement ce que je pensais aussi.

*Genau °**das** (gerade °**das**) durfte man nicht tun.*
C'est justement ce qu'il ne fallait pas faire.

*Danke, das ist ge°**nau die CD** (ge°**rade die CD**), die ich mir wünschte!*
Merci, c'est justement le CD que je souhaitais !

2 « **Justement** » avec une **nuance d'irritation** se traduit par ***ausgerechnet***.

Ausgerechnet °mir muss das passieren!
Il faut que cela tombe sur moi !
(litt.: C'est justement à moi que cela arrive !)

→ Pour « juste », « tout juste », voir **130**.

Traduisez en allemand :
1 C'est justement de cela que je voulais te parler (mit jmm über etw. sprechen). **2** C'est tout juste si le pain a suffi. **3** Il est minuit juste. **4** J'arrive juste de Berlin. **5** C'est justement ma voiture qui a eu une contravention (einen Strafzettel bekommen) ! **6** Il a juste assez d'argent pour une semaine. **7** Puis-je vous parler juste une seconde ? **8** C'est justement le livre que je voulais avoir.

132 *Kaum*

1 *Kaum* = «**à peine**», «**ne... guère**». *Kaum* se place devant le terme sur lequel il porte.

Heute Nacht habe ich kaum geschlafen.
  Cette nuit, je n'ai guère dormi.

Arnold ist in einem Jahr kaum gewachsen.
  Arnold n'a guère grandi en un an.

Kaum die Hälfte der Anwesenden hat für das Projekt gestimmt.
  À peine la moitié des personnes présentes ont voté pour le projet.

Sie ist kaum älter als 16 Jahre.
  Elle a à peine plus de 16 ans.

2 *Kaum* = «**avoir (de la) peine à**», «**avoir du mal à**»; «**avoir des difficultés à faire qqch.**».

Ich kann es kaum glauben.   Er kann kaum laufen.
  J'ai de la peine à le croire.   Il a du mal à marcher.

3 Pour l'expression «**à peine... que...**», trois constructions sont possibles.

❖ *Kaum..., als...* + verbe.

Kaum waren die Kinder im Auto, als sie einschliefen.
  À peine les enfants étaient-ils dans la voiture qu'ils s'endormirent.

❖ *Kaum..., da (so)* + verbe.

Kaum waren die Kinder im Auto, da schliefen sie ein.
Kaum waren die Kinder im Auto, so schliefen sie ein. (même sens)

❖ *Kaum dass...,* + verbe.

Kaum dass die Kinder im Auto waren, schliefen sie ein. (même sens)

Attention :

La construction *Kaum, dass...* est impossible:

~~*Kaum waren die Kinder im Auto, dass sie einschliefen.*~~

> **Traduisez en allemand :**
> **1** À peine eut-il raccroché (den Hörer auflegen) que le téléphone sonna de nouveau (1re solution : als). **2** Il a du mal à suivre les cours (die Vorlesungen). **3** À peine endormie, on la réveilla (2e solution : da / so). **4** Je les ai à peine connus. **5** À peine avait-il cambriolé la maison (ins Haus einbrechen) que la police arriva (3e solution : kaum dass). **6** On ne peut guère s'imaginer une autre solution (die Lösung).

133 *Können* : emplois

1 **Sens de «pouvoir», «être capable de», «savoir»** (dans le domaine physique).

Kannst du dieses Paket tragen?
Peux-tu porter ce paquet ?

Kann er schwimmen?
Sait-il nager ?

2 **Sens de «savoir»** (dans le domaine intellectuel).

Er kann Deutsch.
Il sait l'allemand.

3 **Sens de «pouvoir» dans la demande ou la réponse à la demande,** au sens de «être d'accord pour» (souvent au subjonctif II). Dans ce sens, *Kann ich…?* signifie «Puis-je…?» = «Êtes-vous d'accord pour que je…?»

Könnten Sie bitte die Tür aufmachen?
Pourriez-vous, s'il vous plaît, ouvrir la porte ?

Ich kann hier halten, wenn Sie wollen.
Je peux m'arrêter ici, si vous voulez.

4 **Sens de «il se peut que»** (éventualité).

Das kann sein.
C'est possible.

Er kann um 7 oder um 10 kommen.
Il se peut qu'il vienne à 7 heures ou à 10 heures.

On peut dire aussi :

Es kann sein, dass er um 7 oder um 10 kommt.

→ Pour la conjugaison de *können,* voir les verbes de modalité, **265**.
→ Pour le participe passé à forme d'infinitif des verbes de modalité, voir **176**.

> **Traduisez en allemand :**
> **1** Sait-il le français ? **2** Il se peut qu'il pleuve dans dix minutes. **3** Puis-je vous aider ? **4** Il sait jouer aux échecs (Schach spielen). **5** Pourriez-vous aller chercher ma valise ? **6** Pouvez-vous me prêter (leihen) votre crayon (der Bleistift) ?

134 *Lang, lange*

1 *Lang.*

❖ *Lang* = « long », adjectif exprimant une étendue dans l'espace ou dans le temps. (Comparatif : *länger* ; superlatif : *am längsten*).

*Dieses Kleid ist zu **lang**.*   *Das war ein sehr **langer** Winter.*
   Cette robe est trop longue.   C'était un hiver très long.

❖ *Lang* précédé d'un complément de mesure à l'accusatif = « long de ».

*einen Meter **lang***   *drei Kilometer **lang***
   long d'un mètre   long de trois kilomètres

*Der Stoff ist einen Meter **lang** und 90 Zentimeter breit.*
   Le tissu fait un mètre de long et 90 centimètres de large.

❖ *Lang* précédé d'un complément de temps à l'accusatif = « pendant », « durant ».

*einen Monat **lang***   *drei Tage **lang***
   pendant un mois   pendant trois jours

*ein Jahr **lang***   *mein ganzes Leben **lang***
   pendant une année   toute ma vie durant

*Einen ganzen Sommer **lang** wanderten sie im Gebirge.*
   Pendant tout un été, ils ont fait de la marche en montagne.

❖ *-lang* sert à former des adverbes composés = « durant ».

tagelang   **wochenlang**
   qui dure des journées entières   des semaines durant

monatelang   **jahrelang**
   des mois durant   des années durant

2 *Lange.*

❖ *Lange* = « longtemps ».

lange *warten*
   attendre longtemps

länger *bleiben*
   rester plus longtemps

*am **längsten** dauern*
   durer le plus longtemps

*Wir haben **lange** auf den Bus warten müssen.*
   Nous avons dû attendre le bus longtemps.

*Von allen Versammlungen hat die letzte **am längsten** gedauert.*
   De toutes les réunions, c'est la dernière qui a duré le plus longtemps.

❖ *Schon lange, seit langem* = «depuis longtemps».

Schon lange *habe ich dich nicht gesehen.*
   Il y a longtemps que je ne t'ai pas vu.

❖ *Es ist schon lange her, dass…* = «il y a longtemps que…».

Es ist schon lange her, dass *ich dich gesehen habe.*
   Il y a longtemps que je ne t'ai vu.

❖ *Lange vor* + GN au datif = «longtemps avant + GN»; *lange bevor* + subordonnée = «longtemps avant de + infinitif».

❖ *Nicht lange vor* + GN au datif = «peu de temps avant + GN»; *nicht lange bevor* + subordonnée = «peu de temps avant de + infinitif».

Lange bevor *ich mit meiner Arbeit fertig war, habe ich ihn angerufen.*
   Longtemps avant d'avoir fini mon travail, je l'ai appelé.

❖ *Lange nach* + GN au datif = «longtemps après + GN»; *lange nachdem* + subordonnée = «longtemps après + infinitif».

❖ *Lange darauf / danach* = «longtemps après»; *nicht lange darauf / danach* = «peu de temps après».

Nicht lange darauf *kam er.*
   Peu de temps après, il arriva.

❖ *Wie lange?* = «combien de temps?»

Wie lange *müssen wir noch warten?*
   Combien de temps faut-il attendre encore ?

Traduisez en allemand :

1 Il y a longtemps qu'il ne m'a pas écrit (deux solutions). **2** Peu de temps après son départ, il eut un accident. **3** Il a cru l'espace d'une seconde que l'avion allait s'écraser au sol (abstürzen). **4** La chambre fait 4 m de long et 2 m 50 de haut. **5** Il a un long nez. **6** C'est le pont le plus long du monde. **7** Nous avons dû attendre plus longtemps que la dernière fois. **8** Pendant toute sa vie, il a lutté pour la justice. **9** Il m'a écrit une longue lettre. **10** Elle a été absente pendant un mois.

---

(135) *Längs, längst*

Il ne faut pas confondre *längs* et *längst* qui correspondent à des sens bien différents.

1 *Längs* + génitif ou + datif = «le long de».
(En langue courante, on emploie très souvent *an* + dat. + *entlang* à la place de *längs*.)

Längs *des Baches* (ou : **dem Bach**) *standen Weiden.*
Am *Bach* **entlang** *standen Weiden.*
   Le long du ruisseau, il y avait des saules.

2 Längst.

❖ *Längst* = «depuis longtemps» (= *seit langem*).

Das habe ich längst (seit langem) vergessen.
Je l'ai oublié depuis longtemps.

Er hätte längst schreiben sollen.
Il aurait dû écrire depuis longtemps.

❖ *Längst* = «loin de» (ou : *bei weitem*) dans des phrases contenant une négation ou une restriction.

Sie spielt längst (bei weitem) nicht so gut Klavier wie ihre Schwester.
Elle est loin de jouer aussi bien du piano que sa sœur.

Das ist noch längst nicht alles, was ich sagen wollte.
C'est loin d'être tout ce que je voulais dire.

Attention :

❖ «De loin» ayant un sens positif se traduit uniquement par *bei weitem*.

Das ist bei weitem der beste Roman des Jahres.
C'est de loin le meilleur roman de l'année.

❖ «De loin», locution adverbiale de lieu, se traduit par *von weitem*.

Ich habe ihn von weitem erkannt.
Je l'ai reconnu de loin.

Complétez par le terme qui convient :
1 Er müsste schon… da sein. **2** … der Autobahn stirbt der Wald ab. **3** Ich bin… nicht so geschickt wie du. **4** Ich weiß es…

---

136 Leihen, ausleihen, verleihen

Ces verbes ont le sens de «prêter», «emprunter» ou «louer» selon leur construction et le contexte.

1 Leihen.

❖ *Sich von (bei) jmm etw. leihen* = «emprunter qqch. à qqn».

Peter hat sich von (bei) mir 100 Euro geliehen.
Pierre m'a emprunté 100 euros.

❖ *Jmm etw. leihen* = «prêter qqch. à qqn».

Würdest du mir bis morgen dein Handy leihen?
Pourrais-tu me prêter ton téléphone portable jusqu'à demain ?

2 Ausleihen.

❖ *Sich (dat.) bei jmm etw. ausleihen* = «emprunter qqch. à qqn».

Ich habe mir bei meinem Freund das Fahrrad ausgeliehen.
J'ai emprunté son vélo à mon ami.

❖ *Sich* (dat.) *etw. ausleihen* a aussi le sens de «louer, prendre en location (contre paiement)».

*Ich möchte **mir** für den Nachmittag ein Fahrrad **ausleihen**.*
Je voudrais louer un vélo pour l'après-midi.

❖ *Etw. ausleihen* se dit à propos du prêt des livres dans les bibliothèques.

*Die Bücherei **leiht** nur am Montag **aus**.*
*Die **Buchausleihe** ist nur am Montag geöffnet.*
Le prêt n'est ouvert que le lundi.

Notez qu'en langue courante *borgen* est utilisé dans les deux sens.

Ich borge dir dieses Buch.
Je te prête ce livre.

Ich borge mir von dir dieses Buch.
Je t'emprunte ce livre.

3 **Verleihen.**

❖ *Etw. (an jmn) verleihen* = «prêter qqch. (à qqn)».

*Ich habe alle meine CDs **verliehen**.*
J'ai prêté tous mes CD.

*An wen hast du deinen Fotoapparat **verliehen**?*
À qui as-tu prêté ton appareil photo?

❖ *Etw. verleihen* = «louer» (contre paiement), «donner en location» (location de vélos, de voitures ou de bateaux).

*Hier werden Boote stundenweise **verliehen**.*
Ici, on loue des bateaux à l'heure.

⟶ Pour «louer», voir aussi *mieten, vermieten*, **145**.

Expressions

der Bootsverleih
la location de bateaux

der Fahrradverleih
la location de vélos

der Autoverleih
la location de voitures

der Leihwagen
la voiture de location

Traduisez en allemand :
1 Pourrais-tu me prêter ton journal? **2** Je te le prête si tu me le rends (wiedergeben). **3** La location de skis est ouverte à partir de 9 heures. **4** Je voudrais louer des skis (Skier) pour une semaine. **5** Je lui ai emprunté (deux solutions) son téléphone portable (das Handy). **6** On ne prête qu'aux riches.

137 **Lettre : comment la rédiger?**

1 **L'adresse (sur l'enveloppe).**

❖ Si on s'adresse à des personnes, les noms et titres éventuels sont à l'accusatif (sous-entendu *an* + accusatif).

Herrn Albrecht Roth
Monsieur Albert Roth

❖ Si l'on s'adresse à une firme, administration…, on utilise obligatoirement *an* + accusatif.

An die Firma…
Maison…

2 **Pour la date,** ⟶ 74.

3 **La ponctuation dans les formules de début de lettre.**

Il y a deux possibilités.

❖ Ou bien on met un point d'exclamation après la formule d'adresse et le mot qui suit prend une majuscule.

Sehr geehrter Herr Roth! **Liebe Eltern!**
Ich danke Ihnen für… *Ich schreibe euch aus…*
  Cher Monsieur Roth, Chers parents,
  Je vous remercie de… Je vous écris de…

❖ Ou bien on met une virgule, comme en français, et le mot qui suit prend une minuscule.

Sehr geehrter Herr Roth,
ich danke Ihnen für…

Attention : il faut distinguer les formules *Lieb…* (personnes tutoyées ou personnes vouvoyées auxquelles on s'adresse avec une certaine amitié ou affection) et *Sehr geehrt…* (personnes vouvoyées ; plus formel).

4 **Les pronoms personnels.**

Les pronoms personnels qui désignent la ou les personnes à qui on s'adresse dans la lettre prennent une majuscule lorsqu'il s'agit de personnes tutoyées : *du/Du, dich/Dich, dein/Dein, euch/Euch, euer/Euer.*

En revanche, la majuscule est obligatoire pour les pronoms personnels correspondant aux personnes vouvoyées : *Sie, Ihnen, Ihr.*

*Lieber Freund, ich hoffe, es geht **dir/Dir** gut.*
  Cher ami, j'espère que tu vas bien.

*Lieber Herr Braun, ich hoffe, es geht **Ihnen** gut.*
  Cher Monsieur (= Cher Monsieur Braun), j'espère que vous allez bien.

⟶ Voir **172** et **207**.

5 **La ponctuation dans les formules de fin de lettre.**

Dans les formules de fin de lettre il ne doit y avoir aucun signe de ponctuation. Le nom est généralement précédé de l'adjectif possessif avec majuscule.

Mit herzlichen Grüßen **Hochachtungsvoll**

Dein Michael **Ihr Peter Meyer**

138 **(Se) Lever, (se) coucher** (traductions)

Selon qu'il s'agit de personnes ou d'astres, ces verbes se traduisent différemment. En allemand, ce ne sont pas des verbes réfléchis, ils ne s'emploient donc pas avec *sich*. Le verbe utilisé pour la formation des temps composés est toujours *sein*.

■ « Se lever ».

❖ Pour les personnes : *aufstehen*.

Ich stehe auf.	***Ich bin aufgestanden.***
Je me lève.	Je me suis levé.

❖ Pour les astres : *aufgehen*.

Der Mond geht auf.	***Der Mond ist aufgegangen.***
La lune se lève.	La lune s'est levée.

der Sonnenaufgang
le lever du soleil

■ « Se coucher ».

❖ Pour les personnes : *zu Bett gehen* ou *schlafen gehen*.

Ich gehe zu Bett ou ***Ich gehe schlafen.***
Je vais me coucher.

Ich bin zu Bett gegangen ou ***Ich bin schlafen gegangen.***
Je suis allé me coucher.

❖ Pour les astres : *untergehen*.

Die Sonne geht unter.	***Die Sonne ist untergegangen.***
Le soleil se couche.	Le soleil s'est couché.

der Sonnenuntergang
le coucher du soleil

139 Locatif

Le locatif s'oppose au directionnel. Il désigne une localisation dans l'espace : le lieu où l'on est, où l'on fait quelque chose, où quelque chose se passe… Il répond souvent à la question *wo* ? Il peut être exprimé soit par un groupe prépositionnel, soit par un adverbe.

1 Les groupes prépositionnels locatifs.

Parmi les groupes prépositionnels locatifs, il faut distinguer :

a Les groupes prépositionnels **dont la marque du locatif est le datif** (qui peut s'opposer à l'accusatif).

Il s'agit des groupes introduits par l'une des prépositions *in, an, auf, unter, über ; vor, hinter, neben, zwischen* (→ 192).

*Die Katze ist **unter dem Auto**.*
　Le chat est sous la voiture.

b Les groupes prépositionnels **dont la marque du locatif est la préposition**.

❖ Soit l'une des prépositions régissant le génitif (→ 191).

*Ihr Haus liegt **jenseits der Grenze**.*
　Leur maison se trouve de l'autre côté de la frontière.

❖ Soit la préposition *bei* + datif, « chez », qui s'oppose à *zu*, et qui s'utilise avec des noms de personnes.

*Sie wohnt **bei ihrem Onkel**.*
　Elle habite chez son oncle.

❖ Soit la préposition *zu* + datif, qui s'oppose à *nach*, uniquement en liaison avec *Hause*.

*Um wie viel Uhr bist du **zu Hause**?*
　À quelle heure seras-tu chez toi ?

2 Avec certains verbes qui expriment un mouvement, l'allemand considère surtout le point d'arrivée et utilise donc le locatif et non le directionnel.

❖ *Landen auf* + datif = « atterrir ».

*Das Flugzeug **landet auf dem Flugplatz**.*
　L'avion atterrit sur l'aérodrome.

❖ *Absteigen in* + datif = uniquement dans le sens de « descendre dans un hôtel ».

*Er **steigt in einem Hotel** am Rhein **ab**.*
　Il descend dans un hôtel au bord du Rhin.

❖ *Ankommen in / an…* + datif = « arriver à ».

*Er **kommt** um 3 Uhr **am Bahnhof an**.*
　Il arrive à trois heures à la gare.

❖ *Eintreffen in* + datif = «arriver à».

Er ist gestern **in Berlin eingetroffen.**
Il est arrivé hier à Berlin.

❖ *Verschwinden* + datif (généralement) = «disparaître»; *sich verstecken* + datif = «se cacher».

Er verschwindet / versteckt sich hinter dem Busch.
Il disparaît / se cache derrière le buisson.

⟶ Pour les adverbes de lieu, voir aussi **15**.

3 Les adverbes locatifs.

❖ Ils peuvent être liés au locuteur : *hier* = «ici», *da* = «là», *dort* = «là-bas», *links* = «à gauche», *rechts* = «à droite», *draußen* = «dehors».

Hier gibt es keine Autos.
Ici, il n'y a pas de voitures.

❖ Ils peuvent être liés à un élément de référence : *dort* = «là», *oben* = «en haut», *unten* = «en bas», *links* = «à gauche», *rechts* = «à droite», *vorn* = «devant», *hinten* = «derrière».

*Inge wohnt in Italien; ich möchte auch **dort** wohnen.*
Inge habite en Italie ; moi aussi j'aimerais y habiter.

*Das ist unser Wohnzimmer; **oben** sind drei Zimmer.*
C'est notre salle de séjour ; en haut il y a trois chambres.

❖ Ces adverbes peuvent se combiner entre eux ou avec des groupes prépositionnels.

Dort oben sieht man eine Kapelle.
Là-haut on voit une chapelle.

Dort oben auf dem Berge kann man Ski laufen.
Là-haut sur la montagne on peut faire du ski.

❖ Ils peuvent reprendre un élément exprimé antérieurement : il s'agit des démonstratifs adverbiaux comme *daneben* = «à côté», *davor* = «devant».

*Siehst du das Auto? **Davor** steht der Hund, der Uwe gebissen hat.*
Vois-tu la voiture ? Devant, il y a le chien qui a mordu Uwe.

⟶ Pour les démonstratifs adverbiaux, voir **211**.
⟶ Pour le directionnel, voir **80**.

1. Traduisez en allemand :
1 Habites-tu chez tes parents ? **2** À droite, on voit une ferme (der Bauernhof). **3** Devant l'église, il y a un tilleul (der Lindenbaum). **4** Autour de la maison, on a construit un mur. **5** Un enfant était assis à côté de moi.

2. Complétez par une préposition ou une marque de cas :
1 … Hause haben wir einen Hund. **2** Jenseits d… Flusses sieht man einen großen Wald. **3** Draußen … der Tür liegt eine Katze. **4** Wir essen heute … meinen Eltern. **5** Sie sitzt auf ein… weißen Stuhl.

140 Masculins et neutres forts

La caractéristique des noms masculins et neutres forts est la marque **-(e)s au génitif singulier**, et pour certains d'entre eux la marque **-e facultative au datif singulier**.

Nominatif	Génitif	Datif
der Tiger (le tigre)	*des Tigers*	*dem Tiger*
der Tag (le jour)	*des Tages*	*dem Tag(e)*
der Tisch (la table)	*des Tisches*	*dem Tisch*
das Haus (la maison)	*des Hauses*	*dem Haus(e)*
das Tier (l'animal)	*des Tieres*	*dem Tier*
das Buch (le livre)	*des Buches*	*dem Buch*

Notez la déclinaison particulière de *das Herz* = « le cœur ».

	Singulier	Pluriel
N	*das Herz*	*die Herzen*
A	*das Herz*	*die Herzen*
D	*dem Herzen*	*den Herzen*
G	*des Herzens*	*der Herzen*

141 Masculins faibles

1 **Caractéristiques.**

La caractéristique des masculins faibles est de présenter la marque *-(e)n* à tous les cas sauf au nominatif singulier.

	Singulier	Pluriel
N	*der Mensch*	*die Menschen*
A	*den Menschen*	*die Menschen*
D	*dem Menschen*	*den Menschen*
G	*des Menschen*	*der Menschen*

	Singulier	Pluriel
N	*der Junge*	*die Jungen*
A	*den Jungen*	*die Jungen*
D	*dem Jungen*	*den Jungen*
G	*des Jungen*	*der Jungen*

La plupart des masculins faibles désignent des noms d'êtres animés.

2 **Exemples de noms d'origine germanique.**

❖ Noms d'animaux.

der Bär
l'ours

der Affe
le singe

der Löwe
le lion

der Rabe
le corbeau

der Falke
le faucon

der Fink
le pinson

❖ Noms d'êtres humains.

der Mensch
l'être humain

der Junge
le garçon

der Fürst
le prince

der Prinz
le prince

der Bote
le messager

der Graf
le comte

der Narr
le fou

der Held
le héros

❖ Noms d'habitants de pays.

der Däne
le Danois (⟶ **160**)

der Bayer
le Bavarois

⟶ Pour les noms de pays et les nationalités, voir **160**.

3 **Exemples de noms d'origine étrangère.**

❖ Noms en -*ant, -ent, -ist, -arch, -oge, -soph, -ose*, etc.

der Pädagoge
le pédagogue

der Philosoph
le philosophe

der Student
l'étudiant

der Pilot
le pilote

der Komponist
le compositeur

der Polizist
le policier

❖ Quelques rares noms ne désignent pas des êtres animés.

der Diamant
le diamant

der Komet
la comète

❖ Notez la déclinaison particulière de *der Herr* = « le monsieur ».

	Singulier	Pluriel
N	*der Herr*	*die Herren*
A	*den Herrn*	*die Herren*
D	*dem Herrn*	*den Herren*
G	*des Herrn*	*der Herren*

⟶ Pour le genre des noms communs, voir **105**.

Traduisez en allemand :
1 Connais-tu l'étudiant qui habite au-dessus de chez nous ? **2** Ils ont vendu leur appartement à un Suédois. **3** On a retrouvé la partition (die Partitur) du compositeur. **4** Les Tyroliens sont joyeux. **5** Il a peur du singe.

M

42 Masculins mixtes

1 La déclinaison de certains noms masculins a à la fois **des particularités des masculins forts** (la marque *-s* au génitif singulier) et **des masculins faibles** (la marque *-(e)n* à tous les cas sauf au nominatif et génitif singulier).

	Singulier	Pluriel
N	der Name	die Namen
A	den Namen	die Namen
D	dem Namen	den Namen
G	des Namens	der Namen

2 **Sur ce modèle se déclinent** *der Funke* (on rencontre aussi *Funken*) = « l'étincelle », *der Gedanke* = « la pensée », *der Glaube* (ou *Glauben*) = « la foi », der Wille = « la volonté », *der Friede* (ou *Frieden*) = « la paix », *der Buchstabe* = « la lettre » (de l'alphabet).

3 **Les mots suivants sont plus fréquents avec *-en* au nominatif qu'avec *-e* :** *der Haufen* = « le tas », *der Samen* = « la semence », *der Schaden* = « le dommage ».

> Complétez les marques manquantes :
> **1** Kennst du den Nam… der Firma? **2** Sie kann schon alle russischen Buchstab… schreiben. **3** Er kämpft für den Fried… **4** Er blieb vor dem Hauf… Kartoffeln stehen. **5** Das war bei bestem Will… nicht möglich.

143 *Meist, meistens, am meisten*

1 *Meist* = « la plupart de(s) », « la plus grande partie de(s) », « le plus grand nombre de », « le plus de », comme adjectif.

*Die **meisten** Schüler hatten die Grippe.*
La plupart des élèves avaient la grippe.

❖ *Meist* peut s'employer sans nom.

*Die Kinder spielen am Strand; die **meisten** können schwimmen.*
Les enfants jouent sur la plage ; la plupart d'entre eux savent nager.

2 *Meist* ou *meistens* = « la plupart du temps », « le plus souvent ».

*Er kommt **meistens** erst um 5.*
La plupart du temps, il ne vient qu'à 5 heures.

3 *Am meisten* = « le plus » comme superlatif de *viel* = « beaucoup ».

*Paul isst **am meisten**.*
C'est Paul qui mange le plus.

(144) Mesures et quantités

1 **Quantité + unité de mesure + élément mesuré.**

zwei	*Pfund*	*Zucker*
deux	livres	de sucre

❖ Les unités de mesure *Kilo, Pfund, Stück* = «morceau», *Glas* = «verre», *Zentner* = «quintal», *Meter* = «mètre», *Sack* = «sac», *Grad* = «degré», *Liter* = «litre», *Dutzend* = «douzaine»... sont normalement invariables au pluriel.

Drei Glas *Wein, bitte!*
Trois verres de vin, s'il vous plaît.

❖ Les unités terminées par *-e* (*die Dose* = «la boîte», *die Flasche* = «la bouteille», *die Tasse, die Tonne*), prennent, en revanche, *-n* au pluriel.

Zwei Tassen *Kaffee, bitte!*
Deux cafés, s'il vous plaît.

❖ À tous les cas sauf au génitif singulier, l'élément mesuré, qu'il soit ou non accompagné d'un adjectif épithète, est le plus souvent au même cas que l'unité de mesure.

mit drei Dutzend Eiern
avec trois douzaines d'œufs

nach zwei Glas gutem Wein
après deux verres de bon vin

mit drei Kilo grünen Äpfeln
avec trois kilos de pommes vertes

Attention : ne confondez pas *zwei Glas Wein* = «deux verres de vin» avec *zwei Weingläser* = «deux verres à vin».

❖ Au génitif, lorsque l'élément mesuré n'est pas accompagné d'un adjectif épithète, on ne décline qu'un des deux termes.

*der Preis eines Pfund**es** Mehl*
*der Preis eines Pfund Mehl**s***
le prix d'une livre de farine

❖ Mais lorsque l'élément mesuré est accompagné d'un adjectif épithète, ce groupe nominal se met aussi au génitif.

*der Preis **eines Pfund(es) rohen Schinkens***
le prix d'une livre de jambon cru

2 **Élément mesuré + quantité + unité de mesure.**

ein Brot von	*zwei*	*Pfund*
un pain de	deux	livres

❖ Là aussi, l'unité de mesure est en principe invariable mais, au datif pluriel, après des prépositions, on rencontre plutôt :

eine Mauer von zehn Metern   *ein Fass von fünfzig Litern*
un mur de dix mètres   un tonneau de cinquante litres

3 **Élément mesuré + quantité + unité de mesure + nom de la mesure.**

ein Haus von	*zehn*	*Meter*	*Höhe*
une maison de	dix	mètres	de hauteur

Unité de mesure (sauf les unités en -e) et noms de mesure : *Länge* = «longueur», *Breite* = «largeur», *Gewicht* = «poids» … sont invariables.

4 **Nom de la mesure + quantité + unité de mesure.**

eine Länge von	*zwanzig*	*Metern*
une longueur de	vingt	mètres

eine Fläche von	*zehn*	*Hektar*
une surface de	dix	hectares

L'unité de mesure peut être variable ou non (sauf les unités en -e).

Traduisez en allemand :
1 Ils ont vendu un porc (das Schwein) d'un poids de 200 livres. **2** Le jardin est long de 350 mètres. **3** As-tu bu les trois verres de bière ? **4** J'ai acheté trois bouteilles de bon vin. **5** Combien coûtent deux douzaines d'œufs ? **6** J'ai vu un bateau long de vingt mètres. **7** Il a mangé trois morceaux de gâteau. **8** Pendant la guerre, on demandait (nach + dat. fragen) le prix d'un morceau de pain.

---

145 *Mieten* et *vermieten*

Selon que l'on veut exprimer «prendre en location» ou «donner en location», il faut utiliser *mieten* ou *vermieten*.

1 *Etw. mieten* = «louer qqch.», «prendre en location». On l'utilise surtout pour des maisons et des appartements, mais également pour des voitures et des bateaux.

*Ab September möchte ich in Berlin ein Zimmer **mieten**.*
À partir de septembre, je voudrais louer une chambre à Berlin.

2 *Etw. vermieten* = «louer qqch.», «donner en location».

*Sämtliche Räume der Wohnung waren **vermietet**.*
Toutes les pièces de l'appartement étaient louées.

→ Pour *leihen, ausleihen, verleihen,* voir **136**.

Expressions

Zimmer zu vermieten　　　**der Mieter**
　chambre à louer　　　　　　le locataire

der Vermieter　　　　　　**die Vermieterin**
　le logeur　　　　　　　　　la logeuse

---

1. Complétez par le terme qui convient :
1 In den Ferien haben wir ein Berghaus in der Schweiz… **2** Alle Dorfbewoh-
ner… einen Teil ihres Hauses.

2. Traduisez en allemand:
1 Je voulais louer une chambre, mais elles étaient toutes déjà louées. **2** Il est
difficile de louer (prendre en location) un appartement à Munich.

146　*Mögen* : emplois

1 *Mögen* = «**aimer**» (*gern haben*).

*Unser Sohn **mag** kein Fleisch.*
　Notre fils n'aime pas la viande.

2 *Ich möchte…* = «**désirer**», «**vouloir bien**» (souhait, désir…).

*Ich **möchte** ein Stück Kuchen.*
　Je voudrais un morceau de gâteau.

3 *Mögen* = «**devoir probablement**», «**pouvoir**», dans le domaine de
l'éventualité, de la supposition, le plus souvent avec *wohl*.

*Du **magst wohl** Recht haben.*　　　*Wo **mag** er **wohl** sein?*
　Tu dois avoir raison.　　　　　　　　Où peut-il bien être ?

4 *Mögen* avec un **sens concessif**.

*Du **magst** noch so bitten, ich nehme dich nicht mit.*
　Tu as beau demander, je ne t'emmènerai pas.

***Mag** kommen, was da will, ich bleibe.*
　Quoi qu'il arrive, je reste.

→ Pour «il a beau… », voir **47**.
→ Pour les concessives, voir **67**.

5 **Dans le style direct ou indirect**, l'expression de la prière, du souhait, de
l'ordre poli, se fait souvent avec *doch*.

***Möge** er **doch** Glück haben* (subjonctif I)*!*
　Puisse-t-il avoir de la chance !

*Sag ihm, er **möge doch** das Buch so schnell wie möglich zurückbringen.*
　Dis-lui de rapporter le livre aussi vite que possible.

→ Pour la conjugaison de *mögen*, voir les verbes de modalité (**265**).
→ Pour le participe passé des verbes de modalité, voir **176**.

M

Traduisez en allemand :
1 Que peut-il bien faire à cette heure-ci? **2** Je voudrais une livre de tomates.
3 Quoi qu'il fasse, il sera obligé d'avouer (gestehen). **4** Je n'aime pas les
oranges. **5** Il doit probablement connaître les meilleurs restaurants de la ville.
6 Voulez-vous une tasse de thé (forme de politesse)?

147 *Müssen* : emplois

1 *Müssen* = «**devoir**», au sens de «**être obligé de**», «**il faut que**» sert à
exprimer une nécessité ou une obligation inhérente à la nature des
choses ou aux circonstances.

*Er **muss** um 6 Uhr aufstehen.*
  Il doit se lever à 6 heures.

*Er **hat** um 6 Uhr aufstehen **müssen**.*
  Il a dû se lever à 6 heures.

*Alle Kinder **müssen** in die Schule gehen.*

  Tous les enfants doivent aller à l'école.

*Ich **muss** zum Friseur* (sous-entendu :
gehen).
  Il faut que j'aille chez le coiffeur.

2 *Müssen*, au sens de «**devoir**», «**il est très probable que**», «**il est quasiment sûr que**», sert à exprimer une très forte probabilité. Ce *müssen* ne
peut pas se mettre à un temps composé.

*Er **muss** krank sein.*
  Il doit être malade.
  Il est très probablement malade.

*Er **muss** krank gewesen sein.*
  Il a dû être malade.
  (litt. : Il doit avoir été malade.)

Notez que «ne pas être obligé de» se traduit par *nicht* + infinitif +
müssen ou par *nicht* + *zu* + infinitif + *brauchen*.

*Er **muss** nicht hingehen. / Er **braucht** nicht hinzugehen.*
  Il n'est pas obligé d'y aller.

→ Pour la conjugaison de *müssen,* voir les «verbes de modalité», **265**.
→ Pour le participe passé à forme d'infinitif des verbes de modalité, voir **176**.
→ Pour *brauchen,* voir **55**.
→ Pour« devoir», voir **79** .
→ Pour *dürfen,* voir **83**.
→ Pour *sollen,* voir **233**.

Traduisez en allemand :
1 Il faut que j'achète du lait. **2** Cela doit être vrai. **3** Tu n'es pas obligé de travailler ce matin (2 solutions). **4** Maintenant ils doivent être arrivés.

148 Nicht

Il y a deux sortes de négations avec *nicht*.

1 La négation partielle. *Nicht* porte sur un élément de la phrase : ce *nicht* est toujours placé devant cet élément et n'est jamais accentué ; c'est au contraire cet élément qui porte l'accent. On « rectifie » le plus souvent par *sondern*…

Nicht °*Peter lebt in Frankreich,* **sondern** *sein Bruder Hans.*
Ce n'est pas Pierre qui vit en France, mais son frère Jean.

Peter lebt **nicht** *in* °*Frankreich,* **sondern** *in England.*
Pierre ne vit pas en France, mais en Angleterre.

2 La négation globale. *Nicht* porte sur toute la phrase : ce *nicht* se place juste devant les éléments du groupe verbal.

Peter lebt **nicht** *in Frankreich.* (groupe verbal = *in Frankreich lebt*)
Pierre n'habite pas en France.

Das Haus ist **nicht** *zu verkaufen.* (groupe verbal = *zu verkaufen ist ; ist* est en 2e place dans une proposition).
La maison n'est pas à vendre.

1. Introduisez une négation globale dans les phrases suivantes :
1 Herr Weber fährt heute nach Düsseldorf. **2** Am Sonntag bleibe ich zu Hause. **3** Sein Sohn arbeitet sehr gut. **4** Morgen darf ich ins Kino gehen. **5** Sein Lehrer ist sehr beliebt.

2. Traduisez en allemand :
1 Il n'est pas né à Bonn, mais à Cologne. **2** N'es-tu pas allé chez ta sœur ? **3** Il ne vient pas aujourd'hui, mais dans trois jours. **4** La maison n'est pas très belle. **5** Je n'ai pas trouvé ce livre intéressant.

149 Nicht ou kein ?

On emploie *kein* à la place de *nicht* dans les cas suivants.

1 Lorsque le groupe nominal qui suit est introduit par l'article indéfini.

❖ Négation globale.

Inge hat einen Hund.
Inge a un chien.

Inge hat **keinen** *Hund.*
Inge n'a pas de chien.

❖ Négation partielle.

*Das ist **keine** Buche, sondern eine Eiche.*
  Ce n'est pas un hêtre, mais un chêne.

Attention : lorsque *ein* signifie « un seul », il faut garder *nicht*.

*Sie hat **nicht** ° **einen** Hund, sondern zwei.*
  Elle n'a pas un chien, mais deux.

2 **Lorsque le groupe nominal qui suit est au pluriel sans article.**

Ich habe ihr Blumen geschenkt.
  Je lui ai offert des fleurs.

*Ich habe ihr **keine** Blumen geschenkt.*
  Je ne lui ai pas offert de fleurs.

3 **Lorsque le groupe nominal non prépositionnel qui suit comporte un nom de matière.**

❖ Négation globale.

Das ist Gold.   *Das ist **kein** Gold.*
  C'est de l'or.   Ce n'est pas de l'or.

❖ Négation partielle.

*Das ist **kein** Gold, sondern Kupfer.*
  Ce n'est pas de l'or, mais du cuivre.

4 **Dans certaines expressions qui comportent un groupe nominal sans article.**

Ich habe Hunger.   *Ich habe **keinen** Hunger.*
  J'ai faim.   Je n'ai pas faim.

Niez les phrases suivantes (négation globale) :
1 Mir ist kalt. **2** Zu Hause haben wir einen Fernseher. **3** Das ist Silber. **4** Ich esse Fleisch. **5** Ich trinke gern Wein.

150 *Nicht mehr..., kein... mehr*

1 ***Nicht mehr...,** = « ne... plus... ».*

*Seine Eltern sind nicht zufrieden, weil er **nicht mehr** arbeiten will.*
  Ses parents ne sont pas contents, parce qu'il ne veut plus travailler.

*Er schläft **nicht mehr**.*
  Il ne dort plus.

2 ***Kein... mehr...** = « ne... plus de... ».*

*Er hat mir gesagt, dass er **kein** Fleisch **mehr** isst.*
  Il m'a dit qu'il ne mangeait plus de viande.

*Er kauft **keine** Schallplatten **mehr**.*
  Il n'achète plus de disques.

(151) *Nichts / etwas* + adjectif substantivé

■ L'adjectif qui suit *nichts* ou *etwas* est un **adjectif substantivé**. Il prend donc une majuscule et les marques de l'adjectif du type II, puisqu'il n'est pas précédé d'un déterminatif. Il est neutre et se met au même cas que *nichts* ou *etwas*.

❖ *Etwas* (ou *was*) + adjectif = «quelque chose de» + adjectif.

*Hast du **etwas (was) Schönes** gesehen?*
     acc.   acc.
   As-tu vu quelque chose de beau ?

*Diese Dose öffnet man mit **etwas Spitzem**.*
   Cette boîte s'ouvre avec quelque chose de pointu.

❖ *Nichts* + adjectif = «rien de» + adjectif.

*Ich habe **nichts Interessantes** gefunden.*
   Je n'ai rien trouvé d'intéressant.

■ **Particularités.**

❖ *Ander-* : l'emploi de la majuscule après *nichts, etwas* ou *was* (→ aussi 22) est facultatif.

*Wollen Sie **etwas (was) Anderes / anderes**?*
   Voulez-vous quelque chose d'autre ?

*Ich brauche **nichts Anderes / anderes**.*
   Je n'ai besoin de rien d'autre.

❖ *Nichts, etwas, was* ne sont éventuellement séparés de leurs adjectifs substantivés que par des éléments qui déterminent ces adjectifs substantivés comme *sehr, viel*…

*Gestern habe ich **etwas viel Schöneres** gesehen.*
   Hier, j'ai vu quelque chose de bien plus beau.

Mais :

*Ich darf **nichts Schweres** tragen.*
   Je ne dois rien porter de lourd.

→ Pour les marques de l'adjectif, voir **7**.

152 Nicht…, sondern… / nicht nur…, sondern auch…

1 **Nicht…, sondern…** traduit le français « ne (non)… pas…, mais… ».

*Er wohnt **nicht** in Bonn, **sondern** in München.*
Il n'habite pas à Bonn, mais à Munich.

2 **Nicht nur…, sondern auch…** traduit le français « non seulement…, mais aussi (également)… »

*Sie haben **nicht nur** einen Hund, **sondern** seit einem Monat **auch** eine Katze.*
Ils ont non seulement un chien mais aussi, depuis un mois, un chat.

*Er hat **nicht nur** viel gegessen, **sondern** er hat **auch** viel Wein getrunken.*
Non seulement il a beaucoup mangé, mais il a aussi bu beaucoup de vin.

> **Traduisez en allemand :**
> **1** Elle joue non seulement de la flûte (Flöte), mais aussi du piano (Klavier). **2** Non seulement ils ont démoli (abreißen) la maison, mais ils ont aussi abattu (fällen) les arbres. **3** Il ne viendra pas demain, mais seulement jeudi prochain. **4** Ma montre n'est pas en or, mais en argent. **5** Le magasin n'est pas au centre, mais en dehors (außerhalb) de la ville.

153 Noch nicht, noch kein

1 **Noch nicht** + verbe = « ne + verbe + pas encore ».

*Ich glaube, dass er **noch nicht** arbeitet.*
Je crois qu'il ne travaille pas encore.

*Er kann **noch nicht** schwimmen.*
Il ne sait pas encore nager.

2 **Noch kein** + nom = « ne… pas encore (de) + nom ».

*Es gibt **noch keine** Trauben.*   *Ich habe **noch keinen** Durst.*
Il n'y a pas encore de raisins.   Je n'ai pas encore soif.

> **Traduisez en allemand :**
> **1** Je ne peux pas encore vous dire quand il viendra. **2** Je crois qu'il n'a pas encore de voiture. **3** Il n'a pas encore trouvé d'appartement. **4** Avez-vous déjà faim ? – Non, pas encore. **5** Mon frère ne va pas encore à l'école. **6** Il n'a pas encore de dents. **7** Il n'est pas encore réveillé. **8** Ce livre, il ne l'a pas encore lu.

154 Nombres cardinaux

1 **Pour dénombrer une quantité exacte.**

❖ De 1 à 12.

eins, zwei, drei, vier, fünf, sechs, sieben, acht, neun, zehn, elf, zwölf

❖ De 20 à 90 (les dizaines).

zwanzig, dreißig, vierzig, fünfzig, sechzig, siebzig, achtzig, neunzig.

❖ De 13 à 19. On indique d'abord le chiffre de l'unité, puis la dizaine.

dreizehn, vierzehn, fünfzehn, sechzehn (et non ~~sechszehn~~ !), *siebzehn* (et non ~~siebenzehn~~ !) *achtzehn, neunzehn.*

❖ À partir de 21. L'unité, puis *und,* puis la dizaine, le tout attaché.

einundzwanzig (et non ~~einsundzwanzig~~ !), *zweiundzwanzig...*

❖ À partir de 100. La centaine *(hundert* = invariable) puis le reste, le tout attaché.

132 = (ein) hundertzweiunddreißig
576 = fünfhundertsechsundsiebzig.

❖ À partir de l 000.

Mille *(tausend* = invariable) puis le reste, le tout attaché.

8931 = achttausendneunhundert(und)einunddreißig.

❖ À partir du million.

Eine Million non attaché, pluriel : *Millionen* et le reste attaché.

4.265.702 =
vier Millionen zweihundertfünfundsechzigtausendsiebenhundert(und)zwei.

2 Pour désigner une quantité approximative.

❖ *Ungefähr, etwa, an die, um die.*

Sie waren ungefähr (etwa, an die, um die) zwanzig.
Ils étaient (à peu près) une vingtaine.

❖ *Ein paar, einige, mehrere...* avec *hundert, tausend.*

Mehrere tausend Personen standen auf der Straße.
Plusieurs milliers de personnes étaient dans la rue.

❖ *Hundert* et *Tausend* (avec une majuscule) **substantivés** (pluriel : *Hunderte, Tausende*).

Viele Hunderte fanden keinen Platz.
Plusieurs centaines de personnes ne trouvèrent pas de place.

Expressions

die sechziger Jahre = les années soixante *(sechziger* est invariable)

1. Lisez les nombres suivants :
79, 105, 12, 790, 3 098, 45 135, 610 618, 8 914 043.

2. Écrivez les nombres suivants :
98, 61, 391, 11 728, 55 222, 162 632, 6 215 601.

3. Traduisez en allemand :
1 Quelques milliers de personnes attendaient l'arrivée du président. **2** Une trentaine d'enfants jouaient devant la porte. **3** J'ai compté à peu près 260 personnes. **4** Il a des centaines de timbres.

155 Nombres ordinaux

De 1 à 19 : chiffre + *t* + marque de l'adjectif.

der erste
le premier

der achte
le huitième

der zweite
le deuxième

der neunte
le neuvième

der dritte
le troisième

der zehnte
le dixième

der vierte
le quatrième

der elfte
le onzième

der fünfte
le cinquième

der zwölfte
le douzième

der sechste
le sixième

der dreizehnte
le treizième

der siebente (parfois *der siebte*)
le septième

der vierzehnte
le quatorzième

Notez les particularités : *der erste (eins), der dritte (drei).*

À partir de 20 : chiffre + *st* + marque de l'adjectif.

der zwanzigste
le vingtième

der einundzwanzigste
le vingt et unième

der hundertste
le centième

der tausendste
le millième

Attention : pour les dates et les titres (roi, empereur, pape…), on emploie en allemand les nombres ordinaux (→ 74 et 161) ! Dans ces cas, le point après les chiffres est obligatoire.

*Heute haben wir Donnerstag, **den 8.** (se lit : **achten**) Mai 2006.*
Aujourd'hui, nous sommes le jeudi 8 mai 2006.

*Wissen Sie, wann **König Ludwig XIV.** (se lit : **der Vierzehnte**) gestorben ist?*
Savez-vous quand est mort le roi Louis XIV ?

> **Lisez les phrases suivantes :**
> **1** Ich habe das Schloss von Ludwig II. besichtigt. **2** Sie ist am 24. November geboren. **3** Papst Paul VI. war ein Italiener. **4** Bist du am 1. Juli noch zu Hause? **5** Wer hat gegen Karl V. gekämpft?

156 Nominatif : emplois

On trouve des groupes nominaux ou des pronoms au nominatif dans plusieurs situations.

Comme sujet du verbe.

Er geht spazieren.
Il va se promener.

Der große Baum dort ist eine Eiche.
Le grand arbre là-bas est un chêne.

2 **Comme attribut du sujet.**

*Peter ist **der beste Schüler** der Klasse.*
  Pierre est le meilleur élève de la classe.

→ Pour l'attribut, voir **33**.

3 **Comme vocatif**, pour interpeller (dans ce cas, il est suivi d'une virgule).

***Du**, komm mal her!*   ***Mein lieber Freund**, hast du das gemacht?*
  Dis donc, viens voir là !   Mon cher ami, c'est toi qui as fait ça ?

4 **Comme apposition à un autre nominatif.**

*Sein Vater, **ein ehemaliger Offizier**, arbeitet jetzt in Düsseldorf.*
  Son père, un ancien officier, travaille à présent à Düsseldorf.

→ Pour l'apposition, voir **24**.

Traduisez en allemand :
1 C'est un brave (brav) chien. **2** Cela semble être une maison inhabitée (unbewohnt). **3** Notre ancien maire (der Bürgermeister) est mort il y a deux semaines. **4** Mon cher Pierre, je t'ai apporté un livre sur l'Allemagne. **5** C'est Paul, un ami de ma sœur.

---

(157) Noms composés

On distingue les noms composés déterminatifs, qui constituent la majorité des composés, et les noms composés coordinatifs ou copulatifs, moins nombreux.

1 **Les noms composés déterminatifs : principe.**

a **Le nom composé déterminatif** se forme à partir d'un nom servant de mot de base, appelé **déterminé**, et d'un autre terme, placé devant lui, le **déterminant**. C'est le **déterminé**, donc le dernier terme, qui impose le **genre** et le **pluriel** au nom composé tout entier. Mais c'est le **déterminant** qui porte l'**accent principal**.

(das) Haus + die Tür(en)   ▪▸   *die °Haustür(en)*
  la maison + la porte   la porte de la maison
déterminant + déterminé

b Dans les noms composés (N comp.), le **déterminé** est toujours constitué par un nom, alors que le **déterminant** peut être issu d'une autre classe de mots :

❖ nom + nom.

der Birnbaum   ***der Kindergarten***
  le poirier   le jardin d'enfants

❖ adjectif + nom.

die Großstadt   ***der Rotstift***
  la grande ville   le crayon rouge

❖ verbe + nom.

das Badezimmer
la salle de bain

die Waschmaschine
la machine à laver

❖ mot invariable (adverbe, préposition, pronom, numéral…) + nom.

die Rückfahrt
le voyage de retour

der Aufstand
la révolte

das Selbstvertrauen
la confiance en soi

c **Pour comprendre un composé, il faut donc partir du déterminé.**

Comparez :

der Bundesstaat   et
l'État fédéral

der Staatenbund
la fédération d'États

der Obstgarten   et
le verger

das Gartenobst
les fruits du jardin

die Kuhmilch   et
le lait de vache

die Milchkuh
la vache à lait

d **La structure du composé** est toujours binaire, mais le **déterminant** comme le **déterminé** peuvent être eux-mêmes complexes.

der Haustürschlüssel : (AB)C : « la clef de la porte de la maison »

das Reisetagebuch : A(BC) = « le journal de voyage »

der Krankenhausarzt : (AB)C = « le médecin d'hôpital »

der Kinderkrankenhausarzt : (A(BC))D = « le médecin d'un hôpital pour enfants »

die Krankenhausarztbescheinigung : ((AB)C)D = « l'attestation d'un médecin d'hôpital »

2 **Absence ou présence d'un élément de liaison.**
La composition peut se faire sans ou avec un élément de liaison qu'on appelle la joncture.

a **Sans élément de liaison.**

❖ Juxtaposition.

der Stadtpark
le parc municipal

der Autounfall
l'accident de voiture

❖ Réduction de l'infinitif des verbes au radical.

das Kochbuch
le livre de cuisine

das Fahrrad
le vélo

❖ Élision du -e de certains féminins.

das Schulsystem
le système scolaire

der Kirchturm
le clocher

b **Avec un élément de liaison qui est une marque de déclinaison figée.**

❖ Joncture -e / ⁼e.
Elle peut correspondre :
– à une marque de pluriel.

*die Hunde**hütte***
la niche du chien

*die Städt**e**planung*
l'urbanisme

page 207

– au radical du verbe + -*e*.

*das Wart**e**zimmer*   *das Les**e**buch*
   la salle d'attente   le livre de lecture

❖ Joncture -*er* / -*̈er*.
Elle correspond à une marque de pluriel.

*das Kind**er**zimmer*   *der Büch**er**schrank*
   la chambre d'enfants   la bibliothèque (l'armoire)

❖ Joncture -*n* / -*en*.
Cette joncture peut correspondre :
– à la marque de pluriel des féminins.

*die Frau**en**zeitschrift*   *der Ros**en**strauß*
   le magazine féminin   le bouquet de roses

– à la marque des masculins faibles.

*die Präsident**en**wahl*   *das Bär**en**fell*
   l'élection du président   la peau d'ours

– à un ancien génitif pour certains féminins.

*der Sonn**en**untergang*   *der Woch**en**tag*
   le coucher du soleil   le jour de la semaine

❖ Joncture -*s (-es)*.
Cette joncture peut correspondre :
– à la marque de génitif des masculins ou neutres forts.

*die Staat**s**grenze*   *die Jahr**es**produktion*
   la frontière (d'un État)   la production d'une année

– à la marque de génitif des masculins mixtes ou du seul neutre mixte.

*die Frieden**s**bewegung*   *die Herz**ens**güte*
   le mouvement pour la paix   la bonté de coeur

– à des verbes substantivés.

*die **Schlafens**zeit*   *die **Lebens**erfahrung*
   l'heure de dormir   l'expérience de la vie

– à un -*s* phonétique pour faciliter la prononciation :

• après les suffixes masculins ou neutres -*ing*, -*ling*, -*tum*

*der Frühling**s**anfang*   *die Eigentum**s**wohnung*
   le début du printemps   l'appartement en copropriété

• après les suffixes féminins -*heit*, -*keit*, -*schaft*, -*ung*, -*ion*, -*tät*

*der Freiheit**s**kampf*   *der Zeitung**s**artikel*
   le combat pour la liberté   l'article de journal

• avec *Geschichte*, *Liebe*, *Hilfe* et souvent avec *Arbeit* comme déterminant

*das Geschicht**s**buch*   *der Liebe**s**brief*
   le livre d'histoire   la lettre d'amour

*der Hilf**s**arbeiter*   *der Arbeit**s**lohn*
   le manœuvre   le salaire

3 Les relations de sens.

Les relations de sens exprimées sont très variées. Elles dépendent du sens des éléments mis en relation dans les composés et peuvent être mis à jour par des paraphrases.

❖ Le sujet de l'action.

*die Kinderarbeit = **die Arbeit der Kinder** (die Kinder arbeiten)*
   le travail des enfants

❖ L'objet de l'action.

*der Autokauf = **der Kauf des Autos** (man kauft das Auto)*

❖ La localisation.

*das Berghaus = **das Haus in den Bergen***
   le chalet

❖ La direction.

*die Moskaureise = **die Reise nach Moskau***
   le voyage à Moscou

❖ Le temps.

*die Nachtfahrt = **die Fahrt in der Nacht***
   le voyage de nuit

❖ L'appartenance.

*das Direktorenbüro = **das Büro des Direktors***
   le bureau du directeur

❖ La matière.

*die Porzellantasse = **die Tasse aus Porzellan***
   la tasse de porcelaine

❖ La cause.

*der Krankheitsurlaub = **der Urlaub wegen Krankheit***
   le congé de maladie

❖ Le but.

*die Waschmaschine = **die Maschine zum Waschen***
   la machine à laver

❖ La comparaison.

*der Goldfisch = **ein Fisch, der wie Gold aussieht***
   le poisson rouge

Attention au déterminé ! Il ne faut pas confondre :

*der Bundes**staat*** l'État fédéral	et	*der Staaten**bund*** la fédération d'États
*der Leder**schuh*** la chaussure en cuir	et	*das Schuh**leder*** le cuir pour chaussures
*die Kaffee**tasse*** la tasse à café	et	*die Tasse **Kaffee*** la tasse de café

das Wein**glas**   et   das Glas **Wein**
   le verre à vin   le verre de vin

4 **Les noms composés coordinatifs ou copulatifs.**

Les noms composés non déterminatifs sont reliés par une relation de coordination. Ils peuvent être soudés graphiquement ou s'écrire en plusieurs mots. L'accent se trouve parfois sur le deuxième terme. On distingue deux types :

❖ Les composés additionnels que l'on peut paraphraser par *und*.

das °Kinocafé   **die °Königinmutter**
  le café-cinéma   la reine-mère

Baden-°Württemberg   **Elsass-°Lothringen**
  Bade-Wurtemberg   Alsace-Lorraine

der Nord°westen   **der Süd°osten**
  le nord-ouest   le sud-est

❖ Les composés explicatifs que l'on peut paraphraser par *sein* ou *heißen*.

der °Tannenbaum   **der °Walfisch**   **die °Mozartstraße**
  le sapin   la baleine   la rue Mozart

⟶ Pour les noms dérivés, voir le genre des noms communs (**105**).

> **1. Faites des noms composés à partir des deux noms indiqués, le premier étant le déterminé :**
> **1** der Markt, das Gemüse (le marché aux légumes) **2** der Direktor, das Krankenhaus (le directeur de l'hôpital) **3** der Garten, die Rose (la roseraie) **4** die Zeit, das Jahr (la saison) **5** die Schule, der Pilot (l'école de pilotage) **6** der Besuch, die Höflichkeit (la visite de politesse) **7** der Minister, die Wirtschaft (le ministre de l'économie) **8** das Regal, das Buch (les rayonnages à livres) **9** der Professor, die Universität (le professeur d'université) **10** der Platz, die Kirche (la place de l'église).

> **2. Faites des noms composés à partir des paraphrases suivantes :**
> **1** die Maschine zum Schreiben **2** die Bank aus Holz **3** die Reise des Präsidenten **4** der Weg zur Schule **5** der Kiosk für Zeitungen **6** der Flug auf den Mond **7** das Spielzeug für Kinder **8** die Zeit der Arbeit **9** das Glas für Bier **10** die Bar zum Tanzen.

(158) Noms d'habitants de villes

1 **Dans la plupart des cas, on ajoute le suffixe -er au nom de la ville.**

Berlin ▪▶ **ein Berliner**   *Hamburg* ▪▶ **ein Hamburger**
Essen ▪▶ **ein Essener**   *Köln* ▪▶ **ein Kölner**

2 **On peut parfois supprimer un e intercalaire.**

München ▪▶ **ein Münchner**

N

3 **Pour certains noms de villes en -*en*, cet -*en* tombe lorsqu'on rajoute -*er*.**

Tübingen ◼▶ *ein Tübinger*   *Bremen* ◼▶ *ein Bremer*

4 **Pour certains noms de villes en -*er*, on rajoute le suffixe -*aner*.**

Münster ◼▶ *ein Münsteraner*

Hannover ◼▶ *ein Hannoveraner*

Indiquez le nom de l'habitant à partir du nom de la ville :
1 Paris **2** Zweibrücken **3** Frankfurt **4** Bonn **5** Köln **6** Dresden **7** Göttingen **8** Salzgitter **9** Meißen **10** Dortmund

159 Noms de pays : article et genre

1 **En règle générale, les noms de pays (ou de région, ou de continents) ne prennent pas d'article.**

| *Frankreich* | *Hessen* | *Deutschland* |
| la France | la Hesse | l'Allemagne |

Afrika
l'Afrique

2 **Il y a cependant des exceptions.**

❖ Prennent l'article masculin :

| *der Sudan* | *der Libanon* | *der Irak* |
| le Soudan | le Liban | l'Irak |

❖ Prennent l'article neutre :

| *das Baltikum* | *das Elsass* | *das Tessin* |
| les pays Baltes | l'Alsace | le Tessin |

❖ Prennent l'article féminin :

| *die Pfalz* | *die Schweiz* |
| le Palatinat | la Suisse |

| *die Türkei* | *die Sowjetunion* (hist.) |
| la Turquie | l'Union Soviétique |

die Europäische Union (EU)
l'Union européenne (UE)

❖ Prennent l'article pluriel :

| *die Vereinigten Staaten* | *die USA* | *die Niederlande* |
| les États-Unis | les USA | les Pays-Bas |

3 **Les noms de pays, régions ou continents qui ne prennent pas d'article** sont employés également sans article avec *ganz* = «tout» et *halb* = «la moitié de».

| *ganz Europa* | *halb Frankreich* |
| toute l'Europe | la moitié de la France |

Lorsque ces mêmes noms sont déterminés par un adjectif épithète, ou par un complément de nom, ou par une relative…, ils prennent l'article neutre *das*.

das schöne Österreich
le beau pays d'Autriche

das Frankreich von heute
la France d'aujourd'hui

das Deutschland, von dem ich träume
l'Allemagne dont je rêve

Traduisez en allemand :
1 Il est né en Suisse. **2** Toute la Belgique le sait. **3** Il a connu l'Allemagne wilhelminienne (wilhelminisch). **4** En Angleterre, il a rencontré un de ses amis. **5** J'ai passé une semaine en Alsace. **6** Je vais aux États-Unis.

---

160 Noms de pays et nationalités

Les noms d'habitants de pays se classent en trois grandes catégories.

1 Noms d'habitants masculins forts en -er.

❖ Sans déplacement d'accent (l'accent est marqué par °).

Nom du pays	Nom de l'habitant	Adjectif
die °Schweiz (la Suisse)	der °Schweizer	°schweizerisch
°England (l'Angleterre)	der °Engländer	°englisch
°Österreich (l'Autriche)	der °Österreicher	°österreichisch
°Belgien (la Belgique)	der °Belgier	°belgisch
Al°gerien (l'Algérie)	der Al°gerier	al°gerisch
Tu°nesien (la Tunisie)	der Tu°nesier	tu°nesisch

❖ Avec déplacement d'accent.

Nom du pays	Nom de l'habitant	Adjectif
I°talien (l'Italie)	der Ita°liener	ita°lienisch
A°merika (l'Amérique)	der Ameri°kaner	ameri°kanisch
Eu°ropa (l'Europe)	der Euro°päer	euro°päisch
Ma°rokko (le Maroc)	der Maro°kkaner	maro°kkanisch

2 Noms d'habitants masculins faibles.

❖ Sans déplacement d'accent.

Nom du pays	Nom de l'habitant	Adjectif
°Schweden (la Suède)	der °Schwede	°schwedisch
°Dänemark (le Danemark)	der °Däne	°dänisch
°Finnland (la Finlande)	der °Finne	°finnisch
°Polen (la Pologne)	der °Pole	°polnisch

°Ungarn (la Hongrie)	*der °Ungar*	*°ungarisch*
°Irland (l'Irlande)	*der °Ire*	*°irisch*
°Griechenland (la Grèce)	*der °Grieche*	*°griechisch*
°Russland (la Russie)	*der °Russe*	*°russisch*
°Bosnien (la Bosnie)	*der °Bosnier*	*°bosnisch*
Kro°atien (la Croatie)	*der Kro°ate*	*kro°atisch*
°Serbien (la Serbie)	*der °Serbe*	*°serbisch*
°Tschechien (la Rép. tchèque)	*der °Tscheche*	*°tschechisch*

⟶ Pour leur déclinaison, voir **141**.

❖ **Avec déplacement d'accent.**

Nom du pays	Nom de l'habitant	Adjectif
°Frankreich (la France)	*der Fran°zose*	*fran°zösisch*
°China (la Chine)	*der Chi°nese*	*chi°nesisch*

⟶ Pour la formation d'adjectifs dérivés, voir **11**.

3 **Nom d'habitant = adjectif substantivé.**

Un seul cas.

°Deutschland (l'Allemagne)	*der °Deutsche* *ein °Deutscher*	*°deutsch*

⟶ Pour les adjectifs substantivés, voir **10**.

Donnez le nom d'habitant avec l'accent (cherchez dans un dictionnaire au besoin) :
1 Norwegen **2** die Türkei **3** Spanien **4** Luxemburg **5** Portugal **6** Afrika **7** Holland **8** Schottland **9** Korsika **10** Preußen **11** Rumänien **12** Argentinien **13** Australien **14** Japan **15** Kanada **16** Togo.

---

161 Noms propres et noms propres avec titre

1 **Déclinaison des noms propres.**
Les noms propres sont invariables à tous les cas, sauf au génitif pour lequel il faut distinguer deux possibilités.

a **Le nom propre est employé seul**, sans déterminatif, article, adjectif possessif… : alors le nom propre prend une marque, le plus souvent -*s*, même pour les féminins.

Schillers Werke
les œuvres de Schiller

die Eltern Herberts
les parents de Herbert

Giselas Aufsatz
la rédaction de Gisèle

Remarques

❖ Lorsqu'il y a le prénom et le nom, c'est le dernier élément, le nom, qui prend la marque.

Friedrich von Schillers Werke
les œuvres de Friedrich von Schiller

❖ Les noms terminés par *s, ß, x, z, tz* prennent seulement une apostrophe et n'ont pas de *-s*.

Marx *' Werk „Das Kapital"*
l'œuvre de Marx, « Le Capital »

❖ On peut toujours remplacer les génitifs par la préposition *von* + datif.

das Werk von ***Marx*** *„Das Kapital"*

b **Le nom propre est employé avec un déterminatif** (article, adjectif possessif…) : alors le nom propre est invariable.

die Werke des jungen ***Goethe***
les œuvres du jeune Goethe

die Erfolge unseres Sohnes ***Heinrich***
les succès de notre fils Henri

2 **Déclinaison des noms propres avec titre.**
Dans les associations « titre + nom propre », il faut distinguer deux possibilités.

a **Le titre est précédé d'un déterminatif**, article, adjectif possessif : alors c'est le titre qui prend les marques de cas (le problème se pose surtout au génitif) ; le nom propre est invariable.

das Schloss des ***Königs Ludwig XIV*** *(on lit :* ***des Königs Ludwig des Vierzehnten****)*
le château du roi Louis XIV

Attention : Les indications chiffrées qui suivent certains noms propres (rois, empereurs, papes…) sont des ordinaux en allemand ; ces ordinaux se déclinent (le point qui suit le chiffre est obligatoire et indique qu'ils se mettent au cas du nom propre).

Remarques

❖ Lorsque plusieurs titres se suivent, seul le premier est en général décliné.

die Rede des ***Rektors*** *Professor Dr. Schnabel*
le discours du recteur, le Professeur Docteur Schnabel

❖ En revanche, le titre *Herr* = « Monsieur » est toujours décliné.

der Brief des ***Herrn Professors*** *Franke*
der Brief des ***Herrn Professor*** *Franke*
der Brief von ***Herrn Professor*** *Franke*
la lettre de Monsieur le Professeur Franke

❖ Le titre *Doktor* = « Docteur » (titre universitaire, abrégé *Dr.*) est toujours invariable. Ce titre est considéré comme faisant partie du nom. Toute personne qui a passé une thèse de doctorat (même en littérature ou physique), s'appelle *Doktor*.

das Haus des ***Dr.*** *Schneider*
la maison du Dr. Schneider

b **Le titre n'est pas précédé d'un déterminatif** ; alors c'est le nom propre qui se décline.

*die Reise Papst **Pauls VI**. (des Sechsten)*
le voyage du pape Paul VI

*die Vorlesung Professor **Steins** ou Professor **Steins** Vorlesung*
le cours du Professeur Stein

1. Traduisez en allemand :
1 les symphonies de Ludwig van Beethoven (trois traductions) **2** les châteaux de Louis II (deux traductions) **3** C'est la chambre de notre grand Wolfgang. **4** Était-il le seul frère de Louis XIV ? **5** Connais-tu les parents de Fritz ? (deux traductions)

2. Traduisez en allemand :
1 les victoires de l'empereur Charlemagne (Karl der Große; deux traductions) **2** J'ai une lettre pour Monsieur le professeur Meyer. **3** Il est chez notre directeur Monsieur Müller. **4** Le cheval du roi Henri (Heinrich) IV était-il blanc ? (deux traductions) **5** Le discours du Chancelier (Kanzler) Schröder a été publié (veröffentlicht). **6** J'ai écrit à Monsieur le Docteur Braun.

162 Notes de musique

Correspondance des notes entre le français et l'allemand.

do = **c** 1)   dièse = **Kreuz** : #   ré bémol = **des**

ré = **d**   bémol = **be** : b   mi bémol = **es**

mi = **e**   do dièse = **cis** 2)   sol bémol = **ges**

fa = **f**   ré dièse = **dis**   la bémol = **as**

sol = **g**   fa dièse = **fis**   si bémol = **b**

la = **a**   sol dièse = **gis**   mineur = **Moll**

si = **h**   la dièse = **ais**   majeur = **Dur**

*die Messe in **h-Moll***
la messe en si mineur

1) Prononcez « tsé ».
2) Prononcez « tsis ».

Traduisez en français :
1 eine Sonate in f-Dur **2** ein Konzert (concerto) in c-Moll **3** eine Symphonie in es-Dur **4** eine Sonate in e-Moll **5** das Klarinetten-Quintett in a-Dur

O

163   Ordre : donner des ordres

Un ordre peut s'exprimer de plusieurs manières en allemand.

1 Par l'impératif (→ 118).

Steh auf!
   Lève-toi !

2 Par le participe II (passé).

Parken verboten!   *Stillgestanden!*
   Interdit de stationner !   Garde à vous !

3 Par l'infinitif.

Nicht rauchen!   *Bitte nicht rauchen!*
   Interdit de fumer !   Prière de ne pas fumer !

4 Par le passif impersonnel (→ 182).

Jetzt wird geschlafen!
   Maintenant on dort !

5 Par l'indicatif (présent, futur...) avec une intonation particulière et souvent *jetzt* ou *bald*.

Du gehst jetzt ins Bett!
   Tu vas te coucher ! (C'est l'heure !)

Wirst du bald aufhören!
   Tu vas t'arrêter !

6 Par les verbes de modalité.

Du sollst jetzt den Mund halten!
   Vas-tu te taire !

Sie dürfen hier nicht parken!
   Vous n'avez pas le droit de stationner ici !

7 Par des phrases elliptiques, avec des noms, adverbes, directionnels, particules...

Achtung! / Vorsicht!   *Nicht so schnell!*
   Attention !   Pas si vite !

Langsam!   *Los!*
   Doucement !   Allons-y !

Ins Wasser!   *Vorwärts!*
   À l'eau !   En avant !

Herein!   *Hinaus!*
   Entrez !   Sortez !

O

Voici:

Traduisez en allemand :
1 Au travail ! **2** Prière de ne pas stationner ! **3** Maintenant on travaille. **4** Plus vite ! **5** Prière de ne pas se pencher au dehors (hinauslehnen) ! **6** Attention à la marche (die Stufe) !

164 Ordre des mots dans le groupe infinitif

1 **Dans le groupe infinitif, l'infinitif d'un verbe peut être accompagné d'un ou de plusieurs autres verbes et d'un ou de plusieurs compléments.** Dans ce groupe, **l'infinitif occupe en allemand obligatoirement la dernière place** ; devant lui il y a éventuellement les autres éléments verbaux, et devant ces éléments verbaux le ou les compléments qui forment une unité de sens avec lui.

nach Deutschland	*fahren*	*wollen*
complément	**verbe**	**infinitif**
1	2	3

2 **En français, cet ordre est exactement l'inverse** de l'ordre allemand.

vouloir	aller	en Allemagne
infinitif	**verbe**	**complément**
1	2	3

Il ne faut donc pas dire : *wollen fahren nach Deutschland* !

Autres exemples :

in Paris wohnen	*Tennis spielen können*
habiter à Paris	savoir jouer au tennis
glücklich sein	*in Berlin studiert haben*
être heureux	avoir étudié à Berlin
Angst haben	*zum Abendessen eingeladen werden*
avoir peur	se faire inviter à dîner

1. Remettez les éléments suivants dans l'ordre fondamental du groupe infinitif :
1 gehen – dürfen – ins Kino – mit einem Freund **2** sehr krank – sein – gewesen **3** beobachtet – vom Lehrer – werden **4** zu seinem Onkel – gern – fahren **5** erinnern – sich – an die Ferien

2. Traduisez en allemand :
1 manger des pommes **2** être en danger (die Gefahr) **3** commander (bestellen) un livre pour son ami **4** attendre le bus par temps de pluie (bei Regen) **5** se lever la nuit

165 Ordre des mots : place du verbe

Ce que l'on appelle le verbe peut comporter une forme unique – et c'est obligatoirement le verbe conjugué – ou une forme composée, qui comprend une forme conjuguée et un participe ou un infinitif ou toute combinaison de ceux-ci.

Forme unique   Formes composées

schlägt   *geschlagen hat*

                 schlagen wird

                 geschlagen worden ist

                 schlagen können hat, etc.

Les formes composées sont données ici dans leur ordre fondamental ; les formes conjuguées se déplacent selon le type de phrase ou de construction ; les formes non conjuguées sont pratiquement stables, c'est-à-dire qu'elles ne se déplacent pas.

Cette forme conjuguée du verbe peut occuper plusieurs places :

1 Première place.

❖ Dans l'interrogation globale (→ 123).

Bleibst *du zu Hause?*   **Möchtest** *du ein Bier trinken?*
   Restes-tu à la maison ?   Veux-tu boire une bière ?

❖ Dans l'exclamation (→ 93).

War *das ein altes Haus!*
   Quelle vieille maison c'était !

❖ Dans l'injonction (→ 118).

Mach *die Tür zu!*
   Ferme la porte !

❖ Dans l'expression du souhait ou du regret (→ 238).

Hätte *ich nur ein Fahrrad!*   **Wäre** *er doch gestern gekommen!*
   Si seulement j'avais un vélo !   Si seulement il était venu hier !

❖ Dans l'expression de l'hypothèse ou de la condition (→ 236).

Bist *du nicht brav, dann bleibst du heute Abend zu Hause.*
   Si tu n'es pas sage, tu restes ce soir à la maison.

2 Deuxième place.
Pour déterminer la deuxième place du verbe, il faut connaître les limites de la première (→ 166).

❖ Dans la phrase énonciative affirmative, négative ou même interrogative.

Er **hat** *den ganzen Tag geschlafen.* (ou : *Den ganzen Tag* **hat** *er geschlafen.*)
   Il a dormi toute la journée.

Er **hat** *nicht den ganzen Tag geschlafen.*
   Il n'a pas dormi toute la journée.

Er **hat** *den ganzen Tag geschlafen?*
   Il a dormi toute la journée ?

❖ Dans la phrase énonciative sans *dass* du discours indirect.

*Er behauptet, er **sei** in Deutschland gewesen.*
Il prétend avoir été en Allemagne.

❖ Dans l'interrogative directe partielle.

*Wann **hat** er angerufen?*
Quand a-t-il téléphoné ?

❖ Dans l'expression du souhait avec le subjonctif I (→ 235).

*Es **lebe** der König!*
Vive le roi !

3 **Dernière place.**

Le verbe conjugué occupe normalement la dernière place dans toutes les subordonnées introduites par une conjonction de subordination. L'exemple suivant contient deux subordonnées avec chaque fois le verbe à la fin.

*Wenn ich gewusst **hätte**, dass er in Berlin **wohnt**, hätte ich ihn besucht.*
Si j'avais su qu'il habite à Berlin, je lui aurais rendu visite.

→ Pour la place du verbe dans le groupe infinitif, voir **164**.

4 **Particularités.**

❖ Dans les subordonnées de comparaison introduites par *als,* le verbe conjugué occupe la première place (→ 239).

❖ Lorsque, dans une subordonnée, un verbe de modalité (*können, dürfen, wollen, mögen, müssen, sollen*) est utilisé à un temps composé et avec un infinitif complément, le verbe conjugué se place devant ce groupe.

*Ich weiß nicht, warum er ihn nicht **hat** sehen wollen.*
Je ne sais pas pourquoi il n'a pas voulu le voir.

Attention : *warum er ihn nicht ~~sehen wollen hat~~* ou *warum er ihn nicht ~~sehen gewollt hat~~*… sont impossibles !

→ Pour la forme du verbe de modalité, voir **176**.

1. Introduisez la forme verbale à la bonne place :
1 du schon (gegessen hast)? **2** Ich weiß nicht, ober (kommen wird). **3** Gestern es hier sehr stark (geregnet hat). **4** Ich glaube, dass er nicht (kommen wollen hat). **5** In Deutschland er bis Ende August (bleibt). **6** Warum er nicht (mitkommen darf)?

2. Traduisez en allemand :
1 Depuis trois ans, il habite dans cet appartement. **2** Donne-lui le livre, si tu le vois demain. **3** Il n'a pas voulu rester jusqu'à demain. **4** Combien de poissons (der Fisch, die Fische) a-t-il pêchés (fischen) ? **5** Hier, malgré (trotz + gén.) la pluie, je suis allé me promener. **6** Je me demande s'il est vraiment malade.

166 # Ordre des mots : première place dans la proposition

Le verbe conjugué devant être en deuxième position dans la proposition, on peut se demander quels éléments peuvent se trouver en première place. Ce sont :

1 **Tous les éléments qui ont une fonction dans la phrase** : sujet, complément, attribut, complément circonstanciel.

Gestern hat Peter seinem Freund das Fahrrad geliehen.
Hier, Pierre a prêté le vélo à son ami.

Cette phrase peut encore être construite différemment :

Peter	*hat*	*gestern seinem Freund das Fahrrad geliehen.*
Seinem Freund	*hat*	*Peter gestern das Fahrrad geliehen.*
Das Fahrrad	*hat*	*Peter gestern seinem Freund geliehen.*
1	2	

2 **Certaines subordonnées ou infinitives.**

Obwohl sein Vater es ihm verboten hatte, hat Peter seinem Freund das Fahrrad geliehen.
             1   2
Bien que son père le lui ait interdit, Pierre a prêté le vélo à son ami.

Um in die Schule zu gehen, muss er mit dem Bus fahren.
        1   2
Pour aller à l'école, il doit prendre le bus.

3 **Certains adverbes de phrase (modalisateurs).**

Vielleicht haben wir morgen Besuch.
    1   2
Peut-être aurons-nous de la visite demain.

Remarques

❖ Deux ou plusieurs sujets ou compléments de même nature (par exemple deux compléments de temps, deux compléments de lieu...) peuvent occuper la première place en bloc, qu'ils soient coordonnés ou non.

In Frankreich und in Deutschland fährt man rechts.
           1   2
En France et en Allemagne, on roule à droite.

Gestern um sieben Uhr hat mein Freund Jörg angerufen.
       1   2
Hier à 7 heures mon ami Jörg a téléphoné.

Mais :

In Frankreich am Mittwoch gehen die Schüler nicht in die Schule est impossible.
  1   2   3

❖ L'apposition occupe la même place que le groupe nominal auquel il est apposé.

*Peter, **mein bester Freund**, wohnt jetzt in Dortmund.*

1   1   2

Pierre, mon meilleur ami, habite maintenant à Dortmund.

❖ Les conjonctions de coordination relient des propositions et n'occupent donc pas de place dans la proposition.

*Ich wohne in Bonn **und** Peter wohnt in Dortmund.*

1 2   0   1   2

J'habite à Bonn et Pierre habite à Dortmund.

❖ Certaines concessives sont coordonnées à la proposition et n'en font donc pas partie.

***Wie dem auch sei**, ich bleibe zu Hause.*

       0   1 2

Quoi qu'il en soit, je reste à la maison.

⟶ Pour la place du verbe, voir **165**.

---

1. Introduisez le verbe à la bonne place :

1 Aber – mein Hund – nicht (beißt). **2** Dass du krank warst – ich – letzten Sonntag (habe… erfahren). **3** Gestern – in Paris – es – viel (hat… geregnet). **4** In München, der schönsten Stadt Deutschlands – ich – zwei Wochen (habe… verbracht). **5** Während der Osterferien und im Monat Juni – ich – (muss… arbeiten).

---

2. Traduisez en allemand :

1 Et demain je me lèverai à 5 heures. **2** Pour visiter le parc, il faut payer cinq euros. **3** Si tu viens, je te montrerai ce que j'ai acheté. **4** Hier à cinq heures, j'ai rencontré (treffen) Paul. **5** Ce tableau (das Gemälde), le plus beau de l'exposition (die Ausstellung), a été acheté par un étranger (der Ausländer).

167 Ordre des mots : place du sujet

Dans la proposition comme dans la subordonnée, le sujet n'a pas de place fixe et obligatoire (sauf s'il s'agit d'un pronom). Sa place dépend de son appartenance au groupe verbal.

1 Le sujet hors du groupe verbal.

❖ Dans la proposition, le sujet se place avant les adverbes de liaison, lorsqu'il y en a, et le groupe verbal, à une place qui peut être variable.

***Meine Schwester** geht heute Abend vielleicht ins Theater.*

   sujet

ou : *Heute Abend geht **meine Schwester** vielleicht ins Theater.*

                   sujet

Ma sœur va peut-être au théâtre ce soir.

❖ De même, dans une subordonnée.

…, *weil **meine Schwester** heute Abend vielleicht ins Theater geht.*

ou…, *weil heute Abend **meine Schwester** vielleicht ins Theater geht.*

❖ Le sujet sous forme de pronom a une place variable dans la phrase.

***Sie** geht heute Abend vielleicht ins Theater.*

*Heute Abend geht **sie** vielleicht ins Theater.*

Mais :

…, *weil **sie** heute Abend vielleicht ins Theater geht.*

et non :

…, *weil ~~heute Abend~~ **sie** vielleicht ins Theater geht.*

2 **Le sujet dans le groupe verbal.**

Lorsque le sujet fait partie du groupe verbal, il se place après les éléments hors groupe verbal et après les adverbes de liaison lorsqu'il y en a.

*Morgen kommt bestimmt **ein Brief von ihm**.* (G.V. : *ein Brief von ihm kommen*)
   Demain, arrivera certainement une lettre de lui.

❖ De même, dans une subordonnée.

…*weil morgen bestimmt **ein Brief von ihm** kommt.*

⟶ Pour la place des pronoms, voir **208**.
⟶ Pour la place des adverbes de liaison, voir **168**.

1. Dans les propositions suivantes, déplacez le sujet :
1 Die Bäckerei ist morgen zu.   **2** Du kannst doch nicht zu Fuß in die Stadt gehen.
3 Ich habe es ihm schon gegeben.   **4** Der Lehrer war gestern nicht in die Schule gekommen.   **5** Zu Ostern fahren wir mit unseren Freunden wahrscheinlich nach Italien.

2. Déplacez le sujet dans les subordonnées suivantes lorsque c'est possible :
1 Weißt du, ob im Keller eine Leiter ist?   **2** Ich glaube, dass unser Nachbar einen Hund gekauft hat.   **3** Ich hoffe, dass die Sendung morgen Abend interessant ist.
4 Wenn Peter dich anruft, sag ihm, dass es mir hier gefällt.   **5** Ich bleibe heute zu Hause, weil das Wetter draußen wirklich zu schlecht ist.

O

168 Ordre des mots : place des adverbes de liaison (négation, modalisateurs, appréciatifs)

Les adverbes de phrase, c'est-à-dire les adverbes qui expriment une prise de position, un jugement de celui qui parle, sont la négation globale *nicht,* son remplaçant *kein,* et *keineswegs* = «pas du tout». En font partie également les modalisateurs et appréciatifs qui permettent de modaliser le jugement en présentant les faits comme «certains, probables, possibles, regrettables» ou «bienvenus».

gewiss certes	**bestimmt** certainement	**sicherlich, sicher** sûrement
wahrscheinlich probablement	**möglicherweise** il se peut que...	**vielleicht** peut-être
wohl bien	**bekanntlich** comme on sait	**vermutlich** comme on suppose
tatsächlich effectivement	**leider** malheureusement	**glücklicherweise** heureusement

1 **Ces adverbes, qui assurent la liaison** entre la partie gauche et la partie droite de la proposition, se placent normalement devant le groupe verbal, c'est-à-dire **à la limite entre les éléments du groupe verbal (partie droite) et les éléments hors du groupe verbal (partie gauche).**

❖ Dans la subordonnée.

*Ich nehme meinen Regenschirm, weil es in fünf Minuten **bestimmt** regnet.*

                        gauche   droite

Je prends mon parapluie, parce que dans cinq minutes il va certainement se mettre à pleuvoir.

❖ Dans la proposition.

*Er ist gestern auf der Autobahn **wahrscheinlich** zu schnell gefahren.*

          gauche   droite (+ *ist*)

Hier, sur l'autoroute, il a vraisemblablement roulé trop vite.

Certains de ces adverbes peuvent se combiner avec *nicht.*

*Er geht heute **bestimmt nicht** in die Stadt.*

    gauche   droite (+ *geht*)

Aujourd'hui, il ne va certainement pas en ville.

⟶ Pour l'ordre des mots dans les subordonnées, voir **170**.

2 **Certains de ces adverbes** peuvent se placer **en tête de proposition** : *vielleicht, wahrscheinlich, sicher, sicherlich, bestimmt, bekanntlich.* La négation globale, en revanche, ne peut pas se placer en tête de la proposition.

***Vielleicht** gehe ich morgen spazieren.*

Peut-être irai-je me promener demain.

Attention : il ne faut pas confondre ces adverbes de phrase avec les adverbes qui portent sur un élément de la phrase, ni avec la négation partielle (→ 148).

*Ich gehe **vielleicht** °morgen spazieren.* (avec un accent de phrase sur *°morgen*)
C'est peut-être demain que j'irai me promener.

***Nicht** °Peter hat diesen Fehler gemacht.* (avec un accent sur *Peter*)
Ce n'est pas Pierre qui a fait cette faute.

> **Introduisez l'adverbe de phrase à l'intérieur des propositions ou des subordonnées :**
> **1** Er geht morgen in die Schule (bestimmt nicht). **2** Er hat in der Nacht Angst gehabt (wahrscheinlich). **3** Ich glaube, dass er sehr reich ist (nicht). **4** Er wohnt in einem vornehmen Viertel (bekanntlich). **5** Er ist verhaftet worden, weil er vor einer Woche einen Radfahrer überfahren hat (vermutlich). **6** Um fünf Uhr hatte er Tee trinken wollen (kein-).

(169) Ordre des mots : place des compléments dans la proposition

1 **Les compléments du verbe qui font partie du groupe verbal** occupent dans la proposition la même place qu'ils occuperaient dans une subordonnée (→ 171).

*Paul hat heute Morgen in der Stadt **einen Unfall gehabt**.*

G.V. (+ *hat*)
Paul a eu ce matin un accident en ville.

Comparez avec :

Ich habe gehört, dass Paul heute Morgen in der Stadt einen Unfall gehabt hat.
J'ai entendu dire que Paul a eu ce matin un accident en ville.

Il est impossible de dire :

~~*Paul hat einen Unfall heute Morgen in der Stadt gehabt.*~~

2 **Les compléments qui ne font pas partie du groupe verbal** occupent dans la proposition la même place qu'ils occuperaient dans une subordonnée, leur ordre étant là aussi variable.

***Brigitte** hat **heute in München** eine Freundin getroffen.*
Brigitte a rencontré aujourd'hui une amie à Munich.

On peut dire aussi, par exemple :

***Heute** hat **Brigitte in München** eine Freundin getroffen.*
***In München** hat **Brigitte heute** eine Freundin getroffen.*

3 **Le cas particulier de la première place.** Dans une proposition, contrairement à la subordonnée, un élément du groupe verbal peut occuper la première place.

Einen °**Freund** *hat Brigitte heute in München getroffen.*
(avec un accent sur *Freund*)
C'est un ami que Brigitte a rencontré aujourd'hui à Munich.

---

1. Insérez les compléments entre parenthèses dans la proposition :
1 Haben … gemietet? (deine Eltern, eine Wohnung) **2** … hat … … gewartet.
(auf seine Freundin, vor dem Kino, Dieter) **3** … ist bestimmt … … gekommen.
(mein Vater, sehr spät, heute Abend, nach Hause) **4** Erinnerst … … …? (dich,
an die Ferien, du) **5** … hatte … … (einen sehr guten Lehrer, unser Sohn, letztes
Jahr).

---

2. Traduisez en allemand :
1 J'ai déjà bu du thé chez une amie. **2** Avec mon neveu (der Neffe), j'ai visité
(besichtigen) le musée de deux à quatre. **3** C'est en Amérique que je voudrais
faire des études. **4** Pour la mère de Monsieur Schmidt, j'ai acheté ce matin un
bouquet de fleurs (der Blumenstrauß) au marché (der Markt). **5** Il ne mange
plus de viande depuis trois ans.

---

170 Ordre des mots dans la subordonnée

La structure des subordonnées introduites par une conjonction de
subordination se présente ainsi :

Éléments hors du groupe verbal	Éléments de liaison	Éléments du groupe verbal
weil Peter gestern	*nicht*	*zu Hause war*
dass er in Deutschland	*vielleicht*	*ein Zimmer gefunden hat*

1 **Pour la place du verbe conjugué**, → 165.

2 **Les éléments du groupe verbal** sont placés selon **l'ordre fondamental** : compléments + infinitifs ou participes éventuels + verbe
conjugué (→ 164).

3 **Les éléments de liaison**, lorsqu'il y en a, sont la plupart du temps placés
juste **devant le groupe verbal**. Certains d'entre eux (*bestimmt, vielleicht,
hoffentlich, wahrscheinlich*, mais jamais la négation globale *nicht* ou
kein !) peuvent se placer juste après la conjonction de subordination
(→ 168).
…, weil **wahrscheinlich** Peter gestern nicht zu Hause war.
   …, parce que, vraisemblablement, Pierre n'était pas à la maison hier.

4 **Les éléments hors du groupe verbal** n'ont de place fixe que si ce sont
des **pronoms** (→ 208).
…, weil **er sie ihm** nicht geschenkt hat.
   …, parce qu'il ne la lui a pas offerte.

5 **Les éléments hors du groupe verbal autres que les pronoms** peuvent changer de place.

..., *weil **Peter in Deutschland** vielleicht ein Zimmer gefunden hat.*

a le même sens que

..., *weil **in Deutschland Peter** vielleicht ein Zimmer gefunden hat.*

6 **Places impossibles.**

❖ Aucun élément du groupe verbal ne peut se trouver en tête de subordonnée.

..., *weil Peter **nach Deutschland** gefahren ist.*
   ..., parce que Pierre est allé en Allemagne.

..., ~~*weil **nach Deutschland** Peter gefahren ist*~~ est impossible.

❖ Aucun élément du groupe verbal ne peut se trouver intercalé entre des éléments hors du groupe verbal.

..., ~~*weil Peter **nach Deutschland** gestern gefahren ist*~~ est impossible.

---

1. Construisez des subordonnées en mettant les éléments dans le bon ordre :
1 nachdem – den Brief – hatte – geschrieben – sein Bruder **2** dass – arbeitet – seit zehn Jahren in Deutschland – sein Vater **3** weil – zu schnell – ist – das Auto – gefahren – auf der Autobahn **4** ob – er – hat – zu Hause – vielleicht – einen Computer **5** weil – nicht – er – sehr sportlich – ist **6** dass – im Bus – war – kein Platz mehr **7** obwohl – nicht – bestimmt – sehr neu – war – das Auto **8** dass – schenken – ein Buch – sie – wird – ihm – wahrscheinlich **9** dass – Tee – er – jetzt – möchte – trinken **10** seitdem – Deutsch – sein Bruder – lernt

---

2. Traduisez en allemand :
1 Sais-tu que c'est en Angleterre qu'il fait ses études ? **2** S'il n'achète pas de pain ce matin, il n'y en aura pas avant mardi. **3** Je pense qu'il viendra peut-être en voiture. **4** Il dit que son père a certainement voulu doubler (überholen) la voiture qui roulait devant lui. **5** Pourquoi as-tu planté cet arbre ici ? – Parce que je voulais avoir de l'ombre devant la cuisine.

---

171 Ordre des mots : place des compléments dans la subordonnée

Dans la subordonnée introduite par une conjonction de subordination, la place des compléments dépend de leur appartenance au groupe verbal (→ 108).

1 **Les compléments du verbe qui font partie du groupe verbal** sont placés immédiatement devant le verbe ou les éléments verbaux. Toute autre place est impossible !

Ces compléments peuvent être, par exemple :

❖ **Un adverbe.**

*Er ist müde, weil er gestern **zu viel** gearbeitet hat.*

G.V.

Il est fatigué, parce qu'il a trop travaillé hier.

❖ **Un complément d'objet direct (souvent, mais pas obligatoirement, sans article ou avec article indéfini).**

Er hat mir gesagt,

*dass er vor einer Woche zu Hause **ein Glas Wein** getrunken hat.*

G.V.

Il m'a dit qu'il y a une semaine il a bu, à la maison, un verre de vin.

❖ **Un complément d'objet au datif (souvent avec l'article indéfini).**

*Er glaubt, dass ich das Geld **einem Kind** gegeben habe.*

G.V.

Il croit que j'ai donné l'argent à un enfant.

À comparer avec la phrase suivante où le complément au datif est défini et ne fait donc pas partie du groupe verbal.

*Er glaubt, dass ich dem Kind **Geld** gegeben habe.*

G.V.

Il croit que j'ai donné de l'argent à l'enfant.

❖ **Un directionnel (les directionnels sont presque toujours dans le groupe verbal) ou un locatif (les locatifs peuvent faire partie du groupe verbal).**

*Er weiß, dass er morgen **zu seinem Onkel** fahren muss.*

G.V.

Il sait que demain, il doit aller chez son oncle.

*Er hofft, dass er nächste Woche **in Paris** wohnen wird.*

G.V.

Il espère que la semaine prochaine il habitera à Paris.

→ Voir le directionnel (**80**) et le locatif (**139**).

❖ **Un attribut.**

*Ich finde, dass er **sehr sympathisch** ist.*

G.V.

Je trouve qu'il est très sympathique.

❖ **Un sujet (souvent sans article ou avec article indéfini).**

*Ich muss mich beeilen, weil in zehn Minuten bestimmt **Schnee** fällt.*

G.V.

Je dois me dépêcher parce que, dans dix minutes, il va certainement neiger.

❖ Un complément circonstanciel.

*Glaubst du wirklich, dass die Vorstellung **zwei Stunden** dauert?*

G.V.

Crois-tu vraiment que la représentation va durer deux heures ?

2 **Les compléments qui ne font pas partie du groupe verbal** se placent immédiatement après la conjonction de subordination ; en principe le sujet vient en tête, mais ce n'est pas obligatoire. On peut dire :

*Ich glaube, dass **Peter morgen** nach England fährt.*
*Ich glaube, dass **morgen Peter** nach England fährt.*
Je crois que Pierre part demain pour l'Angleterre.

⟶ Pour les pronoms, voir **208**.

Conclusion : on ne peut séparer du verbe les compléments qui font partie du groupe verbal.

Ich finde, dass er ~~traurig heute~~ ist est impossible.
Je trouve qu'il est triste aujourd'hui.

Les compléments hors du groupe verbal peuvent se mettre dans un ordre variable.

---

1. Intégrez à la bonne place les compléments entre parenthèses :
1 Glaubst du, dass … sein wird. (morgen, zu Hause, Brigitte) **2** Wenn … gefahren wäre, könnte er heute besser Deutsch sprechen. (mein Bruder, während der Ferien, nach Deutschland) **3** Ich frage mich, ob … gefunden hat. (eine Wohnung, in Berlin, ihr Freund) **4** Ich weiß nicht, warum … ist. (so nervös, heute, Peter) **5** Ich frage mich, wer … gegessen hat. (die Schokolade, gestern)

---

2. Traduisez en allemand :
1 Il pleure parce qu'il voudrait bien faire du ski (Ski laufen) jusqu'à 5 heures. **2** Je crois qu'à cette heure-là, il lisait le journal dans son fauteuil. **3** Sais-tu si j'ai donné les billets de cinéma à ton frère ? **4** Bien qu'il soit déjà allé en Allemagne l'an dernier, il a l'intention (die Absicht haben) d'y retourner pendant les vacances. **5** Je crois qu'il fait ses études (studieren) à Paris depuis trois ans.

---

172 Orthographe : majuscule ou minuscule et soudure graphique

La réforme de l'orthographe de 1996 est appliquée officiellement à l'école depuis le 1er août 2006. Par cette réforme ont été systématisées les règles essentielles de l'orthographe allemande, à savoir l'usage de la majuscule ou de la minuscule et l'écriture séparée ou soudée. Cependant, un assouplissement intervenu entre 2004 et 2006 autorise dans un certain nombre de cas (liste de 3000 mots) l'usage parallèle des formes anciennes et nouvelles. Cette évolution est prise en compte dans la présente édition.

Acht geben / achtgeben (faire attention) : ***Gib Acht / acht***.

Recht haben / recht haben (avoir raison) : ***Er hat Recht / recht***.

1 **a** **Déjà avant la réforme de l'orthographe, mots commençant par une majuscule.**

❖ Les noms communs, contrairement au français.

der Baum	*das Buch*	*das Dutzend*	*die Freiheit*
l'arbre	le livre	la douzaine	la liberté

❖ Les noms propres, comme en français (→ aussi 161).

Peter	*die Elbe*	*Afrika*
Pierre	l'Elbe	l'Afrique

❖ Les éléments substantivés : adjectifs, participes, infinitifs, chiffres, lettres, pronoms (→ aussi 10).

der Fremde	*die Eins*	*das Ich*
l'étranger	le numéro un	le moi

❖ Les adjectifs nominalisés après *etwas, nichts, alles, viel, wenig...* (→ aussi 151).

etwas Schönes	*nichts Neues*	*viel Gutes*
quelque chose de beau	rien de nouveau	beaucoup de bien

Avec *ander-*, la majuscule est facultative (→ aussi 22) :

etwas / nichts Anderes / anderes
quelque chose / rien d'autre

❖ Les adjectifs formés sur des noms propres lorsqu'ils sont remplaçables par *von* + nom propre. Celui-ci doit être suivi d'une apostrophe.

die Schiller'schen Dramen	*die Mozart'schen Opern*
les drames de Schiller	les opéras de Mozart

❖ Les adjectifs invariables des noms de lieu ou de pays (→ aussi 9).

das Brandenburger Tor	*die Leipziger Messe*	*die Pariser Mode*
la porte de Brandebourg	la foire de Leipzig	la mode parisienne

❖ Les adjectifs dans les noms propres et les titres.

der Zweite Weltkrieg	*der Atlantische Ozean*	*Karl der Große*
la deuxième guerre mondiale	l'océan Atlantique	Charlemagne

❖ Les pronoms personnels, possessifs et les adjectifs possessifs dans les formules de politesse : *Sie Ihnen, Ihr* (→ aussi 260).

b **Depuis la réforme de l'orthographe**

*Wo arbeitet **Ihr** Sohn?*	*Wann kann ich **Sie** anrufen?*
Où travaille votre fils ?	Quand puis-je vous téléphoner ?

La réforme de l'orthographe systématise l'usage de la majuscule pour toutes les nominalisations. On écrit désormais avec une majuscule :

❖ La plupart des expressions contenant des adjectifs substantivés (→ aussi 10 et 188).

im Allgemeinen	*im Großen und Ganzen*	*des Weiteren*
en général	en gros	en outre
Alt und Jung	*Arm und Reich*	*es bleibt beim Alten*
les jeunes et les vieux	les riches et les pauvres	rien ne change

das Beste le mieux	**Er spricht Französisch.** Il parle français.	**auf Deutsch** en allemand
der Erste / als Erster le premier	**der Letzte / als Letzter** le dernier	**der Einzige / als Einziger** le seul

❖ Les parties du jour dans les compléments de temps (→ aussi **244-255**).

heute Morgen / Vormittag ce matin / dans la matinée	**morgen Mittag / Nachmittag** demain à midi / demain après-midi

❖ La plupart des préverbes d'origine nominale dans des expressions verbales (→ aussi **46** et **221**). Mais pour certaines expressions, l'écriture optionnelle, avec majuscule ou minuscule, est acceptée.

Auto fahren / Er fährt Auto. Il fait de la voiture.	**Rad fahren / Er fährt Rad.** Il fait de la bicyclette.
Recht haben / recht haben. **Er hat Recht / Er hat recht.** Il a raison.	**Acht geben / acht geben.** **Gib Acht / Gib acht!** Fais attention !

❖ Les expressions verbales contenant des groupes prépositionnels.

auf etw. Acht / acht geben faire attention à	**außer Acht lassen** négliger
zu Hilfe kommen venir en aide	**in Betracht kommen** entrer en ligne de compte

❖ La plupart des expressions à fonction prépositionnelle. Pour certaines, la majuscule est optionnelle.

in / mit Bezug auf se rapportant à	**auf Grund** (aussi : *aufgrund*) en vertu de	**an Hand** (aussi : *anhand*) en se basant sur

2 **Mots commençant par une minuscule.**

❖ Les adverbes formés sur des noms communs (→ aussi **248**).

morgens le matin	**mittags** à midi	**abends** le soir

❖ Certains noms affaiblis avec les verbes *sein / werden / bleiben.*

Er ist daran schuld. C'est de sa faute.	**Ist es dir ernst?** Tu le prends au sérieux ?	**Es tut mir leid.** Je le regrette.
Das ist schade! C'est dommage !	**Mir ist angst.** J'ai peur.	

❖ Les préverbes nominaux en position finale.

heimgehen / Er geht heim. Il rentre chez lui.	**teilnehmen / Er nimmt teil.** Il prend part.

❖ Les pronoms indéfinis.

die einen und die anderen les uns et les autres	**einige** quelques-uns	**jeder** chacun

❖ Les adjectifs avec un nom sous-entendu.

*Welches Kleid soll ich kaufen? – **Das blaue oder das gelbe?***
Quelle robe me conseilles-tu ? – La bleue ou la jaune ?

❖ Des adjectifs formés sur des noms propres, lorsqu'ils qualifient une propriété de ceux-ci (voir aussi ci-dessus *Schiller'sch.*).

die schillerschen Dramen
les drames schillériens

die mozartschen Opern
les opéras mozartiens

❖ Des adjectifs avec préposition dans des expressions toutes faites.

am besten   **vor kurzem**
le mieux   il y a peu de temps

von neuem   **von weitem**
à nouveau   de loin

❖ Des noms employés comme préposition ou conjonction.

dank deiner Hilfe
grâce à ton aide

teils... teils
en partie… en partie

❖ Dans les lettres, les pronoms correspondant aux personnes tutoyées ne prennent plus de majuscule : *du, dich, dein, euch, euer* (→ 207).

Ich danke dir / euch für deinen / euren Brief.
Je te / vous remercie de ta / votre lettre.

3 Majuscules / minuscules et ponctuation.

La seule différence importante avec le français concerne les deux points : en allemand, après deux points, la phrase commence par une majuscule, sauf si ces deux points annoncent une énumération, un résumé…

Die Erklärung ist einfach: Es lag zu viel Schnee auf den Straßen.
L'explication est simple : il y avait trop de neige sur les routes.

Mais :

Alle waren da: seine Mutter, sein Vater und seine zwei Brüder.
Tous étaient là : sa mère, son père et ses deux frères.

4 Soudure graphique ou non ?

La réforme de l'orthographe a systématisé également les règles concernant l'écriture soudée ou séparée. L'écriture en deux mots est généralement admise lorsqu'il s'agit de groupes non lexicalisés, qui ne forment pas une unité de sens. La soudure, en revanche, est indiquée pour des mots ou groupes de mots considérés comme des composés lexicalisés, qui forment une unité de sens.

a Écriture soudée ou séparée.

Dans cette rubrique sont réunies des expressions pour lesquelles l'écriture non soudée avait été imposée par la réforme de l'orthographe mais qui, aujourd'hui, est souvent optionnelle.

❖ Nom + verbe : ils ne sont pas soudés dans des locutions verbales comme celles citées ci-dessous.

Rad fahren
faire de la bicyclette

Auto fahren
faire de la voiture
conduire une voiture

Schlange stehen
faire la queue

Mais parfois les deux écritures sont acceptées.

Acht geben / achtgeben
faire attention

❖ Nom + participe I : les deux écritures sont aujourd'hui acceptées.

Hilfe suchend / hilfesuchend
(qui) cherche de l'aide

Gewinn bringend / gewinnbringend
(qui) rapporte / qui est profitable

Cependant, ils sont toujours soudés lorsque le 1er terme nominal correspond à un groupe prépositionnel.

freudestrahlend = vor Freude strahlend
rayonnant de joie

❖ Verbe + verbe s'écrivent généralement en deux mots, sauf lorsqu'il s'agit de termes lexicalisés ayant une différence de sens (→ bleiben, 54).

kennen lernen
faire connaissance

spazieren gehen
aller se promener

sitzen bleiben
rester assis

stehen bleiben
rester debout

liegen lassen
laisser couché

sitzenbleiben
redoubler la classe

stehenbleiben
s'arrêter (montre)

liegenlassen
oublier

❖ Adjectif/adverbe + verbe : ils sont non soudés ou soudés, selon le cas.

lieb haben
aimer qqn

schwerfallen
avoir de la peine
à faire qqch

zufriedenstellen / zufrieden stellen
contenter qqn

❖ Adjectif / adverbe + adjectif : les deux écritures sont aujourd'hui acceptées.

allgemeingültig / allgemein gültig
de valeur universelle

Cependant, lorsque l'adjectif est gradué ou susceptible d'avoir une expansion, l'écriture est non soudée.

leicht verständlich (sehr leicht verständlich)
facile à comprendre

❖ Adjectif + participe I : en général, écriture soudée.

alleinstehend
célibataire

andersdenkend
non conformiste

gutaussehend
de belle apparence

weitblickend
clairvoyant

❖ Adjectif + participe II : de préférence, écriture soudée.

schlechtgelaunt / schlecht gelaunt
de mauvaise humeur

gutunterrichtet / gut unterrichtet
bien renseigné

❖ Participe I + adjectif : de préférence, écriture non soudée.

drückend heiß
d'une chaleur accablante

❖ Participe II + verbe : en général, écriture non soudée.

gefangen nehmen
faire prisonnier

verloren gehen
se perdre

❖ Nicht + adjectif / participe : les deux écritures sont désormais acceptées.

nicht öffentlich / nichtöffentlich
non public

nicht berufstätig
inactif

nicht verheiratet
non marié

❖ Adverbe + verbe : en général, écriture non soudée.

abwärts gehen
descendre

vorwärts fahren
avancer

rückwärts laufen
reculer

darauf / dahinter / daneben / darunter / darüber stehen
se trouver dessus / derrière / à côté / en-dessous / au-dessus

aneinander fügen
assembler

beieinander bleiben
rester ensemble

durcheinander bringen
mettre du désordre

❖ *So* et composés de *so* + adjectif / adverbe pour l'indication du degré.

so / genauso groß
si / aussi grand

so / ebenso viel
autant

so / genauso wenig
si / aussi peu

Mais soudure pour les conjonctions : *sobald, solange, soweit…*, → **38**.

b **Écriture soudée.**

❖ Les mots composés de toutes les classes de mots sont soudés (→ aussi **12** et **157**).

der Apfelbaum
le pommier

heimgehen
rentrer chez soi

eiskalt
glacé

hunderttausend
cent mille

sechsfach
six fois

dreimal
trois fois

irgendjemand
quelqu'un

zurzeit
actuellement

❖ Les compléments de temps formés à partir d'un jour de la semaine et d'une partie du jour sont considérés comme des composés (→ **244-245**).

(am) Freitagmorgen
vendredi matin

(am) Samstagabend
samedi soir

Sonntagnacht
la nuit de dimanche

❖ Nom + verbe lorsque le nom est affaibli.

heimgehen
rentrer chez soi

standhalten
résister

stattfinden
avoir lieu

teilnehmen
prendre part

❖ Nom + participe lorsque le 1er terme nominal correspond en fait à un groupe prépositionnel : (→ aussi **12**, les adjectifs composés.)

freudestrahlend: *vor Freude strahlend*
rayonnant de joie

❖ Adjectif + verbe, lorsque l'ensemble est lexicalisé et lorsque l'adjectif ne permet pas de gradation (comparatif / superlatif).

bloßstellen
mettre à nu

irreführen
induire en erreur

wahrsagen (et non ~~wahrer sagen~~)
dire la bonne aventure

❖ Adjectif + verbe dans des locutions résultatives, selon le même principe.

sich totlachen
mourir de rire
(Mais : *sich müde laufen,* → **231**.)

sich krankschreiben lassen
se faire porter malade

❖ Les expressions formées avec *so* pour l'indication du degré.

umso (größer)
d'autant (plus grand)

ebenso / genauso groß
aussi grand

❖ Groupes prépositionnels : la soudure est optionnelle dans certaines expressions.

aufgrund (auf Grund)
en vertu

zugrunde gehen (ou *zu Grunde gehen*)
périr

anstelle (an Stelle)
à la place

mithilfe (mit Hilfe)
à l'aide

infrage stellen (in Frage stellen)
mettre en question

❖ Adjectifs composés coordinatifs : la soudure est optionnelle.

süßsauer / süß-sauer
aigre-doux

die deutschfranzösische / deutsch-französische Freundschaft
l'amitié franco-allemande

die schwarzrotgoldene / schwarz-rot-goldene Fahne
le drapeau noir, rouge et or

(173) Orthographe : *ss* ou *ß* ?

L'emploi du *ß* est désormais simplifié.

1 On écrit *ß* après une voyelle longue ou une diphtongue.

Maß, Straße, fließt, gießen, groß, größer, Gruß, grüßen, weiß, heißen, draußen

2 On écrit *ss* après une voyelle brève.

Wasser, pass auf, lässt, esst!, Kongress, vergesst!, iss!, wisst, floss, Schloss, Fluss, musst, bewusst

ß et *ss* se prononcent de la même façon, / s /.

Insérez *ss* ou *ß* selon les cas :
1 vergrö... ern **2** der Ha... **3** kü... en **4** der Gru... **5** der Nu... baum
6 das Fa... **7** die Kü... e **8** die Grü... e **9** der Schlü... el **10** du mu... t

174 Participe passé (participe II) : formation

1 *Ge-* ou pas *ge-* ?

Les verbes accentués sur la 1re syllabe à l'infinitif (qu'ils soient forts ou faibles) prennent *ge-* au participe passé ; les verbes qui ne sont pas accentués sur la 1re syllabe ne prennent pas *ge-*.

Accentués sur la 1re syllabe	Non accentués sur la 1re syllabe
°*lernen* ⸻▸ **ge**lernt	*mar*°*schieren* ⸻▸ **marschiert**
°*kommen* ⸻▸ **ge**kommen	*ver*°*kaufen* ⸻▸ **verkauft**
°*bringen* ⸻▸ **ge**bracht	*über*°*setzen* ⸻▸ **übersetzt**

2 Le cas des préverbes.

❖ C'est bien la place de l'accent qui détermine la présence ou l'absence de *ge-* : dans les verbes dits à préverbes accentués (⟶ 196), il faut regarder la place de l'accent sur le verbe qui suit le préverbe.

°*auf-machen* : °*machen*, donc ⸻▸ °*auf-**ge**-macht*
°*aus-verkaufen* : *ver*°*kaufen*, donc ⸻▸ °*aus-verkauft*

❖ Les verbes à préverbes inaccentués (⟶ **196-201**) ne prennent pas *ge-*, par définition.

zer°*reißen* ⸻▸ *zer*°*rissen*

❖ Les verbes qui ont les deux types de formation (« préverbes mixtes ») appartiennent en fait soit à la catégorie « verbes à préverbes accentués », soit à la catégorie « verbes à préverbes inaccentués ».

°*übersetzen* (faire passer de l'autre côté) ⸻▸ °*über**ge**setzt*

Mais :

über°*setzen* (traduire) ⸻▸ *über*°*setzt*

3 La terminaison : *(e)t* ou *en* ?

❖ Le participe passé des verbes faibles, des verbes de modalité et de *wissen* (⟶ 265) et des verbes dits mixtes, est terminé par *-et* ou *-t*.

arbeiten ⸻▸ *gearbei**tet***	*lernen* ⸻▸ *gelern**t***
können ⸻▸ *gekonn**t***	*bringen* ⸻▸ *gebrach**t***

❖ Le participe passé des verbes forts est terminé par *-en*.

gehen ⸻▸ *gegang**en***	*nehmen* ⸻▸ *genomm**en***

Exception :

tun ⸻▸ **getan**

4 **La voyelle du radical.**

❖ Pour les verbes faibles, elle est identique à celle de l'infinitif.
stellen ⟶ *gestellt*

❖ Pour les verbes forts, elle est parfois différente de celle de l'infinitif.
singen ⟶ *gesungen* mais *kommen* ⟶ *gekommen*

❖ Pour les verbes dits mixtes ou faibles irréguliers (⟶ 262), elle est toujours différente de celle de l'infinitif.
rennen ⟶ *gerannt*

> **Formez le participe passé des verbes suivants :**
> **1** diktieren **2** aussprechen **3** kennen **4** anerkennen **5** °umkippen
> **6** unter°scheiden **7** schreiben **8** bringen **9** aufessen **10** über°fliegen
> **11** einbilden **12** einbeziehen **13** prophe°zeien **14** °festsetzen

175 Participe passé (participe II) : **emplois**

1 **Avec *sein* ou *haben*,** il forme le **parfait** (⟶ 110).
*Sie **haben** eine Reise nach Schweden **geplant**.*
  Ils ont prévu un voyage en Suède.

2 **Avec *werden*,** il forme le **passif** (⟶ 181).
*Sie **wurden befreit**.*
  Ils furent libérés.

3 Avec ***kommen*,** il indique la manière de venir.
*Da **kommt** einer **angelaufen**.*
  Voilà quelqu'un qui arrive en courant.

4 **Avec *sein* et d'autres verbes comme** *bleiben* ou *gehen*, **il peut être attribut du sujet.**
*Die Reise ist schon längst **geplant**.*
  Le voyage est prévu depuis longtemps.

*Er ist immer gut **gekleidet**.*
  Il est toujours bien habillé.

*Pass auf, dass nichts **verloren** geht!*
  Fais attention à ce que rien ne disparaisse !

5 **Il peut être épithète.**
*Die **geplante** Reise findet nicht statt.*
  Le voyage prévu n'aura pas lieu.

6 **Il peut être apposé.**
*Das Flugzeug, vom Blitz **getroffen**, musste eine Notlandung machen.*
  L'avion, touché par l'éclair, dut faire un atterrissage forcé.

7 **Il peut exprimer un ordre.**

Stillgestanden!
 Garde à vous ! Fixe !

8 **Il peut être employé dans des locutions hypothétiques.**

Vorausgesetzt, dass...
 À supposer que...

Abgesehen von...
 Sans tenir compte de...

Angenommen, dass...
 Admettons que...

> **Traduisez en allemand :**
> **1** Il a plu toute la journée. **2** Cette lettre postée (poster = einwerfen) à Hambourg n'est arrivée qu'aujourd'hui. **3** Sans tenir compte de l'essence, le voyage a coûté 1 000 euros. **4** J'ai rencontré un homme ivre (betrunken). **5** La valise s'est perdue. **6** Le jeu est perdu. **7** La lettre, signée par son père, devrait tout régler (in Ordnung bringen).

176 Participe passé (participe II) : à forme d'infinitif

1 **Les six verbes de modalité *können, dürfen, müssen, sollen, wollen, mögen* ont deux formes de participes dont la deuxième est identique aux infinitifs.**

gekonnt	gedurft	gemusst	gesollt	gewollt	gemocht
können	dürfen	müssen	sollen	wollen	mögen

La deuxième série de participes s'emploie à la place de la première lorsque les verbes de modalité sont conjugués à un temps composé (parfait, plus-que-parfait, futur) avec un infinitif comme complément.

*Er hat nicht kommen **wollen** (et non gewollt!).*
 Il n'a pas voulu venir.

2 **De même pour les verbes *sehen, lassen* et *brauchen* (→ 55).**

*Hast du ihn kommen **sehen**?*
 L'as-tu vu venir ?

3 **Pour les verbes *helfen* et *hören*, on a le choix.**

*Ich habe ihn singen **hören** (gehört).*
 Je l'ai entendu chanter.

→ Pour les verbes de modalité, voir **265**.

→ Pour la construction dans les subordonnées, voir **165**.

177 Participe présent (participe I) : formes et emplois

1 **Le participe présent se forme en ajoutant -(e)nd au radical de l'infinitif du verbe :**

singen ⸱⸱→ sing ⸱⸱→ *singend*

lächeln ⸱⸱→ lächel ⸱⸱→ *lächelnd*

2 **Il peut être employé de différentes manières.**

❖ Comme adjectif épithète.

ein **weinendes** Kind
  un enfant en pleurs

ein auf dem Tisch **liegendes** Buch
  un livre posé sur la table

❖ Comme apposition rapportée au sujet (emploi rare !).

Ein Mädchen, sich halb hinter der Mutter **versteckend***, sah uns an.*
  Une fille, se cachant à moitié derrière sa mère, nous regardait.

❖ Comme attribut du sujet.

Sie ist **reizend***.*
  Elle est charmante.

❖ Comme adverbe.

Er kam **weinend** *nach Hause.*
  Il arriva en pleurs à la maison.

⟶ Pour la traduction de « en + participe présent », voir **86**.

Attention à la traduction des participes français par des verbes de position ! ⟶ **266**.

78 Participes substantivés

Des participes I (présent) ou II (passé) **peuvent**, comme certains adjectifs, **jouer le rôle d'un nom** : ils prennent alors une majuscule et les mêmes marques que l'adjectif épithète (→ 7).

*Er arbeitet als **Angestellter** in einer deutschen Firma.*
Il travaille comme employé dans une entreprise allemande.

verbe : *anstellen*

⫸ participe II : *angestellt*

⫸ participe substantivé : ***der Angestellte, ein Angestellter***

Autres exemples :

der Vorsitzende le président	***der Gelehrte*** le savant
der Reisende le voyageur	***der Angeklagte*** l'accusé

Insérez un participe substantivé (soit I, soit II) :
1 Ein ... hat an die Tür geklopft (anstellen). **2** Die ... sind befreit worden (fangen). **3** Kennst du ihren ... (lieben)? **4** Alle ... haben einen Koffer (reisen). **5** Sie wohnt bei einem ... (bekannt).

179 Particules modales (particules du discours)

Les particules modales (ou particules du discours) sont des mots invariables qui **servent à renforcer une question, une déclaration, un ordre ou une exclamation**. Leur fonction est purement communicative : elles s'insèrent dans la situation de communication et portent soit sur la relation entre le locuteur et son partenaire, soit sur celle entre le locuteur et son message. Elles sont en général inaccentuées et ne peuvent pas occuper la première place dans la phrase. D'autres éléments portent l'accent.

1 **Particules modales dans une phrase déclarative :** *eben, halt, nun mal, ja, schon.*

❖ *Eben, halt, nun mal* expriment la résignation.

*Dann °lassen wir es **eben**.*
Eh bien, laissons tomber.

*Ich habe **halt** °immer Pech.*
Je n'ai jamais de chance. (litt. J'ai toujours de la poisse.)

*Das °ist **nun mal** so.*
C'est comme ça.

❖ *Ja* renforce une justification ou une explication.

*Ich hab das **ja** nicht ge°wusst.*
C'est que je ne l'ai pas su.

*Du kannst jetzt nicht mehr weggehen. Es ist **ja** schon °spät.*
Tu ne vas pas sortir maintenant. Il est déjà tard.

❖ En utilisant *schon*, le locuteur confirme ou rassure.

*Das °schaffen wir **schon**.*
Bien sûr, nous y arriverons.

2 **Particules modales dans une phrase interrogative :** *auch, denn, eigentlich, etwa, überhaupt.*

❖ *Auch* sert à faire comprendre que le locuteur attend qu'on le rassure (→ aussi **34.3**).

*Hast du **auch** deinen °Regenschirm nicht vergessen?*
Tu n'as pas oublié ton parapluie - j'espère ?

❖ *Denn* renforce la question. Le locuteur montre qu'il ne comprend pas ou qu'il est impatient.

*Was ist **denn** °los?*
Mais qu'est-ce qu'il y a ?

❖ Avec *eigentlich*, le locuteur pose une question, mais en même temps réoriente la discussion.

*Warst du **eigentlich** heute in der °Schule?*
Au fait, tu étais à l'école aujourd'hui ?

❖ Avec *etwa*, le locuteur fait semblant de poser une question, mais la réponse ne peut être que négative.

*Hast du **etwa** noch °Hunger?*   *(Nein, natürlich nicht!)*
Aurais-tu encore faim ?   (Non, bien sûr que non !)

❖ En utilisant *überhaupt*, le locuteur pose une question de fond.

*Hast du **überhaupt** den °Führerschein?*
Dis-moi, tu l'as, le permis ?

3 **Particules modales dans une phrase injonctive (ordre, demande, prière) :** *doch, mal, ruhig, bloß / nur / ja.*

❖ *Doch* renforce l'ordre. *Mal* atténue ou renforce l'ordre selon la situation.

*°Komm **doch** endlich!*   *Hör **mal** gut °zu!*
Viens donc à la fin !   Écoute-moi bien !

❖ Avec *ruhig*, le locuteur rassure son partenaire.

*Bleiben Sie **ruhig** sitzen!*
Vous pouvez rester assis !

❖ *Nur, bloß, ja* accentués ajoutent une valeur de menace à la phrase.

*Komm °**nur** / °**bloß** / °**ja** nicht zu °spät nach Hause!*
Surtout, ne rentre pas trop tard !

P

4 Particules modales dans une phrase exclamative : *ja / aber / vielleicht, bloß / doch / nur.*

❖ *Ja* renforce une exclamation.

*Das ist **ja** °wunderbar!*
Comme c'est magnifique !

❖ *Aber* et *vielleicht* servent à exprimer l'étonnement, l'admiration ou la désapprobation (→ aussi 2 et 3).

*Bist °du **aber** gewachsen!*   *War °das **vielleicht** ein schlechter Film!*
Comme tu as grandi !   Qu'est-ce que ce film était mauvais !

❖ *Bloß, doch, nur* avec des formes verbales au subjonctif II expriment un souhait ou un regret (→ aussi 238).

*Wäre ich **bloß / doch / nur** früher aufgestanden!*
Si seulement je m'étais levé plus tôt !

Remarquez que ces particules modales appartiennent toutes à d'autres classes de mots et que leur sens dépend de leur fonction dans la phrase.

Comparez :

*Er kommt heute **vielleicht** ein bisschen später.* (adverbe de liaison / modalisateur)
Il se peut qu'il vienne un peu plus tard aujourd'hui.

*Bist °du **vielleicht** °spät gekommen!* (particule modale)
Tu es arrivé bien tard !

> **Ajoutez au dialogue suivant la particule modale qui convient :**
> **1** Bist du... braun gebrannt! **2** Wo warst du... in den Ferien? **3** Das weißt du...! Ich war in Griechenland. **4** Warum hast du mir... keine Karte geschrieben? **5** Das habe ich... ganz vergessen! **6** Und was macht... deine Schwester? **7** Stell dir... vor! Sie war während der ganzen Ferien zu Hause. **8** Warum...? **9** Das ist... so. **10** Jemand muss.... aufs Haus aufpassen.

180 Passif : formation

Schlagen = « battre ».

Indicatif					
Présent			Prétérit		
je suis battu...			j'étais battu...		
ich	werde	geschlagen	ich	wurde	geschlagen
du	wirst	geschlagen	du	wurdest	geschlagen
er			er		
es	wird	geschlagen	es	wurde	geschlagen
sie			sie		
wir	werden	geschlagen	wir	wurden	geschlagen
ihr	werdet	geschlagen	ihr	wurdet	geschlagen
sie	werden	geschlagen	sie	wurden	geschlagen

Indicatif

Futur

je serai battu...

ich	werde	geschlagen werden
du	wirst	geschlagen werden
er		
es	wird	geschlagen werden
sie		
wir	werden	geschlagen werden
ihr	werdet	geschlagen werden
sie	werden	geschlagen werden

Parfait

j'ai été battu...

ich bin geschlagen worden
du bist geschlagen worden

Plus-que-parfait

j'avais été battu...

ich war geschlagen worden
du warst geschlagen worden

Futur antérieur

j'aurai été battu...

ich werde geschlagen worden sein
du wirst geschlagen worden sein

Subjonctif I

Présent

ich	werde	geschlagen
du	werdest	geschlagen
er		
es	werde	geschlagen
sie		
wir	werden	geschlagen
ihr	werdet	geschlagen
sie	werden	geschlagen

Passé

ich	sei	geschlagen worden
du	sei(e)st	geschlagen worden
er		
es	sei	geschlagen worden
sie		
wir	seien	geschlagen worden
ihr	seiet	geschlagen worden
sie	seien	geschlagen worden

Futur

ich	werde	geschlagen werden
du	werdest	geschlagen werden
er		
es	werde	geschlagen werden
sie		
wir	werden	geschlagen werden
ihr	werdet	geschlagen werden
sie	werden	geschlagen werden

Subjonctif II hypothétique

je serais battu

ich	würde	geschlagen
du	würdest	geschlagen
er		
es	würde	geschlagen
sie		
wir	würden	geschlagen
ihr	würdet	geschlagen
sie	würden	geschlagen

Irréel

j'aurais été battu...

ich	wäre	geschlagen worden
du	wär(e)st	geschlagen worden
er		
es	wäre	geschlagen worden
sie		
wir	wären	geschlagen worden
ihr	wär(e)t	geschlagen worden
sie	wären	geschlagen worden

181) Passif personnel

Le passif personnel est un passif qui a un sujet.

1 La forme verbale.

Le passif se forme en *werden* + participe passé. Aux temps composés, *werden* se conjugue avec *sein* et forme son participe, *worden,* sans *ge-.*

*Das Geschäft **wird geschlossen**.*
   On ferme le magasin.

*Das Auto **ist** gestern **verkauft worden**.*
   La voiture a été vendue hier.

2 Sens et emploi.

❖ Le sens de *werden* « devenir», est présent dans la forme passive qui signifie à peu près «est, était, sera… en train d'être » ; il s'agit d'un processus, d'un renversement de perspective. Il s'oppose à un état, au résultat d'un processus, pour lequel on utilise *sein* (→ aussi **228**).

*Das Geschäft **wird geschlossen**.*
   On ferme le magasin.
   [= Le magasin est en train d'être fermé.]

*Das Geschäft **wurde geschlossen**.*
   On fermait le magasin.
   [= Le magasin était en train d'être fermé.]

*Das Geschäft **ist geschlossen**.*
   Le magasin est fermé.

En français, on n'utilise pas toujours la forme passive correspondante, car on ne dispose que du seul verbe «être» pour indiquer l'état et le processus ; on préfère souvent utiliser la forme active, en particulier avec le pronom «on».

❖ Seuls les verbes transitifs, c'est-à-dire ceux qui ont un complément d'objet à l'accusatif, peuvent former un passif personnel, excepté certains verbes comme *haben*, les verbes de modalité, *kosten* = «coûter», *schlafen* = «dormir» …

Remarquez que la forme verbale «verbe de modalité + infinitif passif» est possible.

*Dieses Päckchen **darf** nicht **geöffnet werden**.*
   Ce paquet ne doit pas être ouvert.

→ Pour l'expression d'un état avec participe passé + *sein,* voir **110**.

3 La construction de la proposition.
Si on compare la construction de la proposition active et celle de la proposition passive, on observe les cas de figures suivants.

a Premier cas de figure.

Actif

*Ein Auto **hat** den Hund **überfahren**.*
   Une voiture a écrasé le chien.

Passif

*Der Hund **ist** von einem Auto **überfahren worden.***
Le chien a été écrasé par une voiture.

❖ La forme verbale active *hat… überfahren,* correspond à la forme passive *ist… überfahren worden.*

❖ Le complément d'objet direct de la proposition active est devenu le sujet de la proposition passive.

❖ Le sujet de la proposition active est devenu le complément d'agent introduit par *von* (+ datif) de la proposition passive.

b **Deuxième cas de figure.**

Actif   Passif

*Man **hat** den Mörder **verhaftet.***   *Der Mörder **ist verhaftet worden.***
On a arrêté le meurtrier.   Le meurtrier a été arrêté.

❖ La forme verbale active *hat… verhaftet* correspond à la forme passive *ist… verhaftet worden.*

❖ Le complément d'objet direct de la proposition active est devenu le sujet de la proposition passive.

❖ Le sujet de la proposition active, *man,* ne réapparaît pas dans la proposition passive.

4 **Le complément d'agent.**

❖ Lorsqu'il y en a un, il est introduit par *von* + datif.

❖ Les compléments introduits par *durch* + accusatif ou *mit* + datif sont des compléments qui indiquent l'instrument ou l'intermédiaire. Ils ne sont quasiment jamais employés comme sujets dans la construction active.

*Die Kirche ist **durch** Bomben zerstört worden.*
L'église a été détruite par des bombes.

5 **Emploi de *es*.**

Lorsque le sujet de la proposition au passif est précédé d'un déterminatif indéfini *(ein Kind),* ou lorsqu'il s'agit d'un partitif (Ø *Wasser…*), on peut retarder l'apparition de ce sujet en employant en première place *es*; ce *es* est souvent l'équivalent du « il » français.

***Es** wurde gestern eine Brieftasche gefunden.*
Eine Brieftasche wurde gestern gefunden.
Il a été trouvé hier un portefeuille.

---

1. Donnez la forme passive correspondant à la forme active (même temps, même personne) :
1 (ich) schlage **2** (er) wird beißen **3** (wir) fragten **4** (sie) haben gegessen **5** (du) hattest gefunden

2. Mettez au passif :

1 Man hat dieses Haus in sechs Monaten gebaut. **2** Eine Japanerin interpretiert folgende Sonate. **3** Der Vater spült das Geschirr. **4** Der Hund hatte den Briefträger gebissen. **5** Die Großmutter hatte diese Geschichte erzählt.

3. Traduisez en allemand, en employant un passif :

1 Il a été trouvé un sac à main (die Handtasche). **2** La marchandise (die Ware) a été livrée (liefern an + acc.) au vendeur (der Verkäufer). **3** Il a été arrêté à la frontière. **4** Il a été mis en garde (warnen vor + dat.) contre ce danger (die Gefahr).

182 Passif impersonnel

Avec certains verbes, on peut construire un passif sans sujet : c'est le passif impersonnel.

1 **Avec des verbes qui expriment une activité** et qui peuvent se construire à l'actif avec le sujet seul, en particulier avec *man.*

Man arbeitet.	*Man tanzt.*	*Man läuft.*
On travaille.	On danse.	On court.

Au passif, ou bien la première place de la proposition est occupée par un complément (de temps, de lieu…), ou bien elle est occupée par *es* qui n'est pas un sujet, mais qui a pour seule fonction d'occuper la première place pour que le verbe conjugué soit à la deuxième (= *es* « explétif », → 90).

Comparez :

*Es **wurde** viel **getanzt**.*
On dansa beaucoup.

*An diesem Abend **wurde** viel **getanzt**.*
et non : *An diesem Abend wurde es viel getanzt.*
Ce soir-là on dansa beaucoup.

*Es **wurde** an diesem Abend viel **getanzt**.*
On dansa beaucoup ce soir-là.

2 **Avec des verbes qui ont un complément au datif**, par exemple *helfen* = « aider », *danken* = « remercier », *gratulieren* = « féliciter », *drohen* = « menacer » ou un complément prépositionnel, par exemple *diskutieren über* = « discuter de ». Dans ce cas, il y a deux possibilités.

❖ Ou bien il n'y a pas de complément d'agent au passif.

Actif		Passif
Man hat ihm geholfen.		***Ihm ist geholfen worden.***
On l'a aidé.	ou	***Es ist ihm geholfen worden.***

❖ Ou bien il y a un complément d'agent (construction relativement rare) au passif.

Actif   Passif

Sein Vater hat ihm geholfen. *Ihm **ist** von seinem Vater **geholfen worden**.*
Son père l'a aidé.   ou   *Es ist **ihm** von seinem Vater **geholfen worden**.*
Mais non :   ~~*Er ist von seinem Vater geholfen worden.*~~

Remarquez que dans certains contextes, ce passif impersonnel peut avoir une valeur d'impératif.

*Jetzt **wird** aber **gearbeitet**!*
    Maintenant, au travail !

⟶ Pour la rection des verbes, voir **218**.

> **1. Traduisez en allemand, en employant un passif impersonnel :**
> **1** Hier, on a bu beaucoup. **2** Puis subitement on se tut (schweigen). **3** Il y a huit jours, on a fait la moisson (ernten). **4** Maintenant, c'est l'heure d'aller dormir (schlafen). **5** Toute la journée, on s'est moqué (spotten) de lui.

> **2. Commencez les phrases par un autre élément que** *es* **:**
> **1** Es wurde ihm bei der Hausaufgabe geholfen. **2** Es wurde mir von allen zugestimmt (approuver). **3** Es ist über seine finanzielle Lage diskutiert worden. **4** Es ist in der Zeitung von einem schweren Unfall berichtet worden. **5** Es musste auf diese Reise verzichtet werden.

183   Passif : équivalents

Certaines tournures correspondent à des expressions au passif.

1 *Bekommen* **+ participe passé.**

*Ich habe diese CD **geschenkt bekommen**.*
*(Diese CD ist mir **geschenkt worden**.)*
    On m'a offert ce CD.

2 *Sein + zu + infinitif* est l'équivalent d'une construction avec verbe de modalité + infinitif passif. Selon le sens de la phrase, le verbe de modalité correspondant est *können* ou *müssen*.

❖ Verbe de modalité *können* + infinitif passif.

*Das **ist** gar nicht **zu leugnen**.*
(Das kann gar nicht geleugnet werden.)
    On ne peut le nier.

❖ Verbe de modalité *müssen* + infinitif passif.

*Diese Aufgabe **ist** für morgen **zu machen**.*
(Diese Aufgabe muss für morgen gemacht werden.)
    Ce devoir est à faire pour demain.

184 Pluriel des noms : tableau des marques

Le tableau suivant permet de connaître la répartition des marques de pluriel en allemand. Cinq types y participent.

Type I : - ou ̈

Type II : *-e,* ou *̈e*

Type III : *-er* ou *̈er*

Type IV : *-en* ou *-n*

Type V : *-s.*

TABLEAU DE RÉPARTITION DES MARQUES

	Marques	Masculins	Neutres	Féminins
Type I	–	*der Wagen / die Wagen* la voiture	*das Messer / die Messer* le couteau	
	̈	*der Apfel / die Äpfel* la pomme	*das Kloster / die Klöster* le couvent	*die Tochter / die Töchter* la fille
Type II	*-e*	*der Hund / die Hunde* le chien	*das Jahr / die Jahre* l'année	*die Kenntnis /* *die Kenntnisse* la connaissance
	̈e	*der Arzt / die Ärzte* le médecin	*das Floß / die Flöße* le radeau	*die Nacht / die Nächte* la nuit
Type III	*-er*	*der Geist / die Geister* l'esprit	*das Feld / die Felder* le champ	
	̈er	*der Wald / die Wälder* la forêt	*das Haus / die Häuser* la maison	
Type IV	*-n / -en*	*der Held / die Helden* le héros	*das Bett / die Betten* le lit	*die Tür / die Türen* la porte
	-n / -en	*der Staat / die Staaten* l'État		
	-n	*der See / die Seen* le lac	*das Auge / die Augen* l'œil	*die Feder / die Federn* la plume
	-(e)n	*der Buchstabe /* *die Buchstaben* la lettre		
Type V	*-s*	*der Streik / die Streiks* la grève	*das Auto / die Autos* la voiture	*die Oma / die Omas* la mamie

1 **Masculins.**

a **Type I : - ou ⁼**

❖ La plupart des masculins en **-el, -en, -er** n'ont pas de marque de pluriel.

der Wagen ⇢ ***die Wagen*** = la voiture

❖ Ils peuvent avoir l'inflexion seule sur *a, o, u :*

der Apfel ⇢ ***die Äpfel*** = la pomme

Attention, l'inflexion n'est pas toujours prévisible (→ les listes, **185, 1a** et **1b**). Quatre masculins forts en *-el, -er* font leur pluriel en *-n :*

der Muskel ⇢ ***die Muskeln*** = le muscle

der Pantoffel ⇢ ***die Pantoffeln*** = le pantoufle

der Stachel ⇢ ***die Stacheln*** = l'épine

der Vetter ⇢ ***die Vettern*** = le cousin

b **Type II : -e ou ⁼e**

C'est la marque caractéristique du pluriel des masculins. L'inflexion est fréquente sur *a, o, u,* mais pas obligatoire (→ les listes, **185, 1c** et **1d**).

-e : *der Weg* ⇢ ***die Wege*** = le chemin

   der Hund ⇢ ***die Hunde*** = le chien

⁼e : *der Arzt* ⇢ ***die Ärzte*** = le médecin

c **Type III : -er ou ⁼er**

Quelques masculins prennent les marques *-er* et *⁼er* (→ la liste, **185, 1e**).

der Geist ⇢ ***die Geister*** = l'esprit

der Wald ⇢ ***die Wälder*** = la forêt

d **Type IV : -en ou -n**

❖ Les masculins faibles prennent la marque *-n* ou *-en* (→ **141** et **160**).

der Junge ⇢ ***die Jungen*** = les garçons

der Held ⇢ ***die Helden*** = le héros

❖ Quelques masculins prennent la marque *-n* ou *-en* (ce ne sont pas des masculins faibles, → la liste, **185,1 f**).

der See ⇢ ***die Seen*** = le lac

der Staat ⇢ ***die Staaten*** = l'État

❖ Quelques masculins prennent la marque *-(e)n* au pluriel et *-(e)ns* au génitif (→ les masculins mixtes, **142**).

der Buchstabe ⇢ *die Buchstaben* = la lettre (de l'alphabet)

e **Type V : -s**

Quelques masculins prennent la marque *-s* (→ la liste, **185,1g**).

der Streik ⇢ ***die Streiks*** = la grève

der Park ⇢ ***die Parks*** = le parc

2 **Neutres.**

a **Type I : -** ou **¨**

❖ Les neutres terminés par *-et, -en, -er* et les suffixes *-chen* et *-lein* sont invariables.

das Messer ▪▸ *die Messer* = le couteau

das Mädchen ▪▸ *die Mädchen* = la jeune fille

❖ Un seul neutre présente l'inflexion.

das Kloster ▪▸ *die Klöster* = le couvent

b **Type II : -e** ou **¨e**

❖ Quelques neutres prennent la marque *-e* (⟶ la liste, **185, 2a**).

das Jahr ▪▸ *die Jahre* = l'année

❖ Les neutres en *-nis* forment leur pluriel en *-nisse*.

das Gefängnis ▪▸ *die Gefängnisse* = la prison

❖ Un seul neutre présente **¨e**.

das Floß ▪▸ *die Flöße* = le radeau

c **Type III : -er** ou **¨- er**

C'est la marque caractéristique des neutres. Ils ont l'inflexion lorsque c'est possible.

das Feld ▪▸ *die Felder* = le champ

das Haus ▪▸ *die Häuser* = la maison

d **Type IV : -en** ou **-n**

Quelques neutres prennent la marque *-en* ou *-n* (⟶ la liste, **185, 2b**).

das Bett ▪▸ *die Betten* = le lit

das Auge ▪▸ *die Augen* = l'œil

das Herz ▪▸ *die Herzen* = le cœur

(génitif sing. : *des Herzens,* aux autres cas : *Herzen*)

Exception : un pluriel de même orthographe, mais de prononciation différente :

das Knie [kniɬ] ▪▸ *die Knie* [kniː] = le genou

e **Type V : -s**

Quelques neutres prennent la marque *-s* (⟶ la liste, **185, 2c**).

das Auto ▪▸ *die Autos* = la voiture

das Handy ▪▸ *die Handys* = le téléphone portable

3 **Féminins.**

a **Type I : - ou ⁓**

Il n'y a aucun féminin sans marque de pluriel et seulement deux féminins avec la marque ⁓.

die Mutter ⁓→ ***die Mütter*** = la mère

die Tochter ⁓→ ***die Töchter*** = la fille

b **Type II : -e ou ⁓e**

❖ Quelques féminins en *-nis* forment leur pluriel en *-nisse*.

die Erkenntnis ⁓→ *die Erkenntnisse* = la connaissance

❖ Il y a quelques féminins en ⁓e (⟶ la liste, **185**, 3).

die Nacht ⁓→ ***die Nächte*** = la nuit

c **Type III : -er ou ⁓er**

Aucun féminin.

d **Type IV : -en ou -n**

❖ C'est la marque caractéristique des féminins.

die Tür ⁓→ ***die Türen*** = la porte

die Feder ⁓→ ***die Federn*** = la plume

❖ Les féminins en *-in* présentent un dédoublement de la consonne *-n*.

die Freundin ⁓→ ***die Freundinnen*** = l'amie

e **Type V : -s**

Quelques féminins de la langue familière ou d'origine étrangère prennent la marque *-s* :

die Oma ⁓→ *die Omas* = mamie

die Cd ⁓→ *die CDs* = le CD

die Filmkamera ⁓→ *die Filmkameras* : la caméra

185 Pluriel des noms : listes

1 **Masculins.**

a Liste de **quelques masculins en *-el, -en, -er* avec pluriel sans marque**, et qui ne prennent pas l'inflexion alors que ce serait possible :
der Wagen ⁓→ *die Wagen.*

der Adler l'aigle	***der Balken*** la poutre	***der Wagen*** la voiture
der Artikel l'article	***der Braten*** le rôti	

b Liste des **principaux masculins en -el, -en, -er avec pluriel en ¨** : *der Apfel* ◗ *die Äpfel.*

der Acker le champ	*der Hafen* le port	*der Nagel* le clou
der Apfel la pomme	*der Hammer* le marteau	*der Ofen* le poêle
der Bogen l'arc	*der Kasten* la boîte, le coffre	*der Schaden* le dommage
der Bruder le frère	*der Laden* le magasin	*der Schwager* le beau-frère
der Faden le fil	*der Mangel* le défaut	*der Vater* le père
der Garten le jardin	*der Mantel* le manteau	*der Vogel* l'oiseau
der Graben le fossé		

c Liste des **principaux masculins avec pluriel en -e sans inflexion** (alors qu'elle serait possible) : *der Hund* ◗ *die Hunde.*

der Abend le soir	*der Grad* le degré	*der Pfad* le sentier
der Apparat l'appareil	*der Gurt* la ceinture	*der Pol* le pôle
der Arm le bras	*der Huf* le sabot	*der Punkt* le point
der Beruf la profession	*der Hund* le chien	*der Ruf* l'appel
der Besuch la visite	*der Laut* le son	*der Schuh* la chaussure
der Dom la cathédrale	*der Monat* le mois	*der Stoff* l'étoffe
der Erfolg le succès	*der Mord* le meurtre	*der Tag* le jour
der Gehalt le contenu	*der Ort* le lieu	*der Versuch* l'essai
der Gemahl l'époux		

d Liste de **quelques masculins avec pluriel en ¨e** : *der Arzt* ◗ *die Ärzte.* Un grand nombre de masculins présentent cette formation.

der Antrag la demande	*der Bart* la barbe	*der Duft* le parfum
der Arzt le médecin	*der Brand* l'incendie	*der Fall* la chute
der Ast la branche	*der Brauch* la coutume	*der Frosch* la grenouille
der Bach le ruisseau	*der Bruch* la cassure	*der Fluss / die Flüsse* la rivière
der Ball le ballon	*der Busch* le buisson	*der Fuchs* le renard

der Fuß / die Füße
le pied

der Gast
l'invité

der Geruch
l'odeur

der Grund
la raison, le fond

der Hahn
le coq

der Hut
la chapeau

der Kahn
la canot

der Kampf
la lutte

der Kanal
le canal

der Kauf
l'achat

der Knopf
le bouton

der Kopf
la tête

der Kranz
la couronne

der Kuss / die Küsse
le baiser

der Markt
le marché

der Plan
le plan

der Platz
la place

der Raum
la pièce

der Saal / die Säle
la salle

der Satz
la phrase

der Schlag
le coup

der Schrank
l'armoire

der Sohn
le fils

der Sprung
le saut

der Strumpf
le bas

der Stuhl
la chaise

der Sturm
la tempête

der Tanz
la danse

der Topf
le pot

der Traum
le rêve

der Turm
la tour

der Vertrag
le contrat

der Wolf
le loup

der Wunsch
le souhait

der Zahn
la dent

der Zug
le train

e Liste des **principaux masculins avec pluriel en ⁼er** : *der Wald* ⋯⬥ *die Wälder.*

der Gott
le dieu

der Irrtum
l'erreur

der Mann
l'homme

der Mund
la bouche

der Rand
le bord

der Reichtum
la richesse

der Wald
la forêt

der Wurm
le ver

f Liste des **principaux masculins avec pluriel en -(e)n** : *der See* ⋯⬥ *die Seen.*

der Dorn
l'épine

der Muskel
le muscle

der Pantoffel
la pantoufle

der See
le lac

der Schmerz
la douleur

der Stachel
l'épine

der Staat
l'État

der Strahl
le rayon (lumineux)

der Vetter
le cousin

g Liste des **principaux masculins avec pluriel en -s** : *der Streik* ⋯⬥ *die Streiks.*

der Bankier
le banquier

der Chef
le chef

der Klub
le club

der Park : aussi *die Parke*
le parc

der Salon
le salon

der Scheck : aussi *die Schecke*
le chèque

der Streik : aussi *die Streike*
la grève

page 252

2 **Neutres.**

a Liste des **principaux neutres avec pluriel en -e** : *das Jahr* ⋯⟶ *die Jahre.*

das Beet le parterre (de fleurs)	***das Jahrhundert*** le siècle	***das Schaf*** le mouton
das Bier la bière	***das Jahrzehnt*** la décennie	***das Schwein*** le porc
das Boot le bateau	***das Kreuz*** la croix	***das Schiff*** le bateau
das Brot le pain	***das Meer*** la mer	***das Seil*** la corde
das Ding la chose	***das Netz*** le filet, le réseau	***das Spiel*** le jeu
das Dutzend la douzaine	***das Paar*** la paire	***das Stück*** le morceau
das Fest la fête	***das Pferd*** le cheval	***das Tier*** l'animal
das Gift le poisson	***das Recht*** le droit	***das Tor*** le portail
das Haar le(s) cheveu(x)	***das Reh*** le cerf	***das Zelt*** la tente
das Heft le cahier	***das Reich*** l'empire	***das Zeug*** la chose
das Jahr l'année	***das Rohr*** le tuyau	***das Ziel*** le but

– les composés en *-werk* : *das Handwerk* = le métier

– les dérivés en *-sal, -nis, -bot* : *das Schicksal* = le destin, *das Hindernis(se)* = l'obstacle, *das Verbot :* l'interdiction.

b Liste des **principaux neutres avec pluriel en -(e)n** : *das Auge* ⋯⟶ *die Augen.*

das Auge l'œil	***das Hemd*** la chemise	***das Ohr*** l'oreille
das Bett le lit	***das Herz*** le cœur	***das Verb*** le verbe
das Ende la fin	***das Leid*** la souffrance	

c Liste des **principaux neutres avec pluriel en -s** : *das Auto* ⋯⟶ *die Autos.*

das Auto la voiture	***das Foto*** la photographie	***das Hotel*** l'hôtel
das Büro le bureau (pièce)	***das Handy*** le téléphone portable	***das Kino*** le cinéma
das Café le café (établissement)	***das Hobby*** le hobby	***das Sofa*** le sofa

3 **Féminins.**

Liste des principaux féminins avec pluriel en ¨e : *die Nacht* ⸱⸱◆ *die Nächte*.

die Angst la peur	*die Hand* la main	*die Maus* la souris
die Axt la hache	*die Kraft* la force	*die Nacht* la nuit
die Bank le banc	*die Kuh* la vache	*die Naht* la couture
die Brust la poitrine	*die Kunst* l'art	*die Nuss* la noix
die Faust le poing	*die Laus* le pou	*die Stadt* la ville
die Frucht le fruit	*die Luft* l'air	*die Wand* le mur
die Gans l'oie	*die Macht* la puissance	*die Wurst* la saucisse

> **Donnez le pluriel des noms suivants :**
> **1** der Name **2** der Bankier **3** das Pferd **4** die Höhle **5** der Fuchs **6** der Schwanz **7** das Tuch **8** der Wagen **9** das Spiel **10** der Mensch **11** der Affe **12** der Abend **13** der Irrtum **14** das Ohr **15** die Kraft **16** das Segel **17** der Wurm **18** die Kuh **19** der Ofen **20** der Herr **21** das Auge **22** die Hand **23** der Knoten **24** das Fest **25** die Seite **26** die Kiefer **27** das Schiff **28** die Stadt **29** das Haar **30** die Wurst.

(186) Pluriel des noms : particularités

Certains noms présentent des particularités dans leur formation du pluriel. Ils sont souvent homonymes au singulier, c'est-à-dire que leur orthographe est identique, mais leur sens différent. Les noms suivants ont le même genre, mais leurs pluriels diffèrent.

Singulier	Traduction	Pluriel
das Band	le ruban	*die Bänder*
	le lien	*die Bande*
die Bank	la banque	*die Banken*
	le banc	*die Bänke*
der Bau	le bâtiment	*die Bauten*
	le terrier	*die Baue*
der Block	le bloc	*die Blöcke*
	(blocs de glace)	*(die Eisblöcke)*
	le carnet	*die Blocks*
	(carnets)	*(die Notizblocks)*
	l'immeuble	*die Blocks*
	(pâtés de maison)	*(die Häuserblocks)*
der Druck	copie d'imprimerie	*die Drucke*

	(épreuves couleur)	*(die Farbdrucke)*
	l'empreinte	*die... drücke*
	(impressions)	*(die Eindrücke)*
	(empreintes digitales)	*(die Fingerabdrücke)*
das Gesicht	le visage	*die Gesichter*
	les visions	*die Gesichte* (pluriel uniquement)
der Mann	l'homme	*die Männer*
	le vassal	*die Mannen*
der Rat	le conseiller	*die Räte*
	le conseil	*die Ratschläge*
der Stock	la canne	*die Stöcke*
	l'étage	*die Stockwerke*
		(ou *Stock* comme unité de mesure :
	La maison est haute de trois étages.	*Das Haus ist drei Stock hoch*.)
	J'habite au 4e étage.	*Ich wohne im 4. Stock.*
der Strauß	le bouquet	*die Sträuße*
	l'autruche	*die Strauße*
das Wort	le mot (isolé)	*die Wörter*
	le mot (en contexte)	*die Worte*
	les paroles	

Remarquez que les composés en -*mann* forment leur pluriel en -*männer* lorsqu'il s'agit d'individus : *die Ehemänner* = « les maris » et en -*leute* lorsqu'il s'agit d'un ensemble ou d'une catégorie professionnelle : *die Eheleute* = « les époux » ; *die Fachleute* = « les spécialistes ».

→ Pour les homonymes, voir aussi **113**.

> **Ajoutez le nom au pluriel aux phrases suivantes :**
> **1** Im Zentrum von London gibt es viele ... **2** Die ... im Park wurden frisch gestrichen. **3** Der Redner beendete seine Rede mit feierlichen ... **4** Du musst die unbekannten ... im ...buch nachschlagen. **5** Gestern habe ich mir ein paar ... von Picassos Bildern gekauft. **6** Der Einbrecher hat überall Fingerab... hinterlassen. **7** Riesige Eis... versperrten den Weg. **8** Gestern habe ich zwei neue Notiz ... gekauft.

187 Préférer (traductions)

1 *Etw. lieber tun* = « préférer », « aimer mieux ».

*Ich gehe **lieber** zu Fuß.*
  Je préfère marcher à pied.

❖ Si l'on compare deux termes, le deuxième est introduit par *als*.

*Ich trinke **lieb**er Rotwein **als** Weißwein.*
  Je préfère le vin rouge au vin blanc.

❖ Si l'on a le choix entre plus de deux possibilités, on dit *am liebsten*.

Am liebsten *trinke ich Champagner.*
  Ce que je préfère, c'est le champagne.

❖ Pour désigner la personne ou l'objet préféré, on utilise *liebst-* ou *Lieblings-*.

mein **liebstes** *Buch*
  mon livre préféré

seine **liebste** *Schülerin*
  son élève préférée

ihr **Lieblings***schauspieler*
  son acteur préféré

ihre **Lieblings***farbe*
  sa couleur préférée

2 **Etw. vorziehen.** Le terme comparé est au **datif.**

Sie **zieht** *ihren letzten Sohn (***den** *anderen Kindern)* **vor***.*
  Elle préfère son dernier fils (aux autres enfants).

Er **zieht** *den Atlantischen Ozean* **dem** *Mittelmeer vor.*
  Il préfère l'Atlantique à la Méditerranée.

3 **Etw. bevorzugen.**

Sie **bevorzugt** *leichte Zigaretten.*
  Elle préfère les cigarettes légères.

Le terme comparé est introduit par *vor* + datif.

Vor *allen anderen Blumen* **bevorzugt** *sie die Rosen.*
  De toutes les fleurs, elle préfère les roses.

⟶ Pour « aimer », voir aussi **17**.

Traduisez en allemand :
1 Il aime mieux voyager en train qu'en avion. **2** De tous les sports (die Sportarten), elle préfère le tennis (deux solutions). **3** Nous préférons aller à la montagne qu'à la mer. **4** Je préfère une pièce de théâtre à un opéra. **5** C'est son chanteur préféré (deux solutions). **6** Est-ce que tu préfères le pain noir ou le pain blanc ? **7** Je préfère attendre un peu. **8** Elle préfère Brigitte à toutes ses autres amies.

---

188 **Premier, dernier, seul** (traductions)

1 **Erst-, letzt-, einzig- prennent une majuscule lorsqu'ils sont substantivés.**

Er ist **der / die Erste, der / die Letzte, der / die Einzige** *der Klasse.*
  Il est le premier / la première, le dernier / la dernière, le seul / la seule de la classe.

2 **Des expressions comme « arriver / partir le premier ou le dernier », « être le premier à / le dernier à / le seul à » se traduisent par les tournures suivantes :**

als Erster = « le premier », *als Letzter* = « le dernier », *als Einziger* = « le seul ».

Sie ist **als Erste** *durchs Ziel gegangen.*
  Elle a passé la première la ligne d'arrivée.

*Sie haben **als Letzte** das Haus verlassen.*
Ils étaient les derniers à quitter la maison.

*Er hat **als Einziger** den Gipfel erreicht.*
Il est le seul à avoir atteint le sommet.

3 La construction avec une relative est cependant toujours possible.

*Max ist **der Einzige, der** den Gipfel erreicht hat.*
Max est le seul à avoir atteint le sommet. (Max est le seul qui ait atteint le sommet.)

> **Traduisez en allemand :**
> **1** Félix est arrivé le premier. **2** Klara est partie la dernière. **3** Lutz est le seul qui soit resté. **4** La première de la classe est la seule à avoir compris le problème de mathématiques. **5** Nous avons été les premiers à apprendre la nouvelle. **6** Jean et Pierre sont les seuls à nous avoir aidés. **7** Il ne veut pas rester le dernier de son groupe. **8** Le vieil homme était le dernier à parler cette langue.

189 Prépositions + accusatif

Les prépositions *durch, für, gegen, ohne, um* sont toujours suivies de l'accusatif.

1 *Durch.*

❖ Sens 1 : «à travers» (sens spatial).

*Er wirft einen Ball **durch** das Fenster.*
Il lance une balle par la fenêtre.

❖ Sens 2 : «par», «au moyen de», «par l'intermédiaire de», «grâce à».

*Ich habe sie **durch** einen Freund kennen gelernt.*
J'ai fait sa connaissance grâce à un ami.

2 *Für.*

❖ Sens 1 : «pour» (destination).

*Ich habe das Buch **für** dich gekauft.*
J'ai acheté ce livre pour toi.

❖ Sens 2 : «pour» («pour la quantité, la somme de…»)

*Ich habe es **für** zehn Euro bekommen.*
Je l'ai eu pour dix euros.

❖ Sens 3 : «pour (une durée de…)»

*Ich habe das Auto **für** eine Woche.*
J'ai la voiture pour une semaine.

3 *Gegen.*

❖ Sens 1 : « contre ».

Gegen ihn kann man nichts machen.
   Contre lui, on ne peut rien faire.

❖ Sens 2 : « contre (un obstacle) ».

Sie sind gegen einen Baum gefahren.
   Ils ont heurté un arbre.

❖ Sens 3 : « vers » (temporel).

Er ist gegen Mittag angekommen.
   Il est arrivé vers midi.

4 *Ohne* = « sans ».

Er ist ohne ein Wort weggegangen.
   Il est parti sans dire un mot.

5 *Um.*

❖ Sens 1 : « autour de » (spatial), souvent associé à *herum*.

Alle saßen um ihn (herum).
   Tous étaient assis autour de lui.

❖ Sens 2 : « pour », « à propos de… ».

Schade um das Fahrrad!
   Dommage pour le vélo !

❖ Sens 3 : « à » (temporel).

Ich esse um sieben.
   Je mange à 7 heures.

Traduisez en allemand :
1 Contre qui as-tu combattu (kämpfen) ? **2** Sans son père, je n'aurais jamais trouvé le chemin (der Weg). **3** Il y a des arbres autour de l'église (die Kirche). **4** C'est pour toi ? **5** Nous sommes arrivés à minuit (Mitternacht). **6** Je viendrai vers trois heures.

---

190 Prépositions + datif

Les prépositions *aus, bei, mit, nach, seit, von, zu* sont toujours suivies du datif.

1 *Aus.*

❖ Sens 1 : « de », « en provenance de », « originaire de », « dans ».

Er kommt aus Hamburg.　　*Sie ist aus Hamburg.*　　*Er trinkt aus der Flasche.*
   Il vient de Hambourg.　　　Elle est de Hambourg.　　　Il boit à la bouteille.

❖ Sens 2 : « de » (« sortir de »).

Er kommt aus dem Geschäft.
   Il sort du magasin.

❖ Sens 3 : « de » (temporel).

*Das Haus stammt **aus** dem vorigen Jahrhundert.*
  La maison date du siècle dernier.

❖ Sens 4 : « de », « en » (avec des noms de matière).

*Ich habe eine Uhr **aus** Gold.*
  J'ai une montre en or.

❖ Sens 5 : « par », « pour » (causal).

***Aus** welchem Grund hast du das gemacht?*
  Pour quelle raison as-tu fait cela ?

2 Bei.

❖ Sens 1 : « chez » (⟶ 139).

*Wohnst du **bei** deinen Eltern?*
  Habites-tu chez tes parents ?

❖ Sens 2 : « près de ».

*Die Schule befindet sich gleich **beim** Flugplatz.*
  L'école se trouve tout près du terrain d'aviation.

❖ Sens 3 : « par » (prendre par un endroit précis).

*Nimm ihn **bei** der Hand!*
  Prends-le par la main !

❖ Sens 4 : « à », « lors de » (temporel).

***Bei** meinem Aufenthalt in Berlin bin ich krank geworden.*
  Lors de mon séjour à Berlin, je suis tombé malade.

❖ Sens 5 : « par » (conditionnel).

***Bei** Regen bleibe ich zu Hause.*
  Par temps de pluie, je reste à la maison.

3 Mit.

❖ Sens 1 : « avec » (accompagnement).

*Ich gehe **mit** dir ins Kino.*
  Je vais avec toi au cinéma.

*eine Wurst **mit** Senf*
  une saucisse avec de la moutarde

*das Mädchen **mit** dem blonden Haar*
  la fille aux cheveux blonds

❖ Sens 2 : « avec » (instrument).

*Ich bin **mit** dem Auto hingefahren.*
  J'y suis allé en voiture.

❖ Sens 3 : « à » (temporel).

***Mit** zehn Jahren hat er seinen Vater verloren.*
  À l'âge de dix ans, il a perdu son père.

❖ Sens 4 : « contre ».

*Er hat **mit** den Wellen gekämpft.*
  Il s'est battu contre les vagues.

❖ Sens 5 : « de », « avec » (manière).

*Er hat **mit** lauter Stimme geschrien.*
   Il a crié d'une voix forte.

4 **Nach.**

❖ Sens 1 : « vers » (directionnel, → 80).

*Ich fahre **nach** Deutschland.*
   Je vais en Allemagne.

❖ Sens 2 : « après » (temporel, → 27).

*Ich komme **nach** Ostern.*
   Je viendrai après Pâques.

❖ Sens 3 : « au bout de » (durée).

***Nach** einer halben Stunde war er verschwunden.*
   Au bout d'une demi-heure, il avait disparu.

❖ Sens 4 : « selon », « d'après » (préposé ou postposé).

*meiner Meinung **nach***
   à mon avis

*Man hat sie **nach** ihrer Mutter genannt.*
   On lui a donné le nom de sa mère.

❖ Sens 5 : « après » (ordre, succession).

*einer **nach** dem anderen*
   l'un après l'autre

5 **Seit** : « depuis » (temporel).

*Er arbeitet **seit** zwei Monaten.*
   Il travaille depuis deux mois.

6 **Von.**

❖ Sens 1 : « de » (provenance).

*Er kommt **von** Berlin.*
   Il vient de Berlin.

❖ Sens 2 : « depuis » (temporel).

***von** Weihnachten bis Ostern*
   de Noël à Pâques

❖ Sens 3 : « par »

*Er ist **von** einem Auto überfahren worden.*
   Il a été écrasé par une voiture.

→ Pour le complément d'agent, voir **161**.

❖ Sens 4 : « de », « de la part de ».

*Grüßen Sie ihn **von** mir.*
   Saluez-le de ma part.

*die Opern **von** Mozart*
   les opéras de Mozart

7 Zu.

❖ Sens 1 : « chez ».

Er geht zum Bäcker.
  Il va chez le boulanger.

→ Pour le directionnel, voir **80**.

❖ Sens 2 : « chez » (locatif avec *Hause*).

Ich bin zu Hause.
  Je suis chez moi.

❖ Sens 3 : « à » (temporel).

zu Mittag essen
  déjeuner

❖ Sens 4 : « en » (transformation en…, élection, nomination…).

Des Wasser wird zu Eis.
  L'eau se transforme en glace.

Er wurde zum Direktor ernannt.
  Il fut nommé directeur.

❖ Sens 5 : « pour » (but).

Ich zeichne nur zum Zeitvertreib.
  Je ne dessine que pour passer le temps.

❖ Sens 6 : « avec » (accompagnement).

Nimmst du Brot zum Fleisch?
  Manges-tu du pain avec la viande ?

Expressions

zu Fuß
  à pied

Zu Befehl!
  À vos ordres !

zu dritt
  à trois

zum Beispiel
  par exemple

zum letzten Mal
  pour la dernière fois

drei zu eins
  trois à un (résultat sportif)

> **Complétez par la préposition qui convient :**
> **1** Ich fahre… Hause. **2** Willst du Milch… deinem Kaffee? **3** Ich habe ihn… zwei Wochen nicht gesehen. **4** … schlechtem Wetter fahre ich… dem Zug. **5** Das sind Fotos… meiner Jugend. **6** Dieses Gedicht (poésie)… Heine ist berühmt. **7** Er wurde… Präsidenten gewählt (élu). **8** … drei Tagen darfst du wieder aufstehen. **9** Er fährt… seinem Bruder. **10** Er trinkt… ersten Mal Wein.

191 Prépositions + génitif

Voici les plus importantes.

1 Außerhalb = « hors de », « en dehors de » (spatial ou temporel).

Er wohnt außerhalb der Stadt.
  Il habite en dehors de la ville.

2 ***Diesseits*** = «de ce côté-ci».

*Das Dorf liegt **diesseits** der Grenze.*
　　Le village se trouve de ce côté-ci de la frontière.

3 ***Infolge*** = «par suite de».

***Infolge** eines Unfalls wurde die Autobahn gesperrt.*
　　Par suite d'un accident, l'autoroute fut fermé.

4 ***Innerhalb*** = «à l'intérieur de» (spatial), «en l'espace de» (temporel).

*Er darf nur **innerhalb** des Gartens spielen.*
　　Il n'a le droit de jouer qu'à l'intérieur du jardin.

***Innerhalb** eines Jahres ist er um 10 Zentimeter gewachsen.*
　　En l'espace d'un an, il a grandi de dix centimètres.

5 ***Jenseits*** = «de l'autre côté de», «au-delà de».

***Jenseits** des Flusses sieht man ein kleines Haus.*
　　De l'autre côté du fleuve, on voit une petite maison.

6 ***Längs*** = «le long de».

*Die Bäume **längs** der Straße sind krank.*
　　Les arbres, le long de la route, sont malades.

7 ***Oberhalb*** = «au-dessus de».

***Oberhalb** der Tür hängt ein Schild.*
　　Au-dessus de la porte, il y a une enseigne.

8 ***Trotz*** = «malgré».

*Wir gehen **trotz** des Regens spazieren.*
　　Nous allons nous promener malgré la pluie.

Attention : dans certaines expressions, *trotz* est suivi du datif.

trotz allem	***trotz alledem***	***trotzdem***
malgré tout	malgré tout cela	malgré cela

9 ***Unterhalb*** = «en-dessous de».

***Unterhalb** des Hauses fließt ein Bach.*
　　En-dessous de la maison coule une rivière.

10 ***Während*** = «pendant».

***Während** der Ferien war er in Spanien.*
　　Pendant les vacances, il était en Espagne.

11 ***Wegen*** = «à cause de».

***Wegen** schlechten Wetters fällt die Vorstellung aus.*
　　À cause du mauvais temps, la représentation n'aura pas lieu.

Remarques

❖ «À cause de moi, toi, lui…» se dit soit *meinetwegen, deinetwegen, seinetwegen,* soit *wegen mir, dir, ihm…* (familier).

❖ En langue courante, *trotz, während* et *wegen* s'emploient avec le datif.

192 Prépositions spatiales + locatif ou directionnel

Lorsqu'elles sont utilisées dans le domaine spatial, les prépositions suivantes sont utilisées soit avec un locatif (→ 139), soit avec un directionnel (→ 80).

1 *An* = « à », « au contact de ».

❖ Locatif.

*Die Stadt liegt **am** Meer* (datif).
  La ville se trouve au bord de la mer.

❖ Directionnel.

*Er lehnt sich **an** die Wand* (accusatif).
  Il s'appuie contre le mur.

2 *Auf* = « sur » (« posé sur »).

❖ Locatif.

*Was hast du **auf** dem Kopf* (dat.)?
  Qu'est-ce que tu as sur la tête ?

❖ Directionnel.

*Stell dich **auf** den Stuhl* (acc.)!
  Mets-toi debout sur la chaise !

3 *In* = « dans ».

❖ Locatif.

*Er läuft **im** Wald herum* (dat.).
  Il court dans la forêt.

❖ Directionnel.

*Er läuft **in** den Wald* (acc.).
  Il va dans la forêt en courant.

4 *Hinter* = « derrière ».

❖ Locatif.

*Was machst du **hinter** der Mauer* (dat.)?
  Qu'est-ce que tu fais derrière le mur ?

❖ Directionnel.

Stell dich hinter den Baum (acc.)*!*
  Mets-toi derrière l'arbre !

5 *Vor* = «devant».

❖ Locatif.

Er spielt vor der Schule (dat.).
  Il joue devant l'école.

❖ Directionnel

Setz dich vor die Tür (acc.)*!*
  Assieds-toi devant la porte !

6 *Über* = «au-dessus de» (sans contact).

❖ Locatif.

Das Flugzeug fliegt über der Stadt (dat.).
  L'avion survole la ville.

❖ Directionnel.

Das Flugzeug fliegt über die Stadt (acc.).
  L'avion passa au dessus de la ville.

7 *Unter* = «sous».

❖ Locatif.

Der Ball ist unter dem Auto (dat.).
  Le ballon est sous la voiture.

❖ Directionnel.

Leg den Koffer unter den Schrank (acc.)*!*
  Mets la valise sous l'armoire !

8 *Neben* = «à côté de».

❖ Locatif.

Er sitzt neben mir (dat.).
  Il est assis à côté de moi.

❖ Directionnel.

Setz dich neben mich (acc.)*!*
  Assieds-toi à côté de moi !

9 *Zwischen* = «entre».

❖ Locatif.

Zwischen beiden Häusern ist ein kleiner Weg (dat.).
  Entre les deux maisons, il y a un petit chemin.

❖ Directionnel.

Ich setze mich zwischen die beiden Schwestern (acc.).
  Je m'assieds entre les deux sœurs.

→ Pour le locatif et le directionnel, voir **139** et **80**.

---

1. Complétez par un datif ou un accusatif :
1 Er sitzt neben dein… Freund. **2** Leg das Päckchen auf… Tisch! **3** Such die Tasche in mein… Zimmer (das Zimmer)! **4** Der Zug fährt über d… Brücke (die Brücke). **5** Stell dich vor d… Auto!

2. Traduisez en allemand :
1 À côté de la gare, on voit une grande place. **2** Qu'est-ce qu'il y a sur le bureau (der Schreibtisch) ? **3** Est-il derrière la maison ? **4** Il y a des nuages (die Wolke) au-dessus de la mer. **5** J'irai te chercher à la gare.

193 Prépositions spatiales et compléments de lieu

1 Le locatif et le directionnel.

a **On trouve le datif** (locatif) ou **l'accusatif** (directionnel) **avec les prépositions suivantes**. (Comparez aussi avec les exemples de la rubrique précédente pour l'opposition des cas, → 192).

❖ *In* = « dans (à l'intérieur de) ».
*Er arbeitet **im** Wald.*
  Il travaille dans la forêt.

❖ *An* = « à » (au contact de).
*Er ist **am** Fenster.*
  Il est à la fenêtre.

❖ *Auf* = « sur » (contact vertical).
*Leg das Buch **auf** den Tisch.*
  Mets le livre sur la table.

❖ *Unter* = « sous » (en dessous de).
*Die Puppe liegt **unter** dem Bett.*
  La poupée se trouve sous le lit.

❖ *Über* = « au-dessus de » (locatif).
***Über** dem Sofa hängt ein Bild.*
  Au-dessus du sofa est suspendu un tableau.

❖ *Über* = « par-dessus » (« traverser » : directionnel).
*Er geht **über** die Grenze.*
  Il traverse la frontière.

❖ *Vor* = « devant ».
*Der Wagen steht **vor** dem Haus.*
  La voiture est devant la maison.

❖ *Hinter* = « derrière ».
*Wer ist **hinter** der Mauer?*
  Qui est derrière le mur ?

❖ *Neben* = «à côté».

*Er sitzt **neben** mir.*
   Il est assis à côté de moi.

❖ *Zwischen* = «entre».

*Was sieht man **zwischen** dem Baum und der Mauer?*
   Que voit-on entre l'arbre et le mur ?

b **Prépositions sans opposition de cas.**

❖ *Bei* + datif = «chez» (locatif).

*Sie wohnt noch **bei** ihren Eltern.*
   Elle habite encore chez ses parents.

❖ *Zu* + datif = «chez» (directionnel).

*Ich fahre **zu** meinem Onkel.*
   Je vais chez mon oncle.

❖ *In* + datif = «en», «à» (locatif, noms géographiques).

*Er wohnt **in** Deutschland.*
   Il habite en Allemagne.

❖ *Nach* + datif = «en», «à» (directionnel, noms géographiques).

*Ich fahre **nach** Frankfurt.*
   Je vais à Francfort.

❖ *Zu Hause* = «à la maison» (locatif).

*Ist er heute Abend **zu Hause**?*
   Est-il à la maison ce soir ?

❖ *Nach Hause* = «à la maison» (directionnel).

*Wann fährst du **nach** Hause?*
   Quand rentres-tu ?

c **Autres prépositions qui sont toujours suivies de l'accusatif.**

❖ *Durch* + accusatif = «à travers».

*Er läuft **durch** den Wald.*
   Il traverse la forêt en courant.

❖ *Gegen* + accusatif = «contre».

*Er ist **gegen** eine Laterne gefahren.*
   Il a heurté un lampadaire.

❖ *Um* + accusatif (+ *herum*) = «autour de».

*Sie sitzen **um** den Tisch (herum).*
   Ils sont assis autour de la table.

2 **Les mouvements de sortie.**

❖ *Aus* ou *von* + datif = «de» («hors de»).

*Wann kommst du **aus** der Schule?*
   Quand rentres-tu de l'école ?

*Ich komme **von** zu Hause.*
   Je viens de chez moi.

❖ *Hinter* + datif + *hervor, heraus* = « de derrière ».

*Dann tritt er **hinter** dem Gebüsch **hervor**.*
  Puis il sort de derrière le buisson.

❖ *Unter* + datif + *hervor, heraus* = « de dessous ».

*Ich sehe ihn **unter** dem Tisch **hervor**kommen.*
  Je le vois sortir de dessous la table.

3 Les déplacements à deux.

❖ « Précéder » : *vor* + datif + *her*, datif + *voran* ou datif + *voraus*.

*Er läuft **vor** mir **her**.*   *Er läuft mir **voraus**.*
  Il court devant moi.   Il me devance.

*Er läuft mir **voran**.*
  Il me précède.

❖ « Suivre » *hinter* + datif + *her,* datif + *hinterher,* ou datif + *nach*.

*Er läuft **hinter** mir **her**.*   *Er läuft mir **nach**.*
*Er läuft mir **hinterher**.*   Il me suit.
  Il court derrière moi.

❖ « Côte à côte » : *neben* + datif + *her*.

*Et läuft **neben** mir **her**.*
  Il court à côté de moi.

4 Les face à face.

a **Statique** : datif + *gegenüber*.

*Er sitzt mir **gegenüber**.*
  Il est assis en face de moi.

b **Dynamique.**

❖ Soit datif + *entgegen* (deux partenaires en mouvement).

*Er kommt mir **entgegen**.*
  Il vient à ma rencontre.

❖ Soit *auf* + accusatif + *zu* (un seul partenaire en mouvement).

*Er kommt **auf** mich **zu**.*
  Il vient vers moi.

5 Les passages le long de...

❖ *An* + datif + *vorüber* ou *vorbei* = « le long de », « à côté de... ».

*Ich bin **an** der Kaserne **vorüber**gegangen.*
  J'ai longé la caserne.

*Er ist **an** mir **vorbei**geritten.*
  Il est passé à cheval à côté de moi.

❖ *An* + datif + *entlang* = « le long de... » (ou acc. + *entlang* ou *entlang* + dat.).

*Ich gehe **am** Rhein **entlang** spazieren.*
  Je vais me promener au bord du Rhin.

Traduisez en allemand :
1 Nous avons tourné en voiture deux fois autour de la maison. **2** Ce matin, je l'ai suivi en vélo. **3** Ils marchent le long du mur. **4** J'ai vu un chat sortir de derrière la cabane (die Hütte). **5** Assieds-toi à côté de lui ! **6** L'oiseau s'est jeté en volant contre la vitre (die Fensterscheibe). **7** Il est passé devant moi en courant. **8** La voiture qui vient vers nous roule très vite.

194 Près de (traductions)

1 Sens spatial.

❖ *An* + datif / *an* + accusatif = « être très près de qqch. » (ne pas utiliser *an* pour les personnes !).

*Sie sitzt **am** Fenster.*
  Elle est assise près de la fenêtre.

*Sie setzt sich **ans** Fenster.*
  Elle s'assoit près de la fenêtre.

*Sein Haus steht dicht **am** Wald.*
  Sa maison est tout près de la forêt.

❖ *Neben* + datif / *neben* + accusatif = « à côté de » (pour les personnes et les lieux).

*Er saß im Kino **neben mir**.*
  Au cinéma, il était assis près de moi.

*Er setzte sich im Kino **neben mich**.*
  Au cinéma, il s'assit près de moi.

*Sie standen dicht **nebeneinander**.*
  Ils se tenaient tout près l'un de l'autre.

❖ *Nahe bei / dicht bei* + datif = « près de » (pour les lieux).

*Die Fabrik befindet sich **nahe beim** Flugplatz.*
  L'usine se trouve près de l'aéroport.

*Die Schlacht fand **bei** Leipzig statt.*
  La bataille eut lieu près de Leipzig.

❖ *In der Nähe* + génitif (ou *von* + datif) = « dans les environs », « à proximité de ».

*Sein Landhaus liegt **in der Nähe des** Bodensees.*
  Sa maison de campagne est située près du lac de Constance.

*Ich arbeite hier ganz **in der Nähe**.*
  Je travaille tout près d'ici.

2 Sens temporel.

❖ *Nahe daran sein, etw. zu tun* = « être près de faire qqch. ».

*Er war **nahe daran**, alles aufzugeben.*
  Il était près de tout abandonner.

❖ *Nicht so schnell etw. tun* = « ne pas être près de faire qqch. ».

*Er kommt **nicht so schnell** wieder* (ou : *so schnell nicht*).
Il n'est pas près de revenir.

☒ Sens quantitatif.

❖ *Ungefähr / an die / rund* = « près de » (devant des nombres).

***An die (rund)** 20 Personen sind bei dem Attentat umgekommen.*
Près de vingt personnes ont trouvé la mort dans l'attentat.

*Ich habe **ungefähr** eine Dreiviertelstunde warten müssen.*
J'ai dû attendre près de trois quarts d'heure.

→ Pour « être sur le point de », voir aussi **91**.

> **Traduisez en allemand :**
> ■ Le chat est assis près du feu. ■ Erlangen se trouve près de Nuremberg.
> ■ Près de 4 000 personnes s'étaient réunies sur la place. ■ Je ne suis pas près de
> l'inviter. ■ Il habite tout près de l'église. ■ Notre maison est près du village.

195 Préverbes : définition

Un verbe peut comporter à l'infinitif :

■ Un préverbe toujours accentué et détachable de ce verbe (« particule séparable »), par exemple °*aufstehen* = « se lever ».

*ich stehe °**auf**, ich bin °**auf**gestanden*

■ Un préverbe toujours inaccentué et soudé à lui (« particule inséparable » ou « préfixe »), par exemple *ver°schwinden* = « disparaître ».

*ich **ver**°schwinde, ich bin **ver**°schwunden*

■ Un préverbe soit accentué et séparable, soit inaccentué et inséparable (« préverbe / particule mixte »), par exemple °*übersetzen* = « faire passer sur l'autre rive » et *über°setzen* = « traduire ».

ich setze °über, ich habe °übergesetzt
ich über°setze, ich habe über°setzt

196 Préverbes accentués séparables
(particules séparables)

■ Un verbe peut être précédé, à l'infinitif, de préverbes (ou particules) comme *ab, an, auf, aus, ein, bei, zu, nach, vor, entgegen, her, hin* et **leurs composés**, *fort, los, weg, zurück, nieder, empor, zusammen…* et des préverbes *durch, um, über, unter*.

2 Ces préverbes portent l'accent du groupe « préverbe + verbe ».

°*aufstehen*
  se lever

3 Le verbe s'en détache pour venir en première ou deuxième place dans la proposition.

Steh auf!   *Er steht auf.*
  Lève-toi !   Il se lève.

4 *Ge-* se place devant le verbe, donc entre la particule et le verbe au participe passé (ou participe II), de même que *zu* à l'infinitif.

Er ist um 7 aufgestanden.   *Er hat keine Lust aufzustehen.*
  Il s'est levé à 7 heures.   Il n'a pas envie de se lever.

→ Pour les « préverbes mixtes », voir aussi **203**.

> **Insérez le verbe entre parenthèses dans les propositions suivantes :**
> **1** Wann... du...? (zurückkommen) **2** Er ist noch nicht... (ankommen). **3** Bist du schon mal... (hinfahren). **4** ... du mir...? (zuhören) **5** Gestern hat er mich... (auslachen). **6** Um wie viel Uhr... der Zug...? (abfahren). **7** ...! (aufpassen) **8** Bist du ihn...? (loswerden) **9** Er... (mitfahren). **10** Ich ihm... (nachlaufen).

197 Préverbe inaccentué inséparable : *be-*

Étant inaccentués, les préfixes font toujours partie du verbe (sont toujours inséparables du verbe). Dans les exemples qui suivent, on compare du point de vue du sens et de la rection les verbes simples sans *be-* lorsqu'ils existent, et les verbes avec *be-*. Il y a quatre possibilités.

1 À côté du verbe simple, il existe un verbe avec *be-*, qui a un sens voisin et qui, seul, a un complément à l'accusatif.

beantworten + acc. / *antworten auf* + acc.	= répondre
bekämpfen + acc. / *kämpfen gegen* + acc.	= combattre
betreten + acc. / *treten in* + acc.	= entrer dans
bedrohen + acc. / *drohen* + dat.	= menacer
besiegen + acc. / *siegen über* + acc.	= vaincre

*Er hat **meinen Brief** noch nicht **beantwortet**.*
*Er hat **auf meinen Brief** noch nicht **geantwortet**.*
  Il n'a pas encore répondu à ma lettre.

2 Le verbe simple et le verbe avec *be-* existent ; ils ont des sens voisins, mais des emplois différents ; ils admettent tous les deux un complément à l'accusatif.

bedecken + acc.	***das Gesicht bedecken***	= cacher le visage
decken + acc.	***den Tisch decken***	= mettre la table
besuchen + acc.	***seine Eltern besuchen***	= rendre visite à ses parents

suchen + acc.	***den Ball suchen***	= chercher la balle
bekennen + acc.	***seine Schuld bekennen***	= reconnaître sa faute
kennen + acc.	***Deutsche kennen***	= connaître des Allemands

3 **Le verbe simple et le verbe avec *be-* existent** ; mais ils ont des sens et des emplois très différents.

begehen + acc.	***einen Mord begehen***	= commettre un meurtre
gehen	***in die Schule gehen***	= aller à l'école

4 **Le verbe simple n'existe pas.**

begegnen + dat.	***einem Freund begegnen***	= rencontrer un ami
bereichern + acc.	***seine Kenntnisse bereichern***	= enrichir ses connaissances

Attention : il vaut mieux vérifier le sens des différents verbes dans un dictionnaire !

> Traduisez en allemand à l'aide d'un verbe en *be-* :
> **1** Où l'as-tu rencontrée ? **2** Le sol est recouvert de feuilles. **3** As-tu pu répondre à cette question ? **4** J'ai rendu visite à ma sœur. **5** Qui l'a menacé avec une arme (die Waffe) ?

198 Préverbe inaccentué inséparable : *ent-* / *emp-*

Il y a trois possibilités.

1 **Le verbe simple et le verbe avec *ent-* existent** ; *ent-* peut exprimer :

❖ L'opposition.
färben = teindre, colorer / ***entfärben*** = décolorer
laden = charger / ***entladen*** = décharger

❖ La séparation.
fliehen = fuir / ***entfliehen*** = s'enfuir
laufen = courir / ***entlaufen*** = s'échapper

❖ L'entrée dans un état.
brennen = brûler / ***entbrennen*** = s'enflammer
stehen = être debout / ***entstehen*** = naître, se produire

2 **Il n'y a que trois verbes avec *emp-*.**

empfangen	***empfehlen***	***empfinden***
accueillir	recommander	ressentir

Il n'y a pas de rapport de sens avec le verbe simple.

3 **Le verbe simple n'existe pas.** Le verbe à préverbe est formé à partir d'un nom.

entgleisen	*enthaupten*	*entkernen*
dérailler	décapiter	dénoyauter

(199) Préverbe inaccentué inséparable : *er-*

Il y a trois possibilités.

1 **Le verbe simple et le verbe avec *er-* existent** ; *er-* peut exprimer :

❖ L'entrée dans un état.

blühen = fleurir / *erblühen* = (se mettre à) fleurir
klingen = sonner / *erklingen* = retentir
frieren = geler / *erfrieren* = mourir de froid

❖ Le résultat d'une action.

schlagen = battre / *erschlagen* = abattre
fragen = demander / *erfragen* = questionner
finden = trouver / *erfinden* = inventer
greifen = saisir / *ergreifen* = attraper

2 **Le verbe simple et le verbe avec *er-* existent** ; leur sens est totalement différent.

fahren = rouler, aller en voiture / *erfahren* = apprendre (une nouvelle)
zählen = compter / *erzählen* = raconter

3 **Le verbe simple n'existe pas.**

erröten	*ergänzen*	*erlauben*
rougir	compléter	autoriser

200 Préverbe inaccentué inséparable : *ge-*

Il y a trois possibilités.

1 Le verbe simple et le verbe en *ge-* existent ; les sens sont voisins, mais les emplois différents.

brauchen = avoir besoin de / *gebrauchen* = utiliser

horchen = écouter / *gehorchen* + dat. = obéir à

2 Le verbe simple et le verbe avec *ge-* existent, mais les sens sont très différents.

hören = écouter / *gehören* + dat. = appartenir à

fallen = tomber / *gefallen* + dat. = plaire à

stehen = être debout / *gestehen* = avouer

3 Le verbe simple n'existe pas.

geschehen = se passer   *gebären* = mettre au monde

sich gewöhnen an + acc. = s'habituer à   *es gelingt mir* = je réussis à

> **Traduisez en allemand :**
> **1** T'es-tu habitué à ton nouvel appartement ? **2** Je n'ai pas réussi à l'en convaincre (jmn von + dat. überzeugen). **3** À qui appartient ce manteau ? **4** Il s'y plaît.

201 Préverbe inaccentué inséparable : *ver-*

Il y a trois possibilités.

1 Le verbe simple et le verbe avec *ver-* existent ; les sens sont voisins, les emplois différents.

ändern = changer / *verändern* = transformer

lassen = laisser / *verlassen* = abandonner, quitter

werfen = jeter / *verwerfen* = rejeter

stoßen = pousser / *verstoßen* = repousser, enfreindre

2 Le verbe simple et le verbe avec *ver-* existent, mais les sens sont différents ; *ver-* peut exprimer :

❖ L'erreur.

laufen = courir / *sich verlaufen* = s'égarer

wechseln = changer / *verwechseln* = confondre

sagen = dire / *versagen* = échouer

❖ Une action poussée à bout.

blühen = fleurir / *verblühen* = se faner

brennen = brûler / *verbrennen* = brûler (consumer)

hungern = avoir faim / ***verhungern*** = mourir de faim

sinken = sombrer / ***versinken*** = couler

3 Le verbe simple n'existe pas.

verwöhnen	***verschönern***	***verbreiten***
gâter (par ex. des enfants)	embellir	répandre

> **Traduisez en allemand :**
> **1** Elle a abandonné sa famille. **2** Ils se sont égarés. **3** J'ai brûlé le livre. **4** Ils ont gâté leurs enfants.

202 Préverbe inaccentué inséparable : *zer-*

Il y a deux possibilités.

1 Le verbe simple et le verbe avec *zer-* existent. *Zer-* exprime la destruction, la réduction en petits morceaux.

brechen = briser / ***zerbrechen*** = mettre en pièces

fallen = tomber / ***zerfallen*** = s'écrouler, se désagréger

schlagen = battre / ***zerschlagen*** = casser

stören = déranger / ***zerstören*** = détruire

schneiden = couper / ***zerschneiden*** = couper en morceaux

2 Le verbe simple n'existe pas.

zerkleinern	***zerlöchern***
concasser	cribler de trous

> **Traduisez en allemand :**
> **1** La maison a été détruite. **2** Pourquoi découpes-tu cette feuille de papier ?
> **3** Qui a cassé le vase (die Vase) ? **4** Ta chemise est pleine de trous.

203 Préverbes « mixtes »

Pour certains verbes, il faut se demander s'ils sont précédés d'un préverbe séparable ou inséparable et surtout apprendre leur accentuation et le sens correspondant (pour leur définition, → 195). Voici quelques exemples.

1 *Durch-*.

❖ Préverbe inséparable dans les verbes :

durch°ziehen	***durch°suchen***
parcourir, sillonner	fouiller (une maison)

❖ Préverbe séparable dans les verbes :

°durchscheinen
passer à travers (lumière)

°durchschneiden
couper en deux, sectionner

°durchfallen
échouer, être recalé (examen)

°durchlesen
lire complètement

°durchgehen
passer à travers

°durchziehen
passer (un fil)

2 Um-.

❖ Préverbe inséparable dans les verbes :

um°armen
serrer dans ses bras

um°fassen
contenir, comprendre

um°fahren
faire le tour de (en voiture)

um°geben
entourer

❖ Préverbe séparable dans les verbes :

°umändern
transformer

°umdrehen
retourner

°umfahren
renverser (avec un véhicule)

°umziehen
déménager

°umbauen
transformer (construction)

°umfallen
tomber par terre, se renverser

°umkehren
retourner, faire demi-tour

sich °umziehen
se changer

3 Über-.

❖ Préverbe inséparable dans les verbes :

über°blicken
parcourir des yeux

über°holen
dépasser (voiture)

über°nachten
passer la nuit

über°setzen
traduire (un texte)

über°fahren
écraser (véhicule)

über°legen
réfléchir

über°schreiten
franchir (une limite)

über°zeugen
convaincre

❖ Préverbe séparable dans les verbes :

°überfließen
déborder

°übersetzen
faire passer sur l'autre rive

4 Unter-.

❖ Préverbe inséparable dans les verbes :

unter°brechen
interrompre

unter°richten
enseigner

unter°nehmen
entreprendre

unter°halten
entretenir

unter°schreiben
signer

unter°suchen
examiner

unter°streichen
souligner

unter°stützen
soutenir

❖ Préverbe séparable dans les verbes :

°untergehen
se coucher (soleil), décliner

°unterkommen
trouver un logis

5 *Hinter-.*

❖ Préverbe inséparable et non accentué dans les verbes :

hinter°lassen
laisser derrière soi ; léguer

hinter°legen
déposer, mettre en lieu sûr

jmn hinter°gehen
tromper / abuser qqn

jmm etw. hinter°bringen
informer qqn secrètement de qqch. ;
dénoncer

❖ Adverbe toujours séparé en langue familière :

°hinter bringen
mettre derrière ; avaler

6 *Miss-.*

Miss- a toujours un sens négatif.

❖ Préverbe toujours inséparable et non accentué dans les verbes :

miss°achten
ne pas respecter

jmn / etw. miss°brauchen
abuser de

miss°glücken / miss°lingen
ne pas réussir

jmm miss°trauen
se méfier de qqn

❖ *Miss-* peut être accentué lorsqu'il précède un préverbe inaccentué :

°missverstehen, participe II : **°missverstanden**
mal comprendre

❖ En groupe infinitif et au participe II, *zu* et *ge* peuvent s'intercaler.

Das ist nicht misszuverstehen.
On ne peut pas se méprendre.

missgebildet
mal formé / difforme

7 *Voll-.*

❖ Préverbe inséparable au sens de « accomplir », « achever » :
voll°bringen, voll°enden.

❖ Adjectif / adverbe toujours séparé au sens de « remplir » : **°voll gießen,
°voll machen, °voll packen.**

8 *Wider-.*

❖ Préverbe inséparable au sens de « s'opposer ».

wider°sprechen
contredire

wider°stehen
résister

❖ Préverbe séparable dans les verbes **°widerhallen** = « résonner » et
°widerspiegeln = « refléter ».

9 *Wieder- .*

❖ Préverbe inséparable dans le seul verbe *wieder holen* = «répéter».

❖ Préverbe séparable dans les autres verbes, au sens de «à nouveau», «en retour» («re-» en français).

wiederbringen	*wiederfinden*
rapporter	retrouver
wiederkommen	*wiedersehen*
revenir	revoir

Traduisez en allemand :
1 Il a lu le livre d'un bout à l'autre. **2** As-tu écrasé la poule (das Huhn) ? **3** Il m'a serré dans ses bras. **4** Où a-t-il passé la nuit ? **5** Où l'as-tu dépassé ? **6** Ai-je signé la lettre ? **7** Qui a traduit ce texte ? **8** Il s'est entretenu avec ma mère. **9** Nous déménageons demain. **10** Je répète la question. **11** Il a achevé son livre. **12** Ne me contredis pas tout le temps !

204 Pronoms démonstratifs

Il existe plusieurs sortes de pronoms démonstratifs.

1 **Le pronom *der, das, die*** (toujours accentué).

	Masculin	Neutre	Féminin	Pluriel
N	*der*	*das*	*die*	*die*
A	*den*	*das*	*die*	*die*
D	*dem*	*dem*	*der*	*denen*
G	*dessen*	*dessen*	*deren*	*deren / derer*

Ce pronom peut être employé dans les cas suivants.

❖ Pour montrer quelque chose ou quelqu'un.

Den habe ich schon irgendwo gesehen.
   Celui-là, je l'ai déjà vu quelque part.

❖ Pour reprendre un élément énoncé précédemment, comme un pronom personnel.

Peter hat eine Flasche Wein gekauft; die hat er mir gegeben.
   Pierre a acheté une bouteille de vin ; il me l'a donnée.

❖ Au génitif, comme équivalent d'un adjectif possessif.

Ich bin mit Peter, Maria und deren Bruder spazieren gegangen.
   Je suis allé me promener avec Pierre, Marie et le frère de celle-ci.

❖ Comme antécédent d'un pronom relatif.

Wehe dem, der lügt.
   Malheur à celui qui ment.

Lorsque cet antécédent est au génitif pluriel, on utilise *derer* et non *deren*.

*Gedenket **derer**, die hier gestorben sind.*
Souvenez-vous de ceux qui sont morts ici.

2 **Les pronoms *dieser* et *jener*, dont les formes sont identiques à celles des adjectifs *dieser* et *jener*, mais dont le génitif n'est pas employé.**

Dieser signifie «celui-ci» (proche du locuteur), *jener* «celui-là» (éloigné du locuteur). Ces deux pronoms sont surtout employés pour reprendre des éléments énoncés précédemment.

*Er hat das Schloss von Chantilly und das Schloss von Versailles besichtigt; **dieses** fand er zwar prächtig, aber **jenes** gefiel ihm besser.*
Il a visité le château de Chantilly et le château de Versailles ; il trouva certes ce dernier somptueux, mais l'autre lui plut davantage.

3 **Le pronom indéfini *einer, eines, eine* (→ 205) précédé de *so* ou de *solch* invariables.**

*Sie hatte ein modernes Fahrrad; **so eins** hatte ich noch nie gesehen.*
Elle avait une bicyclette moderne ; je n'en avais encore jamais vu une pareille.

4 **Le pronom *solch-*, employé rarement et presque exclusivement au pluriel (*solche*).**

*Diese Bäume sehen komisch aus; hast du **solche** schon mal gesehen?*
Ces arbres sont bizarres ; en as-tu déjà vu de pareils ?

5 **Le pronom *derjenige, dasjenige, diejenige*.**

	Masculin	Neutre	Féminin	Pluriel
N	derjenige	dasjenige	diejenige	diejenigen
A	denjenigen	dasjenige	diejenige	diejenigen
D	demjenigen	demjenigen	derjenigen	denjenigen
G	desjenigen	desjenigen	derjenigen	derjenigen

Ce pronom est utilisé exclusivement comme antécédent d'un pronom relatif ; la relative qui suit est obligatoirement une relative déterminative (en allemand, contrairement au français, il y a une virgule devant le pronom relatif).

*Er ist also **derjenige**, der das getan hat.*
C'est donc lui qui l'a fait.

1. Traduisez en allemand :
1 Celui qui vient est un ami à moi. **2** J'ai acheté deux livres : celui-ci pour mon père et celui-là pour ma sœur. **3** Elle a deux manteaux : celui-là, elle ne l'a encore jamais mis. **4** J'ai différentes robes : en voudriez-vous une comme ça ? **5** J'ai vu Paul, son père et la sœur de celui-ci.

2. Complétez par le pronom *der, das, die* (décliné ou non) :
1 Peter ist zu Besuch;… habe ich heute Montmartre gezeigt. **2** Unsere Nachbarn sind zum Glück ausgezogen;… waren sowieso immer unfreundlich. **3** Erinnerst du dich an…, der neben uns stand? **4** Schau dir die Westen an; hast du… schon mal anprobiert?

205 Pronoms indéfinis

Il y a plusieurs types de pronoms indéfinis.

1 ***Man*** = «on» ne s'emploie qu'au nominatif.

Man weiß nie, ob er gut gelaunt sein wird oder nicht.
   On ne sait jamais s'il sera de bonne humeur ou non.

Au datif et à l'accusatif, le français utilise «vous», l'allemand ***einer*** décliné.

*In dieser Stadt kann **einem** nichts passieren.*
   Dans cette ville, rien ne peut vous arriver.

2 ***Einer, eines, eine*** = «quelqu'un» ou «l'un de…» et ***keiner, keines, keine*** = «aucun ou aucune de» (→ aussi **36**). Ces pronoms se déclinent comme *der, das, die.*

***Einer** meiner Mitarbeiter ist gestorben.*
   L'un de mes collaborateurs est mort.

*Ich habe **einen** der schönsten Filme von Fritz Lang gesehen.*
   J'ai vu un des plus beaux films de Fritz Lang.

***Keiner** ist gekommen.*
   Aucun d'entre eux n'est venu.

3 ***Jemand*** = «quelqu'un» et ***niemand*** = «personne». À l'accusatif et au datif, *jemand* et *niemand* sont invariables (*jemand, niemand*) ou déclinés (*jemanden, jemandem, niemanden, niemandem*)…

*Hat **jemand** geklopft?*   *Ich habe **niemand(en)** gesehen.*
   Quelqu'un a-t-il frappé ?   Je n'ai vu personne.

4 ***Etwas*** = «quelque chose» et ***nichts*** = «rien». *Etwas* et *nichts* sont invariables.

*Hast du **etwas** zu trinken?*   *Ich habe **nichts** gesagt.*
   As-tu quelque chose à boire ?   Je n'ai rien dit.

Dans certains cas, *etwas* peut s'abréger en *was.*

*Hast du **was** zu essen?*   *Hast du **was** gehört?*
   As-tu quelque chose à manger ?   As-tu entendu quelque chose ?

→ Pour *etwas, nichts* + adjectif, voir **151**.

Attention : Dans les cas de double négation, « rien » se traduit par *etwas.*

*Ich habe nie **etwas** Schöneres gesehen.*
 Je n'ai jamais rien vu de plus beau.

206 Pronoms personnels : formes

		1ʳᵉ pers.	2ᵉ pers.	3ᵉ pers. Masc.	Neutre	Fém.	Forme de politesse
Singulier	N	*ich*	*du*	*er*	*es*	*sie*	*Sie*
	A	*mich*	*dich*	*ihn*	*es*	*sie*	*Sie*
	D	*mir*	*dir*	*ihm*	*Ihm*	*ihr*	*Ihnen*
	G	*meiner*	*deiner*	*seiner*	*seiner*	*ihrer*	*Ihrer*
Pluriel	N	*wir*	*ihr*	*sie*			*Sie*
	A	*uns*	*euch*	*sie*			*Sie*
	D	*uns*	*euch*	*ihnen*			*Ihnen*
	G	*unser*	*euer*	*ihrer*			*Ihrer*

207 Pronoms personnels : particularités d'emploi

1 **Les formes du génitif** sont rarement employées. Elles subsistent dans
quelques expressions.

*Erbarme dich **unser**!*
 Aie pitié de nous !

2 **Les formes doubles du français** « moi, je... » ; « toi, tu... » ; « lui, il... »
etc., correspondent à la forme unique du pronom personnel allemand,
éventuellement suivie de *aber* ; « **nous, on...** » correspond à *wir*. Dans ce
cas, le pronom personnel porte un accent, un autre élément de la phrase
portant un autre accent.

°*Ich (**aber**) glaube, dass er in I°talien ist.*
  Moi, je pense qu'il est en Italie.

Mich, ich... est impossible.

3 **Les formes du français « c'est moi, toi… qui… », « c'est à moi, à toi…**
que… », etc., correspondent, elles aussi, à la forme unique du pronom
personnel allemand. Dans ce cas, c'est le pronom qui porte seul l'accent
de la phrase (⟶ aussi **59**).

°*Ich habe das gemacht.*
  C'est moi qui ai fait cela.

Es ist ich, der... est impossible.

*Mit °**mir** ist er spazieren gegangen.*
  C'est avec moi qu'il est allé se promener.

4 **Les formules de présentation** (⟶ aussi **90**).

« C'est moi » se traduit par *Ich bin es* ou *ich bin's.*

« Me voici » se traduit par *Da bin ich.*

5 **Les formes du pronom personnel de la 3e personne** sont parfois
remplacées, en allemand, par les formes du pronom démonstratif *der,*
das, die, surtout dans le langage familier, sous forme de reprise.

*Dem Peter, **dem** habe ich meine Meinung gesagt.* (*dem* reprend *dem Peter*)
  Je lui ai dit ses quatre vérités, à Pierre.

6 **Lorsqu'un pronom personnel** de la 1re ou de la 2e personne est **antécé-**
dent d'un relatif, deux solutions sont possibles.

❖ Ou bien on répète le pronom dans la relative en faisant concorder la
forme du verbe et la forme du pronom.

*Du, der du so gut Klavier spiel**st**…*
  Toi qui joues si bien du piano…

❖ Ou bien on ne répète pas le pronom et on fait concorder la forme du
verbe et le pronom relatif (3e personne).

*Du, der so gut Klavier spiel**t**.*

Cette deuxième solution semble se répandre dans l'usage courant.

7 **Dans une lettre**, les pronoms personnels qui représentent celui à qui on
s'adresse peuvent prendre une minuscule ou une majuscule lorsqu'il
s'agit de personnes tutoyées : *du, dich, dein, euch, euer.*
En revanche, la majuscule est obligatoire pour les pronoms personnels
correspondant aux personnes vouvoyées : *Sie, Ihnen, Ihr.*

*Lieber Marc, bist **du** / **Du** immer noch krank?*
  Cher Marc, es-tu toujours malade ?

*Lieber Herr Gruber, ich danke **Ihnen** ganz herzlich für **Ihren** Brief.*
  Je vous remercie beaucoup (litt. : très cordialement) de votre lettre.

⟶ Voir aussi **137** et **172**.

208 Pronoms personnels : place et ordre

Les pronoms personnels obéissent aux lois générales de la place des
mots. On peut cependant relever quelques particularités.

■ Place du pronom personnel sujet.

❖ En tête de proposition.

Er fährt morgen mit seinem Bruder nach Essen.
    Demain, il se rend avec son frère à Essen.

❖ Immédiatement après le verbe conjugué.

Morgen fährt er mit seinem Bruder nach Essen.
    Demain, il se rend avec son frère à Essen.

❖ Immédiatement après la conjonction de subordination (dans les
subordonnées).

Ich weiß, dass er morgen mit seinem Bruder nach Essen fährt.
    Je sais que demain il se rend avec son frère à Essen.

■ Place des pronoms personnels autres que les pronoms sujets.

❖ Immédiatement après le verbe conjugué.

Mein Vater hat ihm gestern einen Brief geschrieben.
    Mon père lui a écrit une lettre hier.

❖ En tête de proposition, le pronom a très souvent une valeur expres-
sive.

Ihm hat mein Vater gestern einen Brief geschrieben.
    Mon père lui a écrit une lettre hier.

❖ À une place indifférente dans la subordonnée à l'intérieur des
éléments hors groupe verbal.

Ich glaube, dass ⎱ *ihm mein Vater gestern*
⎰ *mein Vater ihm gestern*   *einen Brief geschrieben hat.*
⎰ *mein Vater gestern ihm*
    Je crois que mon père lui a écrit une lettre hier.

■ Ordre des pronoms personnels.

Lorsque plusieurs pronoms personnels à des cas différents se trouvent
dans une même proposition, il faut respecter l'ordre suivant :
1. nominatif, 2. accusatif, 3. datif.

Cet ordre est obligatoire, même dans les subordonnées.

Er hat **es ihm** gegeben.   …, weil **er es ihm** gegeben hat.
  Il le lui a donné.   parce qu'il le lui a donné.

~~Er hat ihm es gegeben~~ est impossible.

Pour l'ordre des mots, voir aussi **164-171**.

> **Traduisez en allemand :**
> **1** Pourquoi lui as-tu caché (verstecken) son portefeuille (die Brieftasche) ? **2** Je le lui ai rendu ce matin. **3** Je sais que tu le lui as rendu. **4** Crois-tu qu'elle sera là demain ? **5** Je l'ai remerciée de sa lettre. **6** Que lui as-tu offert ? **7** Lui as-tu apporté le journal (die Zeitung) ?

209 Pronoms possessifs

Les pronoms possessifs se présentent sous trois formes.

1 **Adjectif possessif + marques** de l'article défini *der, das, die.*

❖ **Possesseur unique.**

	Masculin	Neutre	Féminin	Pluriel
Genre et nombre de l'objet possédé				
1re personne				
N	meiner	mein(e)s	meine	meine
A	meinen	mein(e)s	meine	meine
D	meinem	meinem	meiner	meinen
G	meines	meines	meiner	meiner
2e personne				
N	deiner	dein(e)s	deine	deine
A	deinen	dein(e)s	deine	deine
D	deinem	deinem	deiner	deinen
G	deines	deines	deiner	deiner
3e personne				
N	seiner / ihrer	sein(e) s / ihr(e)s	ihre / seine	seine / ihre
A	seinen / ihren	sein(e) s / ihr(e)s	ihre / seine	seine / ihre
D	seinem / ihrem	seinem / ihrem	ihre / seiner	seinen / ihren
G	seines / ihres	seines / ihres	ihrer / seiner	seiner / ihrer

❖ **Possesseurs multiples.**

Genre et nombre de l'objet possédé			
	Masculin	Neutre	Féminin	Pluriel
1re personne				
N	uns(e)rer	uns(e)res	uns(e)re	uns(e)re
A	uns(e)ren	uns(e)res	uns(e)re	uns(e)re
D	uns(e)rem	uns(e)rem	uns(e)rer	uns(e)ren
G	uns(e)res	uns(e)res	uns(e)rer	uns(e)rer
2e personne				
N	eu(e)rer	eu(e)res	eu(e)re	eu(e)re
A	eu(e)ren	eu(e)res	eu(e)re	eu(e)re
D	eu(e)rem	eu(e)rem	eu(e)rer	eu(e)ren
G	eu(e)res	eu(e)res	eu(e)rer	eu(e)rer
3e personne				
N	ihrer	ihres	ihre	ihre
A	ihren	ihres	ihre	ihre
D	ihrem	ihrem	ihrer	ihren
G	ihres	ihres	ihrer	ihrer

Forme de politesse

❖ **Possesseur unique.**

N	Ihrer	Ihres	Ihre	Ihre
A	Ihren	Ihres	Ihre	Ihre
D	Ihrem	Ihrem	Ihrer	Ihren
G	Ihres	Ihres	Ihrer	Ihrer

❖ **Possesseurs multiples.**

N	Ihre
A	Ihre
D	Ihren
G	Ihrer

Remarques

❖ Il faut distinguer entre le singulier ou le pluriel de l'élément possédé et le singulier ou le pluriel du / des possesseurs.

Meine *Freunde kommen zum Fest. Kommen* **deine** *auch?*
(possesseur unique – élément possédé multiple)
  Mes amis viennent à la fête. Est-ce que les tiens viennent aussi ?

❖ Comme pour l'adjectif possessif, on distingue à la 3e personne entre le possesseur masculin ou neutre d'une part et le possesseur féminin.

Inge sucht ihr Fahrrad; hast du **ihres** *genommen?*
  Inge cherche sa bicyclette ; as-tu pris la sienne ?

❖ Le génitif est rarement employé.

❖ Certains -e- peuvent disparaître, comme le montre le tableau.

2 Dans les formes *der meine, das meine, die meine…* **etc.,** *mein-* prend les mêmes marques que l'adjectif dans le groupe nominal type I.

*Dein Auto ist schwarz; **das meine** ist rot.*
  Ta voiture est noire ; la mienne est rouge.

⟶ Pour l'adjectif dans le groupe nominal, voir **7**.

Il existe des formes substantivées : *die Seinen* = « les siens » (ses proches) ; *das Seine* = « ses biens » (cf. l'expression : *Jedem das Seine.* = « À chacun son bien. »).

3 Dans les formes *der meinige, das meinige, die meinige…* **etc.,** *meinig* prend les mêmes marques que l'adjectif dans le groupe nominal type I. Cette troisième forme est la plus rarement employée.

1. Traduisez en allemand :
1 Voici des livres ; est-ce que ce sont les tiens ? **2** Vous avez deux enfants ? Les nôtres sont au cinéma aujourd'hui. **3** Laisse ce manteau ! Ce n'est pas le tien. **4** Regarde ce bateau ! Est-ce le leur ? **5** Oh ! Un portefeuille (die Brieftasche)… Pierre, est-ce le vôtre ?

2. Introduisez un pronom possessif dans les phrases :
1 Du hast auch einen Fotoapparat; nimm doch… mit! **2** Wem gehört dieser Regenschirm, Paul? Ist das…? **3** Hast du ein Auto? Ist das…? **4** Schmitts haben zwei Hunde. Das sind… **5** Ich habe auch ein Schachspiel; ich komme mit…

210 Pronoms relatifs

Il existe plusieurs sortes de pronoms relatifs pour introduire une relative.

1 Le pronom *der, das, die.*

	Masculin	Neutre	Féminin	Pluriel
N	der	das	die	die
A	den	das	die	die
D	dem	dem	der	denen
G	dessen	dessen	deren	deren

Ce pronom s'accorde en genre (masculin, neutre ou féminin) et en nombre (singulier ou pluriel) avec son antécédent. Il se met au cas correspondant à sa fonction dans la relative.

masculin singulier
*Der Zug, **der** jetzt gerade ankommt, hat 10 Minuten Verspätung.*
        sujet (= nominatif)
  Le train qui arrive à l'instant a dix minutes de retard.

*Die Frau, mit **der** ich gesprochen habe, war sehr freundlich.*

féminin   datif (après *mit*)
singulier
    La femme avec qui j'ai parlé était très aimable.

Attention au génitif :

❖ Les formes *dessen* et *deren* jouent le rôle d'un génitif saxon, c'est-à-dire qu'elles se placent devant le nom dont elles sont le complément. Ce nom ne prend pas d'article.

*Michael, **dessen** Bruder in Hamburg wohnt, ist heute bei uns.* ◉▸ *Michaels Bruder*
    Michel, dont le frère habite à Hambourg, est aujourd'hui chez nous.

*... **dessen** der Bruder est impossible !*

❖ En revanche, le nom peut être précédé d'adjectifs (type II).

*Michael, **dessen jüngster** Bruder in Hamburg wohnt, ist heute bei uns.*
    Michel, dont le plus jeune frère habite à Hambourg, est aujourd'hui chez nous.

❖ Les formes *dessen* et *deren* correspondent aux relatifs français, « dont », « duquel », « de laquelle », « desquels » ou « desquelles », mais elles sont toujours compléments du nom, ce qui n'est pas le cas pour les formes françaises.

⟶ Pour la traduction de « dont », voir **82**.
⟶ Pour le génitif saxon, voir **104**.

2 Le pronom *welcher, welches, welche.*

	Masculin	Neutre	Féminin	Pluriel
N	*welcher*	*welches*	*welche*	*welche*
A	*welchen*	*welches*	*welche*	*welche*
D	*welchem*	*welchem*	*welcher*	*welchen*

*Der Student, **welchem du** deine Adresse gegeben hast, wohnt hier.*
    L'étudiant à qui tu as donné ton adresse habite ici.

Ce pronom est plus rarement utilisé que *der, das, die.*

Remarquez que le génitif de ce pronom n'est pas employé.

3 Le pronom *wer, was.*

❖ Les formes du pronom *wer, was* sont les mêmes que celles du pronom interrogatif (⟶ **124**). On les emploie pour des personnes ou des choses indéterminées : on ne peut pas les remplacer par *der, das, die* ou *welcher, welches, welche.* La relative peut être reprise par un corrélatif en *d-.*

Wer zu viel Alkohol trinkt, (der) wird bestimmt eines Tages krank werden.
    Qui boit trop d'alcool, tombera certainement malade un jour ou l'autre.

Was du gesehen hast, (das) interessiert mich nicht.
    Ce que tu as vu ne m'intéresse pas.

❖ On emploie obligatoirement *was* après un antécédent au superlatif neutre indéfini et après les indéfinis *alles* = « tout », *nichts* = « rien », *vieles* = « beaucoup de choses », *etwas* = « quelque chose » et après le démonstratif *das*.

*Das ist alles, **was** ich gekauft habe.*
C'est tout ce que j'ai acheté.

*Das, **was** du siehst, ist der Eiffelturm.*
Ce que tu vois, c'est la Tour Eiffel.

*Das ist das Schönste, **was** er bis jetzt gemalt hat.*
C'est ce qu'il a peint de plus beau jusqu'à présent.

Mais :

*Das ist des schönste Bild, **das** er gemalt hat.*
C'est le plus beau tableau qu'il ait peint.

❖ On emploie également *was,* « ce qui », « ce que » comme reprise d'un énoncé antérieur.

*Er ist drei Tage bei uns geblieben, **was** uns natürlich sehr gefreut hat.*
Il est resté trois jours chez nous, ce qui, naturellement, nous a fait grand plaisir.

4 Les pronoms invariables.

Wo (« où » locatif) et ses composés : *wo* + préposition ou *wo* + *r* + préposition : *womit, worauf…,* (selon la rection du verbe) ainsi que *wohin* (« où » directionnel), *woher* (« d'où »), etc., peuvent être des pronoms relatifs ; mais ils ne sont jamais employés avec des antécédents d'êtres animés. Leur forme est identique à celle des pronoms interrogatifs.

*Ich kenne ein Restaurant, **wo** man sehr gut isst.*
Je connais un restaurant où l'on mange très bien.

*Die Stadt, **wohin** Sie fahren wollen, liegt nicht sehr weit von der Autobahn.*
La ville où vous voulez aller n'est pas très loin de l'autoroute.

*Das ist das Paket, **worauf** (auf das) ich so lange gewartet habe.*
C'est le paquet que j'ai attendu si longtemps.

Remarquez que les formes en « *wo* + préposition » tendent à disparaître au profit des formes « préposition + pronom relatif ».

→ Pour les pronoms interrogatifs invariables, voir **125**.
→ Pour la rection des verbes, voir **218**.

1. Introduisez l'un des quatre types de pronoms relatifs :
1 … viel Geld verdient, muss auch viele Steuern (impôts) zahlen. **2** Kennst du ein Land, … Apfelsinen wachsen? **3** Der Freund, mit … ich nach Schweden gefahren bin, wohnt in Köln. **4** Die Nachbarn, … Auto vor der Garage steht, waren in der Türkei. **5** Das war die schönste Stadt, … ich je gesehen habe. **6** Das ist alles, … ich sagen kann.

2. Traduisez en allemand :
1 Le vin que j'ai bu en Espagne était très bon. **2** Ce que tu vois là-bas au loin (in der Ferne) est un navire de guerre. **3** J'ai visité un château dont le propriétaire (der Besitzer) est mort l'an dernier. **4** Le train que nous attendons (warten auf + acc.) vient de Lyon. **5** Tout ce que j'avais apporté a été mangé.

211 Pronoms et adverbes d'annonce et de reprise

On peut annoncer ce que l'on va dire ou reprendre ce que l'on vient de dire, à l'aide de pronoms ou d'adverbes.

1 **L'annonce :** on annonce soit des propositions, soit des subordonnées.

❖ Par *es, das, dem, dessen* selon le verbe ou l'adverbe employés.

*Ich weiß **es**: Du warst gestern krank.*
  Je le sais, tu étais malade hier.

*Ich kann **es** verstehen, dass er nicht kommen wollte.*
  Je peux comprendre qu'il n'ait pas voulu venir

❖ Par les pronoms adverbiaux en *da-*.

*Ich habe mich **daran** erinnert, dass du in Spanien warst.*
  Je me suis rappelé que tu étais en Espagne.

❖ Par les adverbes *darum, deswegen* ou *deshalb* en corrélation avec *weil*.

*Er ist nur deshalb gekommen, **weil** er Geld haben wollte.*
  Il n'est venu que parce qu'il voulait de l'argent.

2 **La reprise :** on reprend soit des propositions, soit des subordonnées, soit des éléments encore plus vastes du discours précédent.

❖ Par *es, das, dem, dessen* selon le verbe ou l'adverbe employés.

*Ich hatte einen Fehler gemacht; **dessen** war ich mir völlig bewusst.*
  J'avais fait une erreur ; j'en avais pleinement conscience.

❖ Par les pronoms adverbiaux en *da-*.

*Sein Auto war schlecht geparkt; ich machte ihn **darauf** aufmerksam.*
  Sa voiture était mal garée ; je le lui fis remarquer.

❖ Par les adverbes *deswegen, deshalb, trotzdem*.

*Ich fühle mich heute Abend nicht wohl; ich gehe aber **trotzdem** ins Kino.*
  Ce soir je ne me sens pas bien ; mais j'irai quand même au cinéma.

→ Pour les pronoms relatifs, voir **210**.

Traduisez en allemand :
1 Il est né un premier avril ; je m'en souviens. **2** Je voulais aller en Angleterre ; mais j'ai dû y renoncer (verzichten auf + acc.). **3** Je lui ai dit qu'il devait mettre un chapeau. **4** Il a plu toute la journée hier ; pour cette raison, je n'ai pas pu jouer au tennis. **5** J'ai réfléchi (nachdenken über + acc.) à ce que je pourrais lui dire. **6** Il avait escompté (rechnen mit + dat.) que le train aurait cinq minutes de retard.

212 **Prononciation**

1 Les signes phonétiques.

❖ Voyelles (en syllabes accentuées).

Voyelles brèves	Voyelles longues
[ɪ] : *ich, Mitte*	[iː] : *ihr, Bier, sie*
[ʏ] : *Müller*	[yː] : *üben, Bühne*
[ʊ] : *und, Mutter*	[uː] : *Uhr, Huhn, Kuh*
[ɛ] : *Erker, ätzen, Bett, Männer*	[eː] : *Erde, beten, See*
[œ] : *öffnen, können*	[øː] : *Öfen, Größe*
[ɔ] : *offen, Post*	[oː] : *Ofen, groß, so*
[a] : *alt, Hand*	[ɛː] : *Ära, Bär*
	[aː] : *aber, brav, da*

❖ Diphtongues.

[aɪ] : *Ei, Bein, Blei*   [ɔy] : *Leute, läuten*

[aʊ] : *aus, Haus*

❖ Consonnes.

[p] : *Punkt, Rippe, Abt, gelb*	[v] : *Wagen*
[b] : *blau, Rabe*	[s] : *Straße, Gras, küssen, Kuss*
[m] : *Mutter, Kammer, Lamm*	[z] : *satt, Rose*
[t] : *tanzen, Sitte, Lied*	[ʃ] : *schön, Tasche, Tisch*
[d] : *du, Lieder*	[ç] : *ich, streicheln*
[n] : *nein, Tanne, dünn*	[j] : *Ja, jetzt, Familie*
[k] : *kein, Rücken, Blick*	[l] : *lachen, fehlen, Knall*
[g] : *gut, sagen*	[h] : *Hund*
[ŋ] : *singen, sinken, Ding*	[r] : *rund, Paris*
[f] : *für, Affe, Brief, Vater*	[ɐ] : *Tür, Uhr, wir* [viːɐ]

❖ Voyelles en syllabe non accentuée.

[ə] : *lieben*   [ɐ] : *Bäcker*

2 L'attaque dure des voyelles [ʔ] et l'attaque aspirée [h].
Les mots de l'allemand sont accentués selon leur nature.

a En début de mot ou de syllabe, la voyelle est précédée d'une attaque dure ou « coup de glotte » [ʔ] qui empêche l'établissement d'une liaison entre la consonne précédente et la voyelle initiale suivante (le signe « ° » indique que la syllabe suivante est accentuée).

die Ecke [ʔɛkə]   *der Arm* [ʔarm]   *erahnen* [ɛɐ ʔaːnən]
le coin   le bras   deviner

b En début de mot ou de syllabe, *h* est toujours aspiré : [h].

die Hecke [hɛkə]   *der Hund* [hʊnt]   *erhaben* [ɛɐ haːbən]
la haie   le chien   sublime

Attention : Il ne faut pas confondre l'attaque dure des voyelles, comme dans *Ecke*, avec le *h* aspiré à l'initiale, comme dans *Hecke*.
Il faut distinguer également le *h* aspiré à l'initiale du *h* muet, non aspiré, qui, placé après une voyelle, sert à allonger celle-ci.

sehen [°zeːən]   *sieht* [°ziːt]
voir   voit

3 **L'accent dans les mots.**
Les mots de l'allemand sont accentués selon leur nature.

a **Les mots simples d'origine allemande** : sur la 1re syllabe.
°*arbeiten*, °*fühlen, das* °*Eisen*

b **Les mots dérivés** : sur la syllabe accentuable du radical.
ver°*kaufen*, °*Achtung, die Er*°*ziehung*

Mais le suffixe -*ei* est toujours accentué.
die Büche°*rei*

c **Les mots composés** : en général sur la syllabe accentuable du premier élément.
die °*Eisenbahn, die Ver*°*kaufsbedingungen*, °*aufstehen, der Philo*°*sophenweg*

d **Les mots d'origine étrangère** : selon le type de suffixe.

❖ Souvent sur la dernière syllabe.

-*oph* : *der Philo*°*soph*	-*ent* : *das Parla*°*ment*
-*ist* : *der Germa*°*nist*	-*tät* : *die Universi*°*tät*
-*ur* : *die Na*°*tur*	-*ion* : *die Na*°*tion*
-*ie* : *die Theo*°*rie*	

❖ Souvent sur l'avant-dernière syllabe.

-*or* : *der* °*Doktor (pl. Dok*°*toren)*	-*ierer* : *der Hau*°*sierer*
-*ie* : *die Fa*°*milie*	-*iner* : *der Benedik*°*tiner*
-*ose* : *die Nar*°*kose*	-*aner* : *der Republi*°*kaner*

❖ Parfois sur l'avant-avant dernière syllabe.
-*iker: der Po*°*litiker, der Mathe*°*matiker, der* °*Chemiker*

213 Qualificative

1 **Certaines relatives déterminatives peuvent être transformées en une qualificative.**

Der Bus, der gerade vorbeifährt, hat zehn Minuten Verspätung.
***Der gerade vorbeifahrende Bus** hat zehn Minuten Verspätung.*
L'autobus qui est juste en train de passer a dix minutes de retard.

2 **Il n'y a pas de différence de sens entre les deux structures**; la qualificative est d'un niveau de langue plus soutenu ; elle est plus utilisée à l'écrit qu'à l'oral.

3 Pour faire cette transformation, **il faut pouvoir mettre le verbe de la relative au participe I ou II** : on utilise le participe I lorsqu'il s'agit d'une action en cours, et le participe II pour une action passée. Ces participes ont alors une fonction d'adjectif épithète.

Soll ich die Bücher aufheben, die auf den Teppich gefallen sind?
*Soll ich **die auf den Teppich gefallenen Bücher** aufheben?*
Dois-je ramasser les livres qui sont tombés sur le tapis ?

⟶ Pour l'adjectif épithète, voir **7.**

4 **Lorsque le verbe de la relative est** le verbe *sein* accompagné de certains adjectifs attributs, **ce sont ces adjectifs qui deviennent épithètes.**

Der Turm, der 300 Meter hoch ist, heißt Eiffelturm.
***Der 300 Meter hohe Turm** heißt Eiffelturm.*
La tour qui fait 300 mètres de haut s'appelle la Tour Eiffel.

5 **Lorsque le verbe de la relative est un verbe de position fort intransitif**, exprimant le locatif (⟶ 266), **ce verbe se met au participe I** et non au participe II, car il s'agit d'un procès en cours se situant dans un lieu.

Das Kind, das dort auf der Bank sitzt, heißt Bernd.
***Das dort auf der Bank sitzende** (et non ~~gesessene~~) **Kind** heißt Bernd.*
L'enfant qui est assis là-bas sur le banc s'appelle Bernd.

Der Sessel, der vor dem Kamin steht...
***Der vor dem Kamin stehende Sessel...** (= Der Sessel vor dem Kamin...)*
Le fauteuil (se trouvant) devant la cheminée...

6 Lorsque le verbe de la relative est un verbe de position faible transitif, exprimant le directionnel (→ 266), **ce verbe se met au participe II**, car il s'agit d'une action passée visant un point de direction. Dans ce cas, la qualificative correspond à une structure passive indiquant un résultat atteint.

Der Sessel, der vor den Kamin gestellt wurde,
Der vor den Kamin gestellte Sessel... *(= Der Sessel vor dem Kamin...)*
     Le fauteuil (placé) devant la cheminée

7 L'ordre des mots de la qualificative est identique à celui de la relative.

Der alte Mann, der dort auf der Bank sitzt,
                   1   2   3
Der dort auf der Bank sitzende alte Mann...
       1   2   3

Le groupe de mots *dort auf der Bank,* dans l'exemple ci-dessus, s'insère entre l'article, lorsqu'il y en a un, l'adjectif éventuel et le nom.

> Transformez les relatives en qualificatives :
> **1** Der Mann, der vor der Tür steht, wartet auf seinen Freund. **2** Das Kind, das draußen im Garten spielt, ist unser Sohn. **3** Der Wagen, der in Deutschland am meisten verkauft wird, ist der Golf. **4** Die Freunde, die heute Abend angekommen sind, fahren heute weiter nach Paris. **5** Vor unserem Haus steht ein Baum, der 10 Meter hoch ist.

214 Quel est... ?, Quels sont... ? (traductions)

Dans ce type de questions, «quel, quelle, quels» et «quelles» sont des attributs du sujet ; ils sont donc invariables en allemand – contrairement au français – et se traduisent par *welches...?,* quel que soit le sujet.

Welches ist der höchste Berg Europas?
     Quelle est la plus haute montagne d'Europe ?

Welches sind die interessantesten Bücher, die du gelesen hast?
     Quels sont les livres les plus intéressants que tu as lus ?

Remarquez qu'en langue courante, *welches* est souvent remplacé par *was.*

> Traduisez en allemand :
> **1** Quel est ton nom ? **2** Quel est le plus long fleuve d'Amérique du Sud ? **3** Quelles sont les plus belles émissions (die Sendung) que tu as vues ? **4** Quelle est la capitale de la BRD ? **5** Quels étaient, à ton avis, les plus beaux tableaux de l'exposition (die Ausstellung) ?

Q

215 Question : être question de... (traductions)

1 « **Il est question de** » dans le sens de « **on parle de** » se traduit par :

❖ *Es ist die Rede von* + datif.

*Erst **war die Rede von** der Picasso-Ausstellung.*
D'abord, il était question de l'exposition Picasso.

❖ *Man spricht von* + datif (ou : *über* + accusatif).

*Dann **sprach man von** der letzten Klee-Ausstellung.*
Ensuite, il était question de la dernière exposition Klee.

2 « **Il est question de** » dans le sens de « **on dit que** », « **le bruit court que** » se traduit par :

❖ *Es heißt* + subjonctif I.

***Es heißt**, der Mörder sei verhaftet worden.*
Le bruit court que l'assassin est arrêté.

❖ *Jmd, etw. soll* + infinitif actif.

*Sie soll **sich** wieder **verheiratet haben**.*
Il semblerait qu'elle s'est remariée.

❖ *Jmd, etw. soll* + infinitif passif.

*Diese Fabrik **soll geschlossen werden**.*
Il est question de fermer cette usine.

❖ *Es ist die Rede von* + datif.

Es ist die Rede von einer Preiserhöhung.
(ou : ***Es ist von** einer Preiserhöhung **die Rede**.*)
Il est question d'une augmentation de prix.

❖ *Es geht die Rede, dass...*

***Es geht die Rede, dass** die Preise erhöht werden sollen.*
Il est question que les prix soient augmentés.

3 Lorsque « **il est question de** » signifie « **il s'agit de** », il se traduit par :

❖ *Es handelt sich um* + accusatif.

*In diesem Roman **handelt es sich um** einen Staatsstreich.*
Dans ce roman, il est question d'un coup d'État.

❖ *Es geht um* + accusatif.

*In dem Artikel **geht es um** die Wirtschaftskrise.*
Dans cet article, il est question de la crise économique.

4 **Pour exprimer une éventualité**, on peut traduire « il est question de » par :

❖ *Etw. soll (vielleicht)* + infinitif passif.

*Hier **soll** ein Schwimmbad **gebaut werden**.*
Il est question de construire une piscine ici.

❖ *Es wird in Betracht gezogen* + infinitif ou *etw. wird in Betracht gezogen.*

Es wird in Betracht gezogen, *ihn zum Direktor zu ernennen.*
Seine Ernennung zum Direktor **wird in Betracht gezogen.**
  Il est question de le nommer directeur.

❖ *Es wird erwogen* + infinitif ou *etw. wird erwogen* (style plus soutenu).

Es wird erwogen, *den Minister* **zu** *entlassen.*
Die Entlassung des Ministers **wird erwogen.**
  Il est question de révoquer le ministre.

5 « **Il n'est pas question de** » se traduit par :

Es kommt nicht in Frage, dass (ou *zu* + infinitif).
Es kommt **nicht in Frage, dass** *du allein wegfährst.*
  Il n'est pas question que tu partes seule.

Traduisez en variant les expressions :
1 Dans le journal, il est question d'un nouveau vaccin (der Impfstoff). **2** À Bruxelles, il est question d'une rencontre au sommet (das Gipfeltreffen). **3** Il est question de fermer des écoles. **4** Il est question de construire un stade (das Stadion) ici. **5** Il n'est pas question que je signe cette lettre. **6** Depuis trois jours, il est question d'un changement de gouvernement (der Regierungswechsel). **7** Dans ce roman, il est question d'une grève des mineurs (die Bergarbeiter). **8** J'aimerais sortir ce soir. – Il n'en est pas question !

216 Rection des adjectifs

Les listes suivantes indiquent les principaux adjectifs dont la rection fait difficulté pour les francophones.

1 Les cas sans préposition.

❖ **Accusatif : pour les unités de mesure.**

alt sein
être âgé de…

dick sein
être épais de…

hoch sein
être haut de…

schwer sein
être lourd de…

weit sein
être distant de…

breit sein
être large de…

groß sein
mesurer…

lang sein
être long de…

tief sein
être profond de…

wert sein
qui vaut…

Das Haus ist zehn Meter hoch.
La maison a une hauteur de dix mètres (est haute de dix mètres).

❖ **Datif.**

jmm **ähnlich sein**
être semblable à qqn

jmm **bekannt sein**
être connu de qqn

jmm **dankbar sein**
être reconnaissant à qqn

jmm **gleichgültig sein**
être indifférent à qqn

jmm **nah sein**
être proche de qqn

jmm **treu sein**
être fidèle à qqn

jmm **willkommen sein**
être le bienvenu

jmm **angenehm sein**
être agréable à qqn

jmm **böse sein**
être fâché contre qqn

jmm **fremd sein**
être étranger à qqn

jmm **lieb sein**
être cher à qqn

jmm **nützlich sein**
être utile à qqn

jmm **überlegen sein**
être supérieur à qqn

Du bist mir immer willkommen.
Tu es toujours le bienvenu chez moi.

❖ **Génitif.**

sich einer Sache **bewusst sein**
être conscient de qqch.

einer Sache / jms **würdig sein**
être digne de qqch. / de qqn

einer Sache **gewiss / sicher sein**
être sûr de qqch.

2 Préposition + cas.

❖ *Auf* + accusatif.

auf etw. / jmn **aufmerksam sein**
être attentif à qqch. / à qqn

auf jmn **böse sein**
être fâché contre qqn

auf etw. / jmn **eifersüchtig sein**
être jaloux de qqch. / de qqn

auf etw. / jmn **stolz sein**
être fier de qqch. / qqn

*Ich bin sehr **stolz auf dich**.*
Je suis très fier de toi.

❖ *Für* + accusatif.

für etw. **dankbar sein**
être reconnaissant pour qqch.

für etw. / jmn **typisch sein**
être typique de qqch. / de qqn

für etw. / jmn **verantwortlich sein**
être responsable de qqch. / de qqn

*Er ist **für den Unfall verantwortlich**.*
Il est responsable de l'accident.

❖ *In* + accusatif.

in jmn **verliebt sein**
être amoureux de qqn

*Sie ist **in Peter verliebt**.*
Elle est amoureuse de Pierre.

❖ *Über* + accusatif.

über etw. / jmn **enttäuscht sein**
être déçu de qqch. / de qqn

über etw. / jmn **erstaunt sein**
être étonné de qqch. / de qqn

über etw. / jmn **traurig sein**
être triste de qqch. / de qqn

*Er ist **über den Tod** seines Großvaters sehr traurig.*
Il est très triste de la mort de son grand-père.

❖ *An* + datif.

an etw. **arm sein**
être pauvre en qqch.

an etw. **interessiert sein**
être intéressé par qqch.

an etw. **reich sein**
être riche de qqch.

an etw. **schuldig sein**
être coupable de qqch.

jmm an etw. **überlegen sein**
être supérieur à qqn en qqch.

*Er ist **mir an Erfahrung überlegen**.*
Il a une expérience supérieure à la mienne.

❖ *Mit* + datif.

mit etw. **einverstanden sein**
être d'accord avec qqch.

mit etw. **zufrieden sein**
être satisfait de qqch.

mit etw. **vergleichbar sein**
être comparable à qqch.

*Bist du **mit dem Abendbrot fertig**?*
As-tu terminé ton dîner ?

mit etw. **fertig sein**
en avoir terminé avec qqch.

❖ *Von* + datif.

von etw. **abhängig sein**
être dépendant de qqch., dépendre de qqch.

von *etw.* ***fern sein***
être loin de qqch.

von *etw.* ***frei sein***
être dispensé de qqch., ne pas avoir qqch.

von *etw.* ***müde sein***
être fatigué de qqch.

von *etw.* ***weit sein***
être loin de qqch.

Ich bin noch ***von der Reise müde.***
Je suis encore fatigué du voyage.

❖ *Zu* + datif.

zu *etw.* ***bereit sein***
être prêt à qqch.

zu *jmm* ***freundlich sein***
être aimable avec qqn

Sie war sehr ***höflich zu mir.***
Elle a été très polie à mon égard.

zu *etw.* ***fähig sein***
être capable de qqch.

zu *jmm* ***höflich sein***
être poli envers qqn

217 Rection des noms

1 Pour trouver la rection des noms, **il suffit souvent de se référer à la préposition du verbe ou de l'adjectif** correspondants.

❖ Rection identique à celle des verbes correspondants.

die Antwort auf + acc.
la réponse à (une question…)

die Erinnerung an + acc.
le souvenir de

die Hoffnung auf + acc.
l'espoir de

der Mangel an + dat.
le manque de

der Dank für + acc.
le remerciement pour

der Glaube an + acc.
la foi en

der Kampf gegen + acc.
la lutte contre

der Verzicht auf + acc.
le renoncement à

❖ Rection identique à celle des adjectifs correspondants.

die Abhängigkeit von + dat.
la dépendance de

die Enttäuschung über + acc.
la déception causée par

die Verwandtschaft mit + dat.
la parenté avec

die Armut an + dat.
la pauvreté en

der Reichtum an + dat.
la richesse en

die Zufriedenheit mit + dat.
la satisfaction causée par

2 Cependant, **lorsque le verbe est suivi d'un cas sans préposition** (accusatif ou datif), **le nom correspondant exige souvent une préposition pour sa rection.**

❖ Rection différente du verbe correspondant.

die Achtung vor + dat. *(jmn achten)*
le respect de

die Bitte an + acc. *(jmn bitten)*
la requête adressée à

der Einfluss auf + acc. *(jmn beeinflussen)*
l'influence sur

der Hass gegen + acc. *(jmn hassen)*
la haine de

die Liebe zu + dat. ou *für* + acc. *(jmn lieben)*
l'amour de

das Misstrauen gegen + acc. *(jm misstrauen)*
la méfiance envers

der Verlust an + dat. *(etw.* (acc.) *verlieren)*
la perte de

218 Rection des verbes

Les listes suivantes indiquent les principaux verbes dont la rection est difficile pour les francophones.

Par exemple :

Ich habe ihm (**datif**) *gratuliert.*
Je l'(c. o. d.) ai félicité.

1 **Les cas sans préposition.**

❖ Accusatif.

jmn **anreden**
s'adresser à qqn

jmn / etw. **brauchen**
avoir besoin de qqn / qqch.

etw. **genießen**
jouir de qqch.

jmn / etw. **loswerden**
se débarrasser de qqn / qqch.

jmn **überleben**
survivre à qqn

jmn **vermissen**
regretter l'absence de qqn

jmn **auslachen**
se moquer de qqn

jmn **fragen**
demander à qqn

jmn etw. **lehren**
enseigner qqch. à qqn

jmn **sprechen**
parler à qqn

sich etw. **überlegen**
réfléchir à qqch.

❖ Datif.

jmm / einer Sache **ausweichen**
éviter qqn / qqch.

jmm **beistehen**
assister qqn

jmm **begegnen**
rencontrer qqn

jmm **danken**
remercier qqn

jmm dienen
servir qqn, rendre service à qqn

jmm folgen
suivre qqn

jmm glauben
croire qqn

jmm helfen
aider qqn

sich jmm / einer Sache nähern
s'approcher de qqn / qqch.

jmm nachlaufen
courir après qqn

jmm widersprechen
contredire qqn

jmm / einer Sache zusehen
regarder qqn / qqch.

jmm drohen
menacer qqn

es gelingt mir
je réussis à…

jmm gratulieren
féliciter qqn

jmm misstrauen
se méfier de qqn

jmm nachgehen
suivre qqn

jmm vertrauen
avoir confiance en qqn

jmm / einer Sache zuhören
écouter qqn / qqch.

jmm zustimmen
approuver qqn

❖ **Génitif.** Ces verbes, d'un emploi rare, sont souvent remplacés par des verbes plus courants, à la rection plus facile (accusatif, préposition).

Génitif (emploi rare) → remplacés le plus souvent par :

sich einer Sache bedienen
se servir de qqch.

etw. (acc.) benutzen

sich einer Sache / Person bemächtigen
s'emparer de qqch. / qqn

jmn festnehmen; etw. (acc.) erobern

einer Person gedenken
se souvenir de qqn

an jmn denken, sich an jmn erinnern

sich einer Person erbarmen
avoir pitié de qqn

mit jmm Mitleid haben

2 **Préposition + cas.**

❖ *An* + accusatif.

an jmn / etw. denken
penser à qqn / qqch.

sich an jmn / etw. gewöhnen
s'habituer à qqn / qqch.

an jmn liefern
livrer à qqn

sich an jmn richten
s'adresser à qqn

an jmn senden, schicken
envoyer à qqn

sich an jmn / etw. erinnern
se rappeler qqn / qqch.

an jmn / etw. glauben
croire en qqn / qqch.

sich an etw. machen
se mettre à qqch. (travail…)

an jmn schreiben
écrire à qqn

an jmn verkaufen
vendre à qqn

❖ *Auf* + accusatif.

auf etw. achten
faire attention à qqch.

auf jmn / etw. anspielen
faire allusion à qqn / qqch.

auf jmn / etw. ankommen
dépendre de qqn / qqch.

auf jmn / etw. achtgeben
faire attention à qqn / qqch.

auf etw. antworten
répondre à qqch.

auf jmn / etw. aufpassen
faire attention à qqn / qqch.

sich auf etw. **beschränken**
se limiter à qqch.

auf jmn / etw. **folgen**
succéder à qqn / qqch.

auf etw. **gespannt sein**
être impatient de connaître qqch.

auf etw. **Lust haben**
avoir envie de qqch.

auf jmn / etw. **schauen**
regarder qqn / qqch.

sich auf jmn / etw. **verlassen**
se fier à qqn / qqch.

auf jmn / etw. **warten**
attendre qqn / qqch.

auf jmn / etw. **zielen**
viser qqn / qqch.

❖ *Für* + accusatif.

für etw. **danken**
remercier de qqch.

für jmn / etw. **halten**
tenir pour qqn / qqch.

für jmn **schwärmen**
raffoler de qqn

für jmn / etw. **verantwortlich sein**
être responsable de qqn / qqch.

❖ *In* + accusatif.

in etw. **eingreifen**
intervenir dans qqch.

in etw. **übersetzen**
traduire en (une langue)

sich in jmn **verlieben**
s'éprendre de qqn

❖ *Über* + accusatif (« au sujet de »).

sich über jmn / etw. **ärgern**
se fâcher contre qqn / qqch.

über etw. **berichten**
relater qqch.

über jmn / etw. **diskutieren**
discuter de qqn / qqch.

sich über etw. **freuen**
être heureux de qqch.

über jmn / etw. **klagen**
se plaindre de qqn / qqch.

über etw. **nachdenken**
réfléchir à qqch.

über jmn / etw. **spotten**
se moquer de qqn / qqch.

auf jmn / etw. **deuten**
montrer qqn / qqch.

sich auf etw. **freuen**
se réjouir de qqch.

auf etw. **hoffen**
espérer qqch.

auf etw. **reagieren**
réagir à qqch.

auf jmn / etw. **stoßen**
rencontrer qqn / qqch. (par hasard)

auf. etw. **verzichten**
renoncer à qqch.

auf jmn / etw. **zählen**
compter sur qqn / qqch.

für jmn / etw. **gelten**
passer pour qqn / qqch.

sich für etw. **interessieren**
s'intéresser à qqch.

für jmn / etw. **sorgen**
s'occuper de qqn / qqch.

in etw. **geraten**
tomber dans qqch., se mettre dans
(un état…)

sich in etw. **(ein)mischen**
se mêler de qqch.

(sich) in jmn / etw. **verwandeln**
se transformer en qqn / qqch.

sich über jmn / etw. **aufregen**
s'irriter contre qqn / qqch.

sich über jmn / etw. **beklagen**
se plaindre de qqn / qqch.

über jmn / etw. **erschrecken**
être effrayé par qqn / qqch.

über etw. **herrschen**
régner sur qqch.

über jmn / etw. **lachen**
rire de qqn / qqch.

über jmn / etw. **schimpfen**
pester contre qqn / qqch.

über etw. **sprechen**
parler de qqch.

über etw. **staunen**
s'étonner de qqch.

über jmn / etw. **verfügen**
disposer de qqn / qqch.

sich über jmn / etw. **wundern**
s'étonner de qqn / qqch.

❖ *Um* + accusatif.

um etw. **bitten**
demander qqch.

es handelt sich um jmn / etw.
il est question de qqn / qqch.

um jmn **trauern**
être en deuil de qqn

❖ *An* + datif.

an etw. **ändern**
changer qqch à qqch.

an etw. **erkranken**
tomber malade de qqch.

es fehlt an etw.
il manque qqch.

an etw. **leiden**
souffrir de qqch. (maladie)

an etw. **sterben**
mourir de qqch.

an jmm / etw. **zweifeln**
douter de qqn / qqch.

❖ *Auf* + datif.

auf etw. **beruhen**
provenir de qqch., être fondé sur qqch.

❖ *Aus* + datif.

aus jmm / etw. **bestehen**
se composer de qqn / qqch.

sich aus etw. **ergeben**
résulter de qqch.

aus etw. **trinken**
boire dans… (verre…)

sich aus jmm / etw. **zusammensetzen**
se composer de qqn / qqch.

❖ *In* + datif.

in etw. **bestehen**
consister en qqch.

❖ *Mit* + datif.

mit jmm / etw. **anfangen**
commencer par qqn / qqch.

mit etw. **bedecken**
couvrir de qqch.

sich über jmn / etw. **unterhalten**
s'entretenir de qqn / qqch.

über jmn / etw. **weinen**
pleurer qqn / sur qqch.

es geht um etw.
il s'agit de qqch.

sich um jmn / etw. **kümmern**
s'occuper de qqn / qqch.

an etw. **arbeiten**
travailler à qqch.

an jmm / etw. **festhalten**
se cramponner à qqn / qqch.

an jmm / etw. **hängen**
tenir à qqn / qqch.

sich an jmm / etw. **rächen**
se venger de qqn / qqch.

an etw. **teilnehmen**
participer à qqch.

aus etw. **entstehen**
provenir de qqch.

aus etw. **essen**
manger dans (assiette…)

aus etw. **schließen**
conclure de qqch.

mit jmm / etw. **aufhören**
finir par qqn / qqch.

sich mit etw. **begnügen**
se contenter de qqch.

sich mit *jmm / etw.* **beschäftigen**
s'occuper de qqn / qqch.

mit *etw.* **füllen**
remplir de qqch.

mit *jmm / etw.* **rechnen**
tenir compte de qqn / qqch.

mit *etw.* **schließen**
conclure par qqch.

mit *jmm / etw.* **zusammenstoßen**
entrer en collision avec qqn / qqch.

mit *etw.* **enden**
finir par qqch.

mit *etw.* **meinen**
vouloir dire par qqch.

mit *jmm* **sprechen**
parler avec qqn

mit *jmm / etw.* **vergleichen**
comparer avec qqn / qqch.

❖ *Nach* + datif.

nach *etw.* **duften**
sentir qqch.

nach *jmm / etw.* **fragen**
s'enquérir de qqn / qqch.

nach *etw.* **riechen**
sentir qqch.

nach *etw.* **streben**
chercher à atteindre qqch.

sich nach *jmm / etw.* **erkundigen**
s'informer de qqn / qqch.

nach *jmm / etw.* **greifen**
saisir qqn / qqch.

nach *etw.* **schmecken**
avoir le goût de qqch.

sich nach *jmm / etw.* **sehnen**
avoir la nostalgie de qqn / qqch.

❖ *Von* + datif.

von *jmm / etw.* **abhängen**
dépendre de qqn / qqch.

von *jmm / etw.* **denken**
penser de qqn / qqch.

von *jmm / etw.* **hören**
entendre parler de qqn / qqch.

von *jmm / etw.* **träumen**
rêver de qqn / qqch.

von *jmm / etw.* **befreien**
libérer de qqn / qqch.

von *jmm / etw.* **erzählen**
parler de qqn / qqch.

von *jmm / etw.* **sprechen**
parler de qqn / qqch.

❖ *Vor* + datif.

vor *jmm / etw.* **Angst haben**
avoir peur de qqn / qqch.

sich vor *jmm / etw.* **fürchten**
avoir peur de qqn / qqch.

vor *jmm / etw.* **schützen**
protéger contre qqn / qqch.

vor *jmm / etw.* **warnen**
mettre en garde contre qqn / qqch.

vor *jmm / etw.* **erschrecken**
s'effrayer de qqn / qqch.

vor *etw.* **schreien (Angst...)**
crier de qqch. (peur...)

vor *etw.* **sterben (Hunger...)**
mourir de qqch. (faim...)

vor *etw.* **zittern (Kälte...)**
trembler de qqch. (froid...)

❖ *Zu* + datif.

zu *etw.* **beitragen**
contribuer à qqch.

zu *etw.* **dienen**
servir à qqch.

sich zu *etw.* **entschließen**
se décider à qqch.

zu *etw.* **gehören**
appartenir à qqch.

zu *etw.* **bringen**
amener à qqch.

zu *etw.* **einladen**
inviter à qqch.

zu *jmm / etw.* **führen**
mener à qqn / qqch.

zu *etw.* **gratulieren**
féliciter de qqch.

zu *etw.* **passen**
convenir à qqch.

zu *etw.* **taugen**
être propre à qqch., être utile à qqch.

zu *etw.* **veranlassen**
inciter à qqch.

zu *etw.* **werden**
devenir qqch.

zu *etw.* **zwingen**
contraindre à qqch.

219 Refuser (traductions)

Selon la nature ou le sens des compléments de « refuser », celui-ci se traduit par un verbe différent.

1 « Refuser qqch. ».

❖ *Etw.* (acc.) *ablehnen* = « ne pas accepter ce qui est offert ou proposé » (*Geschenk* = « un cadeau », *Einladung* = « une invitation », *Trinkgeld* = « un pourboire », *Vorschlag* = « une proposition », *Wahl* = « un choix ») ; « ne pas accorder » (*Antrag* = « une demande »).

*Er **lehnte** unsere Einladung **ab**.*
Il refusa notre invitation.

*Sein Antrag auf ein Stipendium wurde **abgelehnt**.*
Sa demande de bourse fut refusée.

2 « Refuser de faire qqch. ».

❖ *Es ablehnen* + groupe infinitif avec *zu*.

*Er **lehnte es ab**, für die Wahl zu kandidieren.*
Il refusa d'être candidat aux élections.

❖ *Sich weigern* + groupe infinitif avec *zu* = « refuser de faire qqch. ».

*Er hat **sich geweigert**, an der Demonstration teilzunehmen.*
Il a refusé de participer à la manifestation.

*Warum **weigerst** du **dich**, mitzukommen?*
Pourquoi refuses-tu de venir avec nous ?

3 « Refuser qqch. à qqn ».

❖ *Jmm etw. abschlagen* = « ne pas accorder » (*Wunsch* = « un souhait », *Bitte* = « une demande », *Gefallen* = « un vœu », *Dienst* = « une service »).

*Warum hast du (mir) meine Bitte **abgeschlagen**?*
Pourquoi m'as-tu refusé ce que j'ai demandé ?

❖ *(Jmm) etw.* (acc.) *verweigern* ; (*Unterschrift* = « une signature », *Zahlung* = « un paiement », *Visum* = « un visa », *Befehl* = « un ordre », *Gehorsam* = « l'obéissance », *(Wehr)dienst* = « le service militaire », *Nahrung* = « la nourriture »).

*Es wurde ihnen das Einreise-Visum **verweigert**.*
*Man hat ihnen das Einreise-Visum **verweigert**.*
On leur a refusé le visa d'entrée.

*Seit zwei Tagen **verweigert** die Katze jede Nahrung.*
Depuis deux jours le chat refuse de se nourrir.

Er **verweigert** den Wehrdienst.
    Il refuse de faire son service militaire.

der Wehrdienstverweigerer
    l'objecteur de conscience

4 « **Refuser qqch. ou qqn** » ; « **rejeter** » = **jmn ou etw. zurückweisen**
(*Personen, Waren, Manuskript, Verdacht, Anschuldigung, Verantwortung*).

Der Verlag hat sein Manuskript **zurückgewiesen**.
    La maison d'édition a refusé son manuscrit.

Traduisez en allemand :

1 Le garçon de café (der Ober) a refusé le pourboire. **2** Les travailleurs étrangers (die Fremdarbeiter) furent refoulés à la frontière. **3** Nous ne pouvons pas lui refuser ce service. **4** Il a refusé le paiement des impôts (die Steuern). **5** Je me demande pourquoi il nous a refusé cet entretien. **6** Tous les soirs, le théâtre a dû refuser des spectateurs. **7** Elle refuse de payer ses dettes (die Schulden). **8** Il a refusé d'obéir (traduire par « Gehorsam «). **9** Il refuse d'en parler.

---

220 **Réussir, échouer** (traductions)

1 « **Réussir** ».

❖ *Etwas gelingt (jmm)* ou *etw. glückt (jmm)* = « réussir qqch. » ; (« qqn réussit qqch. «). Le parfait est formé avec *sein*.

Die Überraschung ist wirklich **gelungen** (**geglückt**).
    Comme surprise, c'est vraiment réussi. (litt. : La surprise est vraiment réussie.)

❖ *Es gelingt mir, etwas zu tun* = « je réussis à faire qqch. ».

Es **ist ihm** nicht **gelungen**, mich zu überzeugen.
    Il n'a pas réussi à me convaincre.

❖ *Etwas fertig bringen* (langue courante) = « venir à bout de ».

Er hat seinen Aufsatz noch rechtzeitig **fertig gebracht**.
    Il réussi à terminer sa dissertation à temps.
    (Il est venu à bout de sa dissertation à temps.)

❖ *Eine Prüfung bestehen* = « réussir à un examen ».

Endlich hat sie ihre Fahrprüfung **bestanden**.
    Elle a enfin réussi à avoir son permis de conduire.

2 « **Échouer / ne pas réussir** ».

❖ *Scheitern ; etwas scheitert* = « quelque chose échoue » (*Pläne* = « projets », *Bemühungen* = « efforts », *Verhandlungen* = « négociation », *Versuche* = « tentatives »). Le parfait est formé avec *sein*.

Seine Pläne **sind gescheitert**.
    Ses projets ont échoué.

❖ *Etwas misslingt (jmm)* ou *etw. missglückt (jmm)*.

Der Kuchen **ist** mir **misslungen** (**missglückt**).
    Mon gâteau n'est pas réussi.

❖ *Bei einer Prüfung durchfallen* = «échouer à un examen». Le parfait se forme avec *sein*.

*Bei der Biologieprüfung **ist** sie **durchgefallen**.*
  Elle a échoué à son examen de biologie.

⟶ Voir aussi «arriver» **29**.

Traduisez en allemand :
1 La tentative a échoué. **2** L'opération du cœur a bien réussi. **3** Nos photos de vacances sont très réussies. **4** À cause de sa maladie, il a échoué à son bac (das Abitur). **5** Les négociations ont échoué. **6** L'architecture de l'hôtel de ville est vraiment réussie. **7** Il a réussi à passer la frontière. **8** Tous les enfants ont réussi à passer leur brevet de natation (die Schwimmprüfung).

221 *Richtig, gerecht, recht*

Il ne faut pas confondre ces adjectifs / adverbes, qui s'emploient dans des contextes différents. *Richtig* et *gerecht* correspondent à deux sens différents de «juste», alors que l'adverbe *recht* se traduit généralement par «bon», «bien».

1 *Richtig* = «bon», «bien», «juste» au sens de la «justesse», «conforme à la raison ou à la situation», «adéquat», «exact» (pour des mécanismes). Le contraire est *falsch* = «faux».

*Er hat **richtig** gehandelt. Er hat sofort die Polizei angerufen.*
  Il a bien réagi (conformément à la situation). Il a appelé immédiatement la police.

Expressions

richtig finden	***für richtig halten***	***richtig raten***
trouver bon / juste	juger bon	deviner juste
richtig singen	***das Richtige treffen***	
chanter juste	tomber juste / voir juste	

*Ich **finde es nicht richtig**, dass sie so viele Schulaufgaben haben.*
  Je ne trouve pas bien qu'ils aient tant de devoirs.

*Ist meine Rechnung **richtig**? – Nein, sie ist ganz **falsch**.*
  Est-ce que mon calcul est juste ? – Non, il est complètement faux.

***Geht** deine Uhr **richtig**?*
  Est-ce que ta montre est à l'heure ?

Mais :

*Hast du die **genaue** Zeit?*
  As-tu l'heure exacte ?

*Meine Uhr **geht** auf die Sekunde **genau**.*
  Ma montre est juste à la seconde près.

2 *Gerecht* = «juste» dans le sens de «la justice», «l'équité». Le contraire est *ungerecht* = «injuste».

*Er ist ein **gerechter** Richter.*
  C'est un juge équitable.

*Sie kämpfen für eine **gerechte** Sache.*
Ils luttent pour une cause juste.

*Dieser Lehrer ist **gerecht** gegen alle Schüler.*
Ce professeur est juste envers tous les élèves.

3 *Recht.*

❖ «Bon», «bien», «adéquat», «comme il convient». Le contraire est *unrecht* = «mauvais», «mal».

*Das ist mir **nicht recht**.*   *Wenn ich **recht** verstehe…*
Cela ne me convient pas.   Si je comprends bien…

Expressions

am rechten Ort   **zur rechten Zeit**
au bon endroit   au bon moment

❖ «Bien», «conformément au code de la morale».

*Er hat **recht** gehandelt. Er hat mit seinem Geld ein Kinderdorf in Afrika gegründet.*
Il a bien agi (conformément à la morale). Avec son argent, il a fondé un village d'enfants en Afrique.

❖ «Avoir raison» = *Recht haben*; «avoir tort» = *Unrecht haben*.

Dans ces expressions, *recht* et *unrecht* prennent une majuscule.

*Ich weiß, dass du immer **Recht hast**.*   *Du **hast** nicht ganz **Unrecht**.*
Je sais que tu as toujours raison.   Tu n'as pas tout à fait tort.

❖ «Très», «bien», «assez» = *recht*. Il sert à renforcer le terme qui suit.

*Es ist **recht** kalt heute.*   *Sie ist noch ein **rechtes** Kind.*
Il fait très froid aujourd'hui.   Elle est encore très enfant.

⟶ Pour «juste», voir **130**.
⟶ Pour «bien», voir **52**.

Traduisez en allemand :
1 L'addition (die Rechnung) est juste. **2** Son jugement n'était pas juste. **3** Tu as choisi le bon moment pour venir. **4** Est-ce que tu juges bon qu'elle prenne ta voiture ce soir ? **5** Je ne t'ai pas bien compris. **6** N'est-il pas juste envers tous ? **7** C'est un article bien intéressant. **8** Crois-tu vraiment que tu as raison ?

222 *Sagen, sprechen, reden*

1 *Sagen*.

❖ *Jmm etw. sagen; zu jmm etw. sagen* = «dire quelque chose à quelqu'un».

*Er sagt **ihm (zu ihm)** « Guten Tag! »*
Il lui dit bonjour.

❖ *Über jmn, über etw.* (acc.) *etw. sagen* = «dire quelque chose de quelqu'un, de quelque chose»

***Über den** Film hat er viel zu sagen.*
Il a beaucoup à dire sur le film.

❖ *Von jmm, von etw.* (dat.) *etw. sagen.*

*Er **sagt von** seiner Freundin nur Gutes.*
Il ne dit que du bien de son amie.

❖ *Sagen* est verbe introducteur du discours indirect.

*Er **sagt, dass** er morgen kommt.*
Il dit qu'il viendra demain.

❖ *Sagen* peut avoir le sens de « signifier », « avoir de l'importance ».

Das hat nichts zu sagen.
Cela n'a pas d'importance.

⟶ Pour le discours indirect, voir **81**.

2 *Sprechen* et *reden*.

Ces verbes, qui signifient «parler», «s'exprimer», sont pratiquement interchangeables dans les significations suivantes.

❖ Adverbe + *sprechen* ou *reden* = «parler d'une certaine manière».

*Er **sprach (redete)** langsam und deutlich.*
Il parlait lentement et distinctement.

❖ *Mit jmm sprechen* ou *reden* = «parler à quelqu'un».

*Warum **sprichst (redest)** du nicht **mit mir**?*
Pourquoi ne me parles-tu pas ?

*Sie haben lange **miteinander gesprochen (geredet)**.*
Ils se sont entretenus longtemps.

❖ *Von jmm, von etw.* (dat.) *sprechen* ou *reden* = «parler de quelqu'un, de quelque chose» (= converser).

*Sie **sprachen (redeten)** von ihren Bekannten / von ihren Ferien.*
Ils parlaient de leurs connaissances / de leurs vacances.

❖ *Über jmn, über etw.* (acc.) *sprechen* ou *reden* = « parler de quelqu'un, de quelque chose » (= traiter un sujet).

Der Minister **spricht (redet) über** *die neue Wirtschaftslage / über den Bundeskanzler.*
  Le ministre parle de la nouvelle situation économique / du Chancelier.

3 **Sprechen** et *reden* **se différencient dans les emplois suivants.**

❖ *Sprechen* = « parler une langue » (maternelle ou étrangère).

Das Kind **lernt sprechen.**
  L'enfant apprend à parler.

Yves kann schon gut **Deutsch sprechen.**
  Yves sait déjà bien parler allemand.

❖ *Jmn sprechen* = « parler à quelqu'un », « chercher à voir quelqu'un ».

Ich möchte **Sie** *gern* **sprechen.**
  Je voudrais bien vous parler.

Könnte ich Herrn Meier **sprechen?**
  Pourrais-je parler à M. Meier ?

❖ *Reden* = « faire un discours ».

Heute Abend **redet** *er vor der Versammlung.*
  Ce soir, il fait un discours devant l'assemblée.

Er **redet** *gut.*
  Il parle bien. (Il sait faire des discours.)

❖ *Über etw.* (acc.) *reden* = « discuter de », « négocier ».

Darüber *lässt sich* **reden.**
  On peut en discuter.

---

1. Complétez par *sagen, sprechen* **ou** *reden* **:**
1 Sie ... ausgezeichnet Russisch. **2** Er ... schon zwei Stunden und ist immer noch nicht fertig. **3** Sie ... uns gestern, wir möchten sie anrufen. **4** Ist der Direktor jetzt zu ...? **5** Wovon habt ihr denn so lange ...? **6** Dieser Fehler hat nichts zu ...

---

2. Traduisez en allemand :
1 Elle nous a dit le contraire. **2** Il veut absolument nous voir. **3** De quoi voulais-tu parler ? **4** Il ne dit que des bêtises (Unsinn). **5** Il n'aime pas parler de sa maladie. **6** S'il vous plaît, parlez plus fort (lauter).

---

223 **Saluer, présenter quelqu'un, prendre congé** (traductions)

1 « **Saluer** » = *grüßen, begrüßen.*

❖ *Jmn grüßen* a le sens très général de « saluer quelqu'un ». Il s'utilise en passant, dans la rue, pour transmettre des salutations ou à la fin d'une lettre.

*Er hat sie nicht **gegrüßt**.*
Il ne l'a pas saluée.

***Grüße** bitte deine Eltern von mir.*
Transmets mes salutations à tes parents.

❖ *Jmn begrüßen* a un sens plus intensif = «saluer quelqu'un en l'accueillant» (souvent en lui serrant la main).

*Er hat uns herzlich **begrüßt**.*
Il nous a accueilli cordialement.

*Der Rektor hat die Studenten feierlich **begrüßt**.*
Le président de l'Université a accueilli solennellement les étudiants.

❖ Formules de salutation.

Guten Tag, Peter, wie geht es dir?
Bonjour, Pierre, comment vas-tu ?

Danke, und dir?
Ça va bien, et toi ?

Guten Tag, Herr Bach, wie geht es Ihnen?
Bonjour, Monsieur Bach, comment allez-vous ?

Danke, und Ihnen?
Ça va bien, et vous ?

Danke, es geht mir gut und dir / und Ihnen?
Merci, je vais bien, et toi / et vous ?

Guten Morgen!
Bonjour ! (le matin)

Guten Abend!
Bonsoir !

Ich habe Sie lange nicht gesehen.
Je ne vous ai pas vu depuis longtemps.

Grüß Gott!
Bonjour ! (All. du Sud)

❖ Tournures plus familières.

Tag, Sylvia!
Salut, Sylvie !

Hallo, Corinna!
Salut, Corinne !

Grüß dich!
Salut !

Wie geht's?
Ça va ?

Danke, gut.
Merci, ça va bien.

Es geht.
Ça va.

Was machst du denn so?
Qu'est-ce que tu deviens ?

Was machst du denn hier?
Qu'est-ce que tu fais là ?

2 « Présenter quelqu'un ».

❖ *Jmn jmm vorstellen* ou *jmm jmn vorstellen* = «présenter quelqu'un à quelqu'un».

*Darf ich **Sie** Herrn Schmidt **vorstellen**?*
Puis-je vous présenter à M. Schmidt ?

*Darf ich dir Frau Albert **vorstellen**?*
Puis-je te présenter Mme Albert ?

***Darf ich Sie vorstellen?** – Herr Schmidt – Frau Berger.*
Puis-je vous présenter ? – Monsieur Schmidt. – Madame Berger.
(Présentation par une tierce personne, avec un geste.)

❖ *Jmn mit jmm bekannt machen* = «présenter quelqu'un à quelqu'un».

*Darf ich Sie **mit** Herrn Gruber **bekannt machen**?*
Puis-je vous présenter à M. Gruber ?

*Darf ich Sie **miteinander bekannt machen**?*
Puis-je vous présenter (l'un à l'autre) ?

❖ Autres formules de présentation.

Kennt ihr euch schon? – Das ist Klaus, das ist Gisela.
Vous vous connaissez déjà ? – Je te présente Klaus, je te présente Gisela.

Ich freue mich, Sie kennenzulernen. – Sehr erfreut.
Enchanté de faire votre connaissance. – Enchanté.

❖ _Sich vorstellen_ = « se présenter ».

Ich möchte mich vorstellen: Ich heiße... / mein Name ist... ich bin...
Je voudrais me présenter : je m'appelle… / mon nom est… / je suis…

3 **Prendre congé de quelqu'un** = _sich (von jmm) verabschieden._

Darf ich mich (von Ihnen) verabschieden?
Puis-je prendre congé (de vous) ?

Ich möchte mich jetzt (von Ihnen) verabschieden.
Je voudrais prendre congé maintenant.

❖ Formules d'adieux.

Auf Wiedersehen!	**_Wiedersehen!_**	**_Ade!_**
Au revoir !	Au revoir !	Adieu !

Ich habe mich sehr gefreut, Sie kennenzulernen.
Ich habe mich sehr gefreut, Ihre Bekanntschaft gemacht zu haben.
Je suis enchanté d'avoir fait votre connaissance.

Ich habe mich sehr gefreut, dich wiederzusehen.
J'ai été très content de te revoir.

Hoffentlich sehen wir uns bald wieder.
J'espère que nous nous reverrons bientôt.

Leider muss ich jetzt weg. ou **_Leider muss ich jetzt gehen._**
Je suis désolé, mais maintenant il faut que je parte.

Tschüs, Inge!	**_Mach's gut, Peter! Lass es dir gut gehen!_**	
Salut, Inge !	Salut, Pierre ! (litt. : porte-toi bien !)	

Bis bald!	**_Bis morgen!_**	**_Gute Nacht!_**
À bientôt !	À demain !	Bonne nuit !

Traduisez en allemand :

1 Salut, Pierre, ça va ? – Ça va bien, merci. Et toi ? – Cela fait longtemps que je ne t'ai pas vu. Qu'est-ce que tu deviens ? – Je te présente Monique, une amie. Veux-tu venir avec nous ? Nous allons au cinéma. – Non, je suis désolé, je n'ai pas le temps. Il faut que je parte. Salut, Pierre ! – Salut, Paul ! – À bientôt !

2 Bonsoir, Madame Schwarz, comment allez-vous ? – Très bien, merci, Monsieur Braun. Et vous ? – Puis-je vous présenter mon collègue (der Kollege-n-n), Monsieur Weiß ? – Enchanté de faire votre connaissance. – Nous prenons le même train (fahren mit), voulez-vous venir avec nous ? – Non, je suis désolé, je partirai un peu plus tard. Au revoir, M. Braun ! – Bonsoir, Mme Schwarz, j'ai été ravi de vous revoir !

24 *Scheinen* et *erscheinen*

1 Scheinen.

❖ *Scheinen* = « briller ».

Die Sonne *scheint*.
Le soleil brille.

❖ *(Jmm) scheinen* + groupe infinitif avec *zu* = « sembler », « paraître », « avoir l'air ».

Er *scheint* krank *zu sein*.
Il semble être malade.

Er *schien (mir)* sehr nervös *zu* sein.
Il (me) paraissait (être) bien nerveux.

Notez :

❖ *Scheinen* dans ce sens est le plus souvent employé au présent ou au prétérit, rarement aux temps composés.

❖ Lorsque *scheinen* se trouve dans une subordonnée, le groupe infinitif doit être placé devant ce verbe (⟶ aussi **119**).

Ich will ihn anrufen, weil er krank *zu sein schien*.
Je vais l'appeler parce qu'il semblait être malade.

2 Expressions impersonnelles avec *scheinen*.

❖ *Es scheint, dass* + indicatif = « il semble que », « il paraît que ».

Es *scheint, dass* er im Oktober ein Konzert gibt.
Il paraît qu'il donnera un concert en octobre.

❖ *Es scheint, als ob* (ou *als*) + subjonctif I ou subjonctif II = « il semble » + infinitif.

Es *scheint, als ob* er die Verabredung vergessen *hätte*.
Es *scheint, als* habe (ou *hätte*) er die Verabredung vergessen.
Il semble avoir oublié le rendez-vous.

⟶ Pour les subordonnées de comparaison, voir également **239**.

❖ Adjectif au comparatif + *als* + *es* (ou pronom personnel) *scheint* = comparatif + « qu'il (ou autre pronom personnel) ne paraît ».

Sie ist sportlicher, *als es scheint*.
Elle est plus sportive qu'il ne paraît.

Sie ist älter, *als sie scheint*.
Elle est plus âgée qu'elle ne paraît.

❖ *Wie es scheint* = « à ce qu'il paraît ».

Er ist umgezogen, *wie es schein*t.
Il a déménagé, à ce qu'il paraît.

3 Erscheinen.

❖ *Erscheinen* = « apparaître », « se montrer », « devenir visible ». On utilise *sein* pour former les temps composés.

Wir sprachen von ihm, als er plötzlich *erschien*.
Nous parlions de lui lorsqu'il apparut soudain.

Gewitterwolken *sind* am Himmel *erschienen*.
Des nuages annonçant l'orage sont apparus dans le ciel.

❖ *Erscheinen* = «paraître» (livres, journaux).

*Sein Buch **ist** letzte Woche **erschienen***.
  Son livre a paru la semaine dernière.

❖ *Jmm erscheinen* = «paraître à quelqu'un» (comme *jmm scheinen*, mais sans groupe infiinitif).

*Sein Verhalten **erschien mir** merkwürdig.*
  Son comportement me paraissait curieux.

❖ Expression impersonnelle.

Es erscheint mir (dir, …) (+ adjectif) + groupe infinitif ou + *dass…* = «il (me) paraît… de…».

Es erscheint mir notwendig, darüber zu sprechen. (ou : *dass wir darüber sprechen.*)
  Il me paraît nécessaire d'en parler.

Complétez par *scheinen* ou *erscheinen* à la forme adéquate :
1 Der Mond… hell. **2** Diese Zeitschrift… täglich. **3** Es…, als (forme de «wollen») es regnen. **4** Das… mir falsch zu sein. **5** Sie ist zum Ball in einem neuen Kleid… **6** Er ist jünger, als er… **7** Es… mir ratsam (utile), einen Arzt zu fragen. **8** Sie (pl.)….. neue Nachbarn zu haben.

---

225 *Sehen, schauen, ansehen, zusehen*

1 *Jmn* ou *etw. sehen* = «voir quelqu'un, quelque chose».

*Ich habe sie noch nie **gesehen**.*
  Je ne l'ai encore jamais vue.

*Er **sieht** nur mit einem Auge.*
  Il ne voit que d'un œil.

*Heute Abend wollen wir nicht **fernsehen**.*
  Ce soir, nous n'allons pas regarder la télévision.

Notez :

❖ Pour «voir + infinitif», deux constructions sont possibles.

*Siehst du den Vogel **fliegen**? / **Siehst** du, **wie** der Vogel fliegt?*
  Vois-tu l'oiseau voler ?

❖ Lorsque *sehen* est employé à un temps composé avec un infinitif complément, il faut utiliser *sehen* (forme de l'infinitif) et non pas *gesehen*.

*Ich habe ihn nicht **kommen sehen*** (et non pas ~~gesehen~~).
  Je ne l'ai pas vu venir.

→ Pour le participe passé à forme d'infinitif, voir **176**.

2 *Schauen* = «regarder».

*Sie **schaut** zum Fenster hinaus.*   *Er **schaut** auf seine Uhr.*
  Elle regarde par la fenêtre.   Il regarde sa montre.

3 Ansehen, anschauen.

❖ *Jmn, etw. ansehen* ou *jmn, etw. anschauen* = « regarder quelqu'un, quelque chose ».

Sieh mich an! ou **Schau** *mich an!*
Regarde-moi !

Er **sah** (ou **schaute**) *uns verwundert* **an.**
Il nous regarda d'un air étonné.

❖ *Sich* (dat.) *etw. ansehen* ou *anschauen* = « regarder quelque chose avec attention, avec intérêt ».

Darf ich **mir** *die Fotos* **anschauen?**
Puis-je regarder les photos ?

Wir wollen **uns** *die Kirche* **ansehen.**
Nous allons visiter l'église.

Hast du **dir** *heute Abend den Krimi im Fernsehen* **angeschaut?**
As-tu regardé le film policier à la télé hier soir ?

4 Jmm bei etw. (dat.) zusehen ou zuschauen = « regarder quelqu'un faire quelque chose », « observer quelqu'un dans son activité ».

Ich **sehe ihm** *gern* **beim** *Zeichnen* **zu.**
J'aime le regarder dessiner.

Wir **schauen ihnen bei** *der Arbeit* **zu.**
Nous les regardons travailler.

> **Traduisez en allemand :**
> **1** Elle l'a regardé en souriant. **2** Vois-tu déjà la mer ? **3** Je l'ai regardé peindre. **4** Puis-je regarder ce livre un instant ? **5** Je ne l'ai pas vu entrer. **6** Je n'ai pas regardé la télévision depuis une semaine. **7** Nous regardons les enfants jouer. **8** Vois-tu tomber la pluie ?

226 Sehr et viel

1 Sehr.

❖ *Sehr* = « très », « bien » avec des adjectifs ou des adverbes.

Es war ein **sehr** *schöner Abend.*
C'était une soirée très agréable.

Der Fahrer war **sehr** *nervös.*
Le conducteur était très nerveux.

Ich komme **sehr** *gern.*
Je viendrai avec (grand) plaisir.

❖ *Sehr* = « beaucoup ». Associé à certains verbes, il exprime l'intensité d'une action.

Es regnet heute **sehr.**
Il pleut beaucoup aujourd'hui.

Ich hoffe **sehr** *auf deinen Besuch.*
J'espère bien que tu me rendras visite.

Sie fehlt mir **sehr.**
Elle me manque beaucoup.

Expressions

zu sehr   *Du hast mich zu **sehr** geärgert.*
  trop   Tu m'as trop contrarié.

2 Viel.

Viel = « beaucoup », « bien ». *Viel* associé à des verbes exprime la quantité.

*Gestern Abend haben wir im Kino **viel** gelacht.*
  Hier soir, au cinéma, nous avons beaucoup ri.

Expressions

zu viel   **viel zu viel**
  trop   beaucoup trop

*Du sprichst **zu viel**.*   *Sie raucht **viel zu viel**.*
  Tu parles trop.   Elle fume beaucoup trop.

→ *Zu viel* s'écrit toujours séparément.
→ Pour « beaucoup » et « bien », voir également **48** et **52**.

> **Traduisez en allemand :**
> **1** Nous l'estimons beaucoup. **2** Il (en) sait trop. **3** Je suis très content de te voir (sich freuen). **4** À Noël, nous avons beaucoup joué aux échecs (Schach spielen). **5** C'est un pianiste (der Pianist) très célèbre. **6** Je t'ai beaucoup attendu ! **7** Elle mange vraiment trop. **8** Je te remercie beaucoup !

(227) *Sein* : conjugaison

Sein « être »

Indicatif		
Présent	Prétérit	Futur
je suis, tu es…	j'étais, tu étais…	je serai, tu seras…
ich **bin**	*ich* **war**	*ich* **werde sein**
du **bist**	*du* **warst**	*du* **wirst sein**
er ⎫	*er* ⎫	*er* ⎫
es ⎬ **ist**	*es* ⎬ **war**	*es* ⎬ **wird sein**
sie ⎭	*sie* ⎭	*sie* ⎭
wir **sind**	*wir* **waren**	*wir* **werden sein**
ihr **seid**	*ihr* **wart**	*ihr* **werdet sein**
sie **sind**	*sie* **waren**	*sie* **werden sein**
Parfait	Plus-que-parfait	Futur antérieur
j'ai été, tu as été…	j'avais été, tu avais été…	j'aurai été, tu auras été…
ich bin gewesen	*ich war gewesen*	*ich werde gewesen sein*
…	…	…

Subjonctif I

Présent		Passé		Futur	
ich	sei	ich	sei gewesen	ich	werde sein
du	sei(e)st	du	sei(e)st gewesen	du	werdest sein
er		er		er	
es	sei	es	sei gewesen	es	werde sein
sie		sie		sie	
wir	seien	wir	seien gewesen	wir	werden sein
ihr	seiet	ihr	seiet gewesen	ihr	werdet sein
sie	seien	sie	seien gewesen	sie	werden sein

Futur antérieur

ich	werde gewesen sein
du	werdest gewesen sein
er	
es	werde gewesen sein
sie	
wir	werden gewesen sein
ihr	werdet gewesen sein
sie	werden gewesen sein…

Subjonctif II

Hypothétique (A)		Hypothétique (B)		Irréel	
je serais, tu serais…				j'aurais été	
ich	wäre	ich	würde sein	ich	wäre gewesen
du	wärest	du	würdest sein	du	wär(e)st gewesen
er		er		er	
es	wäre	es	würde sein	es	wäre gewesen
sie		sie		sie	
wir	wären	wir	würden sein	wir	wären gewesen
ihr	wär(e)t	ihr	würdet sein	ihr	wär(et) gewesen
sie	wären	sie	würden sein	sie	wären
gewesen					

Impératif
sois, soyez !

sei!
seid!

228 *Sein* ou *werden* ?

1 **En français**, « être » + participe passé peut signifier une action en train de se dérouler ou un état.

être attaqué = se faire attaquer être arrivé = être là

2 **En allemand**, cette différence de sens se marque par l'emploi de *sein* pour l'état, et de *werden* pour l'action en train de se dérouler.

überfallen werden *angekommen sein*
  se faire attaquer   être arrivé

3 **Pour certains verbes on peut employer soit** *sein,* **soit** *werden* avec des sens différents.

❖ *Verkauft sein* = « être vendu ».

*Das Auto **war** schon **verkauft**.*
  La voiture était déjà vendue.

❖ *Verkauft werden* = « être en train de se vendre ».

*Das Auto **wurde** gestern **verkauft**.*
  La voiture s'est vendue hier.

→ Pour l'emploi de *werden,* voir le passif, **181**.
→ Pour la conjugaison de *sein* et *werden,* voir **227** et **275**.

> **Traduisez en allemand :**
> **1** Tu n'étais pas prévue (vorsehen). **2** La lettre a été envoyée il y a une semaine. **3** La maison est complètement détruite (zerstören). **4** Elle avait été construite sur une colline. **5** Demain, il sera élu président. **6** J'étais déçu (enttäuschen). **7** L'arbre a été coupé dans la nuit.

229 *Selb-, selbst, sogar*

1 *Selb-* = « même » placé devant le nom exprime l'identité. (On emploie *selb-* à la place de *derselbe, dieselbe, dasselbe* lorsqu'il y a contraction entre la préposition et l'article).

*am **selben** Tag* *am **selben** Ort* *zur **selben** Zeit*
  le même jour   au même endroit   au même moment

*Die beiden Kinder sind im **selben** Jahr geboren.*
  Les deux enfants sont nés la même année.

→ Pour *derselbe, der gleiche,* voir également **78**.

2 **Selbst** (ou *selber,* plus familier) = «même» placé après le nom ou le pronom. Il **exprime qu'il s'agit exactement de la personne ou de la chose en question** («en personne»). Ce *selbst* est accentué et généralement postposé; cependant, lorsqu'il se réfère au sujet, il peut être placé après celui-ci ou dans le groupe verbal.

*Er °**selbst** fährt den Wagen.*
C'est lui-même qui conduit la voiture.

*Er fährt den Wagen °**selbst**.*
Il conduit lui-même la voiture.

*Er sagt, dass er den Wagen °**selbst** fährt.*
Il dit qu'il conduit lui-même la voiture.

*Sie war die Güte °**selbst**.*
Elle était la bonté même.

*Ich möchte den Direktor °**selbst** sprechen.*
Je voudrais parler au directeur en personne.

ich selbst	**du selbst**	**er / sie selbst**
moi-même	toi-même	lui-même / elle-même

wir selbst	**ihr selbst**	**sie selbst**
nous-mêmes	vous-mêmes	eux-mêmes

3 **Selbst** ou **sogar** = «même» placé devant le nom, servant à une graduation ou à la mise en relief d'un terme de la phrase. *Selbst* et *sogar* sont inaccentués. C'est le terme souligné par *selbst* ou *sogar* qui est accentué.

***Selbst** der °Arzt wusste keinen Rat mehr.*
Même le médecin ne savait plus quoi faire.

***Sogar** im °Sommer kann man hier Ski laufen.*
Ici, on peut skier même en été.

Expressions

Selbst- sert fréquemment de déterminant dans des mots composés où il a le sens de «auto-» ou «de soi».

Selbstverständlich!	***selbstsicher***	***selbständig***
Cela va de soi!	sûr de soi	indépendant

das Selbstbildnis	***die Selbstkritik***	***die Selbstbestimmung***
l'autoportrait	l'autocritique	l'autodétermination

der Selbstmord	***die Selbstbeherrschung***	
le suicide	la maîtrise de soi	

der Selbstbedienungsladen
le magasin libre-service

Attention : «même pas» se traduit par *nicht einmal.*

*Er hat uns **nicht einmal** benachrichtigt.*
Il ne nous a même pas avertis.

Mais «sans même» se traduit par *ohne überhaupt* ou par *ohne auch nur.*

***Ohne überhaupt** zu bemerken, dass die Bremsen versagten, fuhr er weiter.*
Sans même s'apercevoir que les freins ne fonctionnaient plus, il continua son voyage.

***Ohne auch nur** zu wissen, was er tat, klopfte er an die Tür.*
Sans même savoir ce qu'il faisait, il frappa à la porte.

1 Elle lit toujours les mêmes livres. **2** Le pain fait chez soi est bien meilleur. **3** Les magasins libre-service sont ouverts même le dimanche. **4** Je ne m'en souviens même plus. **5** Ce fut une surprise (die Überraschung) pour tous, même pour moi. **6** Eux-mêmes ne croyaient pas que cela puisse arriver (geschehen). **7** Sans même me demander la permission, il a emprunté ma voiture. **8** La même année, elle a passé son bac (das Abitur ablegen).

(230) *Sich* ou *einander* ?

1 En principe, **avec un verbe, *sich* s'emploie dans un sens réfléchi et *einander* dans un sens réciproque**. On devrait donc dire :

*Sie küssen **einander**.*
  Ils s'embrassent.

En réalité, *einander* est remplacé dans la langue courante par *sich* :

*Sie küssen **sich**.*

2 **En cas d'ambiguïté** cependant, **on distingue *sich* et *einander***:

*Sie waschen **sich**.*
  Ils se lavent (chacun se lave).

*Sie waschen **einander**.*
  Ils se lavent (l'un lave l'autre et réciproquement).

3 On peut utiliser également **la tournure *sich gegenseitig* comme équivalent de** *einander*.

*Sie waschen **sich gegenseitig**.*
  Ils se lavent mutuellement.

4 En revanche ***einander* est employé obligatoirement avec les prépositions** *neben* **et** *hinter*.

*Sie stehen **nebeneinander**.* (*neben sich* impossible)
  Ils sont debout l'un à côté de l'autre.

*Sie laufen **hintereinander**.* (*hinter sich* impossible)
  Ils courent l'un derrière l'autre.

Traduisez en allemand en n'utilisant *einander* que dans les cas obligatoires : **1** Les deux équipes (die Mannschaften) jouent l'une contre l'autre. **2** Ils se consolent (trösten) mutuellement. **3** Ils se sont rencontrés devant la gare. **4** Ils se connaissent depuis trois ans. **5** Ils jouent entre eux dans le jardin.

S

231 *Sich* + **adjectif** (ou GN + adjectif) + **verbe** (locutions résultatives)

1 Type *sich* + adjectif + verbe.

Dans certaines expressions verbales du type *sich* + adjectif + verbe, le verbe aboutit à un résultat exprimé par l'adjectif.

*Er hat **sich heiser geschrien**.*
Il s'est enroué à force de crier. (Il a crié si fort qu'il s'est enroué.)

Sich est ici un accusatif. Donc :

*Du hast **dich heiser geschrien**.*
Tu t'es enroué à force de crier.

Expressions

müde: ***sich müde laufen***
(= courir à s'en fatiguer)

kaputt: ***sich kaputtlachen***
mourir de rire

warm: ***sich warm laufen***
(= se réchauffer en courant)

tot: ***sich totlachen***
mourir de rire

Notez que *müde* et *heiser,* pris au sens concret, sont séparés graphiquement du verbe, alors que *kaputt* et *tot,* pris au sens figuré, y sont attachés.

→ Pour l'orthographe des locutions résultatives, voir **172**.

2 Type *sich / jmm* + GN + adjectif + verbe

La même idée de résultat se rencontre dans les expressions du type *sich* ou datif + GN + adjectif + verbe ; mais c'est le groupe nominal qui subit la conséquence de l'action exprimée par le verbe.

*Er hat **sich die Füße wund gelaufen**.*
À force de courir, il s'est blessé les pieds.

Attention : *sich* est ici un datif !

Donc :

*Du hast **dir** die Füße wund gelaufen.*
À force de courir, tu t'es blessé les pieds.

*Er hat **mir die Ohren voll geschrien**.*
Il m'a rebattu les oreilles.

Expressions

voll : ***sich die Taschen voll stopfen***

se bourrer / remplir les poches de…

kurz : ***sich die Haare kurz schneiden lassen***
se faire couper les cheveux courts

Traduisez en allemand :
1 Dans la forêt, il s'est réchauffé en courant. **2** Devant ses élèves, il s'est enroué à force de crier. **3** Il m'a rebattu les oreilles avec ses histoires. **4** Je me suis bourré les poches de prunes (die Pflaume). **5** Quand il raconte des histoires, c'est à mourir de rire (= «on meurt de rire»).

232 *So*

So a des emplois multiples.

1 (*Nicht*) *so* + adjectif / adverbe + *wie* = « aussi ».

*Er ist nicht **so groß wie** sein Bruder.*
Il n'est pas aussi grand que son frère.

→ Pour le comparatif d'égalité ou d'infériorité, voir aussi **63**.

2 *So* + adjectif / adverbe +, *dass*... = «si».

*Ich bin **so müde, dass** ich nicht mal die Zeitung lesen kann.*
Je suis si fatigué que je ne peux même pas lire le journal.

3 *Sodass*... = « de telle sorte que, si bien que ».

*Er hat mich zum Bahnhof gefahren, **sodass** ich den 6-Uhr-Zug noch erreicht habe.*
Il m'a conduit à la gare, si bien que j'ai encore pu avoir le train de 6 heures.

→ Pour les conjonctions de subordination, voir aussi **70**.
→ Pour l'orthographe, voir **172**.

4 *So* + adjectif / adverbe... *auch*... = « si » (concessif).

So groß du auch sein magst, du wirst den Ball nicht fangen können.
Si grand que tu sois, tu ne pourras pas attraper la balle.

→ Pour « il a beau » et les concessives, voir aussi **47** et **67**.

5 *Umso* + comparatif = « d'autant (plus...) ».

*Die Kathedrale war beleuchtet; das Konzert war **umso schöner**.*
La cathédrale était illuminée ; le concert était d'autant plus beau.

→ Pour l'orthographe des expressions avec *so*, voir **172**.
→ Pour « autant », voir aussi **38**.

6 *So* + GN ou pronom = « tant, si, quel, autant, tel, comme ça... ».

So ein schöner Hund!
Quel beau chien !

*Er hat noch nie **so viel Geld** gehabt.*
Il n'a encore jamais eu autant d'argent.

*Hast du schon **so ein Auto** gesehen?*
As-tu déjà vu une voiture comme ça ?

*Ich habe so **Kopfschmerzen**!*
J'ai un de ces maux de tête !

*Hast du schon so **was** gehört?*
As-tu déjà entendu une chose pareille ?

7 *So*, en relation avec le contexte précédent ou une situation précise = « ainsi », « comme ça ».

*Wer spielt denn **so schön** Klavier?*
Qui donc joue si bien du piano ?

*Hat er auch **so** reagiert?*
A-t-il aussi réagi comme cela ?

So habe ich es nicht gemeint.
Ce n'est pas ce que j'ai voulu dire. (Je ne l'entendais pas ainsi.)

8 *So,* **en relation avec une hypothèse**, ne se traduit pas en français.

*Regnet es morgen, **so** bleiben wir zu Hause.*
S'il pleut demain, nous resterons à la maison.

9 *So,* **seul** = « Bon ! «, « Bien ! »

So, jetzt können wir essen.　　　　　　　　　　**So?**
Bon. Maintenant nous pouvons manger.　　　　Ah bon ?

10 *So,* **après du discours direct entre guillemets** = « d'après », « d'après ce que dit... ».

« *Er liebte die Lieder von Schubert.* » *So seine ehemalige Mitarbeiterin.*
Il aimait les Lieder de Schubert, d'après ce que dit son ancienne collaboratrice.

Traduisez en allemand :
1 Ce livre est-il aussi intéressant que le premier ?　**2** Cela s'écrit ainsi.　**3** Il a tellement bu qu'il ne peut plus se lever.　**4** Il a roulé d'autant plus vite.　**5** Je suis si fatigué que je ne peux plus marcher.　**6** Je n'ai jamais mangé un si bon gâteau.

233 *Sollen* : emplois

1 « **Vouloir** » = **expression de la volonté d'une tierce personne, invitation à faire ou ne pas faire.**

*Sie **sollen** zum Chef kommen.*　　　　*__Soll__ ich dir helfen?*
Le chef veut vous voir.　　　　　　　Veux-tu que je t'aide ?

2 « **Devoir** » = **interdits ou obligations morales, arguments d'autorité plus ou moins atténués.**

*Du **sollst** nicht töten.*　　　　　*Du **solltest** nicht rauchen.*
Tu ne tueras point.　　　　　　Tu ne devrais pas fumer.

3 « **Devoir** » = « **il convient de** ».

*Er hätte länger warten **sollen**.*
Il aurait dû attendre plus longtemps.

4 « **Devoir** » **prospectif.**

*Er **sollte** 14 Tage später in Rom sterben.*
Il devait mourir 15 jours plus tard à Rome.

5 *Sollte,* **expression de l'hypothèse** = « **si par hasard...** ».

__Sollte__ er (zufällig) krank sein, dann müssten wir zu Hause bleiben.
Si par hasard il devait être malade, nous devrions rester à la maison.

6 « **Devoir** » = **expression de l'ordre dans le discours direct et indirect.**

*Er **soll** hereinkommen!*　　　*Er hat mir gesagt, ich **solle** nicht so laut reden.*
Qu'il entre !　　　　　　　Il m'a dit de ne pas parler si fort.

7 «**On dit que**».

*Er **soll** sehr krank sein.*
   On le dit très malade.

8 **Dans les questions avec infinitif.**

*Was **soll** ich tun?*
   Que faire ?

⟶ Voir aussi **127**.

Notez que *sollen* est sans infinitif dans des expressions figées uniquement rapportées au sujet (souvent ce que l'on se dit à soi-même).

*Was **soll** das?*
   Qu'est-ce que cela signifie ? Qu'est-ce qui se passe ?

*Was **soll** ich hier?*
   Qu'est-ce que je fais là ?

⟶ Pour la conjugaison de *sollen,* voir les verbes de modalité **265**.
⟶ Pour le participe passé à forme d'infinitif, voir **176**.

> **Traduisez en allemand :**
> **1** À qui dois-tu téléphoner ? **2** Il devait mourir trois semaines plus tard. **3** On dit qu'il a hérité (erben + acc.) une grande maison. **4** On m'a dit de répondre le plus vite possible. **5** Tu ne dois pas mentir (lügen). **6** Si tu devais arriver plus tôt, téléphone-moi de suite.

234 Subjonctif I : formation

Le mode du subjonctif I présente trois formes différentes.

1 **Le présent**, formé sur le radical de l'infinitif auquel on ajoute la marque du subjonctif I *-e* et les marques de personnes Ø, st, Ø, n, t, n.

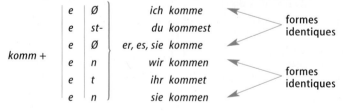

2 **Le futur**, qui est la transposition au discours rapporté de l'indicatif futur (⟶ **99**), formé avec *werden* au subjonctif I + l'infinitif du verbe.

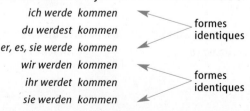

3 **Le passé**, qui est la transposition au discours rapporté de l'indicatif prétérit, parfait ou plus-que-parfait, formé avec *haben* ou *sein* au subjonctif I + le participe II du verbe.

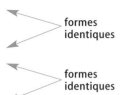

ich sei   gekommen
du sei(e)st   gekommen
er, es, sie sei   gekommen

formes identiques

wir seien   gekommen
ihr seiet   gekommen
sie seien   gekommen

formes identiques

Remarques

❖ Comme on le voit, certaines formes du subjonctif I sont identiques aux formes de l'indicatif présent.

❖ Les 1re et 3e personnes du singulier du subjonctif I sont identiques, contrairement à l'indicatif présent.

❖ Seul le verbe *sein* n'a pas de marque -*e* aux 1re et 3e personnes du singulier : *ich sei, er sei*.

⟶ Pour le verbe *sein*, voir **227**.

> **Formez le subjonctif I des verbes suivants :**
> **1** 2e pers. sing. passé : kommen **2** 1re pers. plur. : gehen **3** 3e pers. sing. : arbeiten **4** 2e pers. plur. futur : schlafen **5** 1re pers. sing. : überlegen **6** 3e pers. plur. : sprechen **7** 2e pers. sing. : bringen **8** 1re pers. plur. : rennen **9** 2e pers. plur. : laufen **10** 3e pers. sing. : gewinnen

235 Subjonctif I : emplois

Le subjonctif I est employé principalement pour l'expression du discours rapporté (⟶ 81).
On le rencontre cependant aussi dans les cas suivants.

1 Comme impératif.

❖ À la 1re personne du pluriel et à la forme de politesse (sg. ou pl.).

Geben Sie *mir das Buch zurück!*
    Rendez-moi le livre !

❖ À la 2e personne du singulier et du pluriel et à la forme de politesse du verbe *sein* (⟶ 227).

Sei / Seid *unterwegs vorsichtig!*
    Sois / Soyez prudent(s) en route !

Seien Sie *bitte pünktlich!*
    Soyez à l'heure, s'il vous plaît !

❖ À la 3e personne du singulier et à la 1re personne du pluriel ; il exprime alors souvent le souhait ou le désir dans des tournures figées.

Hoffen wir es!
  Espérons-le !

Es lebe der Kaiser!
  Vive l'Empereur !

Man nehme ein Pfund Mehl.
  Prendre une livre de farine.

Gott sei Dank!
  Dieu soit loué !

Gott segne dich!
  Dieu te bénisse !

Es sei eine Gerade xy.
  Soit une droite xy.

2 **Comme moyen d'expression de la concession dans des expressions figées.**

Es **komme**, was **wolle**.
  Advienne que pourra.

Es **sei** denn, dass...
  À moins que...

3 **Dans certaines subordonnées finales introduites par** *damit,* l'indicatif étant cependant plus fréquent.

*Sie hat den Brief geschrieben, damit man **wisse** (weiß), warum sie weggegangen ist.*
  Elle a écrit une lettre pour que l'on sache pourquoi elle est partie.

4 **Dans certaines subordonnées de comparaison introduites par** *als ob* **ou** *als,* le subjonctif II étant également employé (→ 239).

*Er tut, **als ob** er krank **sei** / **als sei** er krank.*
  Il fait comme s'il était malade.

Traduisez en allemand :
1 Vive le roi ! (der König) **2** Espérons qu'il ne se passera rien. **3** Venez demain à 9 heures. **4** Il fait comme s'il travaillait. **5** Il sera sûrement là, à moins qu'il ne soit malade.

---

236 Subjonctif II hypothétique : formation

Le subjonctif II hypothétique présente deux formes différentes.

1 **Une forme simple.**

❖ Pour les verbes faibles, la forme est identique à celle de l'indicatif prétérit.

Indicatif prétérit
er spielte

Subjonctif hypothétique A
er spielte

❖ Pour les verbes forts, on part du radical de l'indicatif prétérit, auquel on ajoute *-e-*, une inflexion de la voyelle, si c'est possible (c'est possible pour *a, u, o*) et les marques de personne Ø, *st,* Ø, *n, t, n.*

Indicatif prétérit						Subjonctif II hypothétique A	
ich	kam	¨	e		Ø	→	ich	käme
du	kam	¨	e		st	→	du	kämest
er, es, sie	kam	¨	e		Ø	→	er, es, sie	käme
wir	kam	+ ¨	e	+	n	→	wir	kämen
ihr	kam	¨	e		t	→	ihr	kämet
sie	kam	¨	e		n	→	sie	kämen
ich	ging		e		Ø	→	ich	ginge
du	ging		e		st	→	du	gingest
er, es, sie	ging		e		Ø	→	er, es, sie	ginge
wir	ging	+	e	+	n	→	wir	gingen
ihr	ging		e		t	→	ihr	ginget
sie	ging		e		n	→	sie	gingen

2 **Une forme composée avec *würde* + infinitif.**

Subjonctif II hypothétique B					
ich	würde	spielen	ich	würde	gehen
du	würdest	spielen	du	würdest	gehen
er, es, sie	würde	spielen	er, es, sie	würde	gehen
wir	würden	spielen	wir	würden	gehen
ihr	würdet	spielen	ihr	würdet	gehen
sie	würden	spielen	sie	würden	gehen

Remarques

❖ Dans l'usage actuel, la forme composée en *würde* + infinitif est plus courante que la forme simple ; cette forme simple ne subsiste plus guère que pour les verbes suivants : *haben, sein, werden, wissen* et les verbes de modalité *können, dürfen, müssen, sollen, mögen, wollen* et quelques verbes forts comme *kommen, gehen, bleiben, fallen, lassen, nehmen, sehen,* pour lesquels la forme en *würde* n'est d'ailleurs pas exclue.

→ Pour l'emploi du subjonctif II hypothétique dans la conditionnelle, voir **68**.

❖ Les verbes *wollen* et *sollen* ne prennent pas d'inflexion au subjonctif II hypothétique.

Donnez les deux formes du subjonctif II hypothétique des verbes suivants :
1 3e pers. sing. : sein **2** 1re pers. plur. : fallen **3** 2e pers. sing. : laufen **4** 2e pers. plur. : können **5** 1re pers. plur. : müssen **6** 3e pers. plur. : nehmen **7** 2e pers. sing. : sehen **8** 1re pers. sing. : sollen **9** 3e pers. sing. : lassen **10** 2e pers. plur. : bleiben

237 Subjonctif II irréel : formation

Le subjonctif II irréel se forme à l'aide des verbes *haben* ou *sein* au **subjonctif II hypothétique + participe II (passé)**.

Subjonctif II hypothétique	+ Participe II (passé)	= Subjonctif II irréel
er hätte	+ *gegessen*	= *er hätte gegessen*
er wäre	+ *gekommen*	= *er wäre gekommen*

⟶ Pour la forme du participe II des verbes de modalité accompagnés d'un infinitif complément, voir **176** et **165**.

⟶ Pour le choix de *haben* ou *sein,* voir **110**.

Donnez la forme du subjonctif II irréel des verbes suivants :
1 1re pers. plur. : wissen **2** 3e pers. sing. : fallen **3** 2e pers. plur. : vergessen **4** 1re pers. sing. : kommen können **5** 3e pers. plur. : weinen **6** 2e pers. sing. : essen sollen 7. 3e pers. sing. : aufstehen **8** 1re pers. sing. : sein **9** 3e pers. plur. : haben **10** 2e pers. sing. : spazieren gehen

238 Subjonctif II : emplois

1 **Le subjonctif II hypothétique** peut s'employer dans les cas suivants :

❖ Pour exprimer un souhait, souvent avec *doch* ou *nur*. Deux constructions sont alors possibles : avec *wenn* et le verbe conjugué à la fin ou sans *wenn* et le verbe conjugué en tête de phrase.
Wenn *ich doch einen Computer* **hätte!**
Hätte *ich nur einen Computer!*
 Si seulement j'avais un ordinateur !

❖ Pour exprimer une hypothèse dont la réalisation est possible.
Nehmen wir mal an, du **hättest** *einen Bruder.*
 Supposons que tu aies un frère.

❖ Pour exprimer une hypothèse conditionnelle, soit avec une subordonnée conditionnelle, soit avec *gern,* soit avec *an meiner, deiner… Stelle,* soit avec un groupe prépositionnel introduit par *ohne* ou *trotz…*
Ich **würde** *gern ins Kino* **gehen**.
 J'irais bien au cinéma.
An deiner Stelle **würde** *ich ein Motorrad* **kaufen**.
 À ta place, j'achèterais une moto.
Ohne Auto **könnte** *er nicht leben.*
 Il ne pourrait pas vivre sans voiture.

❖ Pour exprimer, dans des expressions souvent figées, le résultat d'une action dont le déroulement a été difficile.
Das **wär's** *für heute.*
 C'est tout pour aujourd'hui.

❖ Dans les subordonnées introduites par *als ob* ou *als* (⟶ **239**).

⟶ Pour l'emploi du subjonctif II dans le discours indirect, voir **81**.

2 **Le subjonctif II irréel** peut s'employer :

❖ Pour exprimer un regret (on regrette quelque chose qui n'a pas eu lieu) ; avec *doch* et *nur,* le verbe conjugué est en tête de phrase.

Wäre er doch gestern gekommen!
  Si seulement il était venu hier !

Ich wäre gern nach Spanien gefahren.
  J'aurais bien aimé aller en Espagne.

❖ Pour exprimer une hypothèse conditionnelle, un fait qui aurait pu se produire si… soit avec une subordonnée conditionnelle, soit avec *fast, beinahe* = « presque », soit avec *an meiner, deiner… Stelle,* soit avec un groupe prépositionnel introduit par *ohne, mit…*

Das Auto hätte beinahe den Hund überfahren.
  La voiture a failli écraser le chien.

An seiner Stelle hätte ich dir kein Buch geschenkt.
  À sa place je ne t'aurais pas offert de livre.

Ohne seine Hilfe hätte ich nie das Examen bestanden.
  Sans son aide, je n'aurais jamais réussi à l'examen.

⟶ Pour la subordonnée conditionnelle, voir **68**.

1. Complétez par un subjonctif II hypothétique ou irréel :
1 Ich… gern eine Uhr gekauft. **2** An seiner Stelle… ich nicht baden gehen. **3** Ich… fast vergessen, ihn abzuholen. **4** Mit meinem Vater… ich keine Schwierigkeiten gehabt. **5** Er… gern mit dir in die Stadt fahren. **6** … ich doch heute Abend zu Hause geblieben!

2. Traduisez en allemand :
1 À ta place, je resterais à Paris. **2** J'aurais aimé aller me promener dans les montagnes. **3** J'ai failli tomber. **4** Sans lui, je n'aurais jamais trouvé la maison de mon ami. **5** Si seulement il avait fermé la porte !

239 Subordonnées de comparaison irréelle introduites par *als ob, als*

1 **La forme du verbe.**

Le verbe des subordonnées de comparaison introduites par *als ob, als wenn* ou *als* est le plus souvent au subjonctif II, parfois au subjonctif I (⟶ **235.4**).

Er tut, als ob er sehr reich wäre / sei.
  Il fait comme s'il était très riche.

Attention à la différence de forme du verbe en français !

2 **La place du verbe.**

Avec *als ob* ou *als wenn* (moins fréquent), le verbe conjugué occupe la dernière place, comme il est de règle dans les subordonnées (→ 170).

Avec *als,* le verbe conjugué occupe la première place de la subordonnée, ce qui s'explique par analogie avec l'interrogative (sens de *ob*) ou l'hypothétique (sens de *wenn*).

Er tut, **als wäre / sei** *er sehr arm.*
  Il fait comme s'il était très pauvre.

Remarquez que la tournure «faire comme si» se traduit par *tun, als ob.*

→ Pour les autres subordonnées, voir les conjonctions de subordination, **70.**

---

1. Remplacez *als ob* par *als* :
1 Er tut, als ob nichts passiert wäre. **2** Er kümmert sich um den Jungen, als ob er sein eigener Sohn wäre. **3** Ihr war, als ob sie plötzlich von einer Biene gestochen worden wäre. **4** Er lässt sich auf den Boden fallen, als ob er nicht mehr laufen könnte.

---

2. Traduisez en allemand en utilisant *als ob* :
1 Il fait comme s'il n'était pas chez lui. **2** Elle fait comme si elle n'était pas malade. **3** Ils font comme s'ils étaient heureux. **4** Ils marchent comme s'ils étaient ivres (betrunken). **5** Il ne dort pas ; il fait comme si.

---

240 **Suivre** (traductions)

1 **Sens spatial.**

❖ *Jmm / einer Sache* (dat.) *folgen* = «suivre quelqu'un, quelque chose» (sens spatial ou figuré). Le parfait se forme avec *sein.*

Folgen *Sie* **mir!**   **Fortsetzung folgt!**
  Suivez-moi !   À suivre !

Sie **sind** *der Spur im Schnee* **gefolgt.**
  Ils ont suivi la trace dans la neige.

Wir **sind** *seiner Rede mit Interesse* **gefolgt.**
  Nous avons suivi son discours avec intérêt.

❖ *Hinter jmm her gehen / her fahren* (ou *her-* + autre verbe).

Der Hund **läuft hinter** *seinem Herrn* **her.**
  Le chien suit son maître.

Die Autos **fahren hintereinander her.**
  Les voitures se suivent.

Attention : *her* est séparé du verbe.

❖ *Jmm nachgehen / nachlaufen / nachfahren* (ou *nach-* + autre verbe).

Er ist **uns** *bis nach Hause* **nachgegangen.**
  Il nous a suivis jusqu'à la maison.

Lauf ihr *schnell* **nach!** *Sie hat ihr Portemonnaie liegen lassen.*
  Cours vite après elle ! Elle a oublié son porte-monnaie.

2 Sens temporel.

❖ *Auf etw.* (acc.) *folgen* = «suivre», «succéder». Le parfait se forme avec *sein.*

***Auf** den Krieg **folgten** 20 Friedensjahre.*
Vingt ans de paix suivirent la guerre.

***Auf** Regen **folgt** Sonne.*
Après la pluie, le beau temps.

❖ *Einer Sache* (dat.) *folgen.*

*Dem Gewitter **folgte** eine Überschwemmung.*
L'orage a été suivi d'une inondation.

3 Sens figuré.

❖ *Etw.* (acc.) *befolgen* = «suivre un conseil, un ordre, des indications». L'auxiliaire employé est *haben.*

*Warum hast du meinen Rat nicht **befolgt**?*
Pourquoi n'as-tu pas suivi mon conseil ?

❖ *Etw.* (acc.) *besuchen* = «suivre des cours» *(Schule, Universität, Vorlesung, Kurs).*

*Lutz **besucht** die Vorlesungen an der Universität Hamburg.*
Lutz suit les cours de l'université de Hambourg.

Remarquez que *jmm* (dat.) *folgen* peut avoir le sens de «obéir». Dans ce cas, il se forme avec *haben* aux temps composés.

*Er **hat** als Kind seinen Eltern nie **gefolgt**.*
Enfant, il n'a jamais obéi à ses parents.

*Willst du endlich **folgen**?*
Veux-tu enfin obéir ?

Traduisez en allemand :
1 Le chien m'a suivi jusqu'à la gare. **2** Le printemps suit l'hiver. **3** Il faut suivre le mode d'emploi (die Gebrauchsanweisung). **4** Elle aimerait suivre un cours de danse (der Tanzkurs). **5** Elle a suivi attentivement le spectacle. **6** Les avions se suivent. **7** Nous l'avons suivi sans nous faire remarquer (unauffällig). **8** Ils les ont suivis (en voiture) jusqu'à la frontière.

241 Superlatif des adjectifs et adverbes
(ou degré 2 de l'adjectif et de l'adverbe)

1 Superlatif de l'adjectif épithète : adjectif + *st* + marque de déclinaison.

*das **klein** + **st** + e Auto*   *Das ist das **kleinste** Auto auf der Welt.*
la plus petite voiture   C'est la plus petite voiture du monde.

2 Superlatif de l'adverbe : *am* + adverbe + *sten.*

*am + **schnell** + **sten***   *Er läuft **am schnellsten**.*
le plus vite   Il court le plus vite.

Remarques

❖ Certains adjectifs et adverbes ont des formes irrégulières ou avec inflexion.

Formes irrégulières	Formes avec inflexion
nah : *der nächste, am nächsten*	*alt, arm, dumm, grob, hart, hoch,*
gut : *der beste, am besten*	*jung, kalt, klug, krank, kurz, lang,*
bald : *am ehesten*	*scharf, schwach, stark, warm*
gern : *der liebste, am liebsten*	
groß : *der größte, am größten*	
viel : *die meisten, am meisten*	

*Er ist der **jüngste** Schüler der Klasse.*
   Il est le plus jeune élève de la classe.

❖ La plupart des adjectifs et adverbes terminés par *d, t, ß, s, z, x* (sauf *groß*, les participes présents et les participes passés terminés par *-et*) prennent un *-e-* intercalaire.

*der **interessanteste** Roman, den ich je gelesen habe*
   le roman le plus intéressant que j'aie jamais lu

Mais :

*der **größte** Baum*   *der **bedeutendste** Maler des 19. Jahrhunderts*
   l'arbre le plus grand   le peintre le plus important du 19ᵉ siècle

*der **geachtetste** Lehrer*
   le professeur le plus estimé

❖ Lorsque l'on compare deux éléments, on utilise en allemand la forme du comparatif et non celle du superlatif.

*Herr Schmitt hat zwei Söhne; der **jüngere** heißt Michael.*
   Monsieur Schmitt a deux fils ; le plus jeune s'appelle Michel.

---

1. Introduisez l'adjectif ou l'adverbe sous la forme du superlatif :
1 Peter ist der… Schüler der Klasse (alt). **2** Dieser Bleistift schreibt… (gut). **3** Der… von beiden ist mein Freund (groß). **4** Die… Sportler führen ein gesundes Leben (viel). **5** Es ist der… Winter seit 1975 (kalt). **6** Im Januar regnet es… (viel).

---

2. Traduisez en allemand :
1 C'est le roman le plus captivant (spannend) que j'aie lu. **2** As-tu mis ton manteau le plus chaud ? **3** Il était le plus nerveux de tous. **4** Août a été le mois le plus chaud. **5** C'est Pierre qui fume le plus.

---

242 Supposer, être sûr, douter (traductions)

1 **Supposer.**

Pour dire que l'on suppose quelque chose, on peut utiliser les expressions suivantes.

❖ *Etw.* (acc.) *annehmen* = « supposer quelque chose » ; *annehmen*, (*dass*) = « supposer que » (« émettre une hypothèse »).

*Nehmen wir **an, dass** wir im Jahre 2010 sind. (**Nehmen** wir **an**, wir sind…)*
   Supposons que nous soyons en l'an 2010.

❖ *Etw.* (acc.) *vermuten* = «supposer quelque chose» ; *vermuten, dass* = «supposer que» («présumer»).

*Wir **vermuten, dass** er umgezogen ist.*
   Nous supposons qu'il a déménagé.

❖ *Davon ausgehen, dass…* = «supposer que…» ; «présumer que…».

*Ich **gehe davon aus, dass** wir die Wahlen gewinnen werden.*
   Je présume que nous allons gagner les élections.

❖ *Mir scheint etw. zu sein mir ; scheint, dass…* = «il me semble que…».

*Das **scheint mir** falsch **zu sein**. / **Mir scheint, dass** das falsch ist.*
   Il me semble que c'est faux.

❖ *Etw. mag / kann / könnte wohl so sein* = «il se peut ; il se pourrait que…».

*Sie **mag wohl** zwanzig sein.*
   Il se peut qu'elle ait vingt ans.

*Sie **kann** auch fünfundzwanzig **sein**.*
   Elle pourrait aussi bien avoir vingt-cinq ans.

*Sie **könnte** sogar dreißig **sein**.*
   Il se pourrait même qu'elle ait trente ans.

*Was **mag** das **wohl sein**?*
   Qu'est-ce que cela peut bien être ?

2 Être sûr.

Pour dire que l'on est sûr de quelque chose, on peut se servir de différentes expressions.

❖ *(Ganz) sicher sein, dass…* = «être (tout à fait) sûr que…».

*Ich bin **sicher, dass** ich recht habe.*
   Je suis sûr d'avoir raison.

❖ *Einer Sache* (gén.) *sicher sein* = «être sûr de…».

*Ich bin **dessen sicher**.*
   J'en suis sûr.

❖ *Etw. genau wissen* = «savoir très bien quelque chose».

*Das **weiß** ich **genau**. / Ich **weiß** es **genau**.*
   Je le sais très bien.

❖ *Genau (sicher) wissen, dass…* = «savoir très bien que…».

*Ich **weiß** ganz **sicher, dass** du dich getäuscht hast.*
   Je suis tout à fait certain que tu t'es trompé.

❖ *Nicht daran zweifeln, dass…* = «ne pas douter que…».

*Ich **zweifle nicht daran, dass** du die Wahrheit sagst.*
   Je ne doute pas que tu dises la vérité.

Expressions

ohne Zweifel
   sans aucun doute

Darüber / daran besteht kein Zweifel.
   Il n'y a pas de doute.

3 Douter.

Pour dire que l'on n'est pas sûr d'un fait ou que l'on en doute, on peut employer les tournures suivantes, en utilisant l'indicatif dans tous les cas.

❖ *Nicht sicher sein, dass / ob...* = « ne pas être sûr que... ».

*Ich bin **nicht sicher, ob** er da ist.*
Je ne suis pas sûr qu'il soit là.

❖ *Einer Sache* (gén.) *nicht sicher sein* = « ne pas être sûr de... ».

*Ich bin **dessen nicht sicher.***
Je n'en suis pas sûr.

❖ *Nicht (genau) wissen, ob...* = « ne pas savoir très bien si... ».

*Ich **weiß nicht genau, ob** der Bus hier hält.*
Je ne sais pas très bien si le bus s'arrête ici.

❖ *Sich fragen, ob...* = « se demander si... ».

*Ich **frage mich, ob** ich die Einladung annehmen soll oder nicht.*
Je me demande si je dois accepter l'invitation ou non.

❖ *An etw.* (dat.) *zweifeln* = « douter de quelque chose ».

***Zweifelst du an** meinem guten Willen?*
Est-ce que tu doutes de ma bonne volonté ?

❖ *Zweifeln, ob / dass...* = « douter que... ».

*Ich **zweifle, ob** diese Bemerkung richtig ist.*
Je doute que cette remarque soit juste.

❖ *Etw. bezweifeln* ou *bezweifeln, dass...* = « mettre quelque chose en doute » ; « douter de ».

*Ich **bezweifle** den Nutzen dieses Apparats.*
Je doute de l'utilité de cet appareil.

> **Traduisez en allemand :**
> **1** Je sais très bien qui a cassé le vase. **2** Je doute que ce soit une bonne idée. **3** Il me semble qu'on a sonné. **4** Je suis sûr que c'est au bout du monde (am Ende der Welt). **5** Je suppose que cela t'est égal. **6** Je ne sais vraiment pas comment il s'appelle. **7** Comment peux-tu douter de ma fidélité (die Treue) ? **8** Quel âge peut-elle bien avoir ? **9** Je suppose que tu t'en moques (sich über etw. lustig machen). **10** Je ne doute pas qu'il viendra ce soir.

243 Temps du verbe et compléments de temps : introduction

La ligne suivante représente l'axe du temps :

② antérieur à J   **①** jour J   **③** postérieur à J
de l'événement et de mes paroles

■ **Le temps normal du verbe qui situe un événement en même temps que j'en parle est le présent.**

*Er **singt**.*
  Il chante. (Il est en train de chanter pendant que je dis : « Il chante. »)

En relation avec des compléments de temps, ce présent peut prendre d'autres valeurs.

❖ Il peut, par exemple, indiquer un événement qui se répète.

*Er **singt** jeden Morgen.*
  Il chante tous les matins.

❖ Il peut aussi situer un événement avec un léger décalage dans le futur, à l'intérieur du jour J (le futur n'est pas exclu pour le verbe).

*Ich **esse** heute um 8 (ou Ich werde heute um 8 essen).*
  Aujourd'hui, je déjeune à huit heures.

❖ Dans un récit, il peut aussi avoir une valeur de passé (présent historique).

*1949 **wird** Konrad Adenauer zum Bundeskanzler **gewählt**.*
  En 1949, Konrad Adenauer est élu Chancelier de la République fédérale.

■ **Le temps qui situe un événement postérieur au jour J est le présent ou le futur.**

*Ich **komme** morgen (ou Ich **werde** morgen **kommen**).*
  Je viens (viendrai) demain.

■ **Le temps qui situe un événement antérieur au jour J est le prétérit, le parfait ou le plus-que-parfait.**

❖ Le prétérit indique souvent un événement qui a eu un début et une fin dans le passé. Il correspond, en français, à un imparfait ou à un passé simple.

*Er **war** krank.*
  Il était malade.

❖ Le parfait signifie que l'événement est terminé. Il correspond, en français, à un passé composé.

*Er **hat** eine Flasche Limonade **gekauft**.*
    Il a acheté une bouteille de limonade. (Son achat est fait.)

❖ Le plus-que-parfait indique un événement qui a eu un début et une fin par rapport à un repère du passé. Ces temps du verbe se combinent souvent avec des compléments de temps.

*Am Dienstag **hatte** er den Brief **weggeschickt**.*
    Il avait expédié la lettre mardi.

*Bevor er das Haus verließ, **hatte** er alle Fenster **geschlossen**.*
    Avant de quitter la maison, il avait fermé toutes les fenêtres.

⟶ Pour les adverbes de temps, voir **16**.

(244) Temps du verbe : compléments au jour J

Le verbe est au présent (éventuellement au futur) avec les compléments de temps suivants, pour exprimer :

▪ L'heure.

❖ L'heure précise : *um* + accusatif.

***um** 12 Uhr*
    à midi

***um** Mitternacht*
    à minuit

***um** 3 Uhr nachmittags*
    à 3 heures de l'après-midi

***um** 10 Uhr morgens, abends*
    à 10 heures du matin, du soir

*Er kommt heute **um** 8 (Uhr).*
    Il vient aujourd'hui à 8 heures.

❖ L'heure approximative : *gegen* + accusatif.

*Er kommt heute **gegen** 8 (Uhr).*
    Il vient aujourd'hui vers 8 heures.

❖ Avant l'heure : *vor* + datif.

***vor** 8 (Uhr)*
    avant 8 heures

❖ Après l'heure : *nach* + datif.

***nach** acht (Uhr)*
    après huit heures

▪ La date.

*Heute haben wir Samstag, **den 7. Dezember 20...***
    Aujourd'hui, nous sommes le samedi 7 décembre 20…

▪ Le jour.

*Er kommt **heute**.*
    Il vient aujourd'hui.

4 **Les moments de la journée.**

❖ Les moments précis.

Soit :	Soit :
am Morgen le matin	*heute Morgen / heute früh* ce matin
am Vormittag dans la matinée	*heute Vormittag* ce matin / aujourd'hui dans la matinée
am Mittag à midi	*heute Mittag* à (ce) midi
am Nachmittag l'après-midi	*heute Nachmittag* cet après-midi
am Abend le soir	*heute Abend* ce soir
in der Nacht la nuit	*heute Nacht* cette nuit

Attention :

Les parties du jour *Morgen, Vormittag, Mittag, Nachmittag, Abend, Nacht* en combinaison avec un adverbe de temps comme *heute, gestern, morgen*, s'écrivent aujourd'hui avec une majuscule. On écrit donc : *heute Morgen, gestern Abend, morgen Mittag, heute Nacht* (mais : *morgen früh*, car *früh* est un adverbe).

→ Pour l'orthographe, voir **172**.

❖ Les moments approximatifs.

gegen Abend
dans la soirée

5 **Le moment correspondant à celui de mes paroles.**

jetzt, nun maintenant, à présent	*augenblicklich, momentan, im Augenblick* en ce moment, pour le moment (courte durée)

zur Zeit
en ce moment (durée plus longue)

Traduisez en allemand :
1 Où dors-tu cette nuit ? **2** Tu peux me téléphoner vers 11 heures. **3** À midi, il mange au restaurant. **4** Pour le moment, il est dans sa baignoire (die Badewanne). **5** Cet après-midi, je ne vais pas à l'école. **6** En ce moment, il est à Bonn.

245 Temps du verbe : compléments avant le jour J

Pour exprimer une antériorité, on peut se référer soit au jour J (moment de l'acte de parole), soit à un autre moment dans le passé.

1 Antériorité calculée à partir du jour J.

On emploie *gestern* = « hier », *vorgestern* = « avant-hier » ou *vor* + datif = « il y a… ».

*Er hat **vor zwei Monaten** geheiratet.*
Il s'est marié il y a deux mois.

| vor zwei Monaten | Jour J |

Attention : « il y a 15 jours » (= deux semaines) se dit *vor vierzehn Tagen* (et non *fünfzehn* !).

2 Une antériorité par rapport à un autre moment que le jour J.

am Tag zuvor / am Vortag
  la veille

drei Tage zuvor
  trois jours avant

am Abend zuvor

  la veille au soir

das Jahr, den Herbst, einen Monat zuvor
  l'année précédente, l'automne précédent, le mois précédent

| zwei Monate zuvor | Jour J |

3 Une postériorité par rapport à un moment du passé.

am Tag danach / am folgenden Tag
  le jour suivant, le lendemain

zwei Monate danach, später
  deux mois plus tard

nach zwei Wochen
  au bout de deux semaines

| zwei Monate danach | Jour J |

Traduisez en allemand :
1 Il est né il y a dix-sept ans. **2** Elle est née en 1978. **3** Il est né le 4 avril 1989. **4** Il est venu mardi ; la veille, il avait beaucoup neigé. **5** À Pâques, j'ai passé deux semaines en Allemagne. **6** Hier soir, vers 8 heures, j'ai entendu un chien aboyer (bellen). **7** L'hiver dernier, il a été très malade. **8** Je l'ai rencontrée vers 11 heures du matin. **9** Il est venu le 9 février ; trois semaines plus tard, il a eu un accident de voiture. **10** Il est parti au bout de deux mois.

es compléments de temps

Avec les compléments de temps suivants, le verbe est au prétérit, au parfait ou au plus-que-parfait pour exprimer :

1 Le jour.

❖ Le jour précis : *am*… ou indication du jour seule.

*Er ist **am** 20. März gestorben.*
Il est mort le 20 mars.

*Er ist (**am**) Dienstag gekommen.*
Il est venu mardi.

❖ Un jour de la semaine combiné avec une partie du jour.

*Er ist **am** Sonntagabend abgereist.*

Il est parti dimanche soir.

*Er ist **am** Montagmorgen angekommen.*
Il est arrivé lundi matin.

Attention :

La combinaison entre un jour de la semaine : *Montag, Dienstag, Mittwoch, Donnerstag, Freitag, Samstag, Sonntag* et une partie du jour : *Morgen, Vormittag, Mittag, Nachmittag, Abend,* s'écrit aujourd'hui comme un mot composé, donc soudé graphiquement :
am Mittwochnachmittag = « mercredi après-midi ».

→ Pour l'orthographe, voir **172**.

❖ Le jour approximatif : *um* + accusatif… (*herum*).

*Er ist **um** den 20. März gekommen.*
Il est venu vers le 20 mars.

❖ Avant le jour : *vor* + datif.

*Er ist **vor** dem 20. März gekommen.*
Il est venu avant le 20 mars.

❖ Après le jour : *nach* + datif.

*Er ist **nach** dem 20. März gekommen.*
Il est venu après le 20 mars.

2 Les moments de la journée.

❖ Soit :

gestern Morgen (früh) hier matin	***gestern Vormittag*** hier dans la matinée	***gestern Mittag*** hier (à) midi
gestern Nachmittag hier après-midi	***heute Abend*** hier soir	***gestern Nacht*** la nuit dernière

❖ Soit :

am Morgen le matin	***am Vormittag*** dans la matinée, etc.

→ Pour l'orthographe, voir **172** et **244**.

3 **L'heure** (→ 244).

*Er ist gestern **um** 10 angekommen.*
Il est arrivé hier à 10 heures.

4 **Les semaines.**

*Er ist **vorige** (**letzte**) Woche abgefahren.*
Il est parti la semaine dernière.

5 **Les mois.**

❖ Soit : *im.*

***Im** Juli waren wir in Italien.*
En juillet, nous étions en Italie.

❖ Soit : *letzten Monat* (accusatif !).

***Letzten Monat** hat er nicht gearbeitet.*
Le mois dernier, il n'a pas travaillé.

6 **Les années.**

❖ Soit : *im Jahre 1985…* ou *1985.*

*Er ist **im Jahre 1985** geboren (Er ist **1985** geboren).*
(~~*Er ist in 1985 geboren*~~ est impossible !)
Il est né en 1985.

❖ Soit : *letztes Jahr* (accusatif !).

***Letztes Jahr** war er zwei Monate in Deutschland.*
L'année dernière, il a passé deux mois en Allemagne.

7 **Les saisons.**

❖ Soit : *im.*

***Im** Winter waren wir in Österreich.*
En hiver, nous étions en Autriche.

❖ Soit : *letzten Sommer* (accusatif !).

***Letzten Sommer** hatten wir sehr schönes Wetter.*
L'été dernier, nous avons eu très beau temps.

8 **Les fêtes :** *zu.*

***Zu** Weihnachten sind sie zu Hause geblieben.*
À Noël, ils sont restés à la maison.

9 **Les époques.**

im 19. Jahrhundert   *zu meiner Zeit*
au dix-neuvième siècle   de mon temps

❖ «Vers», «avant», «après», suivis d'une indication ponctuelle (date, heure, jour, fête…) se traduisent toujours par *um… (herum), vor* et *nach.*

*Er ist **vor** 1985 geboren.*
Il est né avant 1985.

46 Temps du verbe : compléments après le jour J

1 **Postériorité à partir du jour J.** On emploie *morgen* = «demain», *übermorgen* = «après-demain» ou *in* + datif.

*Ich fahre **in zehn Tagen** nach Wien.*
Dans dix jours, je vais à Vienne.

Attention : «dans 15 jours» se dit *in vierzehn Tagen* (et non ~~fünfzehn~~!).

2 **Une postériorité par rapport à un autre moment que le jour J**, par exemple le 30 janvier.

am folgenden Tag / am Tag darauf le jour suivant	***am Abend darauf*** le soir suivant
am folgenden Samstag le samedi suivant	***in der folgenden Woche*** la semaine suivante
ein Jahr später / darauf une année plus tard	***zehn Tage später*** dix jours plus tard
nach zehn Tagen au bout de dix jours	***kurz darauf*** peu après

3 **Une antériorité par rapport à un moment du futur**, par exemple le 30 janvier.

zehn Tage vorher dix jours auparavant, plus tôt	***am Mittwoch zuvor*** le mercredi d'avant

Les compléments de temps

Avec les compléments suivants, le verbe est au présent ou au futur pour exprimer :

1 **Le jour :** *am*… ou l'indication du jour seule.

*Er kommt **am 23. Mai.** *   *Er kommt **(am)** Montag.*
Il vient le 23 mai.   Il vient lundi.

2 **Les moments de la journée.**

Soit :

morgen früh   **am Abend**
   demain matin

morgen Mittag   **am Morgen…** (⟶ **244** et **245**)
   demain midi

morgen Nachmittag
   demain après-midi

morgen Abend
   demain soir

3 **Un moment de la journée combiné avec un jour de la semaine.**

(am) Montagmorgen   **(am) Dienstagvormittag**
   lundi matin   mardi dans la matinée

(am) Mittwochmittag   **(am) Donnerstagnachmittag**
   mercredi à midi   jeudi après-midi

(am) Freitagabend   **Samstagnacht**
   vendredi soir   samedi dans la nuit

Mais :   **(am) Sonntag früh**
                     dimanche matin

⟶ Pour l'orthographe, voir **172**, **244** et **245**.

4 **L'heure** (⟶ **244** et **245**).

Et kommt morgen **um** *11.*
   Il vient demain à 11 heures.

5 **Les mois** (⟶ **244** et **245**).

❖ Soit : *im*

Im *August wird er in Spanien sein.*
   En août, il sera en Espagne.

❖ Soit : *nächsten Monat* (accusatif !)

Nächsten Monat *fängt die Schule wieder an.*
   L'école recommence le mois prochain.

6 **Les années.**

❖ Soit : *2005…* ou *im Jahre 2005…*

❖ Soit : *nächstes Jahr* (accusatif !).

Nächstes Jahr *werden wir in Amerika wohnen.*
   L'année prochaine, nous habiterons en Amérique.

7 **Les saisons.**

❖ Soit : *im.*

❖ Soit : *nächsten Sommer…* (accusatif !).

Nächsten Sommer *kommt er zu uns zu Besuch.*
   L'été prochain, il viendra nous rendre visite.

8 **Les fêtes** (⟶ 244 et 245).

9 **Les époques** (⟶ 244 et 245).

❖ «Vers», «avant», «après», suivis d'une indication ponctuelle (date, heure, jour…) se traduisent toujours par *um (herum), vor* et *nach.*

*Ich muss **vor dem Winter 2006** einen neuen Wagen kaufen.*
 Il faut que j'achète une nouvelle voiture avant l'hiver 2006.

> **Traduisez en allemand :**
> **1** Dans trois semaines, c'est Noël. **2** Demain après-midi à 3 heures, je serai déjà à Berlin. **3** La semaine prochaine, nous allons au théâtre. **4** Dans quinze jours, les fleurs seront fanées (verwelkt). **5** Le 25, je serai à Hambourg, et trois jours auparavant, je serai à Cologne. **6** Après Noël, nous revenons en France. **7** Où vas-tu après-demain ?

247 Temps du verbe : durée

1 **La durée est liée au jour J dans le futur :** *bis* = «jusqu'à» (⟶ aussi 129) ou *ab, von… ab, von… an* = «depuis» (⟶ 1). **Le verbe est au présent ou au futur.**

*Ich **warte bis** morgen / **bis** nächsten Dienstag (accusatif) / **bis** 5 Uhr…*
 J'attends jusqu'à demain / jusqu'à mardi prochain / jusqu'à 5 heures…

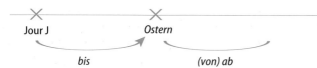

Er wartet bis Ostern.
 Il attend jusqu'à Pâques.

Von morgen ab (ou *Ab morgen*) *bekommst du kein Taschengeld mehr.*
 À partir de demain, tu ne recevras plus d'argent de poche.

2 **La durée est liée au jour J dans le passé :** *seit* = «depuis». Le verbe est au présent.

*Er **wartet seit** acht Tagen.*
 Il attend depuis huit jours.

3 **La durée n'est pas liée au jour J, mais le début et / ou la fin sont précisés.**

❖ *Von... bis (zu)...* = «de... jusqu'à...» Le verbe est au présent, futur, prétérit, parfait ou plus-que-parfait.

*Er blieb **vom** 5. **bis zum** 27. März bei uns.*
Il resta chez nous du 5 au 27 mars.

❖ *Zwischen* = «entre».

*Sie spielen Karten **zwischen** 6 und 7.*
Ils jouent aux cartes de 6 à 7.

❖ *Seit* = «depuis». Le verbe est au passé.

*Er hatte **seit** dem 1. April keine Arbeit mehr.*
Depuis le 1er avril, il n'avait plus de travail.

4 **La durée n'est pas liée au jour J ; le début et la fin ne sont pas précisées. Le temps du verbe est indifférent.**

❖ Accusatif.

*Die Ferien dauern **einen Monat**.*
Les vacances durent un mois.

❖ *Während* + génitif = «pendant».

*Er wurde **während des Krieges** geboren.*
Il est né pendant la guerre.

❖ *Innerhalb* + génitif, ou *innerhalb von* + datif = «en l'espace de».

*Die Arbeit muss **innerhalb einer Woche** fertig sein.*
Le travail doit être terminé en l'espace d'une semaine.

⟶ Pour les adverbes de temps, voir aussi **16**.

Traduisez en allemand :
1 Jusqu'à quand restes-tu à Munich ? **2** Depuis trois mois, il n'a pas plu. **3** Le concert a duré trois heures. **4** Je reste un mois dans les Alpes. **5** De Noël à Pâques, j'aurai beaucoup de travail. **6** Depuis trois ans, la maison n'avait pas été chauffée (heizen). **7** À partir de jeudi, il doit faire beau.

(248) Temps du verbe : répétition

Lorsqu'un événement se répète, le verbe peut être à différents temps : il peut se répéter au présent, au passé, au futur...

1 **Accusatif** avec *jeder*.

*Er steht **jeden Morgen** um 7 auf.*
Il se lève tous les matins à 7 heures.

2 **Adverbes de temps.**

❖ *Morgens* = «le matin», *samstags* = «le samedi», *nachts* = «la nuit...»

***Morgens** kam er immer zu spät.*
Le matin, il arrivait toujours en retard.

❖ *Monatlich* = «tous les mois», *wöchentlich* = «toutes les semaines», *jährlich* = «tous les ans».

*Die Zeitschrift erscheint **wöchentlich**.*
La revue paraît toutes les semaines.

⟶ Pour les adverbes de temps, voir aussi **16**.

3 **Certains compléments de temps accompagnés de** *immer* = «toujours» (⟶ **251**), *ab und zu* = «de temps à autre», *manchmal* = «parfois»...

*Er geht **abends immer** im Park spazieren.*
Le soir, il va toujours se promener dans le parc. (Tous les soirs...)

❖ «Une fois par...» se traduit par *einmal im / in der ...* ou *am...* ; «deux fois» par *zweimal...*, etc.

❖ «Tous les deux, trois...» se traduit par *alle zwei, drei...* ou *jeden zweit-, dritt-...*

*Er fährt **alle vierzehn** Tage **nach** Deutschland.*
Il va tous les quinze jours en Allemagne.

Traduisez en allemand :
1 Tous les mois, il rend visite à son oncle. **2** Deux fois par an, il va en Autriche. **3** Tous les soirs, ils regardent la télévision. **4** Le matin, je ne peux jamais me lever. **5** Les jeux Olympiques ont lieu tous les quatre ans.

---

249 **Temps et modes du verbe : différences avec le français**

Les cas les plus importants de divergences entre le français et l'allemand sont les suivants.

1 **Subjonctif en français, indicatif en allemand dans les subordonnées** suivantes avec «que».

a **Subordonnées temporelles :** «avant que» = *bevor,* «jusqu'à ce que» = *bis,* «après que» = *nachdem.* («Après que», en principe suivi de l'indicatif en français, est dans la pratique de plus en plus souvent suivi du subjonctif.)

*Ich warte, **bis** du **zurückkommst**.*
J'attends jusqu'à ce que tu reviennes.

b Subordonnées concessives.

❖ « Bien que », « quoique » = *obwohl, obgleich.*

*Er ist ausgegangen, **obwohl** er Fieber **hat**.*
   Il est sorti, bien qu'il ait de la température.

❖ « Si... que », « quoi que... » = *so... auch ist* ou *so... auch sei.*

So** stark er auch **ist (ou *sei*), *er wird ihn nicht niederwerfen können.*
   Si fort qu'il soit, il n'arrivera pas à le mettre par terre.

c Subordonnées de but : « pour que... » = *damit...* ; « de façon à ce que... », « de sorte que... » = *so dass.*

*Komm ein bisschen früher, **damit** wir um 6 abfahren **können**.*
   Arrive un peu plus tôt, pour que nous puissions partir à 6 heures.

d Après des verbes exprimant une hypothèse : « il est possible que... » = *es ist möglich, dass...,* « il semble que... » = *es scheint, dass...,* « il se peut que... » = *es kann sein, dass...,* « admettons que... » = *nehmen wir an, dass...*

*Es **kann** sein, dass er morgen **kommt**.*
   Il se peut qu'il vienne demain.

2 Subjonctif en français, indicatif en allemand dans certaines relatives (superlatif + relative, « le seul » + relative...).

*Das ist **das schönste Haus**, das ich je gesehen **habe**.*
   C'est la plus belle maison que j'aie jamais vue.

*Er ist **der Einzige, der gekommen ist**.*
   Il est le seul qui soit venu.

3 Indicatif imparfait ou plus-que-parfait en français ; subjonctif II en allemand dans les conditionnelles et les subordonnées de comparaison (→ aussi 68 et 239).

***Wenn** du Geld **hättest**, könntest du dir eine Kamera kaufen.*
   Si tu avais de l'argent, tu pourrais t'acheter une caméra.

***Wenn** ich das **gewusst hätte**, wäre ich nicht gekommen.*
   Si j'avais su cela, je ne serais pas venu.

*Er tut, **als ob** er Angst **hätte**.*
   Il fait comme s'il avait peur.

4 Le **futur** français peut correspondre à un présent de l'allemand (→ 99).

*Ich **komme** morgen.*
   Je viendrai demain.

5 Le **passé simple et l'imparfait** français se traduisent par le prétérit allemand.

*Er fragte den kleinen Jungen, der vor der Tür **stand**.*
   Il interrogea le petit garçon qui se trouvait devant la porte.

6 **Le prétérit allemand** est souvent rendu par un passé composé en français.

*Er **schrieb** mir, dass er einverstanden war.*
  Il m'a écrit qu'il était d'accord.

⟶ Pour le discours indirect, voir **81**.

> **Traduisez en allemand :**
> **1** Admettons qu'il ne vienne qu'à trois heures. **2** Je voudrais que tu sois à l'heure (pünktlich). **3** Achète du pain pour que nous ayons au moins quelque chose à manger. **4** Bien que j'aie lu ce livre il y a peu de temps, je ne me souviens plus de l'histoire. **5** Connais-tu un restaurant qui ne soit pas trop cher ? **6** Avant que tu ne viennes, il avait déjà bu trois verres de vin.

250 *Tod, tot, sterben*

Ces termes prêtent facilement à confusion. Il faut distinguer :

1 ***Der Tod*** (majuscule et *d* final à l'orthographe, mais se prononce comme *tot* !) = «la mort».

*Heute Morgen hat man **den Tod** des Präsidenten angekündigt.*
  Ce matin, on a annoncé la mort du président.

2 L'adjectif ***tot*** (minuscule et *t* final à l'orthographe !) = «mort» (adjectif, adverbe ou adjectif substantivé).

*Der Hund ist von einem Auto überfahren worden; er ist **tot**.*
  Le chien a été écrasé par une voiture ; il est mort.

*Er hat ihn **tot**geschlagen.*
  Il l'a frappé à mort.

*Manche Völker ehren **die Toten** besonders.*
  Certains peuples vénèrent particulièrement les morts.

3 ***Sterben*** (verbe fort) = mourir.

*Er **ist** am 21. Januar **gestorben**.*
  Il est mort le 21 janvier.

Attention : «il est mort...» peut se traduire en allemand de plusieurs manières selon le sens.

❖ Pour exprimer un état : *tot sein.*

*Als der Arzt kam, **war er** schon **tot**.*
  Quand le médecin arriva, il était déjà mort.

❖ Pour exprimer un événement : *sterben.*

*Sie **ist** vor drei Jahren **gestorben**.*
  Elle est morte il y a trois ans.

❖ Avec un sens figuré (avec des verbes comme «rire» …) : *sich totlachen* (ou *sich zu Tode lachen*).

*Heute Abend werden wir uns garantiert **totlachen**.*
Ce soir, nous allons mourir de rire, je vous le garantis.

Attention, l'adjectif *tot* est soudé au verbe : *totschießen, totschlagen, sich totlachen,* sauf au verbe *sein* (*tot sein*).

---

1. Complétez par *Tod(e)* ou *tot* :
1 Seit wann ist er …? **2** Er hat sich zu … gearbeitet. / Er hat sich … gearbeitet.
3 Weißt du, dass sie eine … Maus gesehen hat? **4** Sie hat keine Angst vor dem …

---

2. Traduisez en allemand :
1 Goethe est mort en 1832. **2** De quelle maladie est-il mort ? **3** Cela fait vingt ans qu'il est mort ! **4** La forêt meurt. **5** Il ne serait pas mort aujourd'hui, si l'on avait découvert ce médicament (*das Medikament*) plus tôt.

---

251 Toujours (traductions)

1 ***Immer.*** On traduit «toujours» par *immer* lorsqu'il a le sens de «en tout temps»; «généralement».

*Ich habe ihm **immer** geglaubt.*　　　　*Sie ist **immer** pünktlich.*
Je l'ai toujours cru.　　　　　　　　　Elle est toujours ponctuelle.

2 ***Immer noch*** ; ***noch immer*** s'emploient lorsqu'il s'agit d'un événement qui dure (= encore).

*Es regnet **immer noch**.*　　　　　*Wir warten **immer noch**.*
Il pleut toujours.　　　　　　　　Nous attendons toujours.

*Unsere Freunde sind **noch immer** (ou **immer noch**) nicht da.*
Nos amis ne sont toujours pas là.

3 ***Immer wieder*** est employé lorsqu'il s'agit d'une répétition.

*Ich habe dir **immer wieder** gesagt, dass du das nicht tun sollst.*
Je t'ai toujours dit qu'il ne fallait pas faire cela.

4 ***Schon immer*** ; ***von jeher*** sont employés lorsque le sens est «depuis toujours».

*Was ich **schon immer** wissen wollte, ist…*
Ce que j'ai toujours voulu savoir, c'est…

*Wir haben ihn **schon immer (von jeher)** gekannt.*
Nous le connaissons depuis toujours.

Expressions

wie immer ou ***wie gewöhnlich***　　　***auf immer*** ou ***für immer***
comme toujours　　　　　　　　　pour toujours

immer mehr　　　　　　　　　***immer weniger***
toujours plus　　　　　　　　　　toujours moins

immer + comparatif = «de plus en plus»; *immerzu* = «sans arrêt».

Es wird immer wärmer.
> Il fait de plus en plus chaud (toujours plus chaud).

⟶ Pour *immer noch nicht,* voir **117**.

Complétez par le terme qui convient :
1 Arbeitest du denn…! **2** Die Abwesenden haben… Unrecht. **3** Warum fängst du… damit an! **4** Sie hat den Schauspieler… verehrt. **5** Hast du den Großeltern… nicht geschrieben? **6** Sein Benehmen war… etwas merkwürdig.

---

252 Traverser, à travers (traductions)

Dans le langage courant, on emploie surtout *durch* + GN (acc.) et *über* + GN (acc.). Dans un langage plus soigné, on utilise également les verbes *durchqueren* et *überqueren*.

❖ *Durch* désigne la traversée de ce qui est considéré comme un volume.

❖ *Über* correspond à un passage au-dessus d'une surface.

1 Durch.

❖ *Durch* + GN (acc.) + verbe.

Traverser un tunnel, la ville, les rues (en se promenant), l'appartement, la chambre, le village, le jardin, le pays, la campagne, la forêt, la vallée, la montagne, l'air ; passer une porte, une fenêtre, un portail, traverser une foule, la vie, la nuit, l'obscurité, le désert. Le verbe précise le mode de locomotion.

Der Bach fließt durch das Tal.
> Le ruisseau traverse la vallée.

Sie bummelten durch die Straßen (durch die Stadt).
> Elles flânaient dans les rues (à travers la ville).

Sie ritten auf Kamelen durch die Wüste.
> Ils traversèrent le désert à dos de chameau.

Er bahnte sich einen Weg durch die Menschenmenge.
> Il se fraya un chemin à travers la foule.

❖ *Etw.* (acc.) *durchqueren* a les mêmes possibilités d'emploi que *durch* + verbe, mais il est d'un style plus soutenu. Le mode de locomotion n'est pas précisé.

Sie durchquerten das ganze Land.
> Ils traversèrent tout le pays.

2 Über.

❖ *Über* + GN (acc.) + verbe.

Traverser une rue, une place, un carrefour, un pré, un pont, un lac, un fleuve (en bateau ou à la nage), la mer. Le verbe précise le mode de locomotion.

*Pass auf, wenn du **über** die Straße **gehst**!*
Fais attention en traversant la rue !

*Wir **fliegen über** den Atlantischen Ozean.*
Nous traversons (en avion) l'Atlantique.

*Die Tränen **liefen** ihr **über** das Gesicht.*
Les larmes ruisselèrent sur son visage.

*Eine Brücke **führt über** die Autobahn.*
Un pont traverse l'autoroute.

❖ *Etw.* (acc.) *überqueren* a les mêmes possibilités d'emploi que *über* + verbe, mais il est d'un style plus soutenu. Le mode de locomotion n'est pas précisé.

*Wir konnten nur mühsam die Kreuzung **überqueren**.*
Nous avons eu du mal à traverser le carrefour.

Utilisez *durch* ou *über* + verbe en choisissant chaque fois le verbe approprié : **1** As-tu déjà traversé le tunnel du Mont Blanc ? **2** Les canards traversent l'étang (der Teich). **3** Nous avons traversé la Forêt-Noire (der Schwarzwald) à pied. **4** À cause de la circulation, il est impossible de traverser la place à pied. **5** Ils traversent la pièce en dansant. **6** Un papillon est passé par la fenêtre. **7** Nous avons survolé les Alpes. **8** Ils ont traversé la forêt en vélo. **9** Il ne faut jamais traverser la rue sans regarder à gauche et à droite. **10** Elle a traversé le lac à la nage.

253 *Überhaupt (nicht, nichts, kein, niemand)*

1 « Ne » + verbe + « pas du tout / absolument pas ».

❖ *Überhaupt nicht / gar nicht* + verbe.
*Ich habe **überhaupt nicht / gar nicht** geschlafen.*
  Je n'ai pas du tout dormi.

❖ *Überhaupt kein / gar kein* + nom.
*Ich habe **überhaupt kein / gar kein** Geld.*
  Je n'ai pas du tout d'argent.

2 « Ne » + verbe + « plus du tout ».

❖ *Überhaupt nicht mehr / gar nicht mehr.*
*Er spielt **überhaupt nicht mehr / gar nicht mehr** mit mir.*
  Il ne joue plus du tout avec moi.

❖ *Überhaupt kein / gar kein* + nom + *mehr.*
*Ich habe **überhaupt kein / gar kein** Geld **mehr**.*
  Je n'ai plus du tout d'argent.

3 « Ne... rien du tout » ; « ne... personne du tout ».

❖ « Ne » + verbe + « rien du tout / absolument rien » : *überhaupt nichts / gar nichts* + verbe.
*Ich sehe **überhaupt nichts / gar nichts**.*
  Je ne vois rien du tout.

❖ « Ne » + verbe + « personne du tout / absolument personne » : *überhaupt niemand(en)* + verbe.
*Hier kenne ich **überhaupt niemand(en)**.*
  Ici, je ne connais absolument personne.

4 « Ne... plus rien du tout » ; « ne... plus personne du tout ».

❖ « Ne » + verbe + « plus rien du tout / absolument plus rien » : *überhaupt nichts mehr / gar nichts mehr* + verbe.
*Er isst **überhaupt nichts mehr / gar nichts mehr**.*
  Il ne mange plus rien du tout.

❖ « Ne » + verbe + « plus personne du tout / absolument plus personne » : *überhaupt niemand(en) mehr* + verbe.
*Es ist **überhaupt niemand mehr** da.*
  Il n'y a plus personne du tout.

254 *Übrig bleiben, übrig sein, übrigens*

Übrig bleiben et *übrig sein* = « rester » dans le sens de « être de reste ».

1 *Übrig bleiben : es bleibt (mir) etw. (acc.) übrig* = « il (me) reste quelque chose ».

Ihr bleiben nur noch 10 Euro übrig.
   Il ne lui reste que 10 euros.

Es blieb ihm nichts mehr zum Leben übrig.
   Il ne lui restait plus rien pour vivre.

2 *(Von etw.) übrig sein* = « rester ».

Ist noch etwas von dem Kuchen übrig?
   Reste-t-il encore du gâteau ?

Attention : *übrig* ne s'attache pas au verbe !

Expressions

Es bleibt noch viel zu tun.
   Il reste beaucoup à faire.

Es bleibt (mir) nichts Anderes übrig, als + groupe infinitif
   Il ne (me) reste rien d'autre à faire qu'à…

Es blieb uns nichts Anderes übrig, als wieder abzureisen.
   Il ne nous resta rien d'autre à faire qu'à repartir.

übrigens   **im Übrigen**
   d'ailleurs   du reste

Übrigens permet deux constructions ; attention à l'ordre des mots et à la virgule !

Übrigens, er lässt dich grüßen. / Übrigens lässt er dich grüßen.
   D'ailleurs, il te transmet ses salutations.

255 **Valoir** (traductions)

1 **Kosten** (*viel, wenig* ou *kosten* + acc.) = «valoir» dans le sens de « coûter».

*Dieses Gemälde **kostet viel** (Geld).*
Ce tableau vaut cher.

*Wie viel **kostet** ein Kilo Äpfel?*
Combien vaut un kilo de pommes ?

Attention : *wie viel* s'écrit séparément, comme *wie viele*.

2 **Teuer sein** = «valoir cher» (pour les prix).

*Kunstbücher sind **teuer**.*
Les livres d'art sont cher.

3 **Wert sein** (*viel, wenig* ou *wert sein* + acc.) = «avoir une certaine valeur».

*Wie viel ist dieser goldene Ring **wert**?*
Combien vaut cette bague en or ?

*Dieses alte Auto **ist nichts** mehr **wert**.*
Cette vieille voiture ne vaut plus rien.

*Das **ist keinen** Heller **wert**.*
Cela ne vaut pas un sou.

*Paris **ist** eine Messe **wert**.*
Paris vaut bien une messe.

Notez que, dans certaines locutions, on utilise encore le génitif.

*Das ist nicht der Mühe (die Mühe) **wert**.*
Cela ne vaut pas la peine.

4 **Gelten** = «avoir de la valeur», «être valable pour».

*Meine Stimme **gilt** ebenso viel wie seine.*
Ma voix vaut autant que la sienne.

*Was ich gesagt habe, **gilt** für alle.*
Ce que j'ai dit vaut pour tous.

5 **Es wäre besser** + groupe infinitif ou **es wäre besser, wenn** + subjonctif II = «il vaudrait mieux» + infinitif.

*Es **wäre besser**, noch etwas **zu** warten.*
Il vaudrait mieux attendre encore un peu.

*Es **wäre besser gewesen, wenn** du nach Deutschland gefahren **wärest**.*
Il aurait mieux valu que tu partes en Allemagne.

6 *Es lohnt sich* + groupe infinitif ou *es lohnt sich, dass...* = «cela vaut la peine de».

Es lohnt sich nicht, darüber *zu* reden (ou : *dass* wir darüber reden).
Cela ne vaut pas la peine d'en parler (ou : qu'on en parle).

7 *Etw.* (nom.) *lohnt sich* = «quelque chose vaut la peine».

Der Spaziergang hat sich gelohnt.
Cette promenade valait la peine.

> **Traduisez en allemand :**
> **1** Est-ce que ce tapis vaut cher (trois solutions) ? **2** Il vaudrait mieux recommencer. **3** Combien valent les billets de théâtre ? **4** Cela ne vaut pas la peine d'essayer. **5** Berlin vaut le voyage. **6** Ce livre vaut 30 euros. **7** Cela valait la peine de visiter ce musée. **8** Il aurait mieux valu appeler le médecin tout de suite.

256 Venir de + infinitif, aller + infinitif
(traductions)

Ces tournures qui expriment un passé récent et un futur proche sont rendues en allemand par des adverbes.

1 «**Venir de**» + infinitif.

❖ *Ich habe gerade* (ou *eben, soeben*) *etwas getan* = «je viens de faire quelque chose».

Le parfait allemand + *gerade* correspond au présent français de «venir».

Sie ist gerade mit ihren Aufgaben fertig geworden.
Elle vient de terminer ses devoirs.

❖ *Ich hatte gerade* (ou *eben, soeben*) *etwas getan* = «je venais de faire quelque chose».

Le plus-que-parfait allemand correspondant à l'imparfait français de «venir».

Sie hatte soeben den Tisch gedeckt.
Elle venait de mettre la table.

2 «**Aller**» + infinitif (au sens de «faire quelque chose tout de suite») = verbe au présent + *gleich*.

Ich mache gleich meine Zigarette aus.
Je vais éteindre ma cigarette.

Gleich regnet es.   *Das Essen ist gleich fertig.*
Il va pleuvoir.   Le repas va être prêt.

Attention : *gleich* exprime un futur immédiat. Lorsqu'en français «aller + infinitif» indique d'autres nuances, il faut avoir recours à des traductions différentes.

❖ Lorsque le futur est associé à une idée de volonté, on emploie *wollen* + infinitif.

*Ich **will** mit dem Rauchen aufhören.*
   Je vais arrêter de fumer.

❖ Lorsqu'un terme quelconque (adverbe, complément de temps ou autre terme) indique que l'action est à situer dans le futur, le présent suffit.

*Wir **verbringen** den kommenden Sommer in Österreich.*
   Nous allons passer l'été prochain en Autriche.

❖ *Ich wollte gerade etwas tun* = « j'allais faire quelque chose ». L'intention de faire quelque chose se situe dans un passé récent.

*Er **wollte gerade** die Polizei anrufen.*
   Il allait appeler la police.

Traduisez en allemand :

1 Ils vont jouer au tennis dimanche prochain. **2** Je viens de lire un livre en entier (ein Buch auslesen). **3** Allons nous mettre au travail (anfangen mit)! **4** Ils venaient de déjeuner (zu Mittag essen). **5** Il va neiger. **6** Je viens de constater que j'ai perdu mon porte-monnaie. **7** J'allais justement vous appeler.

---

257 Verbes faibles : conjugaison

Lernen = « apprendre ».

Indicatif		
Présent	Prétérit	Futur
j'apprends,	j'apprenais,	j'apprendrai,
tu apprends...	tu apprenais...	tu apprendras...
ich lerne	*ich lernte*	*ich werde lernen*
du lernst	*du lerntest*	*du wirst lernen*
er ⎫	*er* ⎫	*er* ⎫
es ⎬ *lernt*	*es* ⎬ *lernte*	*es* ⎬ *wird lernen*
sie ⎭	*sie* ⎭	*sie* ⎭
wir lernen	*wir lernten*	*wir werden lernen*
ihr lernt	*ihr lerntet*	*ihr werdet lernen*
sie lernen	*sie lernten*	*sie werden lernen*
Parfait	Plus-que-parfait	Futur antérieur
j'ai appris...	j'avais appris...	j'aurai appris...
ich habe gelernt,	*ich hatte gelernt,*	*ich werde gelernt haben,*
du hast gelernt...	*du hattest gelernt...*	*du wirst gelernt haben...*

Subjonctif I

Présent		Passé		Futur	
ich	lerne	ich	habe gelernt	ich	werde lernen
du	lernest	du	habest gelernt	du	werdest lernen
er		er		er	
es	lerne	es	habe gelernt	es	werde lernen
sie		sie		sie	
wir	lernen	wir	haben gelernt	wir	werden lernen
ihr	lernet	ihr	habet gelernt	ihr	werdet lernen
sie	lernen	sie	haben gelernt	sie	werden lernen

Futur antérieur

ich	werde gelernt haben
du	werdest gelernt haben
er	
es	werde gelernt haben
sie	
wir	werden gelernt haben
ihr	werdet gelernt haben
sie	werden gelernt haben

Subjonctif II

Hypothétique (A)		Hypothétique (B)		Irréel	
j'apprendrais,				**j'aurais appris,**	
tu apprendrais…				**tu aurais appris…**	
ich	lernte	ich	würde lernen	ich	hätte gelernt
du	lerntest	du	würdest lernen	du	hättest gelernt
er		er		er	
es	lernte	es	würde lernen	es	hätte gelernt
sie		sie		sie	
wir	lernten	wir	würden lernen	wir	hätten gelernt
ihr	lerntet	ihr	würdet lernen	ihr	hättet gelernt
sie	lernten	sie	würden lernen	sie	hätten gelernt

Impératif

apprends ! apprenez !

lern(e)!
lernt!

258 Verbes forts : conjugaison

Schlafen = «dormir».

Indicatif

Présent
je dors,
tu dors…

ich schlafe
du schläfst
er
es } schläft
sie
wir schlafen
ihr schlaft
sie schlafen

Prétérit
je dormais,
tu dormais…

ich schlief
du schliefst
er
es } schlief
sie
wir schliefen
ihr schlieft
sie schliefen

Futur
je dormirai,
tu dormiras…

ich werde schlafen
du wirst schlafen
er
es } wird schlafen
sie
wir werden schlafen
ihr werdet schlafen
sie werden schlafen

Parfait
j'ai dormi…

ich habe geschlafen…

Plus-que-parfait
j'avais dormi…

ich hatte geschlafen…

Futur antérieur
j'aurai dormi…

ich werde geschlafen
haben…

Subjonctif I

Présent
ich schlafe
du schlafest
er
es } schlafe
sie
wir schlafen
ihr schlafet
sie schlafen

Passé
ich habe geschlafen
du habest geschlafen
er
es } habe geschlafen
sie
wir haben geschlafen
ihr habet geschlafen
sie haben geschlafen

Futur
ich werde schlafen
du werdest schlafen
er
es } werde schlafen
sie
wir werden schlafen
ihr werdet schlafen
sie werden schlafen

Futur antérieur
ich werde geschlafen haben
du werdest geschlafen haben
er
es } werde geschlafen haben
sie
wir werden geschlafen haben
ihr werdet geschlafen haben
sie werden geschlafen haben

Hypothétique (A)	Hypothétique (B)	Irréel
je dormirais,		j'aurais dormi,
tu dormirais…		tu aurais dormi…

ich	*schliefe*	*ich*	*würde schlafen*	*ich*	*hätte geschlafen*
du	*schliefest*	*du*	*würdest schlafen*	*du*	*hättest geschlafen*
er		*er*		*er*	
es	*schliefe*	*es*	*würde schlafen*	*es*	*hätte geschlafen*
sie		*sie*		*sie*	
wir	*schliefen*	*wir*	*würden schlafen*	*wir*	*hätten geschlafen*
ihr	*schliefet*	*ihr*	*würdet schlafen*	*ihr*	*hättet geschlafen*
sie	*schliefen*	*sie*	*würden schlafen*	*sie*	*hätten geschlafen*

Impératif
dors, dormez !

schlaf(e)!
schlaft!

(259) Verbes : particularités de conjugaison

On peut relever les particularités suivantes dans la conjugaison des verbes allemands.

1 **Alternances vocaliques aux 2e et 3e personnes du singulier du présent de l'indicatif.**

❖ La plupart des verbes forts en *e*, *ä* et *ö* ont un *i* bref ou un *i* long.
ich gebe, **du gibst,** *er gibt, wir geben…* (donner)
ich gebäre, **du gebierst, sie gebiert…** (engendrer)
erlöschen : **es erlischt** (s'éteindre)

Cependant, cette règle ne s'applique pas aux verbes *gehen* = « aller », *stehen* = « être debout », *gären* = « fermenter », *genesen* = « guérir ».

❖ Les verbes en *a* (sauf *schaffen* = « créer ») ont un *ä* bref ou un *ä* long.
ich halte, **du hältst, er hält,** *wir halten…* (tenir).
ich trage, **du trägst, er trägt,** *wir tragen…* (porter)

❖ Les verbes en *au* (sauf *hauen,* battre) ont *äu*.
ich laufe, **du läufst, er läuft,** *wir laufen…* (courir).

❖ Le verbe *stoßen* prend un *ö*.
ich stoße, **du stößt, er stößt,** *wir stoßen…* (pousser).

2 **Suppression du *s*** à la deuxième personne du singulier du présent de l'indicatif pour les verbes dont le radical se termine par *s, ss* et *tz, z, ß*.
ich lese, **du liest…** (et non pas ~~du liesst~~)
ich lasse, **du lässt…**

*ich sitze, **du sitzt**...*
*ich heize, **du heizt**...*
*ich grüße, **du grüßt**...*

3 **Suppression du *e*** du radical à la première personne du singulier du présent de l'indicatif des verbes en *-ein*, et souvent des verbes en *-ern*.

sammeln (rassembler) : ***ich sammle*** (et non pas ~~ich sammele~~)

wandern (se promener à pied) : ***ich wandre*** (aussi bien que *ich wandere*)

4 **Suppression du *e*** de la terminaison aux 1re et 3e personnes du pluriel de ces mêmes verbes.

wir, sie sammeln (et non pas ~~sammelen~~)

wir, sie wandern

5 **Ajout d'un *e* intercalaire** au présent et au prétérit de l'indicatif (verbes faibles) pour les verbes dont le radical se termine par *d, t* ou consonne + *m* ou *n*.

Présent	
ich arbeite	*ich zeichne*
*du arbeit-**e**-st*	*du zeichn-**e**-st*
*er arbeit-**e**-t*	*er zeichn-**e**-t*
wir arbeiten	*wir zeichnen*
*ihr arbeit-**e**-t*	*ihr zeichn-**e**-t*
sie arbeiten	*sie zeichnen*
Prétérit	
*ich arbeit-**e**-te*	*ich zeichn-**e**-te*
*du arbeit-**e**-test*	*du zeichn-**e**-test*
*er arbeit-**e**-te*	*er zeichn-**e**-te*
*wir arbeit-**e**-ten*	*wir zeichn-**e**-ten*
*ihr arbeit-**e**-tet*	*ihr zeichn-**e**-tet*
*sie arbeit-**e**-ten*	*sie zeichn-**e**-ten*

Remarquez que les verbes forts qui ont l'alternance vocalique ne suivent pas cette règle au présent.

Treten (marcher) : ***du trittst, er tritt*** (et non pas ~~trittest~~ et ~~trittet~~).

→ Pour les verbes forts et faibles, voir **261**.

→ Pour le subjonctif I, voir **234**.

→ Pour le subjonctif II, voir **236-237**.

→ Pour les verbes de modalité et *wissen,* voir **265**.

→ Pour l'impératif, voir **118**.

→ Pour le choix de *haben* ou *sein,* voir **110**.

→ Pour le passif, voir **181**.

260 Verbes : forme de politesse

Quand on s'adresse à une ou plusieurs personnes que l'on vouvoie, on emploie en allemand la forme de politesse du verbe et éventuellement de l'adjectif possessif et du pronom personnel.

1 **Pour le verbe**, on utilise la troisième personne du pluriel (à l'impératif aussi) ; le pronom *Sie* prend une majuscule ainsi que *Ihnen*. Le réfléchi est *sich* avec une minuscule.

Trinken Sie Milch?
Buvez-vous du lait ?

Kommen Sie herein!
Entrez !

Hat man Ihnen die Wohnung gezeigt?
Vous a-t-on montré l'appartement ?

Setzen Sie sich!
Asseyez-vous !

2 **Pour l'adjectif possessif**, on utilise également la troisième personne du pluriel, avec une majuscule.

Wo ist Ihr Auto?
Où est votre voiture ?

261 Verbe faible ou verbe fort ?

Certains verbes faibles sont issus de verbes forts, soit avec la même forme à l'infinitif, soit avec une forme différente. Ces verbes faibles signifient toujours « faire l'action de... ». Ils sont le plus souvent transitifs (ont un complément d'objet direct). L'auxiliaire employé est *haben*.

Les verbes forts, en revanche, sont le plus souvent intransitifs (sans complément d'objet direct). L'auxiliaire employé est *sein*.

IL NE FAUT PAS LES CONFONDRE ! Leur sens est différent.

1 **Les verbes de position.**

Les verbes faibles *legen, setzen, stellen, hängen* = « faire l'action de coucher, asseoir, mettre debout, suspendre » s'opposent aux verbes forts *liegen, sitzen, stehen, hängen* = « être couché, assis, debout, pendu ».

→ Voir aussi **266**.

2 Les verbes faibles dits factitifs.

Verbe faible	s'oppose à	Verbe fort
erschrecken effrayer quelqu'un		**erschrecken (a, o)** s'effrayer
fällen abattre (un arbre…)		**fallen (ie, a)** tomber
führen conduire quelqu'un		**fahren (u, a)** aller (en voiture)
löschen éteindre (un feu)		**erlöschen (o, o)** s'éteindre
schmelzen faire fondre		**schmelzen (o, o)** fondre
schwellen faire gonfler		**schwellen (o, o)** enfler
tränken abreuver		**trinken (a, u)** boire

Comparez :

❖ Verbe faible *erschrecken* = « effrayer quelqu'un ».

*Der Hund **hat das Kind erschreckt**.*
Le chien a effrayé l'enfant.

❖ Verbe fort *erschrecken* = « s'effrayer ».

*Das Kind **ist (vor dem Hund) erschrocken**.*
L'enfant s'est effrayé (à la vue du chien).

Comparez :

❖ Verbe faible *löschen* = « éteindre ».

*Die Feuerwehr **hat das Feuer** rechtzeitig **gelöscht**.*
Les pompiers ont éteint le feu à temps.

❖ Verbe fort *erlöschen* = « s'éteindre ».

*Das Feuer **ist erloschen**.*
Le feu est éteint.

3 Attention aux verbes suivants.

Verbe faible	Verbe fort
schaffen travailler	**schaffen (schuf, geschaffen)** créer
wiegen balancer	**wiegen (wog, gewogen)** peser

262 Verbes faibles irréguliers

Infinitif	Prétérit	Participe passé
brennen, brûler	**brannte**	**gebrannt**
bringen, apporter	**brachte**	**gebracht**
denken, penser	**dachte**	**gedacht**
kennen, connaître	**kannte**	**gekannt**
nennen, nommer	**nannte**	**genannt**
rennen, courir	**rannte**	**gerannt (ist)**
senden, envoyer	**sandte, sendete**	**gesandt, gesendet**
wenden, tourner	**wandte, wendete**	**gewandt, gewendet**

Remarques

❖ Ne confondez pas : *bringen* = «apporter» et *brech*en = «briser» (*brachte* = prétérit de *bringen*; *brach* = prétérit de *brechen*!).

❖ Pour *senden* : les formes *sendete, gesendet* sont utilisées pour la technique au sens d'émettre (ondes radio, télévision…), les formes *sandte, gesandt* et aussi *sendete, gesendet* au sens d'envoyer.

❖ Pour *wenden* : les formes *wandte, gewandt* sont surtout employées pour le réfléchi, « se tourner vers »; dans les autres cas, on emploie plutôt *wendete, gewendet*.

263 Verbes forts : liste

Remarques

❖ La liste suivante n'est pas exhaustive.

❖ Les traductions ne sont données qu'à titre indicatif ; elles peuvent être différentes selon les contextes.

❖ Un verbe simple a les mêmes formes qu'un verbe à particule accentuée (comme *stehen / aufstehen*).

❖ Les verbes qui se conjuguent avec *sein*, ou avec *sein* et *haben* sont indiqués par la présence de ces verbes à côté du participe.

❖ L'infinitif de certains verbes est suivi des voyelles de la 2e et de la 3e personne du singulier de l'indicatif présent.

❖ On a donné les indications phonétiques uniquement dans les cas où la graphie ne permet pas de décider.

Mais attention ! **Ne confondez pas :**
- les verbes faibles et les verbes forts qui ont le même infinitif (→ 261) ;
- les verbes *bitten* (*a, e*) : «demander, prier»; *bieten* (*o, o*) : «offrir»; *beten* (verbe faible) : « prier, faire sa prière»;
- les verbes de position faibles et forts (→ 266) ;
- *waschen* = « laver» et *wachsen* = « grandir»;
- *lügen* = «mentir» et *liegen* = «être couché».

Infinitif	Prétérit	Participe passé

B

backen (ä, ä), cuire au four	*backte (buk)*	*gebacken*
befehlen (ie, ie), commander	*befahl*	*befohlen*
beginnen, commencer	*begann*	*begonnen*
beißen, mordre	*biss* [i]	*gebissen*
biegen, courber	*bog* [o:]	*gebogen*
bieten, offrir	*bot* [o:]	*geboten*
binden, lier	*band* [a]	*gebunden* [ʊ]
bitten, prier, demander	*bat* [a:]	*gebeten*
blasen (ä, ä), souffler	*blies*	*geblasen*
bleiben, rester	*blieb*	*geblieben (ist)*
braten (ä, ä), rôtir	*briet*	*gebraten*
brechen (i, i), briser	*brach* [a:]	*gebrochen* [ɔ]

D

dringen, pénétrer	*drang* [a]	*gedrungen* [ʊ] *(ist)*

E

empfangen (ä, ä), recevoir	*empfing*	*empfangen*
empfehlen (ie, ie), recommander	*empfahl*	*empfohlen*
empfinden, éprouver	*empfand*	*empfunden*
erbleichen, pâlir	*erblich* [i]	*erblichen* [i] *(ist)*
erlöschen (i, i), s'éteindre	*erlosch* [ɔ]	*erloschen* [ɔ] *(ist)*
erschrecken (i, i), s'effrayer	*erschrak* [a:]	*erschrocken (ist)*
essen (i,i), manger	*aß* [a:]	*gegessen*

F

fahren (ä, ä), aller en voiture, conduire	*fuhr*	*gefahren (ist)*
fallen (ä, ä), tomber	*fiel*	*gefallen (ist)*
fangen (ä, ä), attraper	*fing*	*gefangen*
finden, trouver	*fand* [a]	*gefunden* [ʊ]
fliegen, voler	*flog* [o:]	*geflogen (ist)*
fliehen, s'enfuir	*floh* [o:]	*geflohen (ist)*

fließen, couler	*floss* [ɔ]	*geflossen (ist)*
fressen (i, i), manger (animaux)	*fraß* [a:]	*gefressen*
frieren, geler	*fror* [o:]	*gefroren (ist / hat)*

G

geben (i, i), donner	*gab* [a:]	*gegeben*
gehen, aller	*ging*	*gegangen (ist)*
gelingen (es gelingt), réussir	*es gelang*	*gelungen (ist)*
gelten (i, i), valoir	*galt*	*gegolten*
geschehen (es geschieht), se produire	*es geschah*	*geschehen (ist)*
gewinnen, gagner	*gewann*	*gewonnen*
gießen, verser	*goss* [ɔ]	*gegossen*
gleichen, ressembler	*glich* [i]	*geglichen* [i]
gleiten, glisser	*glitt*	*geglitten (ist)*
graben (ä, ä), creuser	*grub* [u:]	*gegraben*
greifen, saisir	*griff*	*gegriffen*

H

halten (ä, ä), tenir	*hielt*	*gehalten*
hängen, être suspendu	*hing*	*gehangen*
heben, lever	*hob* [o:]	*gehoben*
heißen, s'appeler	*hieß*	*geheißen*
helfen (i, i), aider	*half* [a]	*geholfen* [ɔ]

K

klingen, retentir	*klang*	*geklungen*
kommen, venir	*kam* [a:]	*gekommen (ist)*
kriechen, ramper	*kroch* [ɔ]	*gekrochen* [ɔ] *(ist)*

L

laden (ä, ä), charger	*lud* [u:]	*geladen*
lassen (ä, ä), laisser	*ließ*	*gelassen*
laufen (äu, äu), courir	*lief*	*gelaufen (ist)*
leiden, souffrir	*litt*	*gelitten*
leihen, prêter	*lieh*	*geliehen*
lesen (ie, ie), lire	*las* [a:]	*gelesen*
liegen, être couché	*lag* [a:]	*gelegen*
lügen, mentir	*log* [o:]	*gelogen*

M

meiden, éviter	*mied*	*gemieden*
messen (i, i), mesurer	*maß* [a:]	*gemessen*

N

nehmen (i, i), prendre	*nahm*	*genommen*

P

pfeifen, siffler	*pfiff*	*gepfiffen*

R

raten (ä, ä), conseiller	*riet*	*geraten*
reiben, frotter	*rieb*	*gerieben*
reißen, arracher	*riss (l)*	*gerissen*
reiten, aller à cheval	*ritt*	*geritten (ist-hat)*
riechen, sentir	*roch* [ɔ]	*gerochen* [ɔ]
rufen, appeler	*rief*	*gerufen*

S

saufen (äu, äu), boire (animaux)	*soff*	*gesoffen*
scheinen, sembler, briller	*schien*	*geschienen*
schelten (i, i), gronder	*schalt* [a]	*gescholten* [ɔ]
schieben, pousser	*schob* [oː]	*geschoben* [oː]
schießen, tirer (arme)	*schoss* [ɔ]	*geschossen*
schlafen (ä, ä), dormir	*schlief*	*geschlafen*
schlagen (ä, ä), battre	*schlug* [uː]	*geschlagen*
schließen, fermer	*schloss* [ɔ]	*geschlossen*
schmelzen (i, i), fondre	*schmolz* [ɔ]	*geschmolzen* [ɔ] *(ist)*
schneiden, couper	*schnitt*	*geschnitten*
schreiben, écrire	*schrieb*	*geschrieben*
schreien, crier	*schrie*	*geschrien*
schreiten, marcher	*schritt*	*geschritten (ist)*
schweigen, se taire	*schwieg*	*geschwiegen*
schwimmen, nager	*schwamm*	*geschwommen (ist-hat)*
schwören, jurer	*schwor* [oː]	*geschworen*
sehen (ie, ie), voir	*sah*	*gesehen*
singen, chanter	*sang*	*gesungen*
sinken, s'enfoncer	*sank*	*gesunken (ist)*
sitzen, être assis	*saß* [aː]	*gesessen*
sprechen (i, i), parler	*sprach* [aː]	*gesprochen* [ɔ]
springen, sauter	*sprang*	*gesprungen (ist)*
stechen (i, i), piquer	*stach* [aː]	*gestochen* [ɔ]
stehen, être debout	*stand* [a]	*gestanden* [a]
stehlen (ie, ie), voler (voleur)	*stahl*	*gestohlen*
steigen, monter	*stieg*	*gestiegen (ist)*
sterben (i, i), mourir	*starb* [a]	*gestorben* [ɔ] *(ist)*

stinken, puer	*stank*	*gestunken*
stoßen (ö, ö), pousser	*stieß*	*gestoßen*
streichen, rayer	*strich*	*gestrichen*
streiten, se battre	*stritt*	*gestritten*

T

tragen (ä, ä), porter	*trug* [uː]	*getragen*
treffen (i, i), rencontrer	*traf* [aː]	*getroffen*
treiben, pousser	*trieb*	*getrieben*
treten (i, i), marcher	*trat* [aː]	*getreten (ist)*
trinken, boire	*trank*	*getrunken*
tun, faire	*tat* [aː]	*getan* [aː]

V

vergessen (i, i), oublier	*vergaß* [aː]	*vergessen*
verlieren, perdre	*verlor* [oː]	*verloren*

W

wachsen (ä, ä), grandir	*wuchs*	*gewachsen (ist)*
waschen (ä, ä), laver	*wusch*	*gewaschen*
werfen (i, i), jeter	*warf* [a]	*geworfen* [ɔ]
wiegen, peser	*wog* [oː]	*gewogen*

Z

ziehen, tirer	*zog* [oː]	*gezogen*
zwingen, contraindre	*zwang*	*gezwungen*

264 Verbes impersonnels

Les verbes impersonnels comportent tous comme sujet *es*. On les distingue de la façon suivante.

1 Les verbes qui désignent des phénomènes météorologiques.

Es regnet, schneit, hagelt, donnert…
Il pleut, neige, grêle, tonne…

2 Les verbes exprimant un bruit.

Es klopft, rattert, knistert…
Ça frappe, pétarade (moteur), crépite (feu)…

3 Les verbes qui expriment l'idée de croître (plantes et humains).

Es blüht.   *Es gedeiht.*
Ça fleurit.   Ça pousse.

V

4 **Les verbes qui expriment des sensations physiques.**

Es friert mich.   *Es ekelt mir / mich davor.*
  Je gèle.   Cela me dégoûte.

Mais l'emploi personnel de ces verbes est de plus en plus fréquent :
Ich friere; ich ekele mich davor.

5 **Autres verbes.**

es handelt sich um… : ⎫
es geht um… :   ⎬ il s'agit de… il est question de…
es gibt + acc. : il y a…

Remarquez que pour tous ces verbes, sauf ceux du paragraphe 4, *es* est conservé quelle que soit la forme syntaxique employée.

Heute regnet es.
  Aujourd'hui, il pleut.

Mais :

Mich friert.
  Je gèle. / J'ai froid.

Traduisez en allemand :
1 Depuis trois jours, il neige. **2** Dans ce village, il n'y a pas de gare. **3** Dans cet article de journal, il est question de l'Italie. **4** Tu entends comme ça crépite ? **5** Tous les soirs, ça pétarade jusqu'à 11 heures.

265 **Verbes de modalité et *wissen* : définition et conjugaison**

1 **Définition.**

Les six verbes de modalité sont : *können, dürfen, mögen, wollen, sollen, müssen.*

Les six verbes de modalité et *wissen* ont une caractéristique commune :

❖ Ils présentent au singulier de l'indicatif présent des formes qui ressemblent au prétérit des verbes forts, c'est-à-dire une voyelle différente de celle de l'infinitif (sauf pour *sollen*).

❖ La 1re et la 3e personne sont semblables.

Verbe fort	Prétérit	Verbes de modalité et *wissen*	Présent
kommen	*ich kam*	*dürfen*	*ich darf / ich weiß*
	du kamst	*müssen…*	*du darfst / du weißt*
	er kam	*wissen*	*er darf / er weiß*

2 **Conjugaison.**

Indicatif présent

	können	dürfen	müssen	sollen	wollen	mögen	wissen
ich	kann	darf	muss	soll	will	mag	weiß
du	kannst	darfst	musst	sollst	willst	magst	weißt
er es sie	kann	darf	muss	soll	will	mag	weiß
wir	können	dürfen	müssen	sollen	wollen	mögen	wissen
ihr	könnt	dürft	müsst	sollt	wollt	mögt	wisst
sie	können	dürfen	müssen	sollen	wollen	mögen	wissen

Indicatif prétérit

ich konnte	durfte	musste	sollte	wollte	mochte	wusste...

Indicatif parfait
ich habe

gekonnt	gedurft	gemusst	gesollt	gewollt	gemocht	gewusst...

Subjonctif I présent

ich könne	dürfe	müsse	solle	wolle	möge	wisse...

Subjonctif II hypothétique

ich könnte	dürfte	müsste	sollte	wollte	möchte	wüsste...

→ Pour le sens des verbes de modalité et de *wissen*, voir : *dürfen* (**79** et **83**), *sollen* (**79** et **233**), *können* (**29**, **133** et **276**), *wollen* (**91**, **256** et **277**), *mögen* (**47**, **67** et **146**), *wissen* (**242** et **276**), *müssen* (**55**, **60**, **79** et **147**).

→ Pour le participe passé à forme d'infinitif, voir **176**.

Introduisez le verbe à l'indicatif présent :
1 Ich ... (wissen) nicht, ob er zu Hause ist. **2** Er ... (müssen) in die Schule gehen. **3** ... (wollen) du mitfahren? **4** Er ... (können) nicht mehr aufstehen. **5** Das ... (mögen) wahr sein. **6** ... (wissen) du, ob er krank ist? **7** Er... (sollen) jetzt aufstehen.

266 **Verbes de position**

On distingue quatre positions : assise, couchée, debout et suspendue ; à chacune de ces positions correspondent deux verbes :
– l'un qui indique la position dans laquelle on est (verbe fort + locatif éventuellement) ;
– l'autre la position dans laquelle on se met (verbe faible + directionnel éventuellement).

Il ne faut pas confondre ces verbes et les employer correctement avec d'éventuels compléments.

Verbes faibles transitifs + directionnel (accusatif)	Verbes forts intransitifs + locatif (datif)
1. Position assise	
(sich) setzen (s')asseoir	***sitzen (a, e)*** être assis
*Er **setzt sich** auf den Stuhl.* Il s'assoit sur la chaise.	*Er **sitzt** auf dem Stuhl.* Il est assis sur la chaise.
2. Position couchée	
(sich) legen (se) coucher, poser	***liegen (a, e)*** être couché
*Er **legt sich** auf den Boden.* Il se couche par terre.	*Er **liegt** auf dem Boden.* Il est couché par terre.
3. Position debout	
stellen mettre debout, poser	***stehen (a, a)*** être debout
*Er **stellt** die Flasche auf den Tisch.* Il pose la bouteille sur la table.	*Er **steht** auf dem Tisch.* Il est (debout) sur la table.
4. Position suspendue	
hängen suspendre	***hängen (i, a)*** être suspendu
*Ich **hängte** das Bild an die Wand.* Je suspendis le tableau au mur.	*Das Bild **hing** an der Wand.* Le tableau était suspendu au mur.

Remarques

❖ Pour la position suspendue, on utilise actuellement le verbe faible *hängen* au présent quel que soit le sens du verbe.

*Das Bild **hängt** an der Wand.*
  Le tableau est suspendu au mur.

*Ich **hänge** das Bild an die Wand.*
  Je suspends le tableau au mur.

❖ **Notez** que les verbes français « être assis, couché, debout, suspendu » se traduisent par un verbe en un seul mot en allemand.

Je suis assis. = *Ich sitze.* (et non : ~~*Ich bin gesessen.*~~)

❖ Au parfait, les verbes forts se conjuguent avec *haben*.

*Ich **habe** den ganzen Tag **gestanden**.*
  J'ai été debout toute la journée.

❖ **Notez** que « poser à plat » se traduit par *legen* et « poser debout » par *stellen*.

→ Pour le locatif, voir **139**.
→ Pour le directionnel, voir **80**.

Traduisez en allemand.
1 Pose l'assiette sur la table ! **2** Il s'assoit sur le banc (die Bank). **3** Le livre est posé sur la table. **4** Il est assis à côté de moi. **5** Il a accroché des étoiles à l'arbre de Noël. **6** Mets la caisse (die Kiste) dans le garage !

267 Verbes pronominaux

1 Les verbes pronominaux sont des verbes qui **s'emploient toujours avec le pronom** *mich, dich, sich…*

*ich beeile **mich***	*du beeilst **dich***	*er beeilt **sich***
je me dépêche	tu te dépêches	il se dépêche…

2 **Autres verbes du même type :**

sich schämen	*sich auskennen*	*sich erholen*
avoir honte	être au courant	se reposer
sich bücken	*sich benehmen*	
se baisser	se comporter	
sich befreunden	*sich entschließen*	
se lier d'amitié	se décider	

> **Traduisez en allemand :**
> **1** Pourquoi vous dépêchez-vous tant ? **2** Nous nous sommes reposés à la montagne. **3** Comment s'est-elle comportée ? **4** J'ai été obligé de me baisser pour ramasser (aufheben) mon sac. **5** J'ai eu honte.

268 Verbes réfléchis

1 Certains verbes peuvent s'employer avec le pronom réfléchi *mich, dich, sich…* ; ils peuvent **aussi être employés avec d'autres compléments à l'accusatif.**

*Er **wäscht sich**.*	*Er **wäscht ihn**.*
Il se lave.	Il le lave.

Autres exemples :

sich setzen	*sich legen*
s'asseoir	se coucher
sich umdrehen	*sich anschnallen*
se retourner	mettre sa ceinture de sécurité
sich schneiden	*sich anziehen*
se couper	s'habiller
sich kämmen	*sich ernähren*
se peigner	se nourrir
sich vorbereiten	
se préparer	

2 **Certains verbes réfléchis ou pronominaux en allemand ne le sont pas en français**, par exemple :

sich verändern	*sich schämen*
changer	avoir honte
sich fürchten	
avoir peur	

3 Inversement, **certains verbes réfléchis ou pronominaux en français ne le sont pas en allemand**, par exemple :

aufstehen
se lever

erschrecken
s'effrayer

staunen
s'étonner

aufwachen
se réveiller

geschehen
se produire

ertrinken
se noyer

spazieren gehen
se promener

entlaufen
se sauver

Attention : il ne faut pas confondre les verbes réfléchis ou pronominaux avec des verbes qui peuvent avoir un pronom réfléchi au datif, au sens de «pour soi». Le datif de la 3e personne du pronom est alors également *sich,* mais la 1re est *mir* au singulier, *uns* au pluriel, la 2e *dir* au singulier, *euch* au pluriel.

Er kauft sich ein Handy.
Il s'achète un téléphone portable.

Ich kaufe mir ein Handy.
Je m'achète un téléphone portable.

Traduisez en allemand :
1 Toute la journée, je me suis ennuyé (sich langweilen). **2** Le chien s'est noyé dans le fleuve. **3** Il s'est assis par terre. **4** Il s'est levé à huit heures. **5** Ces derniers temps, Pierre a beaucoup changé. **6** Je me suis réveillé trois fois dans la nuit. **7** Il s'est habillé chaudement. **8** Pourquoi te retournes-tu ? **9** Va te chercher une chaise ! **10** Ils se sont acheté un appartement.

269 Virgule

1 **La virgule et les subordonnées.**

La virgule marque les limites antérieures et postérieures de la subordonnée. On peut distinguer trois cas d'intégration de la subordonnée dans la phrase :

❖ Subordonnée,…

Als er am Bahnhof ankam, war der Zug schon abgefahren.
Lorsqu'il arriva à la gare, le train était déjà parti.

❖ …, subordonnée,…

Die Tatsache, dass er am Tatort war, beweist nichts.
Le fait qu'il était sur le lieu du crime ne prouve rien.

❖ …, subordonnée.

Er glaubt, dass er gewonnen hat.
Il croit qu'il a gagné.

Remarques

❖ Lorsque la conjonction de subordination est complexe, la virgule se place devant l'ensemble, par exemple :

..., ohne dass...
..., als ob...
..., vor allem weil (ou *wenn*)... à condition que *vor allem weil* (ou *wenn*) forment une unité.

Comparez :

*Ich freue mich auf deinen Besuch, **vor allem weil** ich dich schon lange nicht mehr gesehen habe.*
Je me réjouis d'autant plus de ta visite que je ne t'ai pas vu depuis longtemps.

*Ich freue mich vor allem auf deinen Besuch, **weil** ich oft allein bin.*
Je me réjouis d'autant plus de ta visite que je suis souvent seul.

❖ Toutes les relatives sont entourées d'une virgule, contrairement au français où la virgule ne sépare que la relative appositive.

*Das Auto, **das vor dem Haus steht**, gehört meinem Vater.* (relative déterminative)
La voiture qui est devant la porte appartient à mon père.

*Meine Freunde, **die morgen mit dem Zug kommen**, bleiben bis Donnerstag.* (relative appositive)
Mes amis, qui arrivent demain par le train, restent jusqu'à jeudi.

❖ Groupes infinitifs et groupes participiaux : la présence de la virgule est aujourd'hui facultative.

*Peter hatte uns versprochen(,) **uns zum Bahnhof zu bringen**.*
Peter nous avait promis de nous accompagner à la gare.

*Er schläft(,) **anstatt zu arbeiten**.*
Il dort au lieu de travailler.

***Um gesund zu bleiben**(,) musst du ein bisschen Sport treiben.*
Pour rester en bonne santé, tu dois faire un peu de sport.

***Am Bahnhof angekommen**(,) nahm er ein Taxi.*
Arrivé à la gare, il prit un taxi.

***Aus vollem Halse lachend**(,) kam sie mir entgegen.*
Riant à gorge déployée, elle vint à ma rencontre.

2 La virgule et les conjonctions de coordination.

❖ Lorsque *und, oder, weder... noch, sowohl... als (auch), entweder... oder, sowie, wie* relient des propositions, on ne met plus de virgule aujourd'hui.

*Peter ging nach Hause **und** Karin blieb noch bei ihren Freunden.*
Pierre rentrait à la maison et Karin restait encore chez ses amis.

❖ Lorsque *und* ou *oder* relient des subordonnées, ils ne sont pas précédés de virgule.

*Ich glaube, dass er in Deutschland ist **und dass er erst am Sonntag zurückkommt**.*
Je crois qu'il est en Allemagne et qu'il ne rentre que dimanche.

❖ En revanche, lorsque les conjonctions adversatives *aber, doch, jedoch, sondern* relient des propositions, la virgule est obligatoire.

*Wir hatten vier Wochen Ferien, **aber / doch / jedoch wir sind nicht weggefahren**.*
Nous avions quatre semaines de vacances, mais / cependant nous ne sommes pas partis.

3 La virgule et les adjectifs épithètes.

Lorsqu'un groupe nominal comporte plusieurs adjectifs épithètes, la virgule indique qu'ils sont coordonnés, l'absence de virgule montre qu'ils sont dans une relation de détermination avec le nom.

ein großer, blonder Mann
un homme grand et blond

eine große schwarze Tafel
un grand tableau noir (un tableau noir qui est grand)

4 L'apposition est délimitée par des virgules.

*Paul, **mein bester Freund**, wohnt jetzt in Bayern.*
Paul, mon meilleur ami, habite maintenant en Bavière.

*Ich komme am Sonntag, **dem 30. Mai,** zu euch.*
Je viendrai vous voir dimanche 30 mai.

Dieses Schloss, das habe ich schon gesehen.

Mais :

Dieses Schloss habe ich schon gesehen.
Ce château, je l'ai déjà vu.

Attention : les sujets et compléments de la proposition en première place ne peuvent pas être précédés ou suivis de virgules en allemand.

Heute bleibe ich zu Hause.   *Heute, bleibe ich*… est impossible.
Aujourd'hui, je reste à la maison.

Insérez une virgule lorsque c'est nécessaire ; indiquez également lorsque la virgule est facultative :
1 Hattest du Gelegenheit zu schwimmen? **2** Er tut als ob er etwas wüsste. **3** Er hofft bald nach Frankreich fahren zu dürfen. **4** Diese Geschichte die habe ich schon einmal gehört. **5** Seine Schwester wohnt in Amerika und sein Bruder lebt in Spanien. **6** Du kannst kommen wenn du Lust hast und wenn deine Eltern einverstanden sind. **7** Kannst du mir das Buch geben ohne aufzustehen? **8** Ich möchte nicht dass du zu lange wartest und dass du dich langweilst.

270 *Weder... noch..., entweder... oder...*

1 «**Ni... ni...**» **se traduit par** *weder... noch...* pour mettre en corréla-tion :

❖ Soit des éléments de la proposition.

Weder seine Mutter noch sein Vater wussten es.
  Ni sa mère ni son père ne le savaient.

Sie hatte weder gegessen noch getrunken.
  Elle n'avait ni mangé ni bu.

❖ Soit des propositions entières (moins courant).

Die Eltern haben ihm weder bei den Hausaufgaben geholfen noch haben sie ihm geraten, einen Freund anzurufen.
  Ses parents ne l'ont pas aidé à faire ses devoirs et ne lui ont pas non plus conseillé d'appeler un ami.

Remarquez que la répétition des « ni »... se rend par *weder... noch... noch...*

2 «**Ou (bien)... ou (bien)...**», «**soit... soit...**» **se traduisent par** *entweder... oder...* pour mettre en corrélation :

❖ Soit des éléments de la proposition.

Ich komme entweder mit meinem Vater oder mit meinem Bruder.
  Je viendrai soit avec mon père soit avec mon frère.

❖ Soit des propositions entières.

Entweder kommst du (ou : *du kommst*) *jetzt mit mir oder ich lasse dich allein.*
  Ou bien tu viens avec moi, ou bien je te laisse seul.

Notez les deux possibilités pour la place du verbe dans le deuxième exemple.

Traduisez en allemand :
1 Ou bien je reste à Paris, ou bien je pars en Allemagne. **2** Je n'ai vu ni son père ni sa mère. **3** Ils n'ont ni chien, ni chat, ni oiseaux. **4** Je m'achèterai soit un livre soit un CD. **5** Je n'ai visité ni le musée ni l'église. **6** Ou bien je lui achète des livres, ou bien je lui donne de l'argent.

271 *Weit... entfernt, weit*

Ces expressions correspondent à «être loin de», «être éloigné», «être à une certaine distance de».

1 *Weit... entfernt von...* = «être loin de...»

*Wohnst du **weit** vom Stadtinneren **entfernt**?*
Est-ce que tu habites loin du centre ville ?

❖ *Weit* est facultatif lorsqu'une indication de distance est donnée.

*Das Dorf liegt **5 Kilometer (weit) von hier entfernt**.*
Le village est à cinq kilomètres d'ici.

❖ La question pour connaître une distance est introduite par *wie*.

Wie weit... von... entfernt? = «à quelle distance de... est... ?»

***Wie weit** ist der Bahnhof **von** hier **entfernt**?*
À quelle distance d'ici est la gare ?

2 *Weit... von...* peut s'employer sans *entfernt* lorsqu'une indication de lieu est donnée.

*Wie **weit** ist es **von** hier zur Post?*
Quelle est la distance d'ici au bureau de poste ?

*Es ist nicht **weit von** hier.*
Ce n'est pas loin d'ici.

3 *Weit*.

❖ *Weit* signifie «loin».

*Ist **es** noch **weit**? ou **Wie weit** ist es noch?*
Est-ce encore loin ?

*Jetzt ist es nicht mehr sehr **weit**.*
Ce n'est plus très loin maintenant.

❖ *Weit* demande un complément à l'accusatif.

*Es ist noch ein**en** Kilometer **weit**.*
C'est encore à un kilomètre.

Traduisez en allemand :
1 Ils habitent à une heure de voiture de chez leurs parents (die Autostunde). **2** Berlin est à 1 000 km de Paris. **3** À quelle distance d'ici est l'aéroport ? **4** Est-ce que le château est loin de l'autoroute ? **5** Mes grands-parents habitent loin de la ville. **6** Le prochain village n'est pas très éloigné d'ici.

272 *Welch-* ou *was für* ?

Welch- et *was für* s'emploient :

1 Comme déterminatif dans un groups nominal : «quel + nom... ?».

❖ «Quel» au sens de «lequel» parmi un ensemble d'éléments se traduit par *welch-*.

***Welches** Auto meinst du? Das auf dem Bürgersteig?*
De quelle voiture parles-tu ? De celle qui est garée sur le trottoir ?

❖ «Quel» au sens de «quelle sorte de... ?» se traduit par *was für* + groupe nominal (avec *ein* au singulier et sans déterminant au pluriel).

***Was für** ein Auto hat er gekauft? Einen Mercedes?*
Quelle voiture a-t-il achetée ? Une Mercédès ?

***Was für** Bücher hast du mitgebracht? Krimis?*
Quel genre de livres as-tu apportés ? Des romans policiers ?

Attention :

❖ Particularité morphologique : dans *was für, für* n'est pas une préposition ; donc le cas du groupe nominal qui suit *was für* dépend de sa fonction dans la proposition et non de ce *für*.

*Mit **was für** einem Flugzeug ist er nach Düsseldorf geflogen?*

(et non : ~~mit was für ein...~~).
Quel type d'avion a-t-il pris pour aller à Düsseldorf ?

❖ Particularité syntaxique : avec *was für,* une deuxième construction est possible.

***Was** hat er **für** ein Auto?* à côté de : ***Was für** ein Auto hat er?*

2 Comme pronom interrogatif : «lequel... ?»

Dans le cas du pronom interrogatif, la distinction de sens entre *welch-* et *was für* est la même que précédemment.

*Sie hat zwei Töchter. Mit **welcher** ist sie spazieren gegangen?*
Elle a deux filles. Avec laquelle est-elle allée se promener ?

Attention aux particularités d'emploi de *was für* qui interroge sur l'espèce, le genre, la race...

*Peter hat sich einen Hund gekauft. – **Was für** einen?*
Pierre s'est acheté un chien. – De quelle race ?

*Er hat viele Bäume in seinem Garten. – **Was für** Bäume? ou **Was für** welche?*

(Pour éviter la reprise du nom, on dit : *Was für welche?*)
Il a beaucoup d'arbres dans son jardin. – Quelles sortes d'arbres ?

Traduisez en allemand les phrases qui ne sont pas entre parenthèses :
1 Quels livres préfères-tu ? (Les romans, les récits d'aventure ou les bandes dessinées ?) **2** (Voici trois chemises.) Laquelle veux-tu acheter à ton père ? **3** Dans quel pays roule-t-on à gauche ? **4** Dans quel genre de bateau as-tu passé la nuit ? (Dans un voilier ou un bateau à moteur ?) **5** (J'ai acheté un ordinateur.) Un ordinateur de quel type ? (Mac ou PC ?)

W

273 — *Wenn* ou *ob* ?

1 Les confusions des francophones entre *wenn* et *ob* s'expliquent par le fait que **ces deux conjonctions de subordination peuvent se traduire par « si ».**

Mais :

❖ *Wenn* = « si » conditionnel.

***Wenn** er Geld hätte, würde er sich einen Computer kaufen.*
  S'il avait de l'argent, il s'achèterait un ordinateur.

❖ *Ob* = « si » de l'interrogation indirecte.

*Ich frage mich, **ob** er wirklich krank ist.*
  Je me demande s'il est vraiment malade.

2 **L'interrogative indirecte introduite par *ob*** peut parfois se trouver en tête de proposition :

❖ Comme complément du verbe dans la subordonnée avec une reprise par le démonstratif *das*.

***Ob er heute zu Hause ist**, das frage ich mich.*
  Je me demande bien s'il est à la maison aujourd'hui.

❖ Comme sujet du verbe de la proposition entière.

***Ob er morgen kommen wird**, ist fraglich (das ist fraglich).*
  Quant à savoir s'il viendra demain, ce n'est pas sûr.

→ Pour le conditionnel et l'interrogation indirecte, voir aussi **68** et **123**.

1. Introduisez *wenn* ou *ob* dans les phrases suivantes :
1 Frag ihn doch, … er mit dem Zug kommt oder mit dem Auto. **2** … du willst, kannst du bei mir schlafen. **3** … er am Sonntag zu Hause bleibt, ist noch nicht sicher. **4** Weißt du, … in Deutschland die Geschwindigkeit begrenzt ist? **5** Ich weiß nicht, … er zufrieden gewesen wäre, … ich ihm dieses Buch geschenkt hätte.

2. Traduisez en allemand :
1 Je me demande s'il habite encore en France. **2** Si tu t'en vas, n'oublie pas de fermer la porte. **3** Je te donnerai le cadeau si tu viens me voir. **4** Il ne sait pas s'il a réussi à son examen (sein Examen bestehen). **5** Crois-tu que la représentation (die Aufführung) aura lieu (stattfinden) s'il pleut ?

274 *Wenn* ou *wann*?

Il ne faut pas confondre *wenn* et *wann*, même si, en français, ils peuvent se traduire l'un et l'autre par «quand».

1 *Wenn*, en dehors de son emploi conditionnel, a aussi un sens temporel ; il signifie alors «quand» au sens de «chaque fois que» et introduit une subordonnée temporelle.

Wenn Hans Geige spielt, fängt der Hund an zu bellen.
   Quand (Chaque fois que) Jean joue du violon, le chien se met à aboyer.

→ Pour *wenn*, voir aussi **20** et **68**.

2 *Wann* signifie «quand» au sens de «au moment où», «à quelque moment que», dans les interrogations directes, indirectes et certaines subordonnées temporelles.

Wann kommt er?
   Quand vient-il ?

*Ich frage mich, **wann** er mit seiner Arbeit fertig ist.*
   Je me demande quand il aura fini son travail.

*Du kannst kommen, **wann** du willst.*
   Tu peux venir quand tu veux.

> **Traduisez en allemand :**
> **1** Quand il neige (schneien), les enfants sont contents. **2** Sais-tu quand le film commence ? **3** Quand as-tu écrit la lettre ? **4** Quand il est en Angleterre, on le prend pour un Allemand. **5** Quand reviens-tu ?

275 *Werden*: conjugaison

Werden = «devenir».

Indicatif		
Présent	Prétérit	Futur
je deviens,	je devenais,	je deviendrai,
tu deviens…	tu devenais…	tu deviendras…
ich werde	ich wurde	ich werde werden
du wirst	du wurdest	du wirst werden
er es sie } wird	er es sie } wurde	er es sie } wird werden
wir werden	wir wurden	wir werden werden
ihr werdet	ihr wurdet	ihr werdet werden
sie werden	sie wurden	sie werden werden
Parfait	Plus-que-parfait	Futur antérieur
je suis devenu…	j'étais devenu…	je serai devenu…
ich bin geworden	ich war geworden	ich werde geworden sein…
du bist geworden…	du warst geworden…	du wirst geworden sein…

Subjonctif I

Présent		Passé		Futur	
ich	werde	ich	sei geworden	ich	werde werden
du	werdest	du	sei(e)st geworden	du	werdest werden
er		er		er	
es	werde	es	sei geworden	es	werde werden
sie		sie		sie	
wir	werden	wir	seien geworden	wir	werden werden
ihr	werdet	ihr	seiet geworden	ihr	werdet werden
sie	werden	sie	seien geworden	sie	werden werden

Futur antérieur

ich	werde geworden sein
du	wirst geworden sein
er	
es	werde geworden sein
sie	
wir	werden geworden sein
ihr	werdet geworden sein
sie	werden geworden sein

Subjonctif II

Hypothétique		Irréel	
je deviendrais, tu deviendrais…		je serais devenu, tu serais devenu…	
ich	würde werden	ich	wäre geworden
du	würdest werden	du	wärest geworden
er		er	
es	würde werden	es	wäre geworden
sie		sie	
wir	würden werden	wir	wären geworden
ihr	würdet werden	ihr	wär(e)t geworden
sie	würden werden	sie	wären geworden

Impératif

deviens, devenez!

werde!
werdet!

279 *Zahlen, zählen, rechnen*

Ne confondez pas :

1 *Zahlen, bezahlen* = « payer ».

Herr Ober, ich möchte zahlen!
  Garçon, l'addition ! (litt. : je voudrais payer.)

Der Kunde kann nicht zahlen.
  Le client ne peut pas payer.

2 *Zählen* = « compter ».

❖ « Faire les comptes ».

Er zählt sein Geld.
  Il compte son argent.

Er kann bis 3 zählen.
  Il sait compter jusqu'à 3.

❖ « Comporter ».

Das Dorf zählt 300 Einwohner.
  Le village compte 300 habitants.

❖ « Faire partie ».

Ich zähle zu seinen Freunden.
  Je compte parmi ses amis.

❖ « Avoir une valeur ».

Das zählt nicht.
  Cela ne compte pas.

❖ « Faire confiance à ».

Ich zähle auf dich.
  Je compte sur toi.

3 *Rechnen* = « compter ».

❖ « Calculer ».

Er kann gut rechnen.
  Il est bon en calcul (il sait bien calculer).

❖ « Faire partie ».

Ich rechne ihn zu meinen Freunden.
  Je le compte parmi mes amis.

❖ « Compter sur ».

*Ich **rechne auf** dich.*
Je compte sur toi (que tu viennes).

❖ « S'attendre à ce que ».

*Ich **rechne damit**, dass heute Abend alle kommen.*
Je m'attends à ce que, ce soir, tout le monde vienne.

Insérez l'un des trois verbes selon le sens :

1 Die Kinder… die Tage bis Weihnachten. **2** Mit welchem Geld willst du das…? **3** Für morgen Abend… ich auf deine Freunde. **4** Was habe ich zu…? **5** Ich… zwei Stunden bis Hamburg. **6** Hast du die Kinder…? **7** Wie soll ich das Kleid…?

---

280 *Zeit, Stunde, Uhr*

1 *Die Zeit.*

❖ « Le temps qui passe » (ne pas confondre avec *das Wetter* = « le temps qu'il fait » !).

*Ich habe keine **Zeit**.*
Je n'ai pas le temps.

❖ « L'heure » au sens de « moment précis, défini ».

*Hast du die genaue **Zeit**?*   *Es ist Abendbrot**zeit**.*
As-tu l'heure exacte ?   C'est l'heure du dîner.

2 *Die Stunde* = « l'heure » correspond à un espace de temps (la durée).

eine Viertelstunde   *eine halbe Stunde*
un quart d'heure   une demi-heure

eine Dreiviertelstunde
trois quarts d'heure

Die Stunde hat sechzig Minuten.
Une heure équivaut à soixante minutes.

*Er kommt in einer **Dreiviertelstunde** ou in **drei Viertelstunden**.*
Il vient dans trois quarts d'heure.

Notez que *Stunde* se met au pluriel à partir d'une heure et quart.

eineinviertel Stunden
une heure et quart

zwei Stunden
deux heures

*Er blieb nur **anderthalb Stunden**.*
Il ne resta qu'une heure et demie.

3 *Die Uhr* = « l'heure » correspond à un point précis de la journée par réfé-rence à une horloge.

Wie viel Uhr ist es? / Wie spät ist es?
Quelle heure est-il ?

Es ist sieben Uhr.
Il est sept heures.

a **Indication de l'heure dans la langue courante.**

❖ Les quarts d'heure et la demi-heure sont comptés par rapport à l'heure qui vient (pour le quart on peut aussi se référer à l'heure passée).

*Es ist **viertel acht**.* ou *Es ist **Viertel nach sieben**.*
Il est sept heures un quart.

*Es ist **halb acht**.*
Il est sept heures et demie.

*Es ist **dreiviertel acht**.* ou *Es ist **Viertel vor acht**.*
Il est huit heures moins le quart.

❖ Pour les minutes, on compte la première demi-heure par rapport à l'heure passée.

*Es ist **fünf** (Minuten) **nach sieben** (Uhr).*
Il est sept heures cinq.

*Es ist **zehn** (Minuten) **nach sieben** (Uhr).*
Il est sept heures dix.

*Es ist **zwanzig** (Minuten) **nach sieben** (Uhr).*
Il est sept heures vingt.

❖ La deuxième demi-heure est comptée en se référant à l'heure qui suit.

*Es ist **zwanzig** (Minuten) **vor acht** (Uhr).*
Il est huit heures moins vingt.

*Es ist **zehn** (Minuten) **vor acht** (Uhr).*
Il est huit heures moins dix.

*Es ist **fünf** (Minuten) **vor acht** (Uhr).*
Il est huit heures moins cinq.

❖ Cependant, pour les minutes autour de la demi-heure, par exemple entre 7 h 20 et 7 h 40, on se réfère généralement à la demie.

*Es ist **zehn** (Minuten) **vor halb acht**.*
Il est sept heures vingt.

*Es ist **fünf** (Minuten) **vor halb acht**.*
Il est sept heures vingt-cinq.

*Es ist **fünf** (Minuten) **nach halb acht**.*
Il est sept heures trente-cinq.

*Es ist **zehn** (Minuten) **nach halb acht**.*
Il est sept heures quarante.

b **Indication de l'heure à la radio, à la télévision et dans les gares.**

*Es ist **19 Uhr 30** (neunzehn Uhr dreißig).*
Il est 19 h 30.

*Der Zug fährt um **6 Uhr 57** (sechs Uhr siebenundfünfzig) ab.*
Le train part à 6 h 57.

c La préposition utilisée pour l'heure précise est *um*.

*Um wie viel Uhr kommt sie?   Sie kommt um **drei** Uhr.*
À quelle heure vient-elle ?   Elle vient à trois heures.

d La préposition utilisée pour l'heure approximative est *gegen*.

*Ich habe sie **gegen** 5 Uhr getroffen.*
Je l'ai rencontrée vers 5 heures.

Expressions

kurz vor + GN
peu avant + GN

kurz nach + GN
peu après + GN

kurz vorher / zuvor
peu de temps auparavant

kurz darauf
peu après

*Es läutete **kurz vor** Mitternacht.*
On sonna peu avant minuit.

***Kurz nach** 12 Uhr gab es ein Gewitter.*
Peu après midi, il y eut un orage.

Attention : *die Uhr* se traduit également par « l'horloge », « la montre ».

→ Voir aussi **244**.

Traduisez en allemand :

1 Veux-tu rester une demi-heure de plus ? C'est l'heure du goûter (die Vesper). **2** Le train est parti à 15 h 45. **3** J'ai un rendez-vous (die Verabredung) à cinq heures et demie. **4** Il fut battu en un quart d'heure. **5** Quelle heure est-il ? Il est dix heures moins cinq. **6** Quelqu'un a appelé peu avant sept heures. **7** J'ai dû attendre une heure et demie chez le docteur. **8** À quelle heure t'es-tu couché ? Peu après minuit. **9** Il est venu à neuf heures moins le quart. **10** Il est reparti à dix heures un quart.

---

281 *Zu* : place dans le groupe infinitif

Dans le groupe infinitif, *zu* se place :

1 Immédiatement devant l'infinitif, même lorsque cet infinitif a des compléments.

*Peter hat keine Lust **zu** arbeiten.*
Pierre n'a pas envie de travailler.

*Birgit hat keine Angst, über die Holzbrücke **zu** gehen.*
Birgit n'a pas peur de traverser le pont de bois.

2 Entre l'infinitif et les préverbes accentués (y compris les éléments intégrés au verbe) ; préverbe, *zu* et infinitif sont alors graphiquement liés.

*Bist du froh weg**zu**fahren?   Hast du Lust heim**zu**gehen?*
Es-tu content de partir ?   As-tu envie de rentrer à la maison ?

Traduisez en allemand :

1 As-tu envie d'aller au restaurant ? **2** J'ai peur de tomber par terre (hinfallen). **3** As-tu le temps de visiter (besichtigen) le musée (das Museum) ? **4** As-tu l'intention (die Absicht) d'aller en Suisse ? **5** Je suis content de pouvoir me laver.

282 *Zu* : présence ou absence devant un infinitif ou un groupe infinitif

Certains verbes peuvent avoir un infinitif ou un groupe infinitif comme complément. L'infinitif est ou n'est pas précédé de *zu*.

1 Ne sont pas précédés de *zu* les infinitifs dépendants suivants :

❖ Ceux des six verbes de modalité *können, dürfen, müssen, sollen, wollen, mögen*.

*Er darf ins Kino **gehen**.*
Il peut (a le droit d') aller au cinéma.

❖ Ceux du verbe *werden* (= futur).

*Ich werde trotzdem **kommen**.*
Je viendrai quand même.

❖ Ceux des verbes *hören* = « entendre », *sehen* = « voir », *fühlen* = « sentir », *lassen* = « laisser faire », *lernen* = « apprendre », *lehren* = « enseigner ».

*Ich höre ihn **kommen**.*
Je l'entends venir.

2 Sont précédés de *zu* les infinitifs dépendants.

❖ Ceux des autres verbes, et en particulier des verbes *glauben* = « croire », *wissen* = « savoir », qui n'entraînent ni « de » ni « à » en français.

*Er glaubt, intelligent **zu sein**.*
Il croit être intelligent.

❖ Ceux des verbes *haben* et *sein*.

*Er hat **zu gehorchen**.*
Il doit obéir (litt. : il a à obéir).

*Er hat etwas **zu verkaufen**.*
Il a quelque chose à vendre.

*Es ist **zu verkaufen**.*
C'est à vendre.

❖ Ceux des expressions telles que *Lust haben* = « avoir envie », *Zeit haben* = « avoir le temps », *froh sein* = « être content »…

*Hast du Zeit, mit uns **zu kommen**?*
As-tu le temps de venir avec nous ?

❖ L'usage hésite pour *helfen* = « aider » et *heißen* (au sens de « donner l'ordre ») ; en principe, il y a absence de *zu* si l'infinitif n'a pas de complément, présence de *zu* s'il en a.

*Ich helfe ihr **aufräumen**.*
Je l'aide à débarrasser.

*Ich helfe ihm, das Gepäck **zu tragen**.*
Je l'aide à porter les bagages.

⟶ Pour *brauchen*, voir **55**.

Traduisez en allemand :
1 Cette voiture est-elle à vendre ? **2** Il croit tout savoir. **3** Sait-il nager ? **4** As-tu le temps de venir chez moi ? **5** A-t-il peur de skier (Ski laufen) ? **6** Aide la dame à traverser la rue !

283 *Zwei, beide, doppelt*

1 *Zwei* = «deux».

❖ Non décliné.

die ersten zwei
les deux premiers

die Aussagen der zwei Zeugen
les dépositions des deux témoins

viele Grüße von zwei alten Freunden
meilleurs souvenirs de deux vieux amis

❖ Décliné (au génitif pluriel s'il n'est pas précédé d'un article).

die Aussagen zweier Zeugen
les dépositions de deux témoins

Lorsque *zweier* est suivi d'un adjectif simple, d'un adjectif ou d'un participe substantivés, ceux-ci prennent également la marque du déterminatif (type 2).

Er ist Vater zweier hübscher Töchter.
Il est le père de deux jolies filles.

das Büro zweier Angestellter
le bureau de deux employés

die Reise zweier Blinder
le voyage de deux aveugles

Expressions

zu zweit
à deux, par deux

Sie machen die Aufgaben zu zweit.
Ils font leurs devoirs à deux.

Sie gehen immer zu zweit.
Ils vont toujours par deux.

2 *Beide* = «les deux»,» tous les deux», se réfère à deux personnes ou objets déjà connus.

❖ *Beide* pronom.

Ich habe zwei Brüder. Beide sind Arzt geworden.
J'ai deux frères. Ils sont devenus médecins tous les deux.

❖ *Beide* adjectif épithète.

die beiden Kinder
beide Kinder
les deux enfants

das Leben beider Kinder
la vie des deux enfants

❖ *Beide* déterminatif.

L'adjectif simple, l'adjectif ou le participe substantivé placés après *beide* portent la marque *-en*.

beide kleinen Kinder
les deux petits enfants

beide Jugendlichen
les deux adolescents

die Eltern **beider** Jugendlichen
les parents des deux adolescents

Notez :

❖ *Beide* précédé d'un pronom personnel porte la marque du déterminatif. Lorsqu'il se réfère au sujet, il peut se placer à côté de celui-ci ou dans le groupe verbal.

Er hat uns **beiden** geschrieben.
Il nous a écrit à tous deux.

Ich denke an euch **beide**.
Je pense à vous deux.

Wir **beide** sind allein.
Nous sommes seuls tous les deux.

Wir sind jetzt endlich **beide** allein.
Maintenant, nous sommes enfin seuls tous les deux.

❖ *Beides* = « les deux », pronom neutre, se réfère à deux objets ou deux événements différents.

Der Film oder die Oper? **Beides** hat uns gefallen.
Le film ou l'opéra ? Les deux m'ont plu.

Expressions

einer von beiden   **keiner von beiden**
l'un des deux   aucun des deux

Einer (eine, eines) **von euch beiden** hat das Glas zerbrochen!
L'un de vous deux a cassé ce verre !

Keiner (keine, keines) **von uns beiden!**
Aucun de nous deux !

alle beide
tous les deux

→ Pour l'adjectif dans le groupe nominal, voir **7**.

3 *Doppelt* = « double », « doublement » ; « deux fois plus ».

❖ *Doppelt* = « double », à fonction d'adjectif.

der **doppelte** Preis   in **doppelter** Ausfertigung
le double du prix   en double exemplaire

❖ *Doppelt so* + adj. + *wie...* = «deux fois plus» + adj. + «que...».

*Dein Zimmer ist **doppelt so groß wie** meins.*
Ta chambre est deux fois plus grande que la mienne.

❖ *Doppelt so viel* + verbe... = «deux fois...».

*Er musste **doppelt so viel** bezahlen **wie wir**.*
Par rapport à nous, il a dû payer le double.

❖ *Doppel-* se trouve fréquemment comme déterminant dans des noms composés.

das Doppelbett
les lits jumeaux

die Doppeltür
la double porte

der Doppelmord
le double meurtre

der Doppelgänger
le sosie

Traduisez en allemand :
1 Il est deux fois plus âgé que moi. **2** Meilleurs souvenirs de nous deux ! **3** La double fenêtre est cassée. **4** L'expérience (der Versuch) des deux astronautes (der Astronaut) américains... **5** Il me faut une facture en double exemplaire. **6** Tu fais du ski ou de la luge (Ski laufen, Schlitten fahren)? Les deux. **7** On les voit toujours à deux. **8** Lequel de vous deux voudrait m'aider ?

Corrigés des exercices

1 **1.** Von diesem Augenblick an beschloss er abzureisen (wegzugehen, fortzugehen). **2.** Von seinem Fenster aus kann man das Meer sehen. **3.** Ab fünf Exemplaren wird eine Ermäßigung gewährt. **4.** Ab morgen werde ich eher (früher) aufstehen. **5.** Alle Züge ab Hauptbahnhof werden Verspätung haben. **6.** Von hier aus ist es nicht sehr weit. **7.** Vom Fernsehturm aus sieht man die ganze Stadt. **8.** Ab ersten (erstem) Mai wird das Theater geschlossen sein.

2 **1.** Das ist aber fein! **2.** Jetzt kann ich nicht kommen, aber morgen Abend habe ich Zeit (morgen Abend aber habe ich Zeit). **3.** Es regnet, aber die Sonne scheint (die Sonne scheint aber). **4.** Ist das aber eine Freude! **5.** Nun aber schnell zu Bett!

3 **1.** Der Zug fuhr rechtzeitig ab, aber (er) kam mit Verspätung an. **2.** Er hat keinen Wein (nicht Wein) getrunken, sondern Wasser. **3.** Sein Haus ist nicht sehr groß, aber es ist gemütlich. **4.** Diese Zeitung ist nicht von heute, sondern von gestern. **5.** Diese Uhr ist nicht sehr hübsch, aber sie ist praktisch. **6.** Er ist nicht nur liebenswürdig, sondern auch aufrichtig.

4 **1.** Frage diesen Herrn, wo der Bahnhof ist (wo sich der Bahnhof befindet). **2.** Wo geht er jeden Nachmittag hin (Wohin geht er jeden Nachmittag)? **3.** Ist er auf den Gipfel des Berges gestiegen (geklettert)? **4.** Heute geht er ohne seinen Hund spazieren. **5.** Sie denkt an ihre Ferien. **6.** Er ist neidisch auf seine Schwester.

5 **1.** Du musst die Verkehrszeichen beachten. **2.** Du musst besser auf deine Sachen Acht geben (achten). **3.** Sie passt gern auf ihren kleinen Bruder auf. **4.** Sie hat mein Geschenk überhaupt nicht beachtet. **5.** Achte deine Eltern! **6.** Darauf müssen wir unbedingt achten! **7.** Die Vorschriften müssen beachtet werden. **8.** Gib Acht (achte darauf, pass auf), dass uns niemand sieht!

7 **1.** **1.** type I – **2.** type 2 **3.** type 1 – **4.** type 2 **5.** type 2 **6.** type 1 **7.** type 1 **8.** type 1 **9.** type 1 **10.** type 2.

2. **1.** Seine ehemaligen Nachbarn sind heute zu Besuch. **2.** Unser bester Freund ist im Krankenhaus. **3.** Er hat einen langen Mantel aus schwarzem Leder an. **4.** Das war ein schlimmer Unfall. **5.** Wo hast du meine blaue Jacke hingelegt?

8 **1.** **1.** Alle guten Restaurants befinden sich in diesem Viertel. **2.** Dort gibt es einige deutsche Bücher zu kaufen. **3.** Bei solchem schlechten (solch schlechtem) Wetter gehe ich nicht spazieren. **4.** Ich habe in Deutschland schon manches gute (manch gutes) Bier getrunken. **5.** Welche bekannten Weine gibt es in dieser Gegend?

2. **1.** Ich habe andere interessante Filme gesehen. **2.** Einige deutsche Freunde haben mich besucht. **3.** In Italien gibt es mehrere angenehme Städte zu besichtigen. **4.** Hast du viele ausländische Briefmarken? **5.** Ich habe alle bekannten Gedichte von Heine gelesen.

9 **1.** Hast du schon das Straßburger Münster besichtigt? **2.** Zieh dein lila Kleid an! **3.** Ich kenne den Hamburger Hafen. **4.** Warum nimmst du deinen rosa Hut mit? **5.** Die Pariser Mode hat viel Erfolg.

10 **1.** Ich bin kein Heiliger. **2.** Ich wünsche Ihnen alles Gute. **3.** Ein Alter sitzt vor seinem Haus. **4.** Schauen Sie mal diese gelben an! **5.** Möchtest du mit diesem Jungen spazieren gehen? **6.** Das Wichtigste ist, man fühlt sich wohl.

11 **1.** väterlich **2.** tragbar **3.** nikotinfrei **4.** wirksam / wirklich **5.** fröhlich **6.** heutig **7.** rätselhaft **8.** chinesisch **9.** gläsern **10.** rötlich **11.** Hamburger **12.** winterlich **13.** kleinlich **14.** freundlich **15.** arbeitsam / arbeitslos **16.** fehlerfrei / fehlerlos.

12 **1.** strohblond **2.** rabenschwarz **3.** hausgemacht **4.** seekrank **5.** farbenblind **6.** grasgrün **7.** farbenprächtig **8.** lebensnotwendig.

13 **1.** Hast du diesen Mann schon irgendwo gesehen? **2.** Dieses Haus gehört seinen (ihren) Eltern; jenes Haus gehört ihnen nicht mehr. **3.** Warum herrscht hier (eine) solche Stille? **4.** Ich habe solch einen / einen solchen Durst! **5.** Mit solch einem / einem solchen Regenschirm wirst du bestimmt auffallen. **6.** Ich habe selten so (solch) gutes Fleisch gegessen.

14 1. Meine Schwester hat ihre Freunde eingeladen. 2. Peter, wo haben Sie Ihre Brille hingelegt? 3. Unser Wagen (Auto) ist grau. 4. Paul ist umgezogen; kennst du seine neue Wohnung? 5. Inge sieht ihrem Bruder ähnlich. 6. Ihre Koffer sind verschwunden.

15 1. Kommst du von draußen? 2. Oben habe ich deinen Mantel gefunden. 3. Schau nach vorn! 4. Geh (Fahr) nach rechts! 5. Er kommt von unten. 6. Fahr ein bisschen vorwärts!

16 1. Er kommt gleich / sofort. 2. Früher gab es hier keine Autobahn. 3. Ich habe mir gerade / soeben ein neues Kleid gekauft. 4. Hat er wieder / von neuem Fieber? 5. Ich denke immer noch daran. 6. Er verdient immer mehr. 7. Kommt er oft hierher? 8. Heutzutage isst man immer weniger Brot. 9. Er hat dauernd / beständig / stets einen Schnupfen. 10. Damals gab es in jedem Dorf eine Schule.

17 1. Sie spielt gern Klavier. 2. Ich mag keine Schnecken. 3. Sie mögen diesen Schauspieler nicht. 4. Möchtest du mit mir ausgehen? 5. Ich gehe lieber ins Kino als ins Theater. 6. Er liebt Peter wie einen Bruder.

18 1. Er allein kann diesen Wagen / dieses Auto reparieren. 2. Ich war todmüde, allein ich konnte nicht schlafen. 3. Darfst du allein verreisen?

19 1. Wie lange fliegen wir bis nach Berlin? 2. Dieser Bus fährt nur sonntags. 3. Komm, wir wollen in den Garten gehen. 4. Fliegst du mit der Air France oder mit der Lufthansa? 5. Im Urlaub sind wir am Strand viel gelaufen. 6. Wir sind mit dem Schiff nach Griechenland gefahren.

20 1. 1. Als das Telefon klingelte, war ich gerade draußen. 2. Gerade als er bezahlen wollte, ging das Licht aus. 3. Jedesmal wenn er Geld brauchte, besuchte er seine Eltern. 4. Wenn ich in Deutschland bin, verstehe ich die Leute kaum.

2. 1. Als er aufstand, fragte man sich, was passieren würde. 2. Wenn ich in England bin, trinke ich Tee. 3. Wenn er Deutsch sprach, verstand man ihn kaum. 4. Wenn ich in Wien ankommen werde, wirst du schon in den Vereinigten Staaten sein.

21 1. ein alter Herr 2. das alte Griechenland 3. die Vereinigung der ehemaligen Schüler 4. ein alter Wagen 5. mein ehemaliger Schullehrer 6. eine alte Kirche.

22 1. Niemand anders wollte Kandidat sein. 2. Von einem Tag zum anderen. 3. Einer war gekommen, die beiden (zwei) anderen fehlten. 4. Dieser Text muss anders übersetzt werden. (Man muss diesen Text anders übersetzen.) 5. Willst du nichts Anderes / anderes essen? 6. Er ist woandershin (anderswohin) gefahren.

23 1. Ich habe ihn (am) Anfang der Woche getroffen. 2. Er ist gegen Ende des vorigen Jahrhunderts geboren. 3. Ende Mai haben wir schönes Wetter gehabt. 4. Anfang 2015 wird er eine Reise nach Afrika unternehmen. 5. Sie ist Anfang sechzig. 6. Am Anfang schuf Gott Himmel und Erde. 7. Ich werde erst Mitte August verreisen. 8. Es schneite seit Ende November.

24 1. Er wohnt bei seinem Onkel, einem ehemaligen Bankangestellten. 2. Mein Vater, den Mantel über der Schulter, ging im Wald spazieren. 3. Die Touristen, im Sand liegend, lassen sich bräunen. 4. Diesen Mann, den habe ich schon irgendwo getroffen. 5. In München, der Hauptstadt Bayerns (ou Bayerns Hauptstadt) habe ich eine Brauerei besichtigt.

25 1. Ich lerne Chinesisch. 2. Haben Sie erfahren, dass er einen Unfall gehabt hat? 3. Er hat mich lesen gelehrt (Er hat mir das Lesen beigebracht.) 4. Sie hat ihn Tennis spielen gelehrt. (Sie hat ihm das Tennisspielen beigebracht.) 5. Ich habe vom Tod seines Vaters gehört. 6. Sie lernen tanzen. 7. Du musst dieses Gedicht auswendig lernen! 8. Welchen Beruf willst du erlernen?

26 1. Bist du damit einverstanden, dass ich heute Abend meine Freunde einlade? 2. Ich habe nichts dagegen. 3. Glaubst du, dass ihnen das Datum recht ist? 4. Sie stimmen unseren Vorschlägen nicht zu. 5. Bist du damit einverstanden, dass sie allein verreist? 6. Selbstverständlich nicht!

Corrigés des exercices

27 1. Nachdem sie das Schloss besichtigt hatten, gingen sie in den Park. 2. Nach seinem Besuch rief er mich aus Bonn an. 3. Im Mai wohnte er noch in Frankreich; drei Monate danach war er in den Vereinigten Staaten. 4. Ich werde nachher essen. 5. Nachdem unser Hund sich mit der Katze des Nachbarn gebalgt hatte, fing er an zu bellen.

28 1. 1. Wir müssen an der nächsten Tankstelle halten. 2. Seit drei Tagen hört es nicht auf zu schneien. 3. Als er unterwegs seinen Freund sah, blieb er stehen. 4. Überrascht hielt er in seiner Rede inne.

2. 1. Das Kind hört auf zu spielen. (Das Kind hört mit dem Spielen auf.) 2. Ohne anzuhalten, sind wir durch München gefahren. (Wir sind durch München gefahren, ohne anzuhalten.) 3. In der gleichen Nacht verhaftete die Polizei die Diebe. 4. Halten wir hier und trinken wir einen Kaffee!

29 1. Ihm ist sicher ein Unglück passiert / geschehen. 2. Am frühen Morgen sind sie in der Stadt angekommen. 3. Ich werde ihn nicht schaffen. 4. Ich kann ihn nicht erreichen. 5. Der Unfall ist heute Abend geschehen. 6. Sie sind alle mit Verspätung angekommen.

30 1. Letztes Jahr war ich in Österreich. 2. Er ist zum Präsidenten ernannt worden. 3. Im Winter laufe ich oft Ski. 4. Wirst du Französisch lernen? 5. Auf Seite 12 habe ich einen interessanten Artikel gelesen. 6. 2005 (Im Jahre 2005) war ich in der Schweiz. 7. Gold wird immer teurer. 8. Trinken sie Bier?

31 1. Er hat eine hohe Stirn. 2. Ich habe plötzlich großen Durst. 3. Er hat immer ein gutes Gewissen. 4. Warum zieht er ein Gesicht? 5. Er hat schmutzige Finger.

32 1. Warte einen Augenblick auf mich. 2. Seit einer Stunde warte ich auf dich. 3. Ich warte (darauf), dass er mich anruft. 4. Sie erwartete eine Belohnung. 5. Er war auf eine negative Antwort gefasst. 6. Sie erwartet uns zum Kaffee. 7. Wenn er wüsste, was ihn erwartet. 8. Wir haben lange warten müssen.

33 1. 1. Sein Wagen ist schön. 2. Ihre Augen sind blau. 3. Ihre Katze ist schwarz. 4. Ihr Garten ist groß. 5. Seine Nachbarn sind angenehm.

2. 1. Sie scheinen glücklich zu sein. 2. Sie sind jung geblieben. 3. Findest du sie schön? 4. Sie fühlen sich krank. 5. Er glaubt sich besser als ich. 6. Sie wird groß werden. 7. Man nennt ihn den Tropenarzt. 8. Er ist der Beste von allen.

34 1. 1. Ich hatte auch Recht. 2. Doch, auch im Sommer kann man Ski laufen. 3. Ich kann auch nicht tanzen. 4. Wir wollen heute auch ins Kino gehen. 5. Mir war das Wasser auch zu kalt. 6. Ja, ich bin damit auch (auch damit) einverstanden.

2. 1. Hast du deinen Regenschirm auch nicht vergessen? 2. Du kannst auch nie still sein! 3. Habt ihr den Nachbarn auch gegrüßt? Habt ihr auch den Nachbarn gegrüßt? 4. Hast du deine Lektion auch gut gelernt? Hast du auch deine Lektion gut gelernt?

35 1. Er hat keinen Brief bekommen; ich auch nicht. 2. Ich habe dir kein Buch mitgebracht; Brigitte auch nicht. 3. Ich spiele auch nicht mehr. 4. Ich kaufe auch keine Birnen mehr. 5. Ich bin zu Ostern nicht nach Deutschland gefahren; du auch nicht? 6. Ich finde sie auch nicht mehr. 7. Ich habe dir nicht „Guten Tag" gesagt; ihm auch nicht. 8. Er liest auch nicht mehr die Zeitung.

36 1. Ich kenne keinen von ihnen. 2. Keiner der Anwesenden gab seine Stimme ab. 3. Kein Licht war sichtbar. 4. Ich habe keinen Pfennig bei mir. 5. Ohne jeden Hintergedanken hat er mir vorgeschlagen, mir zu helfen.

37 1. Drei Jahre zuvor (vorher). 2. Einige Augenblicke zuvor (vorher). 3. In der Nacht zuvor (vorher). 4. Ein Jahrhundert zuvor (vorher). 5. Kurz zuvor (vorher).

38 1. Ich gehe oft ins Kino, umso mehr als ich kein Fernsehen habe. 2. Dieses Kind isst genauso viel wie ein Erwachsener. 3. Heute ist nicht so viel Schnee gefallen wie gestern. 4. Er treibt nicht gern Sport, umso weniger als er sehr dick ist. 5. Soweit ich mich erinnere, trug mein Großvater einen schwarzen Hut. 6. Es ist sehr warm, zumal (da) kein Wind weht.

39 1. Bevor du dieses Buch kaufst, frage, wie viel es kostet. 2. Vor dem Mittagessen spielte er Fußball. 3. Bevor du einschläfst, vergiss nicht, das Licht auszumachen. **4.** Bevor sie aus dem Bus stiegen, fotografierten sie das Schloss. **5.** Er verließ das Schiff, bevor es unterging.

40 **1.** Bist du auch seiner Meinung? **2.** Ich finde, dass sein Verhalten merkwürdig war. **3.** Meiner Meinung nach sollte man ihm schreiben. **4.** Ich teile ihre Ansicht über dieses Thema nicht. **5.** Ich bin der Auffassung, dass der Streik weitergeführt werden sollte. **6.** Ich bin ganz mit Ihrem Plan einverstanden. **7.** Bist du mit mir einverstanden oder bist du anderer Ansicht? **8.** Denken Sie, dass man sie benachrichtigen sollte?

41 **1.** Sie sieht vornehm aus. **2.** Sie scheint zu schlafen. **3.** Er sieht wie ein Mädchen aus. **4.** Sie scheinen glücklich zu sein. **5.** Es sieht aus, als ob sie das Fußballspiel verloren hätten (als hätten sie…).

42 **1.** Frierst du? Friert es dich? **2.** Ich habe kalte Füße. **3.** Den Kindern tun die Beine weh. **4.** In diesem Büro ist (es) mir immer zu warm. **5.** Wir haben während der ganzen Reise gefroren. **6.** Ist Ihnen kalt? **7.** Ihr tun der Hals und die Ohren weh.

43 **1.** Hast du Lust, mit uns Fußball zu spielen? **2.** Wir möchten einen schnelleren Wagen. **3.** Hast du Lust auf ein frisches Bier? **4.** Ich habe Lust, heute Abend ins Theater zu gehen. **5.** Haben Sie Lust zu einem Spaziergang (Lust, spazieren zu gehen). **6.** Ich mag jetzt nicht essen.

44 **1.** Ich habe weder Hunger noch Durst. Ich bin weder hungrig noch durstig. **2.** Die Kinder sind noch ganz schläfrig. **3.** Die Gartenarbeit hat ihn hungrig gemacht. **4.** Reden macht mich immer durstig.

45 **1.** Sie hat Angst vor Hunden und vor Katzen. (Sie fürchtet sich vor…) **2.** Er hat Angst, ins Wasser zu springen. **3.** Ich fürchte, dass er krank ist. **4.** Sie fürchtet, Zeit zu verlieren. **5.** Das Kind hat Angst vor dem Meer.

46 **1.** Er hatte Unrecht, so laut zu schreien. **2.** Sie haben Recht, so zu handeln. **3.** Sie glaubt, dass sie immer Recht hat. (Sie glaubt, immer Recht zu

haben.) **4.** In dieser Angelegenheit hast du Unrecht gehabt.

47 **1.** Er mochte noch so lange schlafen, er war immer müde. Solange er auch schlafen mochte, er war immer müde. Wenn er auch lange schlafen mochte, er war immer müde. **2.** Ich mag sie noch so oft daran erinnern, sie vergessen immer meine CD. So oft ich sie auch daran erinnern mag, sie vergessen immer meine CD. Wenn ich sie auch immer wieder daran erinnere, sie vergessen immer meine CD. **3.** Sie mochten sich noch so sehr ärgern, die Kinder spielten immer unter ihren Fenstern. Sosehr sie sich auch ärgern mochten, die Kinder spielten immer unter ihren Fenstern. Wenn sie sich auch sehr ärgerten, die Kinder spielten immer unter ihren Fenstern. **4.** Er mag noch so lange warten, sie wird die Tür nicht aufmachen. Solange er auch warten mag, sie wird die Tür nicht aufmachen. Wenn er auch lange wartet, sie wird die Tür nicht aufmachen.

48 **1.** Ich habe nicht viel Zeit. **2.** Ich bin heute viel gelaufen. **3.** Das interessiert mich sehr. **4.** Viele Leute waren gekommen. **5.** Das ist viel zu viel. **6.** Ich schätze sie sehr.

49 **1.** Beinahe hätte er das Geheimnis verraten. (Er hätte beinahe **2.** Er hat fast (beinahe) alles gegessen. **3.** Meine Arbeit ist fast (beinahe) beendet. **4.** Beinahe hätte er seinen Bus verpasst.

50 **1.** Darf ich mal deinen Bleistift benutzen? **2.** Dieser Fernseher ist nicht mehr zu gebrauchen. **3.** Kann man diesen Stoff noch verwenden? **4.** Ich nutze die Gelegenheit, um ihn daran zu erinnern. **5.** Wofür verwendet man diesen Apparat? **6.** Warum willst du nicht dein Fahrrad benutzen? **7.** Das sind gebrauchte Möbel. **8.** Ich könnte dich jetzt gut gebrauchen. **9.** Auf diesen Aufsatz hast du aber nicht viel Zeit verwendet! **10.** Ich gebrauche nur mein Recht!

51 **1.** Er ist sich der Gefahr nicht bewusst. **2.** Sie ist sich ihrer Verantwortung bewusst. **3.** Ihm war nicht bewusst, was er sagte. **4.** Bist du dir dessen bewusst?

Corrigés des exercices

52 **1. 1.** Dieses Puzzlespiel ist viel zu schwierig für mich. **2.** Fühlst du dich heute nicht wohl? **3.** Ist das Kind krank? Es ist recht blass. **4.** Diese Farbe steht dir nicht gut. **5.** Ich habe sie wohl seit 5 Jahren nicht gesehen. **6.** Er fährt gut Auto. **7.** Ich würde dich gern vom Bahnhof abholen. **8.** Hast du gut geschlafen? **9.** Findest du, dass er seinen Kindern gegenüber recht gehandelt hat? **10.** Er hat richtig gehandelt. Er hat sofort die Polizei angerufen.

2. 1. Wie geht es dir? Danke, es geht mir sehr gut. **2.** Er wird wohl zu spät kommen. **3.** Sie tanzt viel besser als ich. **4.** Wir haben heute Abend viel getanzt. **5.** Er wird wohl eine Flasche Wein mitbringen. **6.** Wir waren sehr froh, sie zu treffen.

53 **1.** Ich danke dir herzlich für das Buch, das du mir geschickt hast. **2.** Seien Sie so nett und rufen Sie mich nicht mehr an. **3.** Oh, die schönen Blumen! Tausend Dank dafür! **4.** Wie nett ist das von Ihnen! Das wäre aber nicht nötig gewesen! **5.** Möchten Sie noch ein Stück Kuchen? Nein, danke! **6.** Ich möchte dich bitten, mich zum Bahnhof zu bringen. **7.** Herr Ober, einen Kaffee bitte! **8.** Darf ich Sie um das Salz bitten?

54 **1.** Willst du über Nacht bleiben? **2.** Es bleibt uns keine andere Wahl. **3.** Gestern bin ich zu Hause geblieben. **4.** Die Bahnhofsuhr ist stehen geblieben. **5.** Es bleiben noch 100 Euro zu bezahlen. **6.** Ich bin drei Monate in Bayern geblieben.

55 **1.** Ich brauche dich. **2.** Er hat nie einen Arzt gebraucht. **3.** Sie braucht einen neuen Mantel. **4.** Er braucht unseren Rat nicht. **5.** Du brauchst mich nur zu rufen, wenn du mich brauchst. **6.** Sie brauchen das nicht zu wissen. **7.** Wieviel Zeit wirst du für diese Arbeit brauchen? **8.** Ich werde drei Stunden brauchen. **9.** Sie hätten uns nicht zu schreiben brauchen. **10.** Wir brauchen nicht mehr auf ihn zu warten.

56 **1.** Sie kamen immer zu einem bestimmten Zeitpunkt an. **2.** Ich brauche eine gewisse Zeit, um diese Übungen zu übersetzen. **3.** Eine gewisse Anzahl von Leuten war gekommen. **4.** Bist du dessen sicher? Ich bin dessen nicht sicher. **5.** Ich bin sicher, dass er kommen wird. **6.** Das ist ein sicherer Beweis. **7.** Wie kann man dessen sicher sein? **8.** Er brauchte dazu einen gewissen Mut.

57 **1.** Er spricht weiter (immer noch). **2.** Stör mich nicht immer wieder (unaufhörlich)! **3.** Seit zwei Tagen schneit es unaufhörlich. **4.** Spielst du nicht mehr Tennis? **5.** Seit heute Morgen läutet das Telefon immer wieder (unaufhörlich). **6.** Er verteidigt uns immer noch. **7.** Er spielt nicht mehr Klavier.

58 **1.** Kinder singen. Es sind die Schüler der Grundschule. **2.** Schau! Das ist ein Apfelbaum. **3.** Es (das) war die gute alte Zeit. **4.** Er ist ein guter Skiläufer. **5.** Sie ist Filmschauspielerin. **6.** Macht auf! Wir sind es!

59 **1.** °Gestern habe ich ihn getroffen. **2.** °Sie hatten uns gestört. **3.** So°fort wollte er sein Geschenk. **4.** Um °Mitternacht habe ich die Neuigkeit erfahren. **5.** Hast °du das gemacht? **6.** °Alle waren gekommen. °Felix aber fehlte.

60 **1.** °Du bist noch nicht dran! °Du bist noch nicht an der Reihe! **2.** °Sie müssen die Verantwortung übernehmen. Sie müssen die Verantwortung °selbst übernehmen. **3.** °Wir sind dran, euch einzuladen! °Wir sind an der Reihe, euch einzuladen. **4.** Bin °ich jetzt dran? Bin °ich jetzt an der Reihe? **5.** °Du musst die Lösung finden! Du musst die Lösung °selbst finden. **6.** °Sie sind dran, uns anzurufen. °Sie sind an der Reihe, uns anzurufen.

61 **1.** Wir fahren falsch, du musst die Richtung ändern. **2.** Klaus ist nach Berlin umgezogen. **3.** Das Haus hat seinen Besitzer gewechselt. **4.** Wir müssen gleich weg. Warum hast du dich noch nicht umgezogen? **5.** Peter will nun Architekt werden. Er hat die Universität gewechselt. **6.** An seinem Charakter ist leider nichts zu ändern. **7.** Wir hatten eine Panne. Wir haben einen Reifen wechseln müssen. **8.** Warum änderst du dauernd deine Meinung?

62 **1.** Wir müssen anfangen (beginnen), die starken Verben zu lernen. **2.** Ich bekomme langsam (allmählich) Durst. **3.** Zuerst hat sie gesagt, sie lehne die Stelle ab. **4.** Hast du schon mit dem Kofferpacken angefangen (begonnen)? **5.** Er fällt mir langsam (allmählich) auf die Nerven. **6.** Wir werden mit der Diskussion in 5 Minuten beginnen (anfangen).

63 **1.** Ich werde so schnell wie möglich auf den Brief antworten. **2.** Er spielt ebenso gut Klavier wie seine Mutter. **3.** Sie spricht nicht so gut Deutsch wie ihr Bruder. **4.** Er ist dumm wie Bohnenstroh. **5.** Hast du schon eine so schöne Kirche gesehen wie diese?

64 **1.** Er isst mehr als ich. **2.** Dieser Roman war interessanter als der, den ich während der Ferien gelesen habe. **3.** Er läuft (rennt) schneller als du. **4.** Er springt immer höher. **5.** Peter hat längere Beine als Paul. **6.** Er ist eher (mehr) geizig als sparsam.

65 **1.** Je mehr Arbeit ich habe, desto (umso) müder bin ich. **2.** Je heißer es ist, desto (umso) mehr trinke ich. **3.** Je mehr es schneit, desto (umso) mehr Schwierigkeiten werden wir auf der Straße haben. **4.** Je weniger er arbeitet, desto weniger Geld verdient er.

66 **1. 1.** Was meine Arbeit betrifft, so kann ich sagen, dass sie gut vorankommt. **2.** Was uns angeht, so freuen wir uns sehr. **3.** Was seine Prüfung anbelangt, so ist er wieder durchgefallen. **4.** Was meine Gesundheit anbetrifft, so mache dir keine Sorgen. **5.** Was unseren Zeichenlehrer angeht, so habe ich gehört, dass er schon wieder krank ist. **6.** Was den Unfall anbelangt, so war er nicht schuld daran.

2. 1. Unsere die Reparatur des Wagens betreffende Anfrage blieb unbeantwortet. Unsere Anfrage, die Reparatur des Wagens betreffend, blieb unbeantwortet. **2.** Ihre die Herausgabe des Buches betreffende Anfrage freut uns. Ihre Anfrage, die Herausgabe des Buches betreffend, freut uns. **3.** Alle den Unfall betreffenden Hinweise werden angenommen. Alle Hinweise, den Unfall betreffend, werden angenommen.

67 **1.** Er ist trotz des Gewitters bis ans Auto gelaufen. **2.** Obwohl er in Berlin wohnt, ist er nie nach Potsdam gefahren. **3.** Was du auch machst (machen magst), du wirst nicht gewinnen. **4.** So schnell er auch läuft (laufen mag), er wird ihn nicht einholen. **5.** Er hat zwar sein Examen bestanden, er hat aber immer noch keine Stelle.

68 **1.** Wenn du gestern gekommen wärest, hättest du ihn noch gesehen. **2.** Wenn du Zeit hast, kannst du ihn besuchen. **3.** Wenn du vorbeikämest (vorbeikommen würdest), würde ich dir die Dias zeigen. **4.** Wenn du Glück hast, kannst du einen Computer gewinnen. **5.** Wenn du die Zeitung gelesen hättest, hättest du es erfahren. **6.** Wenn er vorsichtiger gefahren wäre, hätte er keinen Unfall gehabt. **7.** Wenn er seine Ferien in Deutschland verbringen würde, würde er Fortschritte machen.

69 **1.** Er ist erst acht Jahre alt und kann schon Schach spielen. **2.** Während der Ferien lese ich Romane oder höre Musik. **3.** Es ist schön aber teuer! **4.** Nimm deinen Regenschirm, denn es regnet (es regnet nämlich). **5.** Fährst du mit dem Zug oder mit dem Bus dorthin?

70 **1.** Sobald ich fertig gegessen habe, spiele ich mit dir. **2.** Er ist rechtzeitig angekommen, obwohl sein Zug 10 Minuten Verspätung hatte. **3.** Bring deine Säge mit, damit ich mein Holz sägen kann. **4.** Seitdem er ein Motorrad hat, fährt er jeden Sonntag spazieren. **5.** Während sie beim Essen waren, brach ein Gewitter aus.

71 **1.** Ich rate dir, nichts zu sagen. **2.** An Ihrer Stelle würde ich mit ihm darüber sprechen. **3.** Er lässt sich von seinem Rechtsanwalt beraten. **4.** Ich rate Ihnen, diesen Weg einzuschlagen. **5.** Kannst du mich bei meinen Einkäufen beraten? **6.** An seiner Stelle wäre ich sofort zurückgekommen.

72 **1.** Er betrachtet mich als seinen Freund. **2.** Er betrachtet sich als mein Freund. **3.** Man hält ihn für einen tüchtigen Arzt. **4.** Er hält sich für einen guten Arzt. **5.** Ich sehe ihn als einen guten Piloten an. **6.** Er hält sich für einen guten Piloten.

73 **1.** Zuerst laufen wir durch den Wald. **2.** Im Wald kann man sich verlaufen. **3.** Stell dich vors Fenster. **4.** Kann ich mich aufs Bett setzen? **5.** Er kommt von der Schule zurück. **6.** Warum läuft er so ums Haus?

74 **1. 1.** Berlin, den neunten elften neunzehnhundertneunundachtzig. **2.** Bonn, den dreißigsten neunten achtzehnhundertsiebzig. **3.** Düsseldorf, den sechzehnten zwölften neunzehnhundertachtzig. **4.** München, den ersten ersten neunzehnhundertfünfundneunzig. **5.** Stuttgart, den vierten siebten neunzehnhundertsechsundsechzig. **6.** Wien, den fünfundzwanzigsten fünften zweitausendelf.

2. 1. Er ist am 15. Januar 1972 gestorben. **2.** Kannst du am Mittwoch, dem 3. Juli 2013 (Mittwoch, den...) kommen? **3.** Vom 3. August bis zum 1. September bin ich in Deutschland (werde... sein). **4.** Samstag, den 25. Oktober 2012 (Am Samstag, dem...) feiert er seinen vierzigsten Geburtstag (wird... feiern). **5.** Ich möchte drei Plätze für Donnerstag, den 7. November.

75 **1. 1.** Er ist mir nicht bekannt. **2.** Ich habe ihr nicht helfen können. **3.** Ich habe Ihnen einen Blumenstrauß gebracht. **4.** Ist dir jetzt warm? **5.** Ich gratuliere dir zum Geburtstag. **6.** Das Wasser ist mir zu kalt.

2. 1. Er hat meinem Vater mit einem Messer gedroht. **2.** Wem hast du dieses Buch geliehen? **3.** Ich bin ihm bis zum Bahnhof gefolgt. **4.** Er springt mir auf die Schultern. **5.** Ist dir dieses Buch nützlich?

76 **1. 1.** Er kann sich nicht entschließen, seine Freundin zu heiraten. **2.** Er kann sich nicht entscheiden, welche Freundin er heiraten soll. **3.** Er ist zu allem entschlossen. **4.** Das ist entschieden zu viel! **5.** Hast du endlich deinen Entschluss gefasst? **6.** Es wurde beschlossen, ein neues Schwimmbad zu bauen. **7.** Was hat dich dazu bewogen, so zu entscheiden?

2. 1. Dieses Ereignis entschied über sein Leben. **2.** Die Studenten beschlossen zu streiken. **3.** Wir haben uns entschlossen, einen Wagen zu kaufen. **4.** Im Augenblick ist nichts entschieden. **5.** Du musst entscheiden, ob es notwendig ist.

6. Ich habe ihn dazu bewegen können, mitzukommen.

77 **1. 1.** Er hat mich gebeten, einen Vortrag zu halten. **2.** An der Grenze wurden unsere Papiere verlangt. **3.** Ich frage mich, was aus ihm geworden ist. **4.** Kommst du mit? Ja, aber ich muss erst noch um Erlaubnis bitten. **5.** Er fragt uns nach unserer Meinung gefragt. **6.** Darf ich Sie um den nächsten Tanz bitten?

2. 1. Ich frage mich, ob ich ihn nicht schon gesehen habe. **2.** Darf ich Sie um eine Zigarette bitten? **3.** Er bittet mich um eine Erklärung. Er verlangt eine Erklärung von mir. **4.** Er hat mich gefragt, ob ich kommen wolle. **5.** Er hat uns gebeten, auf ihn zu warten. **6.** Verlange nicht Unmögliches!

78 **1.** Meine Großmutter starb im selben Jahr wie mein Großvater. **2.** Wir haben dieses Jahr den gleichen Winter wie voriges Jahr. **3.** Peter und Hans gehen auf dieselbe Schule. **4.** Sie haben aber nicht dieselben Lehrer. **5.** Hast du die gleiche Meinung darüber? **6.** Nein, ich bin nicht der gleichen Ansicht.

79 **1.** Du darfst nicht über die Straße gehen, ohne nach links und rechts zu schauen. **2.** Sie schulden mir nichts mehr. **3.** Er verdankt seinen Eltern alles (alles seinen Eltern). **4.** Peter muss jetzt zu Hause sein. **5.** Ich schulde ihnen eine Einladung. **6.** Alle Menschen müssen sterben. **7.** Ich verdanke ihnen mein Leben. **8.** Du hättest ihm diesen Brief nicht schicken sollen.

80 **1. 1.** Ich lege das Buch auf den Stuhl. **2.** Peter sitzt in seinem Sessel. **3.** Ein Mann steht vor der Tür. **4.** Kommt er in den Garten? **5.** Fährt er in die Türkei? **6.** Der Koffer steht auf dem Tisch.

2. 1. Er ist bei seinem Onkel angekommen. **2.** Wirst du ins Elsass fahren? **3.** Ich bin in den Wald gegangen. **4.** Paul ist im Kino; ich gehe auch hin. **5.** Der Hund läuft im Garten herum. **6.** Ich fahre nach Italien.

81 **1. 1.** Hans fragt, wo Paul wohne. **2.** Inges Mutter sagt, dass sie sofort zurückkommen solle. **3.** Paul sagt, dass er auf einem Schiff geschlafen habe. **4.** Die Touristen sagen, dass sie alle Durst gehabt hätten. **5.** Der Angeklagte sagt, dass er dann nach Hause gegangen sei. 6. Ursula fragt, ob ich schon ihre neuen Schuhe gesehen hätte.

2. 1. Hans fragt, wo Paul wohnt. 2. Inges Mutter sagt, dass sie sofort zurückkommen soll. 3. Paul sagt, dass er auf einem Schiff geschlafen hat. 4. Die Touristen sagen, dass sie alle Durst gehabt hatten. 5. Der Angeklagte sagt, dass er dann nach Hause gegangen ist. 6. Ursula fragt, ob ich schon ihre neuen Schuhe gesehen habe.

3. 1. Hans fragt, wo Paul wohne. 2. Inges Mutter sagt, sie solle sofort zurückkommen. 3. Paul sagt, er habe auf einem Schiff geschlafen. 4. Die Touristen sagen, sie hätten alle Durst gehabt. 5. Der Angeklagte sagt, er sei dann nach Hause gegangen. 6. Ursula fragt, ob ich schon ihre neuen Schuhe gesehen hätte.

82 1. Peter ist ein Schüler, mit dem ich zufrieden bin. 2. Das ist eine Geschichte, über die man lachen kann. 3. Dieter, dessen Bruder du kennst, kommt morgen. 4. Die Krankheit, an der er gestorben ist, verbreitet sich immer mehr. 5. Kennst du einen Schauspieler, dessen Name mit einem D anfängt? 6. Das ist ein Hund, vor dem er Angst hat. 7. Meine Katzen, von denen zwei schwarz sind, spielen im Hof.

83 1. Darf ich mit meinem Geld ein Buch kaufen? 2. Er dürfte morgen kommen. 3. Jetzt dürfen wir den Rasen betreten. 4. Hier darf nicht geraucht werden (darf man nicht rauchen). 5. Darf ich Sie um den Pfeffer bitten?

84 1. Paul hat ein Motorrad gekauft, Heinrich ein Fahrrad. 2. Ich glaube, dass er um 8 angekommen und um 11 wieder fortgegangen ist. 3. Wenn er ein Stück Brot gegessen hätte und nicht so schnell gelaufen wäre, wäre er nicht müde. 4. Er hat ebenso viel Bier getrunken wie sein Bruder. 5. Ich laufe schneller als er. 6. Die Reise dauert länger, als ich dachte. 7. Peter hat von seinen Eltern, Johann von seinem Onkel Abschied genommen. 8. Willst du in die Stadt?

85 1. Ich habe Zigaretten; willst du welche? 2. Sie hat mit ihrem Vater darüber gesprochen. 3. Sie haben einen Hund. Ich habe Angst vor ihm. 4. Ich möchte ein Pfund davon. 5. Ich danke dir dafür. 6. Er ist daran gestorben. 7. Seine Mutter ist krank. Er kümmert sich gar nicht um sie. 8. Er hatte einen alten Wagen; er ist ihn losgeworden. 9. Er ist ihm dafür dankbar (dankbar dafür). 10. Deine Zigarren gefallen mir; ich nehme noch eine.

86 1. Man kann sie nur sehen, wenn man auf eine Leiter steigt. 2. Ich bin hingefallen, als ich die Treppe hinunterging. 3. Er hat ferngesehen und dabei Pfeife geraucht. 4. Vergiss nicht, die Tür zu schließen (zuzumachen), wenn du fortgehst. 5. Als ich deinen Brief las, erinnerte ich mich an die Ferien, die wir in Griechenland verbracht hatten.

87 1. Zuerst habe ich gelesen, dann habe ich ferngesehen und schließlich bin ich zu Bett gegangen. 2. Er hat mir endlich meine Bücher wiedergegeben. 3. Es hat lange gedauert, aber schließlich haben wir ihn überzeugen können. 4. Bist du endlich fertig?

88 1. Er lässt sich immer telefonisch wecken. 2. Wegen des starken Kaffees bin ich erst um Mitternacht eingeschlafen. 3. Für die Operation wurde er eingeschläfert. 4. Mitten in der Nacht wachte ich plötzlich auf (erwachte ich…). 5. Der Lärm eines Motorrades hat mich geweckt. 6. Ohne leise Musik kann sie nicht einschlafen. 7. Wann möchten Sie geweckt werden? 8. Ich wache jeden Morgen zur gleichen Zeit auf. (Ich erwache…)

89 1. Er kam erst, als das Fest vorbei war. 2. Ich komme nur für fünf Minuten. 3. Es ist erst sieben Uhr. 4. Sie sind erst heute abgefahren. 5. Ich habe nur zehn Euro bei mir. 6. Er ist erst seit zwei Tagen unterwegs. 7. Er bleibt nur zwei Wochen in Deutschland. 8. Ich brauche nur fünf Minuten bis zur Schule.

90 1. Heute schneit es. 2. Jetzt wird aber gearbeitet! 3. Im Jahre 2000 ist es gebaut worden. 4. Dann kamen zwei Polizisten. 5. Jetzt scheint es zu regnen. 6. In diesem Text handelt es sich um die französische Revolution.

Corrigés des exercices

91 1. Ihre Entlassung steht kurz bevor. 2. Er ist gerade dabei, Gemüse zu putzen. 3. Sie war gerade am Einschlafen, als ein Hund bellte. 4. Die Kinder sind beim Lesen. 5. Ich war im Begriff, einen Arzt zu rufen. Ich wollte gerade einen Arzt rufen. 6. Wir waren dabei, unsere Vokabeln zu wiederholen.

92 1. Alle außer mir brachen in Lachen aus. 2. Alle mit Ausnahme der Katze schliefen. 3. Er ist immer der Erste, außer wenn es darum geht, Sport zu treiben. 4. Alle Bäume mit Ausnahme der Eichen sind krank.

93 1. Ist das ein schönes Haus! (Wie schön ist dieses Haus!, Wie schön dieses Haus ist!) 2. Wie schnell er läuft! (Wie schnell läuft er!) 3. Welch schöne Farben! 4. Was für dummes Zeug du da redest! (... redest du da!) 5. Wie groß er geworden ist! (Wie groß ist er geworden!) 6. Du hast aber schöne Spielsachen!

94 1. Ich bitte Sie um Entschuldigung, ich war gestern krank. 2. Entschuldigen Sie bitte, könnten Sie mir helfen? 3. Verzeihung, wie spät ist es? 4. Ich bedaure, dass ich Ihnen keine Auskunft geben kann. 5. Es ist schade, dass du heute Nachmittag nicht frei bist. 6. Entschuldigen Sie bitte, dass ich Sie so spät anrufe. 7. Leider ist der Direktor abwesend. 8. Verzeihung, ich hatte Sie nicht gesehen. 9. Ich bitte Sie um Verzeihung.

95 1. Er lässt sich die Übung erklären. 2. Er hat seinen Rasen mähen lassen. 3. Er hat sich ein Buch aus Deutschland schicken lassen. 4. Er ist von seinem Bruder geschlagen worden. 5. Sie haben die Brücke gesprengt. 6. Er ist an der Kreuzung von der Polizei angehalten worden.

97 1. Herzlichen Glückwunsch zu deinem Geburtstag! 2. Ich wünsche Ihnen schöne Ferien am Meer! 3. Wir beglückwünschen dich zu deiner bestandenen Fahrprüfung! 4. Alle guten Wünsche zu Eurer Verlobung! 5. Ich wünsche dir viel Glück bei deiner Arbeit! 6. Wir wünschen Euch (Ihnen) ein frohes Weihnachtsfest und ein glückliches und gesundes Neues Jahr!

98 1. Wir waren um Mitternacht mit dem Abendessen fertig. 2. Der Film ist aus. 3. Ich will mein Gemüse nicht aufessen. 4. Das Konzert ist um 11 Uhr zu Ende. 5. Schließlich hat sie ihre Mathematikaufgabe begriffen. 6. Trink bitte dein Glas aus!

99 1. 1. du wirst spazieren gehen 2. wir werden trinken 3. er (sie, es) wird aufstehen 4. sie werden anrufen 5. ich werde schlafen.

2. 1. Morgen wird er sein Auto verkauft haben. 2. Zu Weihnachten werden seine (ihre) Eltern ihm (ihr) ein Fahrrad schenken. 3. Wir werden im Restaurant essen. 4. Wenn du die Zeitung gelesen hast, kannst du das Licht ausmachen. 5. Wir werden dich ins Theater mitnehmen.

100 1. Er geht jeden Nachmittag spazieren. 2. Er ist den ganzen Nachmittag spazieren gegangen. 3. Ist das wirklich die ganze Wahrheit? 4. Er kann jeden Augenblick kommen. 5. Die Straßenbahn fährt alle Viertelstunde(n). 6. Sie hat nicht das ganze Buch gelesen. 7. Jeden Abend liest er ein Gedicht. 8. Alle Menschen sind sterblich. 9. Er hat alles, was er besaß, verkauft (alles verkauft, was...). 10. Alle drei Tage bekommt er eine Spritze. 11. Sie hat ihr ganzes Leben gearbeitet. 12. Jeder denkt zuerst an sich.

101 1. Das Gegenteil von „warm" ist „kalt". 2. Im Gegensatz zu seiner Schwester hat er blaue Augen. 3. Die Gegensätze heben sich auf. 4. War in Italien schönes Wetter? Im Gegenteil, es hat die ganze Zeit geregnet. 5. Er ist ganz das Gegenteil von seinem Vater. 6. Im Gegensatz zu seinem Bruder zahlt er nicht viele Steuern. 7. Er tut das Gegenteil von dem, was ihm gesagt wurde. 8. Willst du schon gehen? Im Gegenteil! Ich möchte gern noch eine Weile bleiben.

102 1. Gehört dir dieser Füller? 2. Zu dieser Gymnastikübung gehört viel Geschicklichkeit. 3. Zehn Jahre lang gehörte er der Kommunistischen Partei an. 4. Gehörst du auch zu den Grünen? 5. Der Jugend gehört die Zukunft. 6. Der Panther gehört zu den Raubkatzen. 7. Gehört euch dieses

Haus? **8.** Renate gehört nicht zu den besten Schülerinnen ihrer Klasse.

103 **1.** Das ist das Haus meiner Schwester. **2.** Eins seiner (ihrer) Kinder lebt in der Schweiz. **3.** Die Öffnungszeiten der Geschäfte sind geändert worden. **4.** Eines Tages klopfte er an die Tür. **5.** Das Schloss des Königs ist zerstört worden. **6.** Er ist sich seiner Schuld bewusst. **7.** Sie bemächtigten sich des Kindes.

104 **1.** Heinrich Bölls Romane sind sehr bekannt. **2.** Nach Wilhelms Tod verließ sie Frankreich. **3.** Ich habe einige Kirchen von Rom besichtigt. **4.** Ein Freund von Peter ist heute Abend angekommen. **5.** Von Johanns Zimmer aus erblickt man die Berge. **6.** Das Fahrrad meiner Schwester Helene ist gestohlen worden. **7.** Ich habe den Bürgermeister der Stadt Köln gesehen.

105 **1.** die Gesundheit **2.** der Politiker **3.** die Taschenlampe **4.** der März **5.** die Zeitung **6.** das Silber **7.** die Buche **8.** die Bäckerei **9.** die Wirtschaft **10.** die Schülerin **11.** der Dienstag **12.** die Beschleunigung **13.** die Fahrschule **14.** der Zeitungsartikel **15.** die Portion **16.** die Lehrerin **17.** das O **18.** die Null **19.** die Lilie **20.** das Testament.

106 **1.** Ist das Wasser heiß genug zum Baden? **2.** Unser Lehrer ist ziemlich nett. **3.** Er ist ein ziemlich guter Schauspieler. **4.** Hast du genug Zeit für diese Arbeit? **5.** Ja, ich habe Zeit genug. **6.** Das Buch ist ziemlich gut.

108 **1. 1.** zu meiner Tante gehe **2.** sehr schnell läuft **3.** ziemlich groß ist **4.** einen Mantel braucht **5.** glaube.

2. 1. keine Verspätung hat **2.** zu viel Wein getrunken hat **3.** in München arbeitet **4.** gesund ist **5.** ein Auto gekauft haben.

110 **1. 1.** Bis wann seid ihr dort geblieben? **2.** Ich habe die ganze Nacht geträumt. **3.** Er ist gestern bei uns gewesen. **4.** Sie ist (sind) dann in einen anderen Saal hineingetanzt. **5.** Sie hat (haben) ein Kilo Fleisch gekauft. **6.** Wir haben den ganzen Tag gesegelt. **7.** Ich habe im Wartesaal eine Stunde gesessen. **8.** Das Paket ist angekommen.

2. 1. Hast du dich heute Morgen gekämmt? **2.** Ich bin durch den Fluss geritten. **3.** Ich habe den Wein getrunken, der übrig blieb. **4.** Ich bin bis zum Haus gerannt. **5.** Hast du an deine Mutter geschrieben? **6.** Wie lange hat die Operation gedauert? **7.** Wer hat dieses Haus gebaut? **8.** Hat er schon ein Auto gehabt?

111 **1.** Die Flasche ist halb leer. Die Flasche ist zur Hälfte leer. **2.** Ich stelle dir meine Halbschwester vor. **3.** Ich bin die halbe Nacht wach geblieben. **4.** Mehr als die Hälfte der Kinder hatte / hatten die Grippe. **5.** Er arbeitet halb so viel wie seine Schwester. **6.** Das halbe Dorf war zum Ball gekommen. **7.** Um halb sechs (Uhr) habe ich eine Verabredung. **8.** Es ist fünf Minuten nach halb sechs. **9.** Ich habe halb so viel Freizeit wie voriges Jahr. **10.** Vor einem halben Jahrhundert war die Luft nur halb so verschmutzt wie heute.

112 **1.** Wo ist er heute Abend hingegangen (Wohin ist er heute Abend gegangen)? **2.** Komm herein! **3.** Woher kommt dieser Hund? **4.** Siehst du diesen Baum dort? Die Katze ist hinaufgeklettert. **5.** Komm von der Leiter herunter!

113 **1.** Stell bitte die Leiter (die Leitern) an den Baum. **2.** Der Leiter unserer Theatergruppe ist erkrankt. (Die Leiter... sind...). **3.** Unser Onkel in Amerika hat uns ein großes Erbe hinterlassen. **4.** Paul ist der Leiter (x sind die Leiter...) einer großen Autofirma. **5.** An der Straße stehen viele Verkehrsschilder. **6.** Im Mittelalter trugen die Ritter Schwerter und Schilde. **7.** Wie viele Bände hat die neue Goethe-Ausgabe? **8.** Die Volkstracht ist mit hübschen Bändern geschmückt.

114 **1.** Hast du dir den Vortrag über Afrika angehört? **2.** Hörst du den Hund bellen? **3.** Ich habe gehört, dass Fritz das Rennen gewonnen hat. **4.** Kannst du mir nicht wenigstens fünf Minuten zuhören? **5.** Sie werden bald wieder von mir hören. **6.** Der Junge will nicht auf mich hören. **7.** Schon seit drei Wochen haben sie nichts von sich hören lassen. **8.** Ich habe von dem Arzt viel Gutes gehört. **9.** Haben Sie ihn singen hören? **10.** Seine Musik kann ich nicht hören.

Corrigés des exercices

sperrten den Weg. **8.** Gestern habe ich zwei neue Notizblocks gekauft.

187 **1.** Er reist lieber mit dem Zug als mit dem Flugzeug. **2.** Sie zieht Tennis allen (anderen) Sportarten vor. / Vor allen (anderen) Sportarten bevorzugt sie Tennis. **3.** Wir fahren lieber ins Gebirge als ans Meer. **4.** Ich ziehe ein Theaterstück einer Oper vor. **5.** Er ist ihr Lieblingssänger. / Er ist ihr liebster Sänger. **6.** Isst du lieber Schwarzbrot oder Weißbrot? **7.** Ich warte lieber ein bisschen. **8.** Sie zieht Brigitte allen ihren anderen Freundinnen vor.

188 **1.** Felix ist als Erster angekommen. **2.** Klara ist als Letzte (weg) gegangen. **3.** Lutz ist als Einziger geblieben. **4.** Die Erste der Klasse hat als Einzige die Mathematikaufgabe verstanden (Die Erste der Klasse ist die Einzige, die…). **5.** Wir haben die Neuigkeit als Erste erfahren (Wir waren die Ersten, die…). **6.** Als Einzige haben uns Hans und Peter geholfen (Sie sind die Einzigen, die…). **7.** Er will nicht der Letzte seiner Gruppe bleiben. **8.** Der alte Mann sprach als Letzter diese Sprache (Er war der Letzte, der…).

189 **1.** Gegen wen hast du gekämpft? Ohne seinen (ihren) Vater hätte ich nie den Weg gefunden. **3.** Um die Kirche (herum) sind Bäume. **4.** Ist es für mich? **5.** Wir sind um Mitternacht angekommen. **6.** Ich komme (werde… kommen) gegen drei Uhr.

190 **1.** Ich fahre nach Hause. **2.** Willst du Milch zu deinem Kaffee? **3.** Ich habe ihn seit zwei Wochen nicht gesehen. **4.** Bei schlechtem Wetter fahre ich mit dem Zug. **5.** Das sind Fotos aus meiner Jugend. **6.** Dieses Gedicht von Heine ist berühmt. **7.** Er wurde zum Präsidenten gewählt. **8.** In drei Tagen darfst du wieder aufstehen. **9.** Er fährt zu seinem Bruder. **10.** Er trinkt zum ersten Mal Wein.

191 **1.** Jenseits des Gebirges spricht man Italienisch. **2.** Während des zweiten Weltkrieges haben sie ins Exil gehen müssen. **3.** Trotz seiner Krankheit ist er aufgestanden, um uns zu begrüßen. **4.** Innerhalb einer Woche hat der Baum alle seine Blätter verloren. **5.** Bist du meinetwegen fortgegangen?

192 **1. 1.** Er sitzt neben deinem Freund. **2.** Leg das Päckchen auf den Tisch! **3.** Such die Tasche in meinem Zimmer! **4.** Der Zug fährt über die Brücke. **5.** Stell dich vor das Auto!

2. 1. Neben dem Bahnhof sieht man einen großen Platz. **2.** Was liegt auf dem Schreibtisch? **3.** Ist er hinter dem Haus? **4.** Über dem Meer sind Wolken. **5.** Ich hole dich am Bahnhof ab.

193 **1.** Wir sind zweimal um das Haus gefahren. **2.** Heute Morgen bin ich mit dem Fahrrad hinter ihm her gefahren. **3.** Sie gehen an der Mauer entlang. **4.** Ich habe eine Katze hinter der Hütte hervorkommen sehen. **5.** Setz dich neben ihn! **16.** Der Vogel ist gegen die Fensterscheibe geflogen. **7.** Er ist an mir vorbeigerannt. **8.** Das Auto, das auf uns zukommt (= deux mobiles), (das uns entgegenkommt = un seul mobile), fährt sehr schnell.

194 **1.** Die Katze sitzt am Feuer. **2.** Erlangen liegt bei Nürnberg (in der Nähe von Nürnberg). **3.** An die 4000 Personen waren auf dem Platz versammelt. **4.** Ich werde ihn nicht so schnell / so schnell nicht wieder einladen. **5.** Er wohnt ganz in der Nähe der Kirche. **6.** Unser Haus steht nahe beim Dorf.

196 **1.** Wann kommst du zurück? **2.** Er ist noch nicht angekommen. **3.** Bist du schon mal hingefahren? **4.** Hörst du mir zu? **5.** Gestern hat er mich ausgelacht. **6.** Um wie viel Uhr fährt der Zug ab? **7.** Pass auf! **8.** Bist du ihn losgeworden? **9.** Er fährt mit. **10.** Ich laufe ihm nach.

197 **1.** Wo bist du ihr begegnet? **2.** Der Boden ist mit Blättern bedeckt. **3.** Hast du die Frage beantworten können? **4.** Ich habe meine Schwester besucht. **5.** Wer hat ihn mit einer Waffe bedroht?

198 **1.** Der Präsident hat eine Statue enthüllt. **2.** Er hat mir dieses Buch empfohlen. **3.** Was hast du dabei empfunden? **4.** Wer hat Amerika entdeckt? **5.** Wie ist er entlaufen?

199 **1.** Wo hast du das erfahren? **2.** Kannst du die Liste ergänzen? **3.** Erzähl(e) mir deine Geschichte. **4.** Wer hat dieses Spiel erfunden?

200 1. Hast du dich an deine neue Wohnung gewöhnt? 2. Es ist mir nicht gelungen, ihn (sie) davon zu überzeugen. 3. Wem gehört dieser Mantel? 4. Es gefällt ihm dort.

201 1. Sie hat ihre Familie verlassen. 2. Sie haben sich verlaufen. 3. Ich habe das Buch verbrannt. 4. Sie haben ihre Kinder verwöhnt.

202 1. Das Haus ist zerstört worden. 2. Warum zerschneidest du dieses Blatt Papier? 3. Wer hat die Vase zerschlagen? 4. Dein Hemd ist ganz zerlöchert.

203 1. Er hat das Buch durchgelesen. 2. Hast du das Huhn überfahren? 3. Er hat mich umarmt. 4. Wo hat er übernachtet? 5. Wo hast du ihn überholt? 6. Habe ich den Brief unterschrieben? 7. Wer hat diesen Text übersetzt? 8. Er hat sich mit meiner Mutter unterhalten. 9. Wir ziehen morgen um. 10. Ich wiederhole die Frage. 11. Er hat sein Buch vollendet. 12. Widersprich mir nicht immer!

204 1. 1. Derjenige, der kommt, ist ein Freund von mir. 2. Ich habe zwei Bücher gekauft: dieses (das) für meinen Vater und jenes (das) für meine Schwester. 3. Sie hat zwei Mäntel; diesen (den da) hat sie noch nie angezogen. 4. Ich habe verschiedene Kleider; möchten Sie so eins? 5. Ich habe Paul gesehen, seinen Vater und dessen Schwester.

2. 1. Peter ist zu Besuch; dem habe ich heute Montmartre gezeigt. 2. Unsere Nachbarn sind zum Glück ausgezogen; die waren sowieso immer unfreundlich. 3. Erinnerst du dich an den, der neben uns stand? 4. Schau dir die Westen an; hast du die schon mal anprobiert?

205 1. Du wolltest ein Boot; hast du eins (eines) gekauft? 2. Keins (keines) dieser Bücher hat mich interessiert. 3. Niemand hat mir etwas gesagt. 4. Man weiß nie, was einem passieren kann. 5. Er braucht nichts. 6. Einer meiner Freunde hat mich angerufen. 7. Hast du jemand(en) getroffen?

206 1. Habt ihr Kleingeld? 2. Herr Meyer, waren Sie schon einmal in Paris? 3. Gib ihm sein Buch zurück! 4. Rita hat morgen Geburtstag; schenk ihr Blumen! 5. Frau Schmitt, soll ich Ihnen einen Stuhl bringen? 6. Kinder, soll ich euch zeigen, was ich gekauft habe?

207 1. °Sie denken nur an die °Ferien. 2. °Ich habe die Tür aufgemacht. 3. °Ihr habe ich den Schlüssel gegeben. 4. °Du bist ein °Lügner! 5. °Mir haben sie °nichts gegeben. 6. °Er, der immer so schöne °Autos hatte... 7. Bei °uns hätten sie übernachten sollen. 8. Bist °du es? (bist °du da?) 9. °Wir bleiben zu °Hause. 10. °Ich fahre nach I°talien.

208 1. Warum hast du ihm (ihr) seine (ihre) Brieftasche versteckt? 2. Ich habe sie ihm heute Morgen zurückgegeben. 3. Ich weiß, dass du sie ihm zurückgegeben hast. 4. Glaubst du, dass sie morgen da sein wird? 5. Ich habe ihr für ihren Brief gedankt. 6. Was hast du ihm (ihr) geschenkt? 7. Hast du ihm (ihr) die Zeitung gebracht?

209 1. 1. Hier sind Bücher; sind es deine? 2. Sie haben zwei Kinder? Unsere sind heute im Kino. 3. Lass diesen Mantel! Es ist nicht deiner. 4. Schau dir dieses Boot an! Ist das ihres? 5. Eine Brieftasche... Peter, ist das Ihre?

2. 1. Du hast auch einen Fotoapparat; nimm doch deinen mit! 2. Wem gehört dieser Regenschirm, Paul? Ist das deiner? 3. Hast du ein Auto? Ist das deins? 4. Schmitts haben zwei Hunde. Das sind ihre. 5. Ich habe auch ein Schachspiel; ich komme mit meinem.

210 1. 1. Wer viel Geld verdient, muss auch viele Steuern zahlen. 2. Kennst du ein Land, wo Apfelsinen wachsen? 3. Der Freund, mit dem ich nach Schweden gefahren bin, wohnt in Köln. 4. Die Nachbarn, deren Auto vor der Garage steht, waren in der Türkei. 5. Das war die schönste Stadt, die ich je gesehen habe. 6. Das ist alles, was ich sagen kann.

2. 1. Der Wein, den ich in Spanien getrunken habe, war sehr gut. 2. Was du dort in der Ferne siehst, ist ein Kriegsschiff. 3. Ich habe ein Schloss besichtigt, dessen Besitzer letztes Jahr gestorben ist. 4. Der Zug, auf den wir warten, kommt aus Lyon. 5. Alles, was ich mitgebracht hatte, ist gegessen worden.

211 1. Er ist an einem ersten April geboren; ich erinnere mich daran. 2. Ich

Corrigés des exercices

wollte nach England fahren (fliegen); aber ich habe darauf verzichten müssen. **3.** Ich habe es ihm gesagt, dass er einen Hut aufsetzen sollte. **4.** Gestern hat es den ganzen Tag geregnet; deswegen (deshalb) habe ich nicht Tennis spielen können. **5.** Ich habe darüber nachgedacht, was ich ihm (ihr) sagen könnte. **6.** Er hatte damit gerechnet, dass der Zug fünf Minuten Verspätung hätte.

213 **1.** Der vor der Tür stehende Mann wartet auf seinen Freund. **2.** Das draußen im Garten spielende Kind ist unser Sohn. **3.** Der in Deutschland am meisten verkaufte Wagen ist der Golf. **4.** Die gestern Abend angekommenen Freunde fahren heute weiter nach Paris. **5.** Vor unserem Haus steht ein 10 Meter hoher Baum.

214 **1.** Welches ist dein Name? **2.** Welches ist der längste Fluss Südamerikas? **3.** Welches sind die schönsten Sendungen, die du gesehen hast? **4.** Welches ist die Hauptstadt der BRD? **5.** Welches waren deiner Meinung nach die schönsten Bilder der Ausstellung?

215 **1.** In der Zeitung ist von einem neuen Impfstoff die Rede. **2.** In Brüssel wird ein neues Gipfeltreffen erwogen (in Betracht gezogen). **3.** Schulen sollen geschlossen werden. / Es heißt, Schulen würden geschlossen. **4.** Hier soll ein Stadion gebaut werden. / Es heißt, hier werde ein Stadion gebaut. **5.** Es kommt nicht in Frage, dass ich diesen Brief unterschreibe! **6.** Seit drei Tagen ist von einem Regierungswechsel die Rede. **7.** In diesem Roman handelt es sich um einen Streik der Bergarbeiter. **8.** Ich möchte gern heute Abend ausgehen. Das kommt nicht in Frage!

219 **1.** Der Ober hat das Trinkgeld abgelehnt. **2.** Die Fremdarbeiter wurden an der Grenze zurückgewiesen. **3.** Wir können ihm diesen Gefallen (diesen Dienst) nicht abschlagen. **4.** Er hat die Zahlung der Steuern verweigert. **5.** Ich frage mich, warum er uns diese Unterredung abgeschlagen (verweigert) hat. **6.** Jeden Abend hat das Theater Zuschauer zurückweisen müssen. **7.** Sie weigert sich, ihre Schulden zu bezahlen. **8.** Er hat den Gehorsam verweigert. **9.** Er lehnt es ab, darüber zu sprechen.

220 **1.** Der Versuch ist gescheitert (misslungen, missglückt). **2.** Die Herzoperation ist gut gelungen. **3.** Unsere Ferienfotos sind sehr gut gelungen (geglückt). **4.** Wegen seiner Krankheit ist er beim Abitur durchgefallen. **5.** Die Verhandlungen sind gescheitert. **6.** Die Architektur des Rathauses ist wirklich gelungen. **7.** Es ist ihm gelungen, die Grenze zu überschreiten. **8.** Alle Kinder haben ihre Schwimmprüfung bestanden.

221 **1.** Die Rechnung ist richtig. **2.** Sein Urteil war nicht gerecht. **3.** Du hast für dein Kommen den richtigen Augenblick gewählt. **4.** Findest du es richtig, dass sie heute Abend mit deinem Auto wegfährt? **5.** Ich habe dich nicht recht verstanden. **6.** Ist er nicht gerecht gegen alle? **7.** Das ist ein recht interessanter Artikel. **8.** Glaubst du wirklich, dass du Recht hast?

222 **1.** **1.** Sie spricht ausgezeichnet Russisch. **2.** Er redet schon zwei Stunden und ist immer noch nicht fertig. **3.** Sie sagte uns gestern, wir möchten Sie anrufen. **4.** Ist der Direktor jetzt zu sprechen? **5.** Wovon habt ihr denn so lange geredet? **6.** Dieser Fehler hat nichts zu sagen.

2. **1.** Sie hat uns das Gegenteil gesagt. **2.** Er will uns unbedingt sprechen. **3.** Wovon wolltest du sprechen (reden)? **4.** Er sagt (redet) nur Unsinn. **5.** Er spricht nicht gern von seiner Krankheit. **6.** Bitte sprechen (reden) Sie lauter!

223 **1.** Grüß dich, Peter, wie geht's? Danke, es geht, und dir? Ich habe dich schon lange nicht gesehen. Was machst du denn so? Das ist Monika, eine Freundin. Willst du mitkommen? Wir gehen ins Kino. Nein, leider habe ich keine Zeit. Ich muss jetzt weg. Tschüs, Peter! Tschüs, Paul! Bis bald! **2.** Guten Abend, Frau Schwarz, wie geht es Ihnen? Danke, sehr gut, Herr Braun, und Ihnen? Darf ich Ihnen meinen Kollegen, Herrn Weiß, vorstellen? Ich freue mich, Sie kennenzulernen. Wir fahren mit demselben Zug. Wollen Sie mit uns kommen? Nein, leider fahre ich etwas später. Auf Wiedersehen, Herr Braun! Guten Abend, Frau Schwarz, ich habe mich sehr gefreut, Sie wiederzusehen.

224 1. Der Mond scheint hell. 2. Diese Zeitschrift erscheint täglich. 3. Es scheint, als wolle es regnen. 4. Das scheint mir falsch zu sein. 5. Sie ist zum Ball in einem neuen Kleid erschienen. 6. Er ist jünger, als er scheint. 7. Es erscheint mir ratsam, einen Arzt zu fragen. 8. Sie scheinen neue Nachbarn zu haben.

225 1. Sie hat ihn lächelnd angesehen. 2. Siehst du schon das Meer? 3. Ich habe ihm beim Malen zugesehen. 4. Darf ich mir das Buch einen Augenblick ansehen (anschauen)? 5. Ich habe ihn nicht hereinkommen sehen. 6. Seit einer Woche habe ich nicht ferngesehen. 7. Wir schauen den Kindern beim Spielen zu. 8. Siehst du, wie der Regen fällt? Siehst du den Regen fallen?

226 1. Wir schätzen ihn sehr. 2. Er weiß zu viel. 3. Ich freue mich sehr, dich zu sehen. 4. Zu Weihnachten haben wir viel Schach gespielt. 5. Er ist ein sehr berühmter Pianist. 6. Ich habe sehr auf dich gewartet! 7. Sie isst wirklich zu viel! 8. Ich danke dir sehr!

228 1. Du warst nicht vorgesehen. 2. Der Brief ist vor einer Woche eingeworfen (abgeschickt) worden. 3. Das Haus ist ganz zerstört. 4. Es war auf einem Hügel gebaut worden. 5. Morgen wird er zum Präsidenten gewählt werden. 6. Ich war enttäuscht. 7. Der Baum ist in der Nacht gefällt worden.

229 1. Sie liest immer dieselben Bücher. 2. Selbstgebackenes Brot schmeckt viel besser. 3. Die Selbstbedienungsläden sind sogar am Sonntag geöffnet. 4. Ich erinnere mich nicht einmal mehr daran. 5. Das war eine Überraschung für alle, selbst (sogar) für mich. 6. Sie selbst glaubten nicht, dass das geschehen könnte. 7. Ohne auch nur um Erlaubnis zu bitten, hat er sich meinen Wagen ausgeliehen. 8. Im selben Jahr hat sie ihr Abitur abgelegt.

230 1. Die beiden (zwei) Mannschaften spielen gegeneinander. 2. Sie trösten sich gegenseitig. 3. Sie haben sich vor dem Bahnhof getroffen. 4. Sie kennen sich seit drei Jahren. 5. Sie spielen miteinander im Garten.

231 1. Im Wald hat er sich warm gelaufen. 2. Vor seinen Schülern hat er sich heiser geschrien. 3. Mit seinen Geschichten hat er mir die Ohren voll geschrien. 4. Ich habe mir die Taschen mit Pflaumen voll gestopft. 5. Wenn er Geschichten erzählt, lacht man sich tot.

232 1. Ist dieses Buch so interessant wie das erste? 2. Das schreibt sich so. 3. Er hat so viel getrunken, dass er nicht mehr aufstehen kann. 4. Er ist umso schneller gefahren. 5. Ich bin so müde, dass ich nicht mehr gehen kann. 6. Ich habe noch nie einen so guten Kuchen gegessen.

233 1. Wen sollst du anrufen? 2. Er sollte drei Wochen später sterben. 3. Er soll ein großes Haus geerbt haben. 4. Ich soll so schnell wie möglich antworten. 5. Du sollst nicht lügen. 6. Solltest du früher ankommen, dann ruf mich sofort an.

234 1. du sei(e)st gekommen 2. wir gehen 3. er, es, sie arbeite 4. ihr werdet schlafen 5. ich überlege 6. sie sprechen 7. du bringest 8. wir rennen 9. ihr laufet 10. er, es, sie gewinne.

235 1. Es lebe der König! 2. Hoffen wir, dass nichts passiert! 3. Kommen Sie morgen früh um 9 Uhr. 4. Er tut, als ob er arbeite. 5. Er wird sicher da sein, es sei denn, dass er krank ist.

236 1. er, es, sie wäre, würde sein 2. wir fielen, würden fallen 3. du liefest, würdest laufen 4. er könntet, würdet können 5. wir müssten, würden müssen 6. sie nähmen, würden nehmen 7. du sähest, würdest sehen 8. ich sollte, würde sollen 9. er, es, sie ließe, würde lassen 10. ihr bliebet, würdet bleiben.

237 1. wir hätten gewusst 2. er, es, sie wäre gefallen 3. ihr hättet vergessen 4. ich hätte kommen können 5. sie hätten geweint 6. du hättest essen sollen 7. er, es, sie wäre aufgestanden 8. ich wäre gewesen 9. sie hätten gehabt 10. du wär(e)st spazieren gegangen.

238 1. 1. Ich hätte gern eine Uhr gekauft. 2. An seiner Stelle würde ich nicht baden gehen. 3. Ich hätte fast vergessen, ihn abzuholen. 4. Mit

Corrigés des exercices

meinem Vater hätte ich keine Schwierigkeiten gehabt. **5.** Er würde gern mit dir in die Stadt fahren. **6.** Wäre ich doch heute Abend zu Hause geblieben!

2. 1. An deiner Stelle würde ich in Paris bleiben / bliebe ich in Paris. **2.** Ich wäre gern in den Bergen spazieren gegangen. **3.** Ich wäre beinahe hingefallen. **4.** Ohne ihn hätte ich nie das Haus meines Freundes gefunden. **5.** Hätte er doch die Tür zugemacht! (abgeschlossen!)

239 **1.1.** Er tut, als wäre nichts passiert. **2.** Er kümmert sich um den Jungen, als wäre er sein eigener Sohn. **3.** Ihr war, als wäre sie plötzlich von einer Biene gestochen worden. **4.** Er lässt sich auf den Boden fallen, als könnte er nicht mehr laufen.

2. 1. Er tut, als ob er nicht zu Hause wäre. **2.** Sie tut, als ob sie nicht krank wäre, **3.** Sie tun, als ob sie glücklich wären. **4.** Sie gehen, als ob sie betrunken wären. **5.** Er schläft nicht; er tut, als ob.

240 **1.** Der Hund ist mir bis zum Bahnhof gefolgt. **2.** Auf den Winter folgt der Frühling. **3.** Die Gebrauchsanweisung muss befolgt werden. (Man muss die Gebrauchsanweisung befolgen.) **4.** Sie möchte einen Tanzkurs besuchen. **5.** Sie ist dem Schauspiel aufmerksam gefolgt. **6.** Die Flugzeuge fliegen hintereinander her. **7.** Wir sind ihm unauffällig gefolgt. **8.** Sie sind ihnen bis zur Grenze nachgefahren.

241 **1.1.** Peter ist der älteste Schüler der Klasse. **2.** Dieser Bleistift schreibt am besten. **3.** Der größere von beiden ist mein Freund. **4.** Die meisten Sportler führen ein gesundes Leben. **5.** Es ist der kälteste Winter seit 1975. **6.** Im Januar regnet es am meisten.

2. 1. Das ist der spannendste Roman, den ich gelesen habe. **2.** Hast du deinen wärmsten Mantel angezogen? **3.** Er war der nervöseste von allen. **4.** August ist der heißeste Monat gewesen. **5.** Peter raucht am meisten.

242 **1.** Ich weiß genau, wer die Vase zerbrochen hat. **2.** Ich zweifle daran, dass dies eine gute Idee ist. **3.** Mir scheint, dass es geläutet hat. **4.** Ich bin sicher, dass es am Ende der Welt ist.

5. Ich nehme an, dass dir dies (es dir) egal ist. **6.** Ich weiß wirklich nicht, wie er heißt. **7.** Wie kannst du an meiner Treue zweifeln? **8.** Wie alt mag sie wohl sein? **9.** Ich nehme an, dass du dich darüber lustig machst. **10.** Ich zweifle nicht daran, dass er heute Abend kommt (kommen wird).

244 **1.** Wo schläfst du heute Nacht? **2.** Du kannst mich gegen 11 Uhr anrufen. **3.** Um 12 Uhr isst er im Restaurant. **4.** Im Augenblick (momentan, augenblicklich) ist er in der Badewanne. **5.** Heute Nachmittag gehe ich nicht in die Schule. **6.** Zur Zeit ist er in Bonn.

245 **1.** Er ist (wurde) vor siebzehn Jahren geboren. **2.** Sie ist (wurde) 1978 (im Jahre 1978) geboren. **3.** Er ist (wurde) am 4. April 1989 geboren. **4.** Er ist (am) Dienstag gekommen; am Tag zuvor (am Vortag) hatte es viel geschneit. **5.** Zu Ostern habe ich zwei Wochen in Deutschland verbracht. **6.** Gestern Abend gegen 8 Uhr habe ich einen Hund bellen hören. **7.** Letzten Winter ist er sehr krank gewesen. **8.** Ich habe sie gegen 11 Uhr morgens getroffen. **9.** Er ist am 9. Februar gekommen; drei Wochen später (danach) hat er einen Autounfall gehabt. **10.** Er ist nach zwei Monaten weggegangen (weggefahren).

246 **1.** In drei Wochen ist Weihnachten. **2.** Morgen Nachmittag um 3 Uhr werde ich schon in Berlin sein (bin ich schon in Berlin). **3.** Nächste Woche gehen wir ins Theater. **4.** In vierzehn Tagen werden die Blumen verwelkt sein. **5.** Am 25. werde ich in Hamburg sein (bin ich in Hamburg), und drei Tage zuvor (vorher) in Köln. **6.** Nach Weihnachten kommen wir nach Frankreich zurück. **7.** Wo gehst du übermorgen hin? (Wohin gehst du übermorgen?)

247 **1.** Bis wann bleibst du in München? **2.** Seit drei Monaten hat es nicht geregnet. **3.** Das Konzert hat drei Stunden gedauert. **4.** Ich bleibe einen Monat in den Alpen. **5.** Von Weihnachten bis Ostern werde ich viel Arbeit haben. **6.** Seit drei Jahren war das Haus nicht geheizt worden. **7.** Von Donnerstag ab (ab Donnerstag) soll das Wetter schön sein.

248 1. Jeden Monat besucht er seinen Onkel. 2. Zweimal im Jahr fährt er nach Österreich. 3. Jeden Abend sehen sie fern. 4. Morgens kann ich nie aufstehen. 5. Die Olympischen Spiele finden alle vier Jahre statt.

249 1. Nehmen wir an, dass er erst um 3 Uhr kommt. 2. Ich möchte, dass du pünktlich bist. 3. Kauf(e) Brot, damit wir wenigstens etwas zu essen haben. 4. Obwohl ich dieses Buch vor kurzem gelesen habe, erinnere ich mich nicht mehr an die Geschichte. 5. Kennst du ein Restaurant, das nicht zu teuer ist? 6. Bevor du kamst, hatte er schon drei Glas Wein getrunken.

250 1. 1. Seit wann ist er tot? 2. Er hat sich zu Tode gearbeitet / Er hat sich totgearbeitet. 3. Weißt du, dass sie eine tote Maus gesehen hat? 4. Sie hat keine Angst vor dem Tode.

2. 1. Goethe ist 1832 (im Jahre 1832) gestorben. 2. An welcher Krankheit ist er gestorben? 3. Er ist schon seit 20 Jahren tot. 4. Der Wald stirbt. 5. Heute wäre er nicht tot, wenn man dieses Medikament früher entdeckt hätte.

251 1. Arbeitest du denn immer noch? 2. Die Abwesenden haben immer Unrecht. 3. Warum fängst du immer wieder damit an! 4. Sie hat den Schauspieler schon immer verehrt. 5. Hast du den Großeltern immer noch nicht geschrieben? 6. Sein Benehmen war schon immer etwas merkwürdig.

252 1. Bist du schon durch den Mont-Blanc-Tunnel gefahren? 2. Die Enten schwimmen über den Teich. 3. Wir sind durch den Schwarzwald gewandert. 4. Wegen des Verkehrs ist es unmöglich, zu Fuß über den Platz zu gehen. 5. Sie tanzen durch das Zimmer. 6. Ein Schmetterling ist durch das Fenster geflattert (geflogen). 7. Wir sind über die Alpen geflogen. (Wir haben die Alpen überflogen). 8. Sie sind mit dem Fahrrad durch den Wald gefahren. 9. Man darf nie über die Straße gehen, ohne nach links und nach rechts zu schauen. 10. Sie ist über den See geschwommen.

253 1. Ich weiß überhaupt nichts. 2. Er liest überhaupt keine Romane mehr. 3. Er spielt überhaupt nicht mehr mit Paul. 4. Ich glaube, dass er überhaupt nichts mehr finden wird. 5. Ich lade überhaupt niemand(en) ein. 6. Ich höre überhaupt nichts mehr. 7. Er trinkt überhaupt keinen Alkohol.

254 1. Ist noch Kaffee übrig? 2. Übrigens, ich habe vergessen, es ihm zu sagen. / Übrigens habe ich vergessen, es... 3. Es bleibt dir nichts Anderes / anderes übrig, als wieder anzufangen. 4. Es bleibt zu hoffen, dass er (wieder) gesund wird.

255 1. Ist dieser Teppich teuer? / Kostet dieser Teppich viel? / Ist dieser Teppich viel wert? 2. Es wäre besser, noch einmal anzufangen. 3. Wieviel kosten diese Theaterkarten? 4. Es lohnt sich nicht, es zu versuchen. 5. Berlin ist eine Reise wert. 6. Dieses Buch kostet dreißig Euro. 7. Die Besichtigung dieses Museums hat sich gelohnt. / Es hat sich gelohnt, dieses Museum zu besichtigen. 8. Es wäre besser gewesen, den Arzt sofort zu rufen. / Es wäre besser gewesen, wenn man den Arzt sofort gerufen hätte.

256 1. Sie wollen kommenden Sonntag Tennis spielen. 2. Ich habe gerade ein Buch ausgelesen. 3. Fangen wir mit der Arbeit an. 4. Sie hatten soeben (gerade) zu Mittag gegessen. 5. Es schneit gleich. 6. Ich habe gerade festgestellt, dass ich mein Portemonnaie verloren habe. 7. Ich wollte Sie (euch) gerade anrufen.

259 1. du siehst, er sieht 2. du säufst, er säuft 3. du empfiehlst, er empfiehlt 4. du nimmst, er nimmt 5. du fährst, er fährt 6. du isst, er isst 7. du erschrickst, er erschrickt 8. du wächst, er wächst 9. du triffst, er trifft 10. du schläfst, er schläft 11. du redest, er redet 12. du lädst, er lädt 13. du atmest, er atmet 14. du rätst, er rät 15. du zitterst, er zittert 16. du setzt, er setzt 17. du beißt, er beißt 18. du wartest, er wartet 19. du lässt, er lässt 20. du klingelst, er klingelt.

260 1. Wieviel Kinder haben Sie? 2. Hat man Ihnen meine Adresse gegeben? 3. Ihr Haus ist sehr schön. 4. Beeilen Sie sich! 15. Haben Sie schon gegessen? 6. Wir rufen Sie heute Abend an. 7. Geben Sie mir Ihren Mantel!

261 1. Wie hast du das Feuer gelöscht? 2. Er ist mit dem Wagen in die Stadt gefahren. 3. Was hatte dich erschreckt?

Corrigés des exercices

4. Der Schnee ist geschmolzen. **5.** Warum bist du erschrocken?

264 **1.** Seit drei Tagen schneit es. **2.** In diesem Dort gibt es keinen Bahnhof. **3.** In diesem Zeitungsartikel handelt es sich um Italien. **4.** Hörst du, wie es knistert? **5.** Jeden Abend rattert es bis um 11 Uhr.

265 **1.** Ich weiß nicht, ob er zu Hause ist. **2.** Er muss in die Schule gehen. **3.** Willst du mitfahren? **4.** Er kann nicht mehr aufstehen. **5.** Das mag wahr sein. **6.** Weißt du, ob er krank ist? **7.** Er soll jetzt aufstehen.

266 **1.** Stell den Teller auf den Tisch! **2.** Er setzt sich auf die Bank. **3.** Das Buch liegt auf dem Tisch. **4.** Er sitzt neben mir. **5.** Er hat Sterne an den Weihnachtsbaum gehängt. **6.** Stell die Kiste in die Garage!

267 **1.** Warum beeilen Sie sich (beeilt ihr euch) so sehr? **2.** Wir haben uns im Gebirge erholt. **3.** Wie hat sie sich benommen? **4.** Ich musste mich bücken, um meine Tasche aufzuheben. **5.** Ich habe mich geschämt.

268 **1.** Den ganzen Tag habe ich mich gelangweilt. **2.** Der Hund ist im Fluss ertrunken. **3.** Er hat sich auf den Boden gesetzt. **4.** Er ist um 8 Uhr aufgestanden. **5.** In der letzten Zeit hat sich Peter sehr verändert. **6.** In der Nacht bin ich dreimal aufgewacht. **7.** Er hat sich warm angezogen. **8.** Warum drehst du dich um? **9.** Hol dir einen Stuhl! **10.** Sie haben sich eine Wohnung gekauft.

269 **1.** Hattest du Gelegenheit zu schwimmen? **2.** Er tut, als ob er etwas wüsste. **3.** Er hofft(,) bald nach Frankreich fahren zu dürfen. **4.** Diese Geschichte, die habe ich schon einmal gehört. **5.** Seine Schwester wohnt in Amerika(,) und sein Bruder lebt in Spanien. **6.** Du kannst kommen, wenn du Lust hast und wenn deine Eltern einverstanden sind. **7.** Kannst du mir das Buch geben(,) ohne aufzustehen? **8.** Ich möchte nicht, dass du zu lange wartest und dass du dich langweilst.

270 **1.** Entweder bleibe ich (ich bleibe) in Paris oder ich fahre nach Deutschland. **2.** Ich habe weder seinen (ihren) Vater noch seine (ihre) Mutter gesehen. **3.** Sie haben weder Hund noch Katze noch Vögel. **4.** Ich werde mir entweder ein Buch oder eine CD kaufen. **5.** Ich habe weder das Museum noch die Kirche besichtigt. **6.** Entweder kaufe ich ihm (ich kaufe ihm) Bücher oder ich gebe ihm Geld.

271 **1.** Sie wohnen eine Autostunde (weit) von ihren Eltern entfernt. **2.** Berlin ist 1000 km weit von Paris (entfernt). **3.** Wie weit ist der Flughafen von hier (entfernt)? **4.** Ist das Schloss weit von der Autobahn (entfernt)? **5.** Meine Großeltern wohnen weit von der Stadt (entfernt). **6.** Das nächste Dorf liegt nicht sehr weit von hier (entfernt).

272 **1.** Was für Bücher hast du am liebsten? **2.** Welches willst du deinem Vater kaufen? **3.** In welchem Land fährt man links? **4.** In was für einem Schiff hast du die Nacht verbracht? **5.** Was für einen Computer?

273 **1.** **1.** Frag ihn doch, ob er mit dem Zug kommt oder mit dem Auto. **2.** Wenn du willst, kannst du bei mir schlafen. **3.** Ob er am Sonntag zu Hause bleibt, ist noch nicht sicher. **4.** Weißt du, ob in Deutschland die Geschwindigkeit begrenzt ist? **5.** Ich weiß nicht, ob er zufrieden gewesen wäre, wenn ich ihm dieses Buch geschenkt hätte.

2. **1.** Ich frage mich, ob er noch in Frankreich wohnt. **2.** Wenn du weggehst, vergiss nicht, die Tür zuzumachen. **3.** Ich gebe dir das Geschenk, wenn du mich besuchen kommst. **4.** Er weiß nicht, ob er sein Examen bestanden hat. **5.** Glaubst du, dass die Aufführung stattfinden wird, wenn es regnet?

274 **1.** Wenn es schneit, sind die Kinder froh. **2.** Weißt du, wann der Film anfängt? **3.** Wann hast du den Brief geschrieben? **4.** Wenn er in England ist, hält man ihn für einen Deutschen. **5.** Wann kommst du zurück?

275 **1.** **1.** Kennst du dich in Informatik aus? **2.** Sie weiß keinen Ausweg mehr. **3.** Er kann ausgezeichnet Ski laufen. **4.** In dieser Stadt weiß ich gut Bescheid. **5.** Kennst du seinen Großvater? **6.** Kann ich heute meine Freunde einladen? **7.** Wisst ihr, ob alle benachrichtigt sind? **8.** Dürfte ich Sie einen Augenblick sprechen? **9.** Wie konntest du das tun! **10.** Er kann verreist sein, er könnte aber auch umgezogen sein.

2. 1. Ich kann nicht aufstehen. **2.** Sie kann nicht schwimmen. **3.** Könnte ich ein Kilo Äpfel haben? **4.** Sie kennt sich in Geographie gut aus. / Sie weiß in Geographie gut Bescheid. **5.** Weißt du wie er heißt? **6.** Er kann krank sein. (Es kann sein, dass er krank ist.) **7.** Ich habe es nicht wissen können. **8.** Ich habe ihn letztes Jahr kennen gelernt. **9.** Weißt du über die letzten Neuigkeiten Bescheid? **10.** Er kennt keine Furcht.

277 **1.** Heute Abend will ich zu Hause bleiben. **2.** Sie will erst 30 Jahre alt sein. **3.** Er will unbedingt, dass ich ihn bis zum Bahnhof bringe (begleite). **4.** Willst du an meiner Stelle hingehen?

278 **1.** Dort bin ich schon einmal gewesen. **2.** Hast du morgen Schule? Gehst du hin? **3.** Es ist zu teuer; ich muss darauf verzichten. **4.** Er hat dir doch einen Brief geschickt; hast du schon darauf geantwortet? **5.** Morgen veranstalten wir ein Fußballspiel; willst du daran teilnehmen?

279 **1.** Die Kinder zählen die Tage bis Weihnachten. **2.** Mit welchem Geld willst du das bezahlen? **3.** Für morgen Abend rechne ich auf deine Freunde. **4.** Was habe ich zu zahlen? **5.** Ich rechne zwei Stunden bis Hamburg. **6.** Hast du die Kinder gezählt? **7.** Wie soll ich das Kleid bezahlen?

280 **1.** Willst du eine halbe Stunde länger bleiben? Es ist Vesperzeit. **2.** Der Zug ist um 15 Uhr 45 abgefahren. **3.** Ich habe eine Verabredung um halb sechs (Uhr). **4.** Er wurde in einer Viertelstunde geschlagen. **5.** Wie spät ist es? Es ist fünf Minuten vor zehn (Uhr). **6.** Jemand hat kurz vor sieben (Uhr) angerufen. **7.** Ich habe anderthalb Stunden beim Arzt warten müssen. **8.** Um wie viel Uhr bist du zu Bett gegangen? Kurz nach Mitternacht. **9.** Er ist um Viertel vor neun (dreiviertel neun) angekommen. **10.** Er ist um Viertel nach 10 (viertel elf) wieder weggegangen.

281 **1.** Hast du Lust, ins Restaurant zu gehen? **2.** Ich habe Angst hinzufallen. **3.** Hast du Zeit, das Museum zu besichtigen? **4.** Hast du die Absicht, in die Schweiz zu fahren? **5.** Ich bin froh, aufstehen zu können.

282 **1.** Ist dieses Auto zu verkaufen? **2.** Er glaubt, alles zu wissen. **3.** Kann er schwimmen? **4.** Hast du Zeit, zu mir zu kommen? **5.** Hat er Angst, Ski zu laufen? **6.** Hilf der Dame, über die Straße zu gehen.

283 **1.** Er ist doppelt so alt wie ich. **2.** Viele Grüße von uns beiden. **3.** Das Doppelfenster ist zerbrochen. **4.** Der Versuch der beiden amerikanischen Astronauten… **5.** Ich brauche eine Rechnung in doppelter Ausfertigung. **6.** Läufst du Ski oder fährst du Schlitten? Beides. **7.** Man sieht sie immer zu zweit. **8.** Welcher / wer von euch beiden möchte mir helfen?

MINI-GRAMMAIRE

1. Comment marquer le groupe nominal en allemand ?

> **Les causes de la difficulté :** la différence de forme entre le groupe nominal français et le groupe nominal allemand.

1 **Le groupe nominal français** ne varie dans sa forme qu'en fonction du genre (masculin ou féminin) et du nombre (singulier ou pluriel).

le chien noir – les chiens noirs – la chienne noire – les chiennes noires

Les variations de fonctions dans la phrase n'entraînent pas de modifications dans la forme du groupe.

Le chien noir [sujet] est couché devant la porte.

As-tu vu le chien noir [complément d'objet direct] couché devant la porte ?

2 **Le groupe nominal allemand** varie non seulement selon le genre (masculin, féminin ou neutre) et le nombre (singulier ou pluriel), mais aussi selon la fonction dans la phrase.

Der schwarze Hund liegt vor der Tür.
[sujet (nominatif)]

*Hast du **den schwarzen Hund** gesehen, der vor der Tür liegt?*
[complément d'objet direct (accusatif)]

Le genre, le nombre et le cas (la fonction) sont indiqués par les marques portées, dans l'exemple ci-dessus, par le déterminatif, l'adjectif et le nom.

*(d)-**er** (schwarz)-**e** (Hund)- Ø*
= sujet (nominatif) masculin singulier

*(d)-**en** (schwarz)-**en** (Hund)- Ø*
= complément d'objet direct (accusatif) masculin singulier

Les noms ne prennent pas toujours la marque Ø : les masculins forts et les neutres prennent la marque *(e)s* au génitif singulier, et les noms à tous les genres prennent *(e)n* au datif pluriel (sauf les noms dont le pluriel est en *-s*).

> Il faut donc connaître les différents types de groupes nominaux allemands et les différents systèmes de marquage de ces groupes.

3 **Les groupes « nom » (seul).**
Les groupes de ce type changent principalement de forme selon le nombre : singulier ou pluriel.

Allemand	Français
Nom au singulier sans article	Nom au singulier / article « le » , « la » ou « du », « de la »
Ich trinke gern Milch.	J'aime bien le lait.
Ich trinke gern Bier.	J'aime bien la bière.
Ich habe Milch gekauft.	J'ai acheté du lait. (quantité indéfinie / partitif)
Ich habe Bier gekauft.	J'ai acheté de la bière.
Nom au pluriel sans article	Nom au pluriel / article « des »
Ich habe Äpfel gekauft.	J'ai acheté des pommes.

4 **Groupes « déterminatif + nom ».**

Ces groupes sont soit au singulier, soit au pluriel, soit masculins, soit féminins, soit neutres. C'est la base de ces groupes, à savoir **le nom**, qui détermine ces variables. Ces groupes sont d'autre part à l'un des cas suivants : nominatif, accusatif, datif ou génitif. C'est leur fonction dans la phrase qui détermine cette autre variable. **Les déterminatifs** (articles définis, indéfinis, démonstratifs…) comportent deux parties : une partie fixe qui indique le sens et une partie variable selon le cas, le genre, le nombre.

*Dies-**es** Auto ist fantastisch.*
Cette voiture est fantastique.
[*Dies-* : sens « cette » (par opposition à *d-*, « le », *jed-*, « chaque ») / *-es* : marque du nominatif neutre singulier]

❖ Les déterminatifs ***der, die, das, dieser, diese, dieses, jeder, jede, jedes, welcher, welche, welches, ein, kein*** et les possessifs *mein, dein, sein…* **sauf au nominatif masculin singulier et au nominatif / accusatif neutre singulier** portent l'une des cinq marques suivantes : ***-er / -e / -es / -em / -en.***

*Dies**es** Auto gefällt mir.*
Cette voiture me plaît.

*Das Auto sein**es** Vaters* (génitif) *gefällt mir.*
La voiture de son père me plaît.

*Er hat sein**en** Brüdern* (datif pluriel) *die Fotos gezeigt.*
Il a montré les photos à ses frères.

❖ Les déterminatifs ***ein, kein*** et les possessifs ***mein, dein, sein…*** au **nominatif masculin singulier** et au **nominatif / accusatif neutre singulier** ont la marque Ø.

*Die ganze Nacht hat **ein** Hund gebellt.*
[nominatif masculin singulier]
Un chien a aboyé toute la nuit.

***Sein** Bruder wohnt in Hamburg.*
[nominatif masculin singulier]
Son frère habite à Hambourg.

***Sein** Auto gefällt mir.*
[nominatif neutre singulier]
Sa voiture me plaît.

*Hast du schon mal **ihr** Haus gesehen?*
[accusatif neutre singulier]
   As-tu déjà vu leur maison ?

5 **Groupes « déterminatif + adjectif + nom ».**

Il y a deux types de groupes dans cette catégorie.

❖ **Groupes de type 1 : le déterminatif** porte l'une des cinq marques **-er, -e, -es, -em, -en**. L'adjectif porte l'une des deux marques **-e, -en**. Ces marques se combinent de la manière suivante.

Singulier

-er + -e (nominatif masculin)

> **D**e**r** *schwarz**e** Hund ist der Hund unserer Nachbarn.*
> Le chien noir est le chien de nos voisins.

-es (as) + -e (nominatif ou accusatif neutre)

> **Dies**e**s** *weiß**e** Fahrrad gehört mir.*
> Cette bicyclette blanche m'appartient.
> **Siehst du d**a**s** *groß**e** Haus dort?*
> Vois-tu la grande maison là-bas ?

-e + -e (nominatif ou accusatif féminin)

> **Dies**e *weiß**e** Katze ist die Katze meiner Eltern.*
> Ce chat blanc est le chat de mes parents.
> **Ich habe gestern mein**e *best**e** Freundin getroffen.*
> Hier, j'ai rencontré ma meilleure amie.

-er + en (datif ou génitif féminin)

> **Er hat sein**e**r** *jüngs**ten** Schwester ein wertvolles Buch geschenkt.*
> Il a offert à sa plus jeune sœur un livre de valeur.
> **Der Freund sein**e**r** *ältes**ten** Tochter arbeitet in Deutschland.*
> L'ami de sa fille aînée travaille en Allemagne.

-es + -en (génitif masculin ou neutre)

> **Das ist das Haus mein**e**s** *jüngs**ten** Sohnes.*
> C'est la maison de mon fils cadet.
> **Er hat die neue Ausgabe d**e**s** *Alt**en** Testaments gekauft.*
> Il a acheté la nouvelle édition de l'Ancien Testament.

-en + -en (accusatif masculin)

> **Ich habe gestern ein**e**n** *sehr schön**en** Vogel gesehen.*
> Hier, j'ai vu un très bel oiseau.

-em + -en (datif masculin ou neutre)

> **Ich habe unser**e**m** *ältes**ten** Sohn ein Päckchen geschickt.*
> J'ai envoyé un paquet à notre fils aîné.
> **Er hat d**e**m** *schwarz**en** Pferd ein Stück Brot zu essen gegeben.*
> Il a donné au cheval noir un morceau de pain à manger.

Pluriel

-e + -en (nominatif ou accusatif)

Seine besten Freunde wohnen jetzt in Deutschland.
Ses meilleurs amis habitent maintenant en Allemagne.

Gestern habe ich unsere ehemaligen Nachbarn getroffen.
Hier, j'ai rencontré nos anciens voisins.

-er + -en (génitif)

Das Haus unserer ehemaligen Nachbarn ist verkauft worden.
La maison de nos anciens voisins a été vendue.

-en + -en (datif)

Ich habe meinen beiden Töchtern eine Karte aus Amerika geschickt.
J'ai envoyé à mes deux filles une carte d'Amérique.

❖ **Groupes de type 2 : le déterminatif** porte la marque Ø. **L'adjectif** porte l'une des marques **-er, -e, -es, -em, -en**. Seuls les groupes au nominatif masculin singulier, et au nominatif / accusatif neutre singulier sont du **type 2**.

Das war wirklich ein schöner Film.
C'était vraiment un beau film.

Ein neues Unternehmen ist gegründet worden.
Une nouvelle entreprise a été créée.

Er hat sein altes Auto verkauft.
Il a vendu sa vieille voiture.

6 **Groupes « adjectif + nom ».**

Dans ces groupes, l'absence de déterminatif entraîne un transfert des marques **-er, -e, -es, -em, –en** sur **l'adjectif**. Ces groupes sont donc également du **type 2**.

guter Wein	*gute Milch*	*gutes Bier*
du bon vin	du bon lait	de la bonne bière

7 **Cas particuliers.**

❖ **Adjectifs substantivés.**

Les adjectifs et participes substantivés sont marqués comme les adjectifs dans les groupes nominaux (déterminatif) + adjectif + nom : **-er, -e, -es, -em** ou **-en**.

Der Angeklagte ist freigelassen worden.
L'accusé a été mis en liberté.

Ein Angeklagter ist zu zwei Jahren Gefängnis verurteilt worden.
Un accusé a été condamné à deux années de prison.

Attention : *der Deutsche, ein Deutscher, die Deutschen...* est un adjectif substantivé.

❖ **Adjectifs invariables.**
Certains adjectifs sont invariables.

*Die **Pariser** Mode ist weltbekannt.*
La mode parisienne est connue dans le monde entier.

*Da sind die neuesten Schöpfungen der **Pariser** Mode.*
Ce sont les dernières créations de la mode parisienne.

2. Quelles marques de cas choisir dans le groupe nominal allemand ?

Les causes de la difficulté : les fonctions des groupes nominaux français peuvent correspondre aux cas allemands ; mais les cas allemands s'emploient aussi pour exprimer d'autres fonctions. D'où les choix à faire dans les cas de non-correspondances.

1 Correspondance allemand / français.

Cas	Même fonction en français et en allemand
Nominatif	sujet attribut du sujet
Génitif	complément de nom
Accusatif	complément d'objet direct attribut de l'objet
Datif	complément d'objet indirect

2 Non-correspondance allemand / français.

Cas	Autres fonctions en allemand	
Génitif	**complément d'un verbe** *sich einer Person erbarmen*	avoir pitié d'une personne
	complément de l'adjectif *sich der Schwierigkeiten bewusst sein*	avoir conscience des difficultés
	complément de temps *Eines Tages wollte er gegen mich Schach spielen.*	Un jour il voulut jouer aux échecs contre moi.
	dépendant d'une préposition *jenseits der Grenze*	de l'autre côté de la frontière
Accusatif	**complément d'objet direct** *Frag seinen Vater, ob er morgen zu Hause ist.*	Demande à son père, s'il est à la maison demain.
	complément de temps *Er sitzt den ganzen Tag vor seinem Computer.*	Il est assis toute la journée devant son ordinateur.
	jeden Morgen *letzten Sonntag* *Montag, den ...*	tous les matins dimanche dernier Lundi, le...
	complément de l'espace parcouru *Er läuft den Berg hinab.*	Il descend la montagne en courant.
	complément d'un adjectif *Der Pfad ist nur einen Meter breit.*	Le sentier n'a qu'un mètre de largeur.
	dépendant d'une préposition *Er geht heute ohne seinen Hund spazieren.*	Aujourd'hui il se promène sans son chien.

Datif	**complément d'objet indirect** *Er hat seiner Tochter herzlich gratuliert.*	Il a chaleureusement félicité sa fille.
	complément d'un adjectif *Sie ist ihrer Mutter sehr nah.*	Elle est très proche de sa mère.
	dépendant d'une préposition *Er hat letzte Woche an einem Kongress teilgenommen.*	La semaine dernière il a participé à un congrès.

Comment choisir la préposition et le cas dans les groupes prépositionnels ?

Les causes de la difficulté :

1. Il n'y a pas de correspondance automatique entre les prépositions en français et en allemand.

an *jemanden denken*   penser à quelqu'un
auf *etwas anspielen*   faire allusion à quelque chose
[*an* ou *auf* en allemand selon le verbe utilisé] [« à » dans les deux cas en français]

2. Une même préposition peut être suivie de cas différents.

in die Stadt [accusatif] *gehen*   aller en ville
in der Stadt [datif] *sein*   être en ville
an einem Spiel [datif] *teilnehmen*   participer à un jeu
sich an jemanden [accusatif] *erinnern*   se souvenir de quelqu'un

Le plus souvent, le choix de la préposition et du cas suppose un apprentissage par cœur. Cependant, pour les groupes prépositionnels locatifs et directionnels, le choix est déterminé par le sens de la relation spatiale.

1 **Préposition + groupe prépositionnel circonstanciel.**
Les prépositions qui introduisent des groupes prépositionnels circonstanciels (compléments circonstanciels de manière, de cause, de temps…), ont un sens précis, variable cependant parfois selon le contexte, en français comme en allemand.

mit   **wegen**   **für**
avec   à cause de   pour

Il faut apprendre le sens de ces prépositions et le cas qui les suit.

2 **Verbe ou adjectif + préposition.**

Les prépositions commandées par des verbes ou des adjectifs ont un sens moins précis.

zu jemandem höflich sein
être poli avec quelqu'un

sich auf jemanden verlassen
se fier à quelqu'un

über etwas berichten
relater quelque chose

> Il faut apprendre de quelle préposition est suivi tel verbe ou tel adjectif.

D'autre part, il faut choisir le cas.
- Verbe / adjectif + *aus, mit, nach, von, zu, vor* → **datif**
- Verbe / adjectif + *für, um, über* → **accusatif**
- Verbe / adjectif + *an, auf, in* → **datif** ou **accusatif** selon le verbe ou l'adjectif

3 **Prépositions spatiales + groupes circonstanciels de lieu.**

Les groupes circonstanciels de lieu introduits par les prépositions spatiales *an, auf, in, hinter, vor, über, unter, neben, zwischen* sont au **datif** ou à l'**accusatif** selon que la relation avec le verbe est **locative** ou **directionnelle**.

Locatif → datif	Directionnel → accusatif
Er spielt im Garten.	*Er geht in den Garten.*
Il joue dans le jardin.	Il va dans le jardin.

> Pour ces groupes, il faut donc réfléchir au type de relation (locative ou directionnelle) avant de choisir le cas (datif ou accusatif).

4. Comment choisir le mode et le temps ?

> **Les causes de la difficulté :** il n'y a pas de correspondance automatique entre les temps et les modes des verbes en français et en allemand.

Si j'<u>étais</u> riche... [indicatif imparfait]
*Wenn ich reich **wäre**...* [subjonctif 2 présent]

Il m'a dit qu'il <u>avait</u> une voiture. [indicatif imparfait]
*Er hat mir gesagt, er **habe** ein Auto.* [subjonctif 1 présent]

Admettons qu'il <u>vienne</u> dimanche. [subjonctif présent]
*Nehmen wir an, dass er am Sonntag **kommt**.* [indicatif présent]

Français	Allemand
indicatif présent ──────►	indicatif présent
──────►	**subjonctif 1 présent**
indicatif imparfait ──────►	indicatif prétérit
──────►	**subjonctif 1 présent**
──────►	**subjonctif 2 présent**
indicatif passé simple ──────►	indicatif prétérit
indicatif passé composé ──────►	indicatif passé composé (parfait)
──────►	**subjonctif 1 passé**
──────►	**subjonctif 2 passé**
indicatif plus que parfait ──────►	indicatif plus-que-parfait
──────►	**subjonctif 1 passé**
──────►	**subjonctif 2 passé**
indicatif futur simple ──────►	indicatif futur simple
──────►	**indicatif présent**
──────►	**subjonctif 1 futur**
indicatif conditionnel simple ──────►	**subjonctif 2 présent**
indicatif conditionnel composé ──────►	**subjonctif 2 passé**
subjonctif présent ──────►	**indicatif présent**
subjonctif passé ──────►	**indicatif passé composé (parfait)**

C'est principalement dans l'emploi des modes indicatif et subjonctif que le français et l'allemand diffèrent : indicatif en français, subjonctif en allemand ou subjonctif en français, indicatif en allemand.

1 Indicatif en français / subjonctif en allemand.

❖ Discours indirect

Indicatif présent	Subjonctif 1 présent
« Je n'ai pas de monnaie. » Il dit qu'il n'a pas de monnaie.	*„Ich habe kein Kleingeld."* *Er sagt, er habe kein Kleingeld.*

Cependant l'indicatif présent est de plus en plus fréquent dans le discours indirect en allemand, surtout avec *dass* :

*Er sagt, dass er kein Kleingeld **hat**.*

❖ Subordonnées conditionnelles

Indicatif imparfait	Subjonctif 2 présent (hypothétique)
Si j'<u>avais</u> de l'argent, je m'achèterais un ordinateur.	*Wenn ich Geld **hätte**, würde ich mir einen Computer kaufen.*

Indicatif plus-que-parfait	Subjonctif 2 passé (irréel)
Si j'<u>avais su</u> cela, je ne serais pas venu.	*Wenn ich das **gewusst hätte**, wäre ich nicht gekommen.*

❖ **Subordonnées de comparaison**

Indicatif imparfait	Subjonctif 2 présent (hypothétique)
Il fait comme s'il <u>savait</u> nager.	*Er tut, als ob er schwimmen* **könnte.**
Indicatif plus-que-parfait	Subjonctif 2 passé (irréel)
Il fait comme s'il <u>avait</u> gagné.	*Er tut , als ob er gewonnen* **hätte.**

2 **Subjonctif en français / indicatif en allemand.**
En français, le subjonctif s'emploie presque exclusivement dans
certaines subordonnées.

❖ **Subordonnées temporelles** («avant que», «après que», «jusqu'à ce
que»...)

Subjonctif	Indicatif
Avant que tu ne <u>partes</u>, donne-moi la clef de l'appartement.	*Bevor du* **weggehst,** *gib mir den Schlüssel der Wohnung.*

❖ **Subordonnées concessives** («bien que», «quoique», «si ... que»,
«quoi que» ...)

Subjonctif	Indicatif
Bien que je ne <u>puisse</u> pas venir dimanche, je te souhaite un bon anniversaire.	*Obwohl ich am Sonntag nicht kommen* **kann,** *wünsche ich dir einen schönen Geburtstag.*

❖ **Subordonnées de but** («pour que», «de sorte que» ...)

Subjonctif	Indicatif
Donne moi la clef pour que je <u>puisse</u> ouvrir le garage.	*Gib mir den Schlüssel, damit ich die Garage aufmachen* **kann.**

❖ **Subordonnées introduites** par «que» après les verbes exprimant
une hypothèse.

Subjonctif	Indicatif
Il est possible qu'il se <u>soit</u> levé à 6 heures.	*Es kann sein, dass er um 6* **aufgestanden** *ist.*

❖ **Subordonnées relatives** après un superlatif ou dépendant de structures comme «le seul qui...», «le dernier qui...», «le premier qui...».

Subjonctif	Indicatif
C'est la plus belle voiture que j'<u>aie</u> jamais <u>vue</u>.	*Das ist das schönste Auto, das ich je* **gesehen habe.**

Comment choisir entre *haben, sein* et *werden* ?

> **Les causes de la difficulté :** il n'y a pas toujours concordance entre *haben* et «avoir» ni *sein* et «être».

Dans la conjugaison des verbes à un temps composé (passé composé, plus-que-parfait) ou au passif, l'utilisation de l'auxiliaire est différente en français et en allemand : «avoir» peut correspondre à *haben* en allemand, mais aussi, dans certains cas à *sein*.

«Être» peut correspondre à *sein* en allemand, mais aussi, dans certains cas à *haben* et *werden*.

avoir　=　*haben / sein*
être　=　*sein / haben / werden*

1 «Avoir» en français / *sein* en allemand.

Certains verbes se conjuguent avec «avoir» en français et *sein* en allemand : il s'agit souvent de verbes exprimant un mouvement, une évolution, l'entrée dans un certain état, ou la fin d'un certain état.

Avoir	*Sein*
J'<u>ai</u> couru jusqu'à la poste.	*Ich **bin** bis zur Post gelaufen.*
Il <u>a</u> beaucoup grandi.	*Er **ist** sehr gewachsen.*
Il <u>a</u> disparu.	*Er **ist** verschwunden.*
Le moteur <u>a</u> démarré.	*Der Motor **ist** angesprungen.*

Le verbe *sein* se conjugue avec l'auxiliaire *sein,* et le verbe «être» avec l'auxiliaire «avoir» :

*Er **ist** sehr müde gewesen.*　　Il <u>a</u> été fatigué.

2 «Être» en français / *haben* en allemand.

Tous les verbes pronominaux et réfléchis sont conjugués aux temps composés à l'aide du verbe **être** en français mais du verbe ***haben*** en allemand.

Être	*Haben*
Nous nous <u>sommes</u> dépêchés.	*Wir **haben** uns beeilt.*
Il <u>s'est</u> couché sur le lit.	*Er **hat** sich aufs Bett gelegt.*
Il <u>s'est</u> excusé.	*Er **hat** sich entschuldigt.*

3 «Être» + participe passé.

Comme en allemand, «être + participe passé» peut correspondre au passé composé de certains verbes.

Il <u>est</u> parti.　　*Er **ist** weggegangen.*

Cette même structure peut avoir deux sens avec certains autres verbes.

Comparez :

La marchandise <u>est</u> livrée. [La livraison est terminée au moment où je parle.]
Die Ware **ist** *geliefert.*

La marchandise <u>est</u> livrée gratuitement. [La livraison est soit en cours, soit à faire.]
Die Ware **wird** *gratis geliefert.*

La structure *ist geliefert* est à rapprocher de :

Er ist rot.
   Il est rouge. (état)

La structure *wird geliefert* est à rapprocher de :

Er wird rot.
   Il rougit = devient rouge. (**processus**)

> Le choix de l'auxiliaire par rapport au français est donc automatique
> pour tous les verbes réfléchis et pronominaux : *haben* en allemand.
> **Dans les autres cas, il faut réfléchir au sens des verbes ou des struc-**
> **tures pour choisir entre** *haben* **et** *sein,* **ou entre** *sein* **et** *werden.*

6. Dans quel ordre disposer les mots dans la phrase ?

> **Les causes de la difficulté :** dans la phrase française les mots et les
> groupes – et en particulier la forme verbale – peuvent être disposés
> avec une grande liberté.

Français
   Hier, <u>je me suis promené</u> dans Paris malgré la pluie pendant deux heures.
   Hier, malgré la pluie, pendant deux heures <u>je me suis promené</u> dans Paris.

Allemand
Gestern **bin** *ich in Paris trotz des Regens zwei Stunden lang* **spazieren gegangen.**
Ich **bin** *gestern in Paris trotz des Regens zwei Stunden lang* **spazieren gegangen.**
In Paris **bin** *ich gestern trotz des Regens zwei Stunden lang* **spazieren gegangen.**
Trotz des Regens **bin** *ich gestern in Paris zwei Stunden lang* **spazieren gegangen.**

On observe dans cet exemple :
– qu'en allemand la forme conjuguée du verbe est à la deuxième place,
la première étant occupée par un et **un seul élément** ayant une fonction
dans la phrase ;
– que cette forme conjuguée est disjointe des formes non conjuguées
(infinitif et participe), qui se trouvent à la fin de la phrase.

> L'exemple de la place du verbe montre que certains éléments de la
> phrase allemande ont une place obligatoire, contrairement au français,
> qui permet plus de liberté. Il faut donc partir de l'ordre fondamental
> observé dans le groupe infinitif pour déterminer l'ordre des mots dans
> la phrase.

1 **La place des mots dans le groupe infinitif (ordre fondamental) :**
déterminant / déterminé.

En français, l'ordre est inverse. Comparez.

Déterminant	Déterminé
ins Kino	**gehen**

aller au cinéma

Déterminant 1	Déterminant 2	Déterminé
oft	*ins Kino*	**gehen**

aller souvent au cinéma

2 Du groupe infinitif au groupe verbal : la place du verbe conjugué.

Le groupe verbal, qui est l'équivalent du groupe infinitif, comporte le verbe conjugé et les déterminants qui lui sont associés : infinitifs, participes, groupes nominaux, groupes prépositionnels, adverbes.

❖ Dans les subordonnées introduites par une conjonction de subordination, les éléments du groupe verbal suivent l'ordre fondamental du groupe infinitif. Le verbe conjugué y occupe donc la même place que dans le groupe infinitif : la dernière.

	Déterminant 1	Déterminant 2	Déterminé
weil er	*oft*	*ins Kino*	*geht*

parce qu'il va souvent au cinéma...

– Cas particulier : **avant-avant-dernière place** lorsque le verbe de modalité est conjugué à un temps composé.

*weil er nicht **hat** kommen können*
parce qu'il n'a pas pu venir

❖ Il y a déplacement en deuxième place dans :

– l'énoncé déclaratif ;

	Déterminé	Déterminant 1	Déterminant 2
Er	**geht**	*oft*	*ins Kino.*

Il va souvent au cinéma.

– les subordonnées non introduites par une conjonction de subordination (discours indirect) ;

*Er sagt, er **habe** kein Geld mehr.*
Il dit qu'il n'y a plus d'argent.

– les interrogatives partielles.

*Wann **geht** er ins Kino?*
Quand va-t-il au cinéma ?

❖ Il y a déplacement en première place dans :
– les interrogatives globales ;

Kann er schon schwimmen?
Sait-il déjà nager ?

– les subordonnées conditionnelles sans *wenn* ;

Hätte *ich das gewusst, dann wäre ich zu Hause geblieben.*
  Si j'avais su cela, je serais resté à la maison.

– les énoncés exclamatifs ;

Ist *das ein schönes Buch!*
  Quel beau livre !

Wäre *ich doch nur zu Hause geblieben!*
[Expression du souhait ou du regret : verbe au subjonctif 2]
  Si seulement j'étais resté à la maison !

– les énoncés injonctifs (verbes à l'impératif).

Komm *schnell zurück!*
  Reviens vite !

3 La place des autres constituants.

❖ **Les adverbes de liaison** (*nicht, kein, sicher, bestimmt, vielleicht…*) :
– dans la subordonnée, devant le groupe verbal ;

	Adverbe de liaison	Déterminant 1	Déterminant 2	Déterminé
weil er	**bestimmt**	oft	ins Kino	geht...

Parce qu'il va certainement souvent au cinéma...

– dans l'énoncé déclaratif, place inchangée par rapport à la place précédente, mais le verbe conjugué a changé de place !

	Déterminé	Adverbe de liaison	Déterminant 1	Déterminant 2
Er	geht	**bestimmt**	oft	ins Kino.

Il va certainement souvent au cinéma.

Ils peuvent aussi se placer en première position, sauf *nicht* et *kein*.

Adverbe de liaison	Déterminé		Déterminant 1	Déterminant 2
Bestimmt	geht	er	oft	ins Kino.

Il va certainement souvent au cinéma.

❖ **Les constituants n'appartenant pas au groupe verbal.**

– Dans la subordonnée, ils suivent la conjonction de subordination et se placent avant l'adverbe de liaison, s'il y en a un, et avant le groupe verbal ; l'ordre dans lequel on les aligne est presque libre, même s'il est fréquent de commencer par le sujet.

..., *weil Peter gestern in Paris*
..., *weil gestern Peter in Paris*
..., *weil in Paris Peter gestern*
..., *weil Peter in Paris gestern*   *chinesisch essen gegangen ist.*
..., *weil gestern in Paris Peter*
..., *weil in Paris gestern Peter*

– Dans l'énoncé déclaratif, les mêmes possibilités existent dans l'énoncé déclaratif, à la différence près que le verbe conjugué vient s'intercaler obligatoirement à la deuxième place ou prendre la première place dans certains types d'énoncés déclaratifs.

..., Peter **ist** gestern in Paris
..., Gestern **ist** Peter in Paris
..., In Paris **ist** Peter gestern   chinesisch essen gegangen.
..., Peter **ist** gestern in Paris
..., Gestern **ist** in Paris Peter
..., In Paris **ist** gestern Peter

4 La première place.

❖ **Dans la subordonnée :** après la conjonction de subordination, on ne peut trouver que des éléments n'appartenant pas au groupe verbal.

..., weil **Peter** in Paris oft chinesisch essen geht.
[éléments n'appartenant pas au groupe verbal : Peter et in Paris]

..., weil **in Paris** Peter oft chinesisch essen geht.
    Parce que Pierre à Paris va souvent manger chinois...

❖ **Dans l'énoncé déclaratif**, la première place peut être occupée par :

– un élément (et un seul) n'appartenant pas au groupe verbal et ayant une fonction grammaticale dans l'énoncé ;

In Deutschland trinkt Peter gern Apfelsaft.
[In Deutschland n'appartient pas au groupe verbal.]
    En Allemagne, Pierre aime bien boire du jus de pomme.

– un adverbe de liaison ;

Vielleicht fahre ich am Sonntag nach Düsseldorf.
    J'irai peut-être dimanche à Dusseldorf.

– une subordonnée ;

Wenn er in die Stadt fährt, nimmt er sein Fahrrad.
    Quand il va en ville, il prend son vélo.

– dans certaines conditions de contexte par un élément non verbal du groupe verbal ;

Nach Düsseldorf fährt er jeden Sonntag.
[groupe verbal : jeden Sonntag nach Düsseldorf fahren]
    Il va tous les dimanches à Düsseldorf.

Pour déterminer l'ordre des mots en allemand, il faut donc se demander si ces mots :
– font partie d'une subordonnée (introduite ou non par un conjonction) ou d'un énoncé déclaratif ;
– font ou non partie du groupe verbal ;
– sont ou non des adverbes de liaison ;
– sont les verbes conjugués de la subordonnée ou de l'énoncé déclaratif.

INDEX

I

J

K

L

M

Y

Z

a a a a a a a a a
a a a a a a a a a
a a a a a a a a a
a a a a a a a a a
a a a a a a a a a
a a a a a a a a a
a a a a a a a a a
a a a a a a a a a
a a a a a a a a a
a a a a a a a a a
a a a a a a a a a
a a a a a a a a a
a a a a a a a a a

Cet ouvrage est composé en Myriad, caractère dessiné
par Carol Twombly et Robert Slimbach en 1992.

ABCDEFGHIJKLMNOPQRSTUVWXYZÆŒ
abcdefghijklmnopqrstuvwxyzæœ

Dans sa version *MultipleMaster*,
le Myriad permet de composer
des variantes de graisse
et de largeur.

PAPIER À BASE DE
FIBRES CERTIFIÉES

Hatier s'engage pour
l'environnement en réduisant
l'empreinte carbone de ses livres.
Celle de cet exemplaire est de :
900 g éq. CO_2
Rendez-vous sur
www.hatier-durable.fr

Conception graphique : c-album / Jean-Baptiste Taisne

Achevé d'imprimer par Rotolito Lombarda à Seggiano di Pioltello - Italie

Dépôt légal n° 95203 - 6/05 - août 2015